대한민국 역대 정부

주요 정책과 국정운영

대한민국 역대 정부
주요 정책과 국정운영

5. 김영삼 정부

한국행정연구원

도서출판 대영문화사

발 간 사

올해는 우리 민족이 일제로부터 해방된 지 70년이 된 해이며, 대한민국 초대 정부가 수립된 지 67년이 된 해입니다. 그동안 우리나라는 동북아의 작은 신생 국가에서 경제규모 세계 13위권의 국가로 발전했습니다. 세계는 우리의 발전에 놀라워하고 있으며, 많은 개발도상국가들이 우리나라의 경험을 배우려 하고 있습니다.

이러한 놀라운 경제 성장의 배경에는 일차적으로 대한민국 역대 정부가 그 중심에 있었습니다. 1948년 이승만 정부가 수립된 이후 대한민국에서는 많은 정부가 들어섰으며, 이들 정부에 의해 다양한 정책과 국책사업이 추진됐습니다. 이들 정부의 정책과 국책사업으로 인해 대한민국은 전쟁의 상처를 극복하기도 했으며, 급속한 경제 성장과 민주화를 이루기도 했습니다.

물론 그동안 모든 정책이 크게 성공하여 국가 발전과 국민생활에 기여했던 것은 아닙니다. 일부 정책의 경우 기대한 성과에 미치지 못해 국민에게 실망을 안겨주기도 했습니다.

그러나 성공한 정책이든 혹은 실패한 정책이든 역대 정부의 정책들은 대한민국의 역사인 동시에 미래 정부의 정책결정과 집행에 반드시 참고해야 할 중요한 자료이기도 합니다. 따라서 과거 정부가 추진했던 정책과 국책사업들의 성공과 실패의 원인을 분석하고 미래 정책의 지표로 삼는 것은 당연하며 꼭 필요한 작업이라고 할 수 있습니다.

이에 한국행정연구원에서는 우리나라 역대 정부들이 어떤 정책을 어떤 배경에서 추진했으며, 어떤 성과를 냈는가를 재조명하기 위해 본 편찬사업을 계획하고 추진하여, 이번에 『대한민국 역대 정부: 주요 정책과 국정운영』이란 제목으로 전체 8권의 결과물을 발간하게 됐습니다.

2013년 말부터 계획 · 추진된 이 편찬사업에는 연구원 내외에서 총 78명의 학자가 참여하여 이승만 정부부터 이명박 정부까지 우리나라 역대 정부의 주요 정책과 국정운영의 현상들을 객관적이며 종합적인 안목에서 재조명하고 분석했습니다. 세부 주제는 한국행정연구원에서 선정했으나, 각 세부 주제의 집필 방향과 내용은 각 집필위원들의 분석 시각과 판단에 맡겼습니다.

한편 한국행정연구원은 이 편찬사업의 추진을 위해 7명의 전문가를 모시고 편집위원회를 구성했습니다. 2013년 말부터 활동했던 편집위원회에서는 연구에 담을 세부 주제를 선정해 주셨으며 그 주제에 적합한 집필자들도 추천해 주셨습니다. 또한 많은 집필자가 참여하는 사업인 만큼 연구의 통일성 유지 방안 등 여러 내용에 대해 논의, 결정했습니다. 특히 각 편집위원들께서는 연구의 중간 발표 및 최종 보고회 등 사업의 여러 과정을 주관해 주셨습니다.

편집위원회에 참여하여 수고를 아끼지 않으신 김성배 교수님(숭실대), 박양호 교수님(홍익대), 주재현 교수님(명지대), 이대희 교수님(광운대), 최흥석 교수님(고려대), 하미승 교수님(건국대), 한표환 교수님(충남대)께 깊은 감사를 드립니다.

또한 한국행정연구원은 편집위원회와는 별도로 자문위원회를 구성하여 이 편찬사업 전반에 대해 자문을 받았습니다. 자문위원회에서는 학술사업의 전반적 추진 방향을 비롯하여 국내외 편찬 사례, 연구 성과물 확산 방안 등 다양한 내용에 대해 자문을 해 주셨습니다. 자문위원의 역할을 기꺼이 맡아주신 정정길 울산대학교 재단이사장님(전 대통령실장), 안병만 전 교육과학부 장관님, 정형근 전 국회의원님, 김석준 안양대 총장님(전 국회의원), 이달곤 가천대 교수님(전 행정자치부 장관), 박영희 건국대 명예교수님, 윤정길 건국대 명예교수님께 깊은 감사의 말씀을 전합니다. 특히 안병만 전 장관님과 김석준 총장님께서는 본 연구사업의 서론과 결론 부분까지도 직접 집필해 주셨습니다.

이 『대한민국 역대 정부 주요 정책 및 국정운영』은 제1권 이승만/장면 정부부터 제8권 이명박 정부까지 총 8권으로 구성되어 있습니다. 과도 정부였던 허정 내각과 최규하 대통령 재임기를 제외한 대한민국 역대 정부의 주요 정책과 국책사업 그리고 정부개혁의 내용이 모두 수록되어 있습니다. 본 연구사업의 서론은 제1권 앞부분에, 결론은 제8권 뒷부분에 수록되어 있습니다.

재임 기간이 짧았던 장면 정부를 제외한 각 정부의 내용은 크게 3편으로 구성되어 있는데, 제1편은 정부의 출범과 국정운영의 기초에 대한 내용으로 각 정부에 대한 개괄적 소개(제1장)와 각 국정운영의 목표와 방향(제2장)에 대해 분석하고 있습니다. 제2편의 내용은 각 정부에서 추진됐던 주요 정책 및 국책사업에 대한 분석으로 각 정부별로 5장 또는 6장으로 구성되어 있습니다. 각 정부 2편 내용의 선정은 편집위원들께서 담당했는데, 각 정부에서 추진됐던 정책 및 국책사업들을 검토하여 그중 정부가 가장 역점을 두어 추진했다고 판단되는 정책들과 당시 정부에서 국민적 논란이 됐던 정책 또는 국책사업 위주로 선정했습니다. 제3편은 정부개혁에 대한 내용이며 모두 3장으로 되어 있습니다.

이미 언급한 바와 같이 한국행정연구원에서는 이 연구 성과물의 발간에 앞서 여러 차례의 발표회를 가졌으며, 지난 해 12월 2일에는 대규모의 학술토론회도 개최했습니다. 발표회에서는 집필자 발표 내용에 대한 토론과 함께 내용의 중복성 방지를 위한 방안, 편집 방안 등을 논의했고, 학술토론회에서는 각 정부에 대한 연구 결과 발표 외에도 향후 정부의 정책 운영 방안에 관한 다양한 논의가 있었습니다.

한국행정연구원은 이 편찬사업에 그치지 않고 2015년에는 본 연구의 결과를 요약하여 영문으로 번역하여 출판할 예정입니다. 출판된 영문 책자는 한국행정연구원과 국제관계를 맺고 있는 외국 기관들은 물론 주요 외교 기관들에도 배포될 것입니다. 아울러 우리 연구원은 국제행정협력센터를 설치하여 ODA 관련 사업을 적극 추진하고 있는 바, 이 책자는 아주 유용하게 사용될 것으로 생각합니다.

끝으로 한국행정연구원 편찬사업에 참여해 주신 많은 집필진 여러분과 편집위원님 그리고 자문위원님께 다시 한 번 감사를 드립니다. 그리고 이 학술사업을 총괄·책임지고 수행한 양현모 선임연구위원과 이 사업을 총괄 지원한 장지원 전문연구원, 그리고 각 정부별 집필위원들과 소통하면서 간사의 역할을 수행한 김영록, 조세현, 오윤경, 임성근, 윤종설, 최순영, 황혜신, 허준영 박사와 이 사업을 행정적으로 지원한 김두진 행정원을 비롯한 연구원 직원들에게도 감사의 말씀을 드립니다. 아울러 원고를 정성껏 교정·편집해서 8권의 책으로 발간해준 대영문화사 임춘환 사장님께도 감사의 마음을 전합니다. 이외에도 이 책이 나오기까지 수많은 분의 노고와 정성이 있었으나 일일이 거론하지 못해 죄송한 마음입니다.

아무쪼록 이 책들의 내용이 향후 국민들의 학습과 연구 자료로 사용되는 것은 물론 우리나라 정부 정책 과정에 도움이 되는 정책 자료로도 널리 활용되기를 기대해 봅니다.

감사합니다.

2014년 12월

한국행정연구원 원장 **이은재**

총 목 차(1~8권)

제1권 이승만/장면 정부

제2권 박정희 정부

제3권 전두환 정부

제 4 권 노태우 정부

제5권 김영삼 정부

제6권 김대중 정부

제 7 권 노무현 정부

제 8 권 이명박 정부

제 5 권

김영삼 정부

목차

제1편 김영삼 정부의 출범과 국정운영의 기초

제 2 편 김영삼 정부의 주요 정책 및 국책사업

제 2 장 정부개혁의 내용

제 1 편

김영삼 정부의 출범과 국정운영의 기초

제 1 장

김영삼 정부의 출범 및 정부 소개

최진욱
고려대학교

제 1 절 김영삼 정부 출범에 대한 역사적 · 환경적 분석

복잡한 정치 상황과 논란 속에 1993년 출범한 김영삼 정부는 한국 정치사에서 갖는 의미가 작지 않다. 문민정부의 탄생과 관련된 시대적 배경을 살펴보기 위해서는 1990년대의 정치적 상황에 대한 이해가 필요하다. 1987년 6월 민주화 항쟁으로 인해 대통령 직선제가 부활된 후 국민의 손으로 대통령이 선출되면서 탄생한 노태우 정부(제6공화국)는 직선제로 창출된 정권이라는 측면에서 이전 정권과 차별성을 갖지만, 노태우 대통령이 군 출신이라는 점과 5공화국의 비호 하에 수립된 정부라는 맥락에서 권위주의 정부의 연장이라고 보는 시각이 지배적이다. 즉, 직선제로 세워진 정부이긴 하나 제6공화국은 민주주의의 정통성에 기반한 정부 수립이라는 기대에는 부응할 수 없는 태생적 한계를 지녔다.

1987년 6월 민주화 항쟁의 결과물인 대통령 직선제 하에서 출범한 제6공화국의 집권 여당인 민주정의당(1981년 창당~1990년 해산)은 대통령 선거 이듬해인 1988년에 개최된 제13대 국회의원 선거에서 과반수 의석 확보에 실패하게 됐다. 국정운영의 불안정, 차기 정권의 창출 등 여러 맥락에서 불확실성을 안게 된 노태우 정권은 여소야대 정국의 타개책으로 당시 야당인 통일민주당 그리고 신민주공화당과 함께 1990년 1월 22일 이른바 '3당 합당'을 통해 민주자유당(1990년 창당~1995년 해산)을 출범시키게 됐다.[1] 당시 민주정의당 총재는 대통령인 노태우, 통일민주당 총재는 김영삼, 신민주공화당 총재는 김종필이었다는 점에서 3당 합당은 이들 3인의 비밀 합당으로 볼 수 있다.

3당 합당 당시 제4야당이었던 신민주공화당은 보수 성향이라는 점에서 민주정의당과의 합당이 어색하지 않을 수 있지만, 당시 김대중 평민당 총재와 더불어 대한민국 정치사에서 민주주의 운동의 대표로 불리던 통일민주당 김영삼 총재의 비밀 합당은 매우 큰 정치적 논란과 파장을 낳았다.[2] 특히 군사정권 청산과 노태우 정권의 정통성에 대해 비판적 시각을 갖던 김영삼에게 3당 합당은 민주 세력의 분열을 가져올 수 있다는 점에서 정치적으로 매우 큰 부담이 아닐 수 없었다.[3] 그럼에도 불구하고 김영삼이 3당 합당을 결심하게 된 가장 큰 이유는 차기 대선에서 김대중 평민당 총재와 단일 후보를 위한 합의를 이끌어내기 쉽지 않고, 단일 후보를 위해 김대중과 대결했을 때 승리할 가능성이 높지 않다는 판단에서라는 추측이 유력하다.

결국 오랜 기간 동안 대통령을 꿈꿔온 김영삼으로서는 당시의 정치적 복잡성 가운데 자신의 꿈을 실현하기 위해 어느 누구도 생각하지 못했던 정치적 모험을 감행했다고 볼 수 있다. 3당 합당으로 탄생한 민주자유당은 국회의 과반을 훌쩍 넘는 218석의 절대 다수를 점하게 됐다. 1990년 창당 당시 민주자유당의 총재는 대통령인 노태우에게 돌아갔지만, 2년 남짓 동안 노태우, 김영삼, 박철언 등이 중심이 된 권력 투쟁 과정 속에서 1992년 8월 28일 노태우 대통령은 총재직에서 물러났고, 김영삼이 총재로 취임하게 됐다.[4]

---

1) 1988년 제13대 국회의원 선거에서 여당인 민주정의당은 125석(지역구 87석, 전국구 38석), 야당인 평민당은 70석, 통일민주당은 59석(지역구 46석, 전국구 13석), 신민주공화당은 35석(지역구 27석, 전국구 8석)을 획득했다.

2) 3당 합당은 특히 민주화 세력과 진보진영에 엄청난 충격과 분노를 가져다줬다. 한편 현실 정치에서 3당 합당으로 가장 큰 정치적 타격을 입게 될 김대중 평민당 총재는 다음과 같이 강한 어조로 합당을 비판했다.
"3당의 합당선언은 대의정치와 선거제도에 대한 쿠데타며 국민 주권에 대한 반란행위다. 국민이 만들어 준 여소야대를 국민들과 한마디 상의 없이 여대야소로 만든 것은 정치사에 한 번도 없었던 파렴치한 행위로 합당선언은 완전히 무효화해야 한다. 선거 때 국민에게 약속한 것을 위배한 국회의원은 의원으로서의 자격을 상실한 것이다"(동아일보, 1990년 1월 22일).

3) 민주세력 분열은 실제 합당 이후 현실이 되었는데, 당시 합당이 발표된 후 이기택, 김정길, 장성화, 김상현, 박찬종, 홍사덕, 이철, 노무현 8명은 통합된 민주자유당으로 합류를 거부하고 1990년 6월 15일 민주당을 결성했다. 이후 민주당은 1991년 9월16일 평화민주당의 후신인 신민주연합당과 합당하면서 해산됐다.

국내의 정치적 역학관계와 더불어 대통령 선거에서 중요하게 작용하는 요인은 선거 당시의 국내외 경제적 여건이다. 1991년 말 소련의 해체로 인한 사회주의의 붕괴와 세계 경제의 본격적 통합 그리고 교통과 통신의 발달로 인해 1990년대 초 세계 경제의 화두는 세계화를 통한 경제 성장이었다. 대통령 선거가 있던 1992년 한국 경제는 여러 과제를 안고 있었다. 무엇보다 경제성장률이 1991년 8.4%에서 1992년에는 4.7%로 떨어졌고, 몇 년간 지속된 고임금과 투자 의욕 위축으로 인해 경제의 활력과 성장잠재력에 대한 우려가 커지고 있었다(경제기획원, 1993). 한편 세계 경제는 1980년대 중반 이후 가속화되기 시작한 지역 중심의 경제통합이 진행되고 있었고, 해외 수출 의존도가 높은 한국 경제의 속성상 국제화와 개방화에 전략적으로 대응하는 것이 중요한 과제로 여겨졌다.[5]

이 같은 경제적 여건은 1992년 대통령 선거에도 고스란히 반영됐다. 김영삼 대통령 후보는 선거에서 '신경제'라는 슬로건을 걸고, 정부의 경제 개입 최소화, 기술경쟁력 강화, 능동적인 대외 협력관계 구축을 통해 활기찬 자율경제 구현을 핵심 경제공약으로 내세웠다(한국일보, 1992. 12. 5). 대통령 선거 직후 실시된 한 여론조사를 보면 김영삼 후보가 당선된 가장 큰 이유로 '정국 안정에 대한 기대'가 가장 주요하게 작용한 것으로 나타났다(한국일보, 1992. 12. 21). 결국 정국 안정에 대한 유권자들의 기대는 1992년 당시 경제에 대한 불안과 불확실성이 큰 환경에서 여권 후보로서 김영삼이 집권 시 야당보다 안정적으로 경제개혁 과제를 추진할 수 있을 것이라는 기대를 보여준다고 볼 수 있다.

제2절 선거 과정 및 결과

1993년 2월 25일 출범한 문민정부의 탄생을 이해하기 위해서는 정부 출범 전년인 1992년 3월 24일 치러진 제14대 국회의원 선거부터 살펴볼 필요가 있다. 제14대 국회의

4) 1990년 노태우 대통령은 당시 차기 여권 대선 후보로 박철언을 염두에 뒀으나, 김영삼의 강력한 반발과 저항에 부딪히게 된다. 한편 노태우 대통령은 민주자유당 총재에서 물러난 후 명예총재로 추대됐지만, 얼마 지나지 않은 1992년 9월18일 정치적 중립을 이유로 모든 당직을 포기하고 민주자유당을 탈당했다.

5) 1992년 대통령 선거가 끝난 이후 대학교수를 대상으로 한 설문조사에서 문민정부의 가장 중요한 과제로 '경제 성장(32%), 정치 안정(18%), 사회질서 확립(12.5%)'이 상위 3개 과제로 선정됐다(세계일보, 1992년 12월 30일).

원 선거가 중요한 이유는 우리나라 대통령 선거에서 여야의 구도가 미치는 영향이 작지 않고, 총선 결과에 따라 1992년 12월18일에 치러지는 제14대 대통령 선거에서 여당 후보로서 입지가 결정되기 때문이기도 하다.

총 299명(지역구 237명, 전국구 62명)을 선출한 제14대 국회의원 선거는 노태우 정권과 김영삼 민주자유당 총재의 의도대로 진행되지 않았다. 무엇보다 여당인 민주자유당의 독재에 가까운 의정 운영에 대한 비판과 1992년 2월 총선 직전에 정주영이 창당한 통일국민당(1992년 창당~1995년 자유민주연합과 합당 후 해산)의 돌풍에 의해 민주자유당은 총선에서 패하는 결과를 보게 됐다. 결과적으로 총선 후 민주자유당 의석은 1990년 창당 시 218석에서 국회 과반에 1석이 모자란 149석으로 대폭 줄어들게 됐고, 김대중 총재의 민주당은 97석으로 늘어났으며, 정주영의 통일국민당은 31석, 무소속이 21석, 신정치개혁당이 1석을 차지하여 근소하긴 하나 여소야대의 형국으로 변화됐다.

여소야대 속에서 진행된 대통령 선거에서 여, 야 모두 당의 대통령 후보를 선출하기 위한 당내 경선에 돌입하게 됐다. 민주자유당은 애초 김영삼 후보의 강력한 질주가 예상되는 가운데 이종찬이 후보 경합을 겨뤘다. 민주자유당 대통령 후보 경선 결과는 예상과 다름없이 김영삼 후보가 전체 66.3%(4,418표)로 33.2%(2,214표)를 얻은 이종찬 후보를 앞질러 민주자유당 대통령 후보로 선출됐다. 민주당 당내 경선은 김대중 후보와 이기택 후보가 맞붙었는데, 경선 결과 김대중 후보가 60.2%(1,413표)를 얻어 39.6%(925표)를 획득한 이기택 후보를 제치고 당 대통령 후보에 선출됐다. 제14대 대통령 선거가 김영삼-김대중의 양강(兩强) 구도로 치러질 것이라는 세간의 예측과 크게 다름이 없는 결과였다.

아예 대통령 출마를 염두에 두고 통일국민당을 창당한 정주영도 대통령 후보로 가세하면서 제14대 대통령 선거는 '2강1약(김영삼, 김대중-정주영)'의 구도에서 치러졌다.[6] 대통령 선거 기간 동안 조사된 후보들 간의 지지도를 보여주는 [그림 1-1-1]과 같이 선거 50여일 전부터 김영삼 후보의 우세 속에 김대중 후보가 바짝 추격하는 형국으로 진행되다가 선거 막바지에 김영삼 후보 우세로 지지율 격차가 벌어지기 시작했다. 이러한 지지율 차이는 결국 선거 당일에도 이어져 민주자유당 김영삼 후보의 승리로 대통령 선거

6) 당시 대통령 후보는 총 8명으로 김영삼, 김대중, 정주영 이외에도 새한국당 이종찬, 신정당 박찬종, 대한정의당 이병호, 무소속 김옥선, 백기완이 출사표를 던졌다. 이 중 이종찬은 선거운동 도중 정주영 후보를 지지하면서 후보직을 사퇴했고, 최종적으로 7명의 후보가 선거일까지 경합을 벌였다. 제14대 대통령 후보에 관한 정보는 중앙선거관리위원회 홈페이지(http://info.nec.go.kr/) 참조.

가 막을 내렸다. 여당인 민주자유당 김영삼 후보는 전체 유효표의 41.96%(9,977,332표), 민주당의 김대중 후보는 유효표의 33.82%(8,041,284표), 통일국민당 정주영 후보는 유효표의 16.31%(3,880,067표)를 얻어 제14대 대통령으로 김영삼 후보가 당선됐다.[7)]

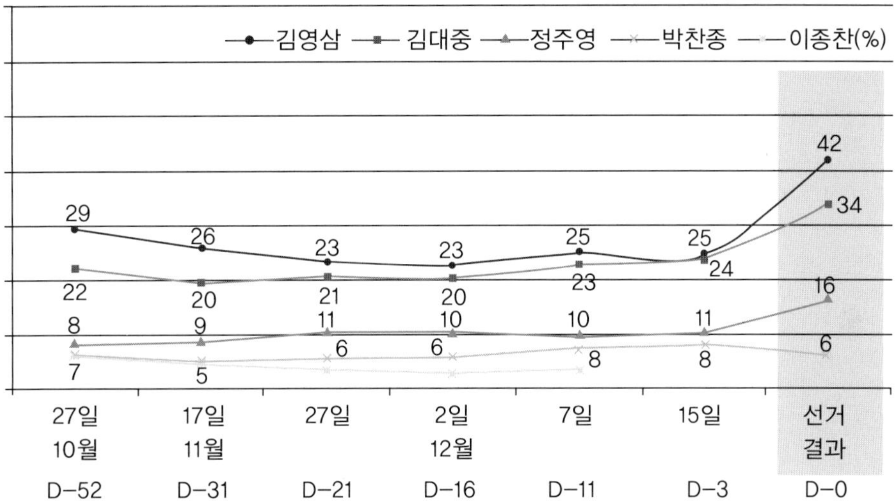

그림 1-1-1 제14대 대통령 선거 후보 지지도 변화 추이

자료: 한국갤럽(2012: 3).

제14대 대통령 선거는 특히 김영삼-김대중 후보가 중심에 섰으며, 두 후보가 한국 정치 민주화의 상징이었다는 점에서 그 어느 선거보다 유권자의 높은 관심 속에 치러졌다. 결과적으로 김영삼 후보가 대통령에 당선되기는 했지만 과거 선거에서와 같이 부정선거에 대한 논란이 없이 김대중, 정주영 후보가 결과에 승복했고,[8)] 이후 김대중 후보는 정계 은퇴를 선언했다.[9)]

제14대 대통령 선거 결과를 보여주는 〈표 1-1-1〉에서 확인할 수 있는 것과 같이, 1992년 대통령 선거도 지역 대결이라는 한국 정치의 고질적인 병폐에서 빗겨나가지 않

7) 중앙선거관리위원회 홈페이지(http://info.nec.go.kr/).
8) 비록 김영삼, 김대중 두 후보 간 치열한 경쟁이 있었지만, 선거 자체는 공평하게 치러진 것으로 대다수의 유권자는 바라보고 있었다. 선거 직후 실시된 여론조사 결과에 따르면 응답자의 79.5%가 "매우 공명"하거나 "대체로 공명"하게 선거가 진행됐다고 답한 반면, 부정적인 의견을 보인 응답자는 19%에 그쳤다(한국일보, 1992. 12. 21).
9) 대선 다음 날인 1992년 12월 19일 김대중 후보는 다음과 같이 의원직 사퇴와 정계 은퇴를 선언했다. " … 저는 또 다시 국민 여러분의 신망을 얻는 데 실패하였습니다. 저는 이것을 저의 부덕의 소치로 생각하며 저의 패배를 겸허한 심정으로 인정합니다. … 저는 오늘로써 국회의원직을 사퇴하고 평범한 시민이 되겠습니다. …"

표 1-1-1 제14대 대통령 선거 투표 결과

시도명	선거 인수	투표 수	후보자별 득표 수(득표율)								무효 투표 수	기관 수
			민주자유당 김영삼	민주당 김대중	통일국민당 정주영	신정당 박찬종	대한정의당 이병호	무소속 김옥선	무소속 백기완	계		
합계	29,422,658 (746,111)	24,095,170 (713,736)	9,977,332 (41.96)	8,041,284 (33.82)	3,880,067 (16.31)	1,516,047 (6.37)	35,739 (0.15)	86,292 (0.36)	238,648 (1.00)	23,775,409	319,761	5,327,488
서울	7,394,554 (158,724)	6,021,311 (154,293)	2,167,298 (36.41)	2,246,636 (37.74)	1,070,629 (17.98)	381,535 (6.41)	4,797 (0.08)	13,098 (0.22)	67,784 (1.13)	5,951,777	69,534	1,373,243
부산광역시	2,565,831 (59,292)	2,135,546 (57,238)	1,551,473 (73.34)	265,055 (12.52)	133,907 (6.33)	139,004 (6.57)	978 (0.04)	3,236 (0.15)	21,736 (1.02)	2,115,389	20,157	430,285
대구	1,494,057 (35,810)	1,172,636 (34,477)	690,245 (59.59)	90,641 (7.82)	224,642 (19.39)	136,037 (11.74)	1,103 (0.09)	2,753 (0.23)	12,772 (1.10)	1,158,193	14,443	321,421
인천	1,346,964 (25,348)	1,081,011 (24,419)	397,361 (37.26)	338,538 (31.74)	228,505 (21.42)	84,211 (7.89)	1,351 (0.12)	3,867 (0.36)	12,455 (1.16)	1,066,288	14,723	265,953
광주	769,300 (24,030)	685,797 (23,035)	14,504 (2.13)	652,337 (95.84)	8,085 (1.18)	2,827 (0.41)	133 (0.01)	1,149 (0.16)	1,565 (0.22)	680,600	5,197	83,503
대전	725,583 (20,356)	582,613 (19,444)	202,137 (35.19)	165,067 (28.73)	133,646 (23.26)	64,526 (11.23)	961 (0.16)	2,294 (0.39)	5,772 (1.00)	574,403	8,210	142,970
경기	4,354,271 (83,545)	3,502,774 (80,134)	1,254,025 (36.33)	1,103,498 (31.97)	798,356 (23.13)	239,140 (6.92)	6,299 (0.18)	13,685 (0.39)	36,392 (1.05)	3,451,395	51,379	851,497
강원도	1,025,018 (34,197)	834,891 (32,233)	340,528 (41.51)	127,265 (15.51)	279,610 (34.08)	56,199 (6.85)	3,047 (0.37)	4,007 (0.48)	9,599 (1.17)	820,255	14,636	190,127
충북	922,701 (27,864)	750,483 (26,092)	281,678 (38.26)	191,743 (26.04)	175,767 (23.87)	68,900 (9.35)	4,844 (0.65)	4,568 (0.62)	8,671 (1.17)	736,171	14,312	172,218
충남	1,232,586 (41,045)	973,070 (38,178)	351,789 (36.93)	271,921 (28.54)	240,400 (25.24)	64,117 (6.73)	4,143 (0.43)	9,899 (1.03)	10,185 (1.06)	952,454	20,616	259,516
전북	1,321,778 (44,847)	1,126,597 (42,832)	63,175 (5.67)	991,483 (89.13)	35,923 (3.22)	9,320 (0.83)	1,087 (0.09)	7,130 (0.64)	4,232 (0.38)	1,112,350	14,247	195,181
전남	1,500,662 (55,497)	1,285,110 (52,887)	53,360 (4.20)	1,170,398 (92.15)	26,686 (2.10)	7,210 (0.56)	1,048 (0.08)	8,010 (0.63)	3,311 (0.26)	1,270,023	15,087	215,552
경북	1,934,544 (57,909)	1,559,478 (54,337)	991,424 (64.72)	147,440 (9.62)	240,646 (15.71)	124,858 (8.15)	3,365 (0.21)	6,240 (0.40)	17,664 (1.15)	1,531,637	27,841	375,066
경남	2,504,339 (67,001)	2,118,601 (64,018)	1,514,043 (72.31)	193,373 (9.23)	241,135 (11.51)	115,086 (5.49)	2,020 (0.09)	5,070 (0.24)	22,863 (1.09)	2,093,590	25,011	385,738
제주	330,470 (10,646)	265,252 (10,119)	104,292 (39.97)	85,889 (32.92)	42,130 (16.14)	23,077 (8.84)	563 (0.21)	1,286 (0.49)	3,647 (1.39)	260,884	4,368	65,218

자료: 중앙선거관리위원회 홈페이지, http://info.nec.go.kr(검색일: 2014.04.21).

았다. 3당 합당은 그 합의 주체인 노태우, 김영삼, 김종필의 선거공학적인 계산에 의해 비롯됐고, 특히 상당한 정치적 비판과 위험을 무릅쓴 김영삼은 대선 후보로 선출돼 대통령에 당선됨으로써 충분한 보상을 받았다. 즉, 1990년 합당 이전 대구, 경북 중심의 민주정의당과 부산, 경남에 기반을 둔 통일민주당 그리고 대전, 충청지역 중심의 신민주공화당의 연합은 상당한 정도의 선거 승리를 위한 기반을 확보할 수 있었고, 이러한 연합은 선거 결과에도 고스란히 이어졌다.

제14대 대통령 선거의 득표를 지역별로 보면 김대중 후보는 자신의 정치의 근거지인 호남에서 압도적인 지지를 받았고, 서울에서 근소하게 김영삼 후보를 제쳤지만 강원, 제주를 포함한 그 밖의 지역에서는 우위를 보이지 못했다. 3명의 대통령 후보 중 정주영은 출신지인 강원도 지역에서 김대중 후보를 압도했고, 영남지역에서도 김대중 후보를 다소 앞질렀지만 모든 지역에서 김영삼 후보에 뒤져 결국 3위에 머무르고 말았다.

비록 대통령 선거만 두고 본다면 제14대 대통령 선거도 지역감정과 대립의 연장선에 치러졌다는 점에서 과거 선거의 패턴과 다름이 없다고 볼 수 있으나, 한국 정치사적인 관점에서는 획을 긋는 의미를 갖는다. 무엇보다도 3당 합당과 지역구도 중심의 선거에도 불구하고, 새롭게 탄생한 김영삼 정부는 1961년 5·16 군사 쿠데타 이후 제6공화국까지 지속돼온 군사 권위주의 정권의 막을 내리고 최초의 순수 민간정부라는 의미를 갖는다. 또한 14대 대통령 선거는 과거 군 출신 후보 중심의 선거가 사라지고 한국 정치를 대표하는 2명의 정치인과 한국 기업을 대표하는 1명의 기업정치인으로 치러져 과거 한국 정치를 점철한 '3김(김영삼, 김대중, 김종필)시대'가 비로소 막을 내리게 됐다.

제3절 대통령, 총리, 장관 등 주요 관료 소개

김영삼 정부 기간 동안 국무위원의 수는 대통령을 제외하고 총 111명이다. 이 가운데 국무총리는 6명이고, 장관은 105명이다.[10] 장관의 평균 재임 기간은 11.45개월로 12.88개월이었던 이전 노태우 정부에 비해 다소 줄어들었다. 장관 재임 기간이 가장 긴 부처는 공보처 그리고 제일 짧은 장관 재임 기간을 보인 부처는 보건복지부(평균 7.5개월)로 나타났다(이시원·민병익, 2002: 61). 적지 않은 국무위원 중 누구를 주요한 관료로 선정할 것인가는 쉽지 않은 문제다. 무엇보다 선정의 근거를 제시하기가 쉽지 않고, 많

10) 국무위원 111명은 부처별 역대 재임 장관을 기준으로 한 것이다. 장관 중에는 2개 이상의 부처 장관을 거친 사람들도 있다.

은 수의 관료에 대한 재임 시 행적을 찾아내기도 그리 간단치 않다. 또한 역대 국무총리·장관에 대한 체계적인 학술적 평가도 거의 없는 편이다.

표 1-1-2 김영삼 정부 국무총리

명칭	대수	이름	임기
국무총리	25대	황인성(黃寅性)	1993년 2월 25일~1993년 12월 16일
	26대	이회창(李會昌)	1993년 12월 17일~1994년 4월 21일
	27대	이영덕(李榮德)	1994년 4월 30일~1994년 12월 16일
	28대	이홍구(李洪九)	1994년 12월 17일~1995년 12월 17일
	29대	이수성(李壽成)	1995년 12월 18일~1997년 3월 4일
	30대	고 건(高 建)	1997년 3월 5일~1998년 3월 2일

표 1-1-3 김영삼 정부 부총리 겸 재정경제원 장관

명칭	대수	이름	임기
부총리 겸 경제기획원 장관	20대	이경식(李經植)	1993년 2월~1993년 12월
	21대	정재석(丁渽錫)	1993년 12월~1994년 10월
	22대	홍재형(洪在馨)	1994년 10월~1994년 12월

표 1-1-4 김영삼 정부 재무부 장관

명칭	대수	이름	임기
재무부 장관	37대	홍재형(洪在馨)	1993년 2월~1994년 10월
	38대	박재윤(朴在潤)	1994년 10월~1994년 12월

표 1-1-5 김영삼 정부 부총리 겸 재정경제원 장관

명칭	대수	이름	임기
부총리 겸 재정경제원 장관	초대	홍재형(洪在馨)	1994년 12월~1995년 12월
	2대	나웅배(羅雄培)	1995년 12월~1996년 8월
	3대	한승수(韓昇洙)	1996년 8월~1997년 3월
	4대	강경식(姜慶植)	1997년 3월~1997년 11월
	5대	임창열(林昌烈)	1997년 11월~1998년 3월

표 1-1-6 김영삼 정부 부총리 겸 통일원 장관

명칭	대수	이름	임기
부총리 겸 통일원 장관	3대	한완상(韓完相)	1993년 2월 26일~1993년 12월 21일
	4대	이영덕(李榮德)	1993년 12월 22일~1994년 4월 29일
	5대	이홍구(李洪九)	1994년 4월 30일~1994년 12월 16일
	직무대행	송영대(宋榮大)	1994년 12월 17일~1994년 12월 23일
	6대	김 덕(金 德)	1994년 12월 24일~1995년 2월 21일
	7대	나웅배(羅雄培)	1995년 2월 22일~1995년 12월 20일
	8대	권오기(權五琦)	1995년 12월 21일~1998년 3월 2일

표 1-1-7 김영삼 정부 외무부 장관

명칭	대수	이름	임기
외무부 장관	24대	한승주(韓昇洲)	1993년 2월 26일~1994년 12월 24일
	25대	공로명(孔魯明)	1994년 12월 24일~1996년 11월 7일
	26대	유종하(柳宗夏)	1996년 11월 7일~1998년 3월 3일

표 1-1-8 김영삼 정부 내무부 장관

명칭	대수	이름	임기
내무부 장관	57대	이해구(李海龜)	1993년 2월~1993년 12월
	58대	최형우(崔炯佑)	1993년 12월~1994년 12월
	59대	김용태(金瑢泰)	1994년 12월~1995년 12월
	60대	김우석(金佑錫)	1995년 12월~1997년 2월
	61대	서정화(徐廷和)	1997년 2월~1997년 3월
	62대	강운태(姜雲太)	1997년 3월~1997년 8월
	63대	조해녕(曺海寧)	1997년 8월~1998년 3월

표 1-1-9 김영삼 정부 법무부 장관

명칭	대수	이름	임기
법무부 장관	42대	박희태(朴熺太)	1993년 2월 26일~1993년 3월 7일
	43대	김두희(金斗喜)	1993년 3월 8일~1994년 12월 23일
	44대	안우만(安又萬)	1994년 12월 24일~1997년 3월 5일
	45대	최상엽(崔相曄)	1997년 3월 6일~1997년 8월 4일
	46대	김종구(金鍾求)	1997년 8월 5일~1998년 3월 2일

표 1-1-10 김영삼 정부 국방부 장관

명칭	대수	이름	임기
국방부 장관	30대	권영해(權寧海)	1993년 2월 26일~1993년 12월 22일
	31대	이병태(李炳台)	1993년 12월 22일~1994년 12월 24일
	32대	이양호(李養鎬)	1994년 12월 24일~1996년 10월 18일
	33대	김동진(金東鎭)	1996년 10월 18일~1998년 3월 3일

표 1-1-11 김영삼 정부 교육부 장관

명칭	대수	이름	임기
교육부 장관	3대	오병문(吳炳文)	1993년 2월 26일~1993년 12월 21일
	4대	김숙희(金淑喜)	1993년 12월 22일~1995년 5월 12일
	5대	박영식(朴煐植)	1995년 5월 16일~1995년 12월 20일
	6대	안병영(安秉永)	1995년 12월 21일~1997년 8월 5일
	7대	이명현(李明賢)	1997년 8월 6일~1998년 3월 2일

표 1-1-12 김영삼 정부 문화체육부 장관

명칭	대수	이름	임기
문화체육부 장관	초대	이민섭(李敏燮)	1993년 2월 26일~1994년 12월 23일
	2대	주돈식(朱燉植)	1994년 12월 24일~1995년 12월 20일
	3대	김영수(金榮秀)	1995년 12월 21일~1997년 3월 5일
	4대	송태호(宋泰鎬)	1997년 3월 6일~1998년 3월 2일

표 1-1-13 김영삼 정부 농림부 장관

명칭	대수	이름	임기
농림수산부 장관	44대	허신행(許信行)	1993년 2월 26일~1993년 12월 21일
	45대	김양배(金良培)	1993년 12월 22일~1994년 4월 4일
	46대	최인기(崔仁基)	1994년 4월 6일~1995년 12월 20일
	47대	강운태(姜雲太)	1995년 12월 21일~1996년 12월 21일
농림부 장관	48대	정시채(丁時采)	1996년 12월 21일~1997년 8월 5일
	49대	이효계(李孝桂)	1997년 8월 6일~1998년 3월 3일

표 1-1-14 김영삼 정부 통상산업부 장관

명칭	대수	이름	임기
상공자원부 장관	초대	김철수(金喆壽)	1993년 2월 26일~1994년 12월 24일
통상산업부 장관	초대	박재윤(朴在潤)	1994년 12월 24일~1996년 12월 19일
	2대	안광구(安光玽)	1996년 12월 20일~1997년 3월 5일
	3대	임창열(林昌烈)	1997년 3월 6일~1997년 11월 18일
	4대	정해주(鄭海週)	1997년 11월 19일~1998년 3월 2일

표 1-1-15 김영삼 정부 정보통신부 장관

명칭	대수	이름	임기
체신부 장관	40대	윤동윤(尹東潤)	1993년 2월 26일~1994년 12월 23일
정보통신부 장관	초대	경상현(景商鉉)	1994년 12월 24일~1995년 12월 20일
	2대	이석채(李錫采)	1995년 12월 21일~1996년 8월 7일
	3대	강봉균(康奉均)	1996년 8월 8일~1998년 3월 2일

표 1-1-16 김영삼 정부 환경부 장관

명칭	대수	이름	임기
환경처 장관	5대	황산성(黃山城)	1993년 2월 26일~1993년 12월 22일
	6대	박윤흔(朴鈗炘)	1993년 12월 22일~1994년 12월 21일
환경부 장관	초대	김중위(金重緯)	1994년 12월 21일~1995년 12월 21일
	2대	정종택(鄭宗澤)	1995년 12월 21일~1996년 12월 20일
	3대	강현욱(姜賢旭)	1996년 12월 20일~1997년 8월 6일
	4대	윤여준(尹汝雋)	1997년 8월 6일~1998년 3월 3일

표 1-1-17 김영삼 정부 보건복지부 장관

명칭	대수	이름	임기
보건사회부 장관	27대	박양실(朴孃實)	1993년 2월 25일~1993년 3월 7일
	28대	송정숙(宋貞淑)	1993년 3월 8일~1993년 12월 21일
	29대	서상목(徐相穆)	1993년 12월 22일~1994년 12월 22일
보건복지부 장관	29대	서상목(徐相穆)	1994년 12월 23일~1995년 5월 15일
	30대	이성호(李聖浩)	1995년 5월 16일~1995년 12월 20일
	31대	김양배(金良培)	1995년 12월 21일~1996년 8월 7일
	32대	이성호(李聖浩)	1996년 8월 8일~1996년 11월 12일
	33대	손학규(孫鶴圭)	1996년 11월 13일~1997년 8월 5일
	34대	최 광(崔 洸)	1997년 8월 6일~1998년 3월 2일

표 1-1-18 김영삼 정부 노동부 장관

명칭	대수	이름	임기
노동부 장관	10대	이인제(李仁濟)	1993년 2월~1993년 12월
	11대	남재희(南載熙)	1993년 12월~1994년 12월
	12대	이형구(李炯九)	1994년 12월~1995년 5월
	13대	진 념(陳 稔)	1995년 5월~1997년 8월 5일
	14대	이기호(李起浩)	1997년 8월 5일~1999년 5월

표 1-1-19 김영삼 정부 건설교통부 장관

명칭	대수	이름	임기
건설부 장관	28대	고병우(高炳佑)	1993년 3월~1993년 12월
	29대	김우석(金佑錫)	1993년 12월~1994년 12월
교통부 장관	37대	이계익(李啓謚)	1993년 2월~1993년 10월
	38대	정재석(丁澈錫)	1993년 10월~1993년 12월
	39대	오 명(吳 明)	1993년 12월~1994년 12월 23일
건설교통부 장관	초대	오 명(吳 明)	1994년 12월 24일~1995년 12월 21일
	2대	추경석(秋敬錫)	1995년 12월 21일~1997년 3월 6일
	3대	이환균(李桓均)	1997년 3월 6일~1998년 3월 3일

표 1-1-20 김영삼 정부 해양수산부 장관

명칭	대수	이름	임기
해양수산부 장관	초대	신상우(辛相佑)	1996년 8월 8일~1997년 8월 6일
	2대	조정제(趙正濟)	1997년 8월 7일~1998년 3월 2일

표 1-1-21 김영삼 정부 정무 제2장관

명칭	대수	이름	임기
정무 제2장관	4대	김갑현(金甲現)	1991년 12월 20일~1993년 2월 25일
	5대	권영자(權英子)	1993년 2월 26일~1994년 12월 23일
	6대	김장숙(金長淑)	1994년 12월 24일~1996년 8월 7일
	7대	김윤덕(金胤德)	1996년 8월 8일~1997년 8월 5일
	8대	이연숙(李嬿淑)	1997년 8월 6일~1998년 3월 2일

표 1-1-22 김영삼 정부 총무처 장관

명칭	대수	이름	임기
총무처 장관	15대	최창윤(崔昌潤)	1993년 2월 26일~1993년 12월 21일
	16대	황영하(黃榮夏)	1993년 12월 22일~1994년 12월 23일
	17대	서석재(徐錫宰)	1994년 12월 24일~1995년 8월 3일
	18대	김기재(金杞載)	1995년 8월 7일~1996년 1월 30일
	19대	조해녕(曺海寧)	1996년 1월 31일~1996년 12월 19일
	20대	김한규(金漢圭)	1996년 12월 20일~1997년 8월 5일
	21대	심우영(沈宇永)	1997년 8월 6일~1998년 3월 3일

표 1-1-23 김영삼 정부 과학기술처 장관

명칭	대수	이름	임기
과학기술처 장관	14대	김시중(金始中)	1993년 2월 26일~1994년 12월 23일
	15대	정근모(鄭根謨)	1994년 12월 24일~1996년 8월 7일
	16대	구본영(具本英)	1996년 8월 8일~1996년 12월 19일
	17대	김용진(金容鎭)	1996년 12월 20일~1997년 3월 5일
	18대	권숙일(權肅一)	1997년 3월 6일~1998년 2월 28일

표 1-1-24 김영삼 정부 공보처 장관

명칭	대수	이름	임기
공보처 장관	17대	오인환(吳隣煥)[87]	1993년 2월 26일~1998년 2월 24일

자료의 제약을 감안하고 김영삼 정부 시절 주요 관료 명단을 살펴보면 눈에 띄는 여러 국무총리와 장관이 있다. 우선 문민정부의 초대 국무총리로 황인성이 임명됐다. 황인성은 전북 무주 출신임에도 역대 경상도 출신 정권과 차별을 보이기 위해 국민통합형 총리로 전격 발탁됐다. 지역화합이라는 상징성 이외에도 황인성은 노력형이면서 업무처리가 합리적이고 대인관계도 원만하다는 평이 있어 초대 국무총리로 발탁된 것으로 알려져 있다. 그러나 1993년 12월16일 우루과이 라운드를 둘러싼 쌀 수입 개방의 논란 속에서 취임 10개월이 못 되어 경질됐다(한국일보, 2010. 10. 11).

황인성 총리의 후임으로 이회창이 제26대 국무총리(1993~1994년)로 임명됐다. 이회창은 총리로 발탁되기 이전 문민정부 출범 직후인 1993년 3월에 감사원장으로 임명됐다.

감사원장으로 재직하면서 이회창은 과거 정부에서 건드리지 못했던 청와대, 안기부, 율곡사업과 평화의 댐 등 국방부의 대규모 방위산업에 대해 감사를 벌이면서 전두환, 노태우 전 대통령을 대상으로 서면조사도 실시하는 등 '대쪽'이라는 별명에 버금가는 엄정한 감사활동을 전개했다. 우루과이 라운드 사태에 따른 국면 돌파를 위해 1993년 12월 국무총리로 발탁된 이회창은 기존의 총리와는 달리 주어진 권한을 활용하는 실질적인 총리의 역할을 수행하고자 했다. 총리직을 수행하는 과정에서 이회창은 김영삼 대통령과 여러 차례 충돌을 빚게 되는데 통일안보정책조정회의의 논의 사항에 대한 총리 보고 문제로 인해 1994년 4월 21일에 사표를 제출했다(정두언, 2004). 이회창의 총리직 사임은 헌법상 보장된 대통령과 국무총리 간의 권한의 배분을 둘러싼 논쟁을 촉발시킨 계기가 됐다(시사저널, 1994).

문민정부 시절 눈여겨볼 또 다른 총리는 고건(1997~1998년)이다. '행정의 달인'으로 정평이 나 있고, 2004년 3월 12일부터 5월 14일까지 노무현 대통령의 탄핵소추 기간 동안 대통령 권한대행을 역임한 고건은 1997년 3월 5일 문민정부 마지막 총리로 취임했다. 한보사태로 위기에 직면한 김영삼 정부는 이의 해결책으로 고건을 총리로 임명하고자 했는데, 당시 총리직 제안을 받으면서 고건은 내각의 통합 관할을 위해 국무위원 해임제청권을 요구한 것으로 알려져 있다(중앙일보, 2013a). 총리 시절 고건은 고질적인 정경유착과 국민의 불신을 해결하기 위한 방편으로 규제개혁에 몰두했다. 그 결과 1997년 4월 21일 규제개혁추진회의가 출범됐고, 7월 30일 행정규제기본법이 국회를 통과해 지금까지 존속되고 있는 대통령 직속의 규제개혁위원회가 만들어졌다(중앙일보, 2013b).

다음으로 장관과 관련해서 김호균(2001)의 조사는 흥미롭다. 이 조사는 노태우, 김영삼, 김대중 정부 초기 시절의 11개 부처 187명의 역대 장관의 성공과 실패를 89명의 해당 부처 고위공무원이 평가를 내린 것이다.[11] 결과를 보면 김영삼 정부 시절의 재임 장관 중 실패로 평가된 수가 11명으로 가장 많은 반면, 성공한 장관의 수는 7명으로 가장 적은 것으로 조사됐다. 이런 결과만 두고 보면 장관 인사와 관련해 문민정부는 그리 성공하지 못했다고 할 수 있고, 장관 임명에서 대통령의 결정이 가장 중요하다는 점에서 김영삼 대통령은 인재 등용에 성공하지 못했다고 볼 수 있다.

성공한 장관으로 평가되는 부처와 장관은 건설교통부 오명, 통상산업부 정해주, 정보

11) 조사 대상 11개 부처는 김영삼 정부 조직구조를 기준으로 외교부, 통일원, 건설부/교통부/건설교통부, 상공자원부/통상산업부, 농림수산부/농림부, 체신부/정보통신부, 과학기술처, 교육부, 문화체육부, 노동부, 보건사회부/보건복지부다.

통신부 강봉균, 교육부 안병영, 노동부 진념, 보건복지부 서상목, 손학규다. 오명 건설교통부 장관은 전문성과 더불어 업무추진력, 조직장악력, 재외교섭력 등 성공적인 장관을 위한 장점을 두루 갖춘 것으로 평가됐고, 통상산업부 정해주 장관은 비교적 짧은 재임기간에도 불구하고 내부에서 전문성, 업무이해력, 하의상달식 의사 수렴 등의 측면에서 좋은 평가를 받았다. 정통 경제관료인 강봉균 정보통신부 장관은 풍부한 행정 경험과 리더십, 정책기획 능력 및 비전 제시, 합리적 업무 추진, 조직장악력 등에서 좋은 평가를 받았으며, 학자 출신인 안병영 교육부 장관은 공사의 엄격한 구분, 업무 파악 능력, 업무 추진력과 구체성 등에서 성공한 장관으로 평가됐다. 정통 경제관료 출신인 진념 노동부 장관은 전체를 아우르는 안목과 판단 능력, 조직장악력과 업무추진력, 친화력과 대외활동 전개에서 뛰어난 것으로 평가됐고, 서상목 보건복지부 장관은 정치적 감각과 전문적 식견의 겸비, 조직장악력과 업무추진력이 빼어난 것으로 평가됐다. 정치인 출신인 손학규 보건복지부 장관은 구성원의 자발성 유도, 대외 갈등 조정력이 뛰어난 것으로 평가됐다(김호균, 2001).

전반적으로 김영삼 정부 시절 정통 관료의 위상은 이전에 비해 축소된 것으로 보인다. 김영삼 정부에서 장관 중 관료의 비중은 직전 노태우 정부 당시 42.1%(48명)에서 31.7%(13명)로 축소됐는데, 관료의 비중 감소는 청와대 요직에서도 나타난다. 청와대 수석비서관 중 관료의 비중은 노태우 정부 시절 44.4%(16명)에서 김영삼 정부 때는 20%(2명)로 축소됐다.

제4절 정부조직 체계

우리나라는 새로운 대통령이 들어서면 거의 예외 없이 정부조직 개편을 단행했다. 이는 문민정부도 예외는 아니었고, 김영삼 대통령 재임 기간 정부는 총 4차례에 걸쳐 정부조직을 변화시켰다.[12] 취임 초기 김영삼 정부는 '작고 효율적인 정부 구현'을 정부 문명의 목표로 삼았고, 이를 실현하기 위해 행정조직의 효율성과 민주성이라는 2대 원

12) 문민정부의 정부조직 개편 횟수를 3회로 보는 시각이 있는데, 이는 1996년에 이뤄진 두 번의 소폭 개편을 한 번의 조직개편으로 이해하기 때문이다. 정부조직 개편을 범위와 상관없이 특정 시점에서의 정부조직 구조의 변화라고 보고 여기서는 총 4회로 기술한다.

칙을 제시했다(행정안전부, 2008). 문민정부의 효율성에 대한 강조는 1990년대 서구를 중심으로 확산되기 시작한 신공공관리(new public management: NPM)의 영향을 받아 국가 주도의 경제 성장 과정에서 비대화된 정부조직을 줄이고, 효율성과 생산성을 높이는 것을 주된 목표로 삼았다. 효율성을 중시하는 신공공관리의 이념적 토대를 근거로 초기 문민정부는 민영화, 규제개혁, 지방자치를 강하게 추진했다(황혜신 · 민소정, 2005). 민주성에 대한 문민정부의 강조는 민간 대통령의 탄생으로 인해 과거 군사 권위주의적인 정부 운영과 관리와의 차별성을 부여하고 국정관리와 운영에서 민주주의적 요소를 강조하는 것으로 해석된다(대통령자문 정책기획위원회, 1998).

정부조직 개편은 대통령 당선 후부터 준비됐다. 김영삼은 선거 승리 후 '동숭동 프로젝트'로 알려진 개혁준비 팀을 가동해 대통령 재임 기간 동안 역점을 둘 개혁 방향과 과제를 정리했다.[13] 당시 동숭동 개혁안의 주된 목표는 '국가경영 쇄신'이고, 이를 위해 파격적인 정부조직 및 행정구역 개편, 규제개혁, 부패 척결에 관한 과제를 포함시킨 것으로 알려져 있다. 특히 정부조직 개편과 관련해서는 일부 부처 통폐합의 수준을 넘어 제로베이스에서 새 판을 짜는 접근을 택했고, 당시 조직개편은 23개 정부 부처의 수를 반절가량 줄인 2원 12개 부처안을 마련한 것으로 전해지고 있다(동아일보, 1998. 1. 2).[14] 그러나 대통령 취임 후 동숭동 개혁안은 민주정의당과의 협의, 개혁 대상 부처 관료의 조직적 저항으로 인해 원래의 계획보다 대폭 축소된 규모로 추진됐다(조정규, 2004: 185).

정부조직 개편과 관련해 문민정부는 다음과 같은 다섯 가지 원칙을 견지하고 추진했다(대통령자문 정책기획위원회, 1998: 219).

① 비대화 · 복잡화된 조직과 기능의 통폐합 및 감축을 통해 민간부문의 자율성과 창의성 확대
② 정부 기능의 체계적 · 효율적 재정립을 통해 급변하는 세계 경제환경 변화에 능동적으로 대처
③ 부처이기주의를 극복하기 위해 국가정책에 대한 종합 · 조정 기능을 강화하고 부처 간 협조와 경쟁을 촉진
④ 국민의 삶의 질 향상을 위해 환경보존과 국민복지 기능 강화

13) 연인원 5~6백 명의 교수, 정부 및 민간연구소 연구원, 부처 공무원으로 구성된 동숭동 프로젝트는 '동숭동 개혁안'이라는 수천 페이지 분량의 보고서에 총 236개 개혁과제를 망라한 것으로 알려져 있다(동아일보, 1998. 1. 2).
14) 주요 내용은 경제기획원 폐지와 예산실의 국무총리실이나 대통령 직속으로 이관, 내무, 교통, 교육, 체육청소년, 동자부, 총무처, 공보처, 법제처, 정무1,2장관실, 보훈처의 폐지 혹은 축소로 알려져 있다(동아일보, 1998. 1. 2).

⑤ 유사·중복 기능 정비 및 축소와 새로운 행정 수요에 대한 적극적 대응을 위해 필요한 조직 신설

문민정부 시절 네 차례의 정부조직 개편의 특징은 다음과 같다. 1993년 3월 6일에 이뤄진 1차 개편(대통령령 제4541호) 때는 취임 전 2원16부6처15청2외국에서 [그림 1-1-2]와 같이 2원14부6처15청2외국으로 축소됐다. 구체적으로 기존 문화부와 체육청소년부를 통합해 문화체육부로 변경했으며, 상공부와 동력자원부를 통합해 상공자원부가 신설됐다. 상공자원부는 국내산업 경쟁력 강화와 산업 발전의 기반 확충을 목적으로 했다. 외형적으로 볼 때 1차 조직개편으로 인해 2개 부가 폐지됐고, 공무원 정원은 139명 감축됐다(대통령자문 정책기획위원회, 1998: 219-220; 행정자치부, 1998: 171).

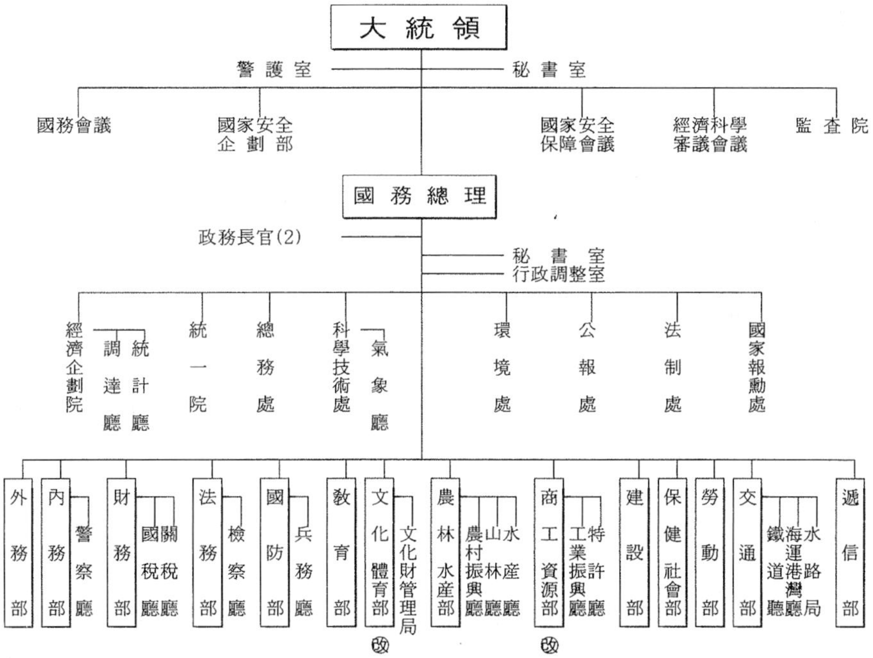

그림 1-1-2 문민정부 1차 정부조직 개편(1993년 3월 6일)

자료: 행정자치부(1998: 171).

2차 정부조직 개편(대통령령 제4381호)은 1994년 12월 23일에 이뤄졌다. 1차 개편 때의 2원14부6처15청2외국의 구조는 [그림 1-1-3]과 같이 2원13부5처15청2외국으로 변화됐다. 2차 개편의 특징은 1실, 3국, 11심의관, 35과의 하부조직 감축과 함께 212명의 공

무원 정원이 축소됐다. 조직구조의 측면에서는 기존 분리돼 있던 경제기획원과 재무부를 재정정책과 예산 기능을 연계하기 위해 재정경제원으로 통합시켰다. 한편 1차 개편 때 신설된 상공자원부를 통상산업부로 개편함으로써 통상자원정책 기능을 강화했다. 미래 국가 발전의 핵심 전략산업 부문인 정보통신 사업을 강화하기 위해 체신부를 정보통신부로 개편했고, 환경처를 환경부로 승격시켰다(행정자치부, 1998: 172).

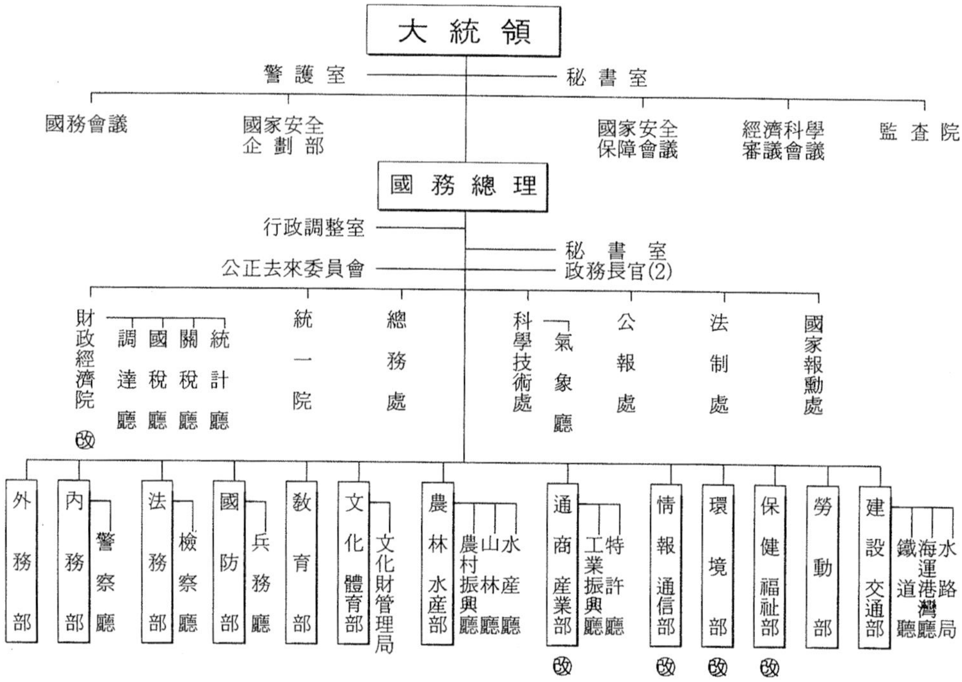

그림 1-1-3 문민정부 2차 정부조직 개편(1994년 12월 23일)

자료: 행정자치부(1998: 172).

3차 정부조직 개편(대통령령 제5150호)은 1996년 2월 9일에 소폭으로 이뤄졌다. 개편의 요지는 중소기업에 대한 체계적인 지원과 경쟁력 향상을 위해 공업진흥청을 폐지하고 중소기업청을 신설했다(행정자치부, 1998: 173). 이 개편으로 정부조직은 [그림 1-1-4]와 같이 2원13부5처15청2외국으로 소폭 축소됐다.

문민정부의 마지막인 4차 정부조직 개편(대통령령 제5153호)은 1996년 8월 8일에 단행됐고, 해운항만청, 수산청 수로국이 폐지되는 대신 해양수산부가 신설됐다. 신설된

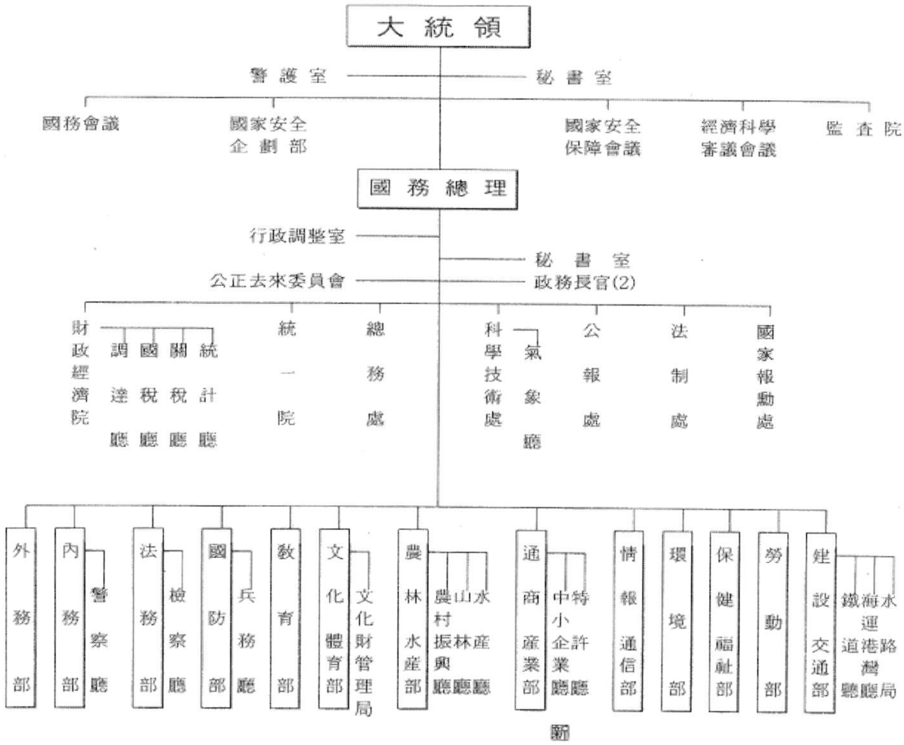

그림 1-1-4 **문민정부 3차 정부조직 개편(1996년 2월 9일)**

자료: 행정자치부(1998: 173).

해양수산부가 수산 업무를 담당하게 됨에 따라 농림수산부는 농림부로 명칭이 변경됐다. 한편 경찰청 소속의 해양경찰청을 해양수산부 소속의 중앙행정기관으로 격상시켰으며, 정부조직은 [그림 1-1-5]와 같이 2원14부5처14청1외국의 구조를 갖게 됐다(행정자치부, 1998: 174).

문민정부에서 이뤄진 네 차례의 정부조직 개편 중 가장 주목을 받는 개편은 1994년의 2차 개편이다. 앞서 설명한 바와 같이 취임 전 준비한 파격적인 조직개편 안은 취임 직후 여러 형태의 저항에 부딪히면서 매우 제한적인 형태로 1차 개편이 이뤄졌다. 대규모 조직개편을 가장 손쉽게 할 수 있는 시기는 취임 초이기는 하지만, 개편에 대한 합의가 형성되지 않았을 때 오히려 대통령이 추진하고자 하는 개혁과제는 이루기 어렵게 된다. 문민정부 1차 정부조직 개편이 원래 안에서 축소된 이유도 이러한 맥락에서 해석된다(조정규, 2004: 184~189). 그러나 김영삼 대통령은 1994년 예상하지 못한 시점에서 2

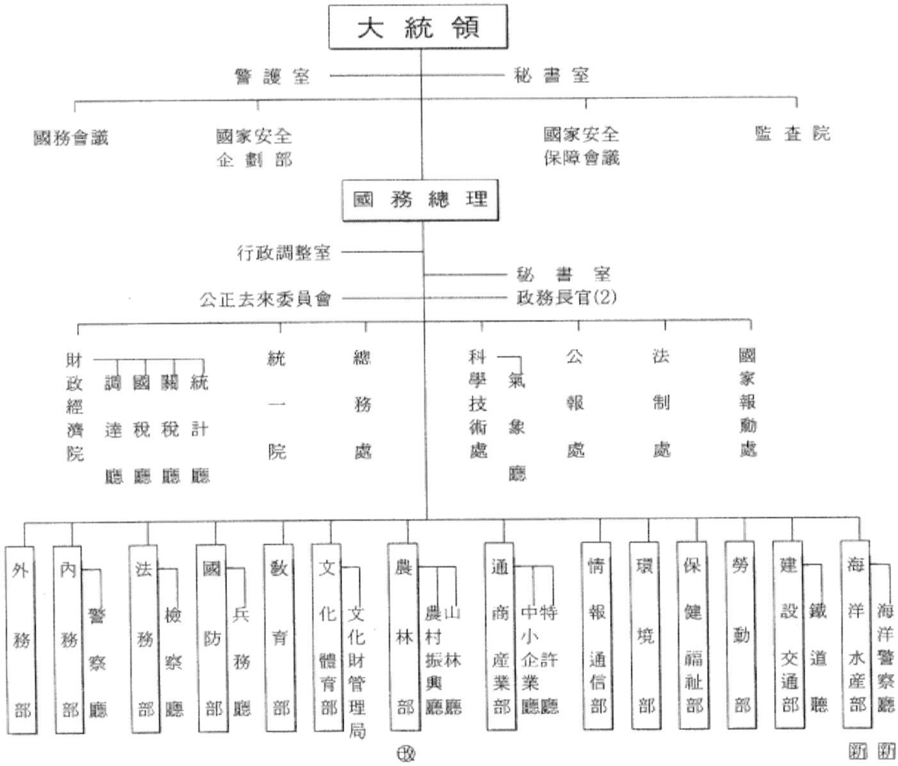

그림 1-1-5 문민정부 4차 정부조직 개편(1996년 8월 8일)

자료: 행정자치부(1998: 174).

차 정부조직을 개편하게 되는데, 취임 초기부터 지닌 강박에 가까운 '작은 정부 구현'에 대한 실현으로 해석되기도 한다(강신택, 1995: 52).

제5절 입법부 및 사법부와의 관계

1. 입법부와의 관계

입법부의 가장 중요한 책무 가운데 하나는 행정부를 견제해 민주주의를 실현하는 것이다. 그러나 한국 정치에서 항상 문제가 되어온 것처럼 대통령의 강력한 통치권으로 인해 행정부와 입법부의 관계는 견제와 균형이라기보다는 행정부, 좀 더 정확하게는 대통령의 영향에서 자유롭지 못했다(박찬욱 · 원시연, 2008: 377).[15] 그러나 최근에는 국회에서도 과거 행정부 중심의 법안 발의에서 의원입법이 점차 증가하고 있어 입법부가 입법권을 통해 행정부를 견제하려는 움직임이 활발하게 전개되고 있다.

한국의 현실 정치의 측면에서 볼 때 행정부와 입법부와의 관계는 각기 헌법에 명시된 권한과 의무를 실현하는 것이 아니라 입법부에 대한 대통령의 인식과 국회의 여야 구조에 의해 상당 부분 결정되어 왔다. 즉, 한국 정치사에서 입법부는 대통령의 통치를 원활히 수행할 수 있는 지원자, 보조자의 역할이 주가 됐고, 국회의 이러한 피동적인 역할 수행은 우리나라 정당정치의 '당 대표 → 당 대선 후보 → 대통령 당선'이라는 구조 속에서 여당에 대한 대통령의 지속적인 영향력에서 자유롭지 못했던 것이다. 이에 더해 과거 당 대표로서 대통령이 국회의원 선거 시 공천권을 행사할 수 있고, 권력의 정점에서 막대한 정치자금을 조달해 이를 소속 국회의원과 정당활동에 지원했던 점도 대통령이 입법부를 통제할 수 있는 한국적 상황이라고 볼 수 있다(박동서, 1996: 83). 이는 우리나라 대통령이 입법부를 국가 통치의 협력자로서 인식하지 않았음을 의미한다고 볼 수 있다. 한편 대통령과 행정부에 대한 입법부의 견제 수준은 궁극적으로 국회가 여대야소의 구조인지 혹은 여소야대의 구조를 갖는지에 따라 상당 부분 결정된다.

문민정부에서 행정부와 입법부의 관계는 기존의 행정부 우월에서 점차 입법부의 권한과 역할이 강화되는 시발점으로 여겨지고 있다. 이는 시대적으로 볼 때 유권자들의 정치의식의 향상으로 국회의원들도 예전의 피동적인 역할과 기능이 더 이상 유효하지 않고, 김영삼 대통령이 오랜 기간 동안 의정활동을 하면서 입법부의 기능에 대해 기존의 대통령들과 다른 가치관을 가지고 있을 것으로 기대됐기 때문이기도 하다(박동서, 1996: 87). 그러나 김영삼 대통령을 '권위적 민주주의자,' '현실주의적 정치가'로 평가하고 있는 이종범(1994: 1128-1130)은 행태적 측면에서 국회가 이전에 비해 크게 달라지지 않아 그 기여하는 바가 크지 않고, 문민정부 역시 의회정치에 의존하기보다는 대통령이 중심이 되는 행정부 주도의 국정운영이라고 보고 있다.

입법부가 독자성을 가지고 행정부를 견제하고 본래의 역할을 수행하는지를 판단할 수 있는 지표 중 가장 직접적인 것은 국회가 갖는 가장 강력한 권한인 입법권의 행사다. 김영삼 출범 1년 전에 개원한 제14대 국회의 법률처리안을 보면 전체 902건의 제출 법

---

15) 박동서(1996)는 의회와 행정부의 관계의 유형을 분리하면서 한국을 행정부 우월형으로 개념화하고 있다.

안 가운데 정부제출 법안이 581건으로 64.4%인 반면, 의원이 발의한 법안의 수는 321건으로 35.6%에 그치고 만다. 더구나 제출 법안의 가결을 살펴보면 정부제출안은 537건이 가결돼 92.2%의 가결률을 보이고 있는데 비해, 의원발의 법안은 60.7%인 119건만이 가결돼 내조를 보이고 있다(박경산, 1997: 6).

입법부의 행태가 이전에 비해 큰 변화를 보이지 않은 것이 입법부 자체의 문제인지 아니면 대통령과의 관계에서 비롯됐는지 명확하지는 않지만 정권 출범 초기 박준규 국회의장의 사퇴를 볼 때 입법부에 대한 대통령의 통제는 과거와 크게 다르지 않다고 볼 수 있다.[16)]

이전의 정부와 같이 문민정부에서도 대통령이 여당을 통해 입법부에 개입한 점은 여전히 행정부 중심의 통제 방식에서 벗어나지 못했다는 것을 의미한다. 그러나 김영삼 대통령의 강한 의지에 바탕을 둔 3대 정치개혁법(공직선거 및 선거부정방지법, 정치자금법, 지방자치법)은 정권 후반부에 실천 의지가 퇴색되긴 했으나, 과거 선거에 으레 등장했던 금권선거와 관권 개입을 상당히 줄였다는 점에서 긍정적으로 평가된다(임성한, 1998: 54-56).

2. 사법부와의 관계

민주주의 체제에서 입법부와 더불어 사법부는 행정부를 견제해야 하는 중요한 국가기관이다. 입법권 행사나 정부예산안 확정 등을 통해 행정부를 사전적이고 적극적으로 견제할 수 있는 입법부와는 달리 사법부는 행정부의 행정행위에 대한 위헌·위법 판결을 통해 행정부를 사후적으로 견제하는 역할을 하게 된다. 사법부가 헌법상의 권한과 책임을 다하기 위해서는 무엇보다도 사법부의 독립성과 중립성이 중요한 가치로 작용한다. 사법부의 독립성과 중립성은 사법부 운영과 재판 과정의 두 가지 측면에서 충족돼야

16) 박준규의 사퇴는 헌정 사상 발생한 5번의 국회의장 중도 퇴진 중 네 번째에 해당한다. 첫 번째는 1948명 제헌국회 개헌 후 초대 국회의장 이승만이 취임 두 달 만에 대통령에 선출되며 사퇴했고, 두 번째는 1960년 4·19 혁명으로 인해 제4대 국회 이기붕 의장이 제명됐다. 세 번째는 1979년 제10대 국회의 백두진 의장이 10·26 사태로 사임했고, 네 번째 박준규 의장의 사퇴와 2012년 제18대 국회의 박희태 의장이 2008년 한나라당 전당대회 돈 봉투 파문으로 사퇴했다. 부동산 투기와 같은 재산 증식의 과정에 문제가 있다는 표면적 이유와는 달리 당시 박준규의 국회의장직 사퇴는 1992년 당내 경선과 대선 과정에서 비협조적이었다는 지적도 있다(박경산, 1997). 박준규 사퇴 이후 매우 신속하게 후임 국회의장으로 이만섭이 결정됐다. 이 배경에 대해 이만섭이 민자당에 입당 후 김영삼 대통령 후보 만들기에 적극적이었을 뿐만 아니라 박준규를 포함한 민정계의 위축을 무마하기에 적임자로 언론은 보도하고 있다(서울신문, 1993. 4. 2).

한다. 전자가 법관의 임면에 관한 형식적인 독립이라면, 후자는 법관은 헌법과 법률 그리고 자신의 양심에 따라 판결해야 한다는 실질적인 독립을 의미한다(표시열, 2008: 425).

사법부를 이루는 가장 중요한 구성체가 법관이라고 볼 때 개인 법관은 법원의 일부가 아니라 그 자체가 제도로서의 의미를 갖는다. 법관의 직분이 법을 만드는 것이 아니라 현존하는 법이 무엇인지를 선언하는 것이라면, 이 같은 법관의 직분은 법을 만드는 입법부를 견제하고 통제하는 의미를 내포하고 있다. 법의 올바른 해석을 통해 사회의 질서를 유지하는 법관의 역할을 비춰볼 때 사법부는 통상적으로 보수적인 성향을 갖는다(최승재, 2014). 사법부의 보수성은 국가의 다른 조직이나 기관과는 달리 기존 질서의 틀에서 크게 벗어나지 않는 경향을 보인다. 그러나 사법부의 보수성이 법관으로서 직분을 수행하는 데 보여져야 함에도 불구하고 한국 사회에서 사법부의 보수성은 관료적이거나 권위주의와 같은 법관 개인의 행태와 법원의 조직문화적 차원에서 발현되는 측면이 강하다. 한국 사법부의 보수성은 독립성과 중립성의 보존보다는 오히려 정치적 영향력에 취약하게 만들어 사법부의 독립성과 중립성을 훼손시키는 결과를 낳았다. 이런 맥락에서 여전히 한국 사법부의 독립성과 중립성은 좋은 평가를 받지 못하고 있다. 이러한 여건 속에서 지금까지 발생한 네 차례의 '사법파동'은 훼손된 사법부의 독립성과 중립성을 되돌리기 위한 사법부 내부의 저항으로 이해된다.[17]

문민정부가 출범한 지 채 두 달 남짓 후인 1993년 4월 29일에 촉발된 제3차 사법파동은 서울지방법원 서부지원 김종훈 판사가 법원 상층부에 사법개혁을 촉구하는 의견서를 제출하면서 시작됐다.[18] 김종훈 판사의 의견서를 시발점으로 서울민사지법 단독판사 40명이 주축이 되어 '사법부 개혁에 관한 우리의 의견'을 발표하게 되고, 사법연수생들이 의견서를 지지하는 성명서를 발표했다. 제3차 사법파동으로 인해 변호사 시절의 재산축적과 관련해 논란이 됐던 김덕주 대법원장은 임기가 만료되기 이전에 퇴임을 하게 되고, 이어 윤관 대법관이 후임 대법원장으로 취임하게 된다(한겨레신문, 2010. 6. 14). 제3차 사법파동은 문민정부가 들어서면서 과거 권위주의 체제 하에서 정치적 판결에서 자유롭지 못했던 사법부 내부의 자성이면서 사법부의 독립성과 중립성을 회복하는 개혁의 요구라고 볼 수 있다.

---

17) 지금까지 사법파동은 1971년, 1987년, 1993년, 2003년 네 차례 발생했다.

18) 의견서에는 "우리 법관들 중 누가 감히 국민들에게 비친 우리의 모습이 헌법정신에 투철하였다고 장담할 수 있는가? 안기부(중정), 검찰, 심지어는 기무사(보안사) 등으로부터 얼마나 자유롭게 재판권을 행사하였는가? 인사권을 통한 간접통제는 없었는가? 왜 법관이 국보위나 대통령비서실에 파견 나가 있었는가?"에 관해 자문한 것으로 알려져 있다(한겨레신문, 2010. 6. 14).

문민정부 시절 사법개혁은 두 시기로 나눠 볼 수 있다. 첫 번째 시기는 1993년 11월부터 1994년 1월까지 3개월 동안 활동한 사법제도발전위원회고, 두 번째 시기는 1995년 1월에 발족된 세계화추진위원회다. 위에서 언급한 문민정부 초기에 발생한 3차 사법파동의 연장선에서 사법부의 독립을 위한 소장판사의 요구에 응하기 위해 윤관 대법원장이 취임한 직후 1993년 11월에 대법원이 설치한 사법제도발전위원회(위원장: 현승종 전 국무총리)는 대법원장과 위원회 의원들이 제의한 총 29개 안건에 대해 15차례의 분과위원회와 전체회의를 통해 1994년 2월 16일 대법원장에게 전달하는 '건의문'의 형식으로 사법제도 개선안을 제출했다. 이 건의문은 국민의 편익 보장(4개 항목), 국민의 인권 강화(2개 항목), 재판의 공정성 확보(8개 항목), 사법권 독립 강화(7개 항목), 법률문화 발전 촉진(2개 항목)을 중심으로 7개 부문에 걸쳐 총 29개 항목으로 구성됐다.[19] 사법제도발전위원회 건의문에는 비교적 여러 차원의 사법개혁 안이 포함돼 있었지만 건의문에 대한 사후 조처는 대개 법원의 업무 경감이나 편의 증진에 관한 제도 개선에 그쳐 성공적인 사법개혁 과정으로 평가되지 않고 있다.

문민정부에서 주도된 두 번째 사법개혁은 1995년 국무총리 소속으로 출범한 세계화추진위원회(공동위원장: 이홍구 국무총리, 김진현)의 중점 과제에 포함됐다. 위원회의 명칭이 말해 주듯 세계화추진위원회는 한국 사회 각 분야의 세계화를 위해 만들어진 조직이고, 위원회 출범 초기 회의를 통해 6개 분야에서 19개 중점 추진과제를 정했다. 이 중 사법개혁과 관련해 '법률 서비스 향상과 사법시험제도 개선'이 중점과제의 하나로 포함됐다(사법개혁추진위원회, 2000: 11-12). 세계화추진위원회의 틀 안에서 고려된 의제는 로스쿨 도입, 법조인 수 확대, 공익법무관 등을 통한 법률복지 확충, 법관 임용 방법 개선, 법률시장 개방 대응 등 다양한 내용이 있었으나 사법시험 합격자 수를 증원하는 것 이외의 의미 있는 사법개혁을 이루지 못한 것으로 평가된다(사법제도개혁추진위원회, 2006: 26).

결론적으로 문민정부에서 행정부와 입법부, 사법부의 관계는 큰 틀에서 과거의 관행과 크게 다름이 없다. 과거 왜곡된 3부의 관계를 재정립하기 위해서는 무엇보다 헌법의 가치와 원칙을 확보할 수 있는 개혁이 이뤄졌어야 함에도 불구하고 문민정부 하의 입법과 사법개혁은 근원적인 개혁에 다가가지 못했다.

19) 사법제도발전위원회 건의문 전문은 고시계(1994) 참조.

참고 문헌

강신택 (1995). 문민정부 행정개혁의 특성: 하나의 해석, 행정논총, 33(2): 39-57.

경제기획원 (1993). 경제백서: 1993년판. 서울: 경제기획원.

고시계 (1994). 사법제도발전위원회 건의문. 고시계, 4월호(통권 제446호): 218-222.

대통령자문 정책기획위원회 (1998). 미래를 향한 변화와 개혁: 문민정부 5년의 개혁정책을 평가한다. 서울: 대통령자문 정책기획위원회.

박경산 (1997). 김영삼 정부시대의 정치와 의회. 한국정치학회 9월 월례발표회.

박동서 (1996). 문민정부하의 의회와 행정부와의 관계, 의정연구, 3: 74-93.

박찬욱·원시연 (2008). 입법부와 행정부 관계. 한국행정연구원(편), 한국행정 60년, 1948-2008, 제1권. 파주: 법문사.

사법개혁추진위원회 (2000). 민주사회를 위한 사법개혁: 대통령 자문위원회 보고서. 서울: 사법개혁추진위원회.

사법제도개혁추진위원회 (2006). 사법 선진화를 위한 개혁: 사법제도개혁추진위원회 백서(상). 서울: 사법제도개혁추진위원회.

이시원·민병익 (2002). 우리나라 역대 정부 장관의 재임기간 및 배경분석, 한국행정연구, 11(3): 53-82.

이종범 (1994). 김영삼 대통령의 리더십 특성과 국정관리 유형: 문민정부 1년의 정책평가, 한국행정학보, 28(4): 1127-1140.

임성한 (1998). 김영삼 정부 주도하의 정치개혁법이 한국 정치에 미친 영향, 사회과학연구, 37: 35-57.

조정규 (2004). 발전국가적 성격의 지양: 문민정부의 정치·행정개혁정책을 중심으로, 동북아연구, 9: 169-200.

표시열 (2008). 행정부와 사법부의 관계. 한국행정연구원(편), 한국행정 60년, 1948-2008, 제1권. 파주: 법문사.

한국갤럽 (2012). 한국갤럽 역대 대선 정치지표: 1987년(제13대)~2012년(제18대) 대통령 선거 후보 지지도 추이.

행정안전부 (2008). 정부조직개편 백서. 서울: 행정안전부.

행정자치부 (1998). 정부조직변천사. 서울: 행정자치부.

황혜신·민소정 (2005). 역대정부와의 비교론적 관점에서 본 참여정부의 정부혁신. 서울: 한국행정연구원.

김호균 (2001). 특별기획: 대한민국 공무원의 경쟁력-노태우·김영삼·김대중 정부의 장관성적표, 신동아, 10월호. http://www.donga.com/docs/magazine/new_donga/200110/scoop04.html(검색일: 2014.05.01.\).

동아일보 (1990). 신당선언 4당 대표의 시각. 1월 22일. http://www.kinds.or.kr/(검색일: 2014.08.07).

동아일보 (1998). 비회 문민정부②/문민개혁의 탄생: 사라진 동숭동 프로젝트. 1월 2일. http://news.donga.com/3/all/19980102/7311507/1(검색일: 2014.04.25).

서울신문 (1993). 여권 안정 위한 카드타이밍 선택. 4월 2일. http://www.kinds.or.kr/(검색일: 2014.08.14).

세계일보 (1992). 교수 49.5% "대선 때 YS에 투표". 12월 30일. http://www.kinds.or.kr/(검색일: 2014.08.07).

시사저널 (1994). 총리는 무엇으로 존재하는가. 6월 6일, 236호. http://www.sisapress.com/news/quickViewArticleView.html?idxno=33316(검색일: 2014.04.30).

정두언 (2004). 이회창 총리 사표파동의 전말, 정두언칼럼. http://www.doodoodoo.co.kr/01_dooun/index05.php?bbs_id=jungdoouncolumn&num=113&page=14&key=&keyword=&btype=bbs&mode=view&pageNum=1&subNum=&Rollover=(검색일: 2014.04.30).

중앙일보 (2013a). 고건의 공인 50년 〈94〉 97년 총리로 공직 복귀, 6월 28일. http://article.joins.com/issue/issue_news.asp?sid=6930&pn=2(검색일: 2014.04.30).

________ (2013b). 고건의 공인 50년 〈95〉 규제개혁 '제1과제', 7월 1일. http://article.joins.com/issue/issue_news.asp?sid=6930&pn=2(검색일: 2014.04.30).

한겨레신문 (2010). 한홍구 교수가 쓰는 사법부: 회한과 오욕의 역사, 제54회~제3차 사법파동과 '정치판사' 논란, 6월 14일. http://www.hani.co.kr/arti/SERIES/214/425522.html(검색일: 2014.04.25).

한국일보 (1992). 경제분야('92 대선/3당 정책 종합점검: 2). 12월 5일. http://www.kinds.or.kr/(검색일: 2014.08.07).

________ (1992). 본사미디어 리서치 대선 이후 여론조사. 12월 21일. http://www.kinds.or.kr/(검색일: 2014.08.07).

________ (2010). 문민정부 초대 총리 故 황인성 전총리, 10월 11일. http://news.hankooki.com/lpage/politics/201010/h2010101116542721000.htm(검색일: 2014.04.25).

안전행정부 정부조직관리정보시스템. https://org.mospa.go.kr (검색일: 2014.04.01).

위키백과. 김영삼 정부. http://ko.wikipedia.org (검색일: 2014.04.21).

중앙선거관리위원회 홈페이지. http://info.nec.go.kr (검색일: 2014.04.21).

최승재 (2014). 워렌 코트를 넘어, 사법부에서의 '보수(conservatism)'의 의미: 대법원장 윌리엄 랭퀴스트, http://webzine.seoulbar.or.kr(검색일: 2014.04.29).

제 2 장

김영삼 정부 국정운영의 목표 및 방향[1)]

이남국
부경대학교

제 1 절 국정운영의 비전 및 목표

군사정부 시절을 마감하고 출범한 김영삼 정부는 문민정부를 기치로 국정운영의 비전으로 '변화와 개혁을 통한 신한국 창조'를 천명했다(대통령 취임사, 1993. 2. 26). 이에 따른 국정운용 목표로서 깨끗한 정부, 튼튼한 경제, 건강한 사회, 통일된 조국, 세계화 등 다섯 가지를 제시했다. 이 가운데 주요 국정운용 목표 중 '세계화'는 1995년에 추가됐다(황혜신, 2005: 3).

김영삼 정부의 국정운영을 위한 비전과 목표는 주로 대통령 취임사에서 윤곽이 잡혀 있으며, 이후 8·15 광복절 기념사 등에서 추가되기도 했다. 김영삼 대통령은 당시 취임사에서 '변화와 개혁을 통한 신한국 창조'를 위한 주요 과제로서 다음 세 가지를 제시했다. 첫째는 위로부터의 개혁을 통한 부정부패 척결, 둘째는 경제의 부활, 셋째는 국가

1) 이 연구를 수행하는 데 아이디어와 관련 자료를 제공해 준 한국행정연구원 김영록 박사께 감사의 말씀을 전한다.

기강 확립인데, 이를 좀 더 구체화한 것이 〈표 1-2-1〉이다.

표 1-2-1 김영삼 대통령 취임사에 나타난 국정운영 목표

영역	세부 내용
정치 목표	• 국가 기강 확립을 통한 밝은 정치 확립
	• 희망과 행복을 안겨주는 생활 정치 확립
	• 국민과 함께 하는 정부로의 변화
경제 목표	• 경제 활력 회복, 자율과 경쟁 보장
사회·복지 목표	• 부정부패 척결
	• 신경제 창조를 위한 경제 활력 회복
	• 새로운 사회를 위한 변화와 개혁
	• 신한국 창조를 통한 성숙한 민주사회 건설
	• 정의와 화해의 시대로의 도약
	• 신한국 창조를 위한 국민 모두의 동참
	• 인간교육을 위한 신교육
통일 목표	• 평화로운 통일 조국 건설
	• 통일을 향한 협력 자세, 김일성 주석과 민족 장래에 대한 논의

자료: 박성문(2007: 123).

또한 김영삼 정부의 공보처는 정부의 비전인 신한국 창조를 위한 4대 목표를 〈표 1-2-2〉와 같이 설명하고 있다(공보처, 1997a: 38-41).

표 1-2-2 신한국 창조를 위한 4대 목표 정의 및 추진 방향

목표	정의 및 추진 방향
깨끗한 정부의 수립	• 깨끗한 정부: 국정을 맡고 있는 공직자들이 깨끗한 삶을 실천해 국민의 신뢰를 받는 정부를 의미 • '윗물 맑기 개혁': 밀실정치를 청산하고 투명한 정치, 맑은 행정을 추진 • 공직자 재산 공개 등의 내용을 규정하는 등 「공직자윤리법」을 개정, 선거법을 개정하고 「통합선거법」을 제정해 깨끗한 정치를 실현시킬 제도적 기반을 확충
튼튼한 경제	• 개혁이 경제회생의 기반 조성임을 강조해 경제행정 규제를 완화하고 금융개혁 등 제도적인 개혁을 추진 • '신경제 5개년 계획': 문민정부의 경제청사진 • '신경제 100일 계획': 공무원 봉급 인상분 반납, 정원 감축 등의 경상경비 지출 감축, 경기활성화 정책 추진, 금융부문의 자율화, 기업 활동의 자율성 제고

건강한 사회	• 건강한 사회: 무질서 · 무권위 · 무기강 · 집단이기주의 · 황금만능주의 · 한탕주의 · 원칙 실종으로 얼룩진 우리 사회의 가치관을 공명정대하게 복원하는 일 • 땀 흘려 일하는 사람, 정직한 사람이 대우받는 사회, 품격 있는 사회의 실현을 보장하는 사회가 건강한 사회임 • 대학 부정입학 실상, 군 진급비리, 슬롯머신 사건까지 사회 각계각층의 부정과 비리에 성역 없는 개혁을 추진
통일된 조국	• 통일: 우리 민족의 대과업이며 인류 평화와 번영에 기여할 수 있고 민족의 역량을 키울 수 있는 길 • 통일을 단계적이고 평화적으로 실현하기 위해서 첫째, 민족복리를 우선으로 하는 통일정책, 둘째, 북한을 공존공영과 개방으로 유도하는 통일정책, 셋째, 국민적 합의와 참여를 바탕으로 한 통일정책을 추진

자료: 공보처(1997a: 38-41).

제 2 절 국정기조 및 국정과제

김영삼 정부는 출범과 함께 과거 군사정부 시절과 단절하기 위한 조치로서 강력한 개혁정책을 국정기조로 삼았다. 특히 신한국 창조라는 국정지표에 따라 3단계 개혁 조치를 천명했는데, 3단계 개혁 조치는 위로부터의 개혁, 단계적 개혁, 사회 틀을 바꾸는 개혁 등으로 요약할 수 있다(김병문, 2005: 10).

표 1-2-3 3단계 개혁 조치

단계	특징
위로부터의 개혁	• 정치자금을 받지 않겠다고 선언함 • 재산 공개를 비롯해 개혁을 주도하며 몸소 실천함 • 주요 개혁정책이 대통령 자신의 결단과 실천으로 추진됨
단계적 개혁	• 군부통치와 고도 성장 과정에서 야기된 잘못된 관행, 의식, 제도를 개혁하고 사회 기강을 바로 잡는 정상화를 위한 개혁에 초점을 둠 • 군의 정치 개입 방지, 권력 비리 등 각종 사회비리, 정경유착 비리 근절을 위해 법 · 제도적 장치를 마련함 • 공직자 재산 공개, 공직자 윤리법 강화 및 경제정의의 기틀을 마련하기 위해 금융실명제를 단행함

사회 틀을 바꾸는 개혁	• 세계화 개혁에 착수함 • 한국 경제의 경쟁력 제고를 위한 개방과 경제구조 조정 등 경제 질서 개편, 지식정보 시대를 준비하는 정보화 추진 전략, 사회복지 구상, 사법개혁, 교육 개혁 등이 추진됨 • 세계화 개혁을 한국 사회의 근본을 바꾸는 개혁으로 추진됨

자료: 김병문(2005: 10).

또한, 김영삼 문민정부 출범과 함께 시작된 1단계 변화와 개혁을 통한 신한국 창조, 2단계 세계화, 3단계 역사바로세우기가 주요 국정과제로 제시됐다. 이러한 주요 국정과제는 다음과 같이 구체화됐다.

1. 부정부패 척결로 사회 기강 확립

김영삼 정부는 부정부패 문제를 사회 일각의 병폐가 아니라 사회 전반에 광범위하게 오염돼 있는 구조적·고질적 한국병으로 규정했다. 따라서 국민의 일할 의욕을 잃게 만들고 사회정의와 가치관을 흐려놓는 부패와 부조리를 근원적으로 제거·개선해 깨끗한 정부, 신뢰받는 정부의 기틀을 마련하고, 나아가 국가 기강을 바로 세움으로써 사회 각 부문의 효율성과 생산성을 끌어올리고자 부정부패 척결작업을 역동적으로 추진하고자 했다. 그 주요 추진 내용은 〈표 1-2-4〉와 같다.

이전 정부에서도 부정부패 척결에 대한 정책은 다양하게 전개돼 왔으나 문민정부라는 자신감을 바탕으로 김영삼 정부는 매우 강력한 관련 정책을 전개했다. 특히 대통령의 재산 공개를 비롯한 고위 공직자의 재산 등록 및 공개는 지금까지도 당시의 정책이 바탕이 된 제도라는 점에서 매우 의의가 크다고 할 수 있다. 또한 금융자산에 대한 투명성을 확보하는 데 의지가 강해서 결국 금융실명제를 제도화하는 데 성공했다. 또한 공공부문에 대한 사정 및 감찰을 강화해 공무원 부정부패를 줄이는 데 일정 부분 성과를 거두기도 했으며, 이를 위해 감사원 조직을 강화했다. 또한 이러한 채찍뿐만 아니라 공무원 보수 현실화 4개년계획을 수립해 실천함으로써 실질적으로 공무원의 사기를 진작하고 구조적인 부패의 고리를 끊기 위해 노력했다고 할 수 있다.

김영삼 정부의 부정부패 척결 정책은 제도적인 측면에서 상당한 기반을 마련하는 데 성공했다. 그러나 친인척 비리, 권력형 비리를 완전히 근절하는 데 실패했고, 이러한 상황에서 정부정책이 국민들의 완전한 신뢰를 얻지는 못했다.

표 1-2-4 부정부패 척결을 위한 주요 내용

구분	주요 내용
부정부패 척결을 위한 제도적 장치 마련	• 대통령 재산 공개 • 공직자 재산 등록 및 범위 확대 • 부정부패로 얻은 불법수익 환수 • 금융자산 조사의 실효성 확보 • 공무원 직무 관련 범죄에 대한 고발 강화 • 행정의 투명성·민주성 제고
관련 기구 보강	• 부정방지대책위원회 설치·운영: 감사원장 자문기구로 국가사정활동의 방향을 제시하고 금융·세무·경찰·건축·교육·환경·의료 등 23개 분야 부조리 실태 및 방지대책을 심의 • 감사원 조직 및 기능 보강: 감사원법을 개정하여 회계감사 위주의 감사활동 지휘체계를 보완하고 직무감찰 전담 사무차장 신설, 감사 범위 확대, 감사교육원 설치 • 정부 사정 기능 활성화 사정업무지침을 개정해 사회 기강 확립 관련 관계 부처 의견조정기구 설치, 자치단체에 대한 사정 업무 지원 근거 마련
부패 방지를 위한 여건 개선	• 인사제도 개선: 개인별 업무 목표에 따른 새로운 근무평정제도 도입, 중앙부처 및 소속기관의 주요 과장·계장 직위에 복수직급제 도입 • 보수 등 처우 개선: 공무원 보수 현실화 4개년계획 수립, 국내외 출장여비 등 필요 경비 현실화, 초과근무수당 개선 • 근무 생산성 향상 시책: 토요전일근무제 도입, 시(時)테크 근무제 도입

2. 역사바로세우기

역사바로세우기가 국정과제로 공식 선포된 것은 1995년 12월 12일이다. 소위 12·12 사태가 발생한 지 16년째 되는 날로 30여년 군사독재의 역사를 바로잡기 위한 각오와 의지를 천명했다. 역사바로세우기는 첫째, 일제 시대의 잔재 청산과 훼손된 항일독립운동의 복원을 통한 민족적 정통성 회복, 둘째, 해방 이후 민주화운동을 비롯한 격동적 사건의 재조명과 재규정을 통한 민주화 역사 복원, 셋째, 불법적인 권력 찬탈의 역사와 단절하기 위한 군사 쿠데타에 대한 단죄를 의미했다.

역사바로세우기 첫 단계를 상징하는 핵심 사업은 구조선총독부 철거와 경복궁의 복원이었다. 1993년 8월 '민족자존심과 민족정기 회복을 위해 구조선총독부 건물을 조속히 해체하고 5천년 문화민족으로서의 긍지에 합당한 국립중앙박물관을 국책사업으로 건립하라'는 지시에 따라 광복 50주년 기념 3·1절을 기해 철거선포식을 갖고 철거작업에 들어갔다.

표 1-2-5 역사바로세우기의 단계적 진행 상황

1단계	2단계	3단계
• 일제 잔재 청산 • 독립운동 복원 • 구조선총독부 건물 철거 • 쇠말뚝 제거 및 고유지명 찾기 • 독립유공자 발굴 및 포상 • 국외 안장 독립유공선열 유해 봉환 • 독립운동 사료 수집 및 문헌 발간 • 국외 독립운동 유공자 국내 이주 지원	• 민주화운동의 재정립 • 4·19이념의 재조명 • 4·19묘지 민주성지화 및 기념도서관 재건립 • 5·18국가기념일 제정 • 5·18희생자 국가보상	• 군사문화의 청산·단죄 • 5·16, 12·12 쿠데타 규정 • 5·18특별법 제정

자료: 공보처(1997d: 34).

다음 2단계로 해방 이후 민주화운동 및 반민주적 사건에 대한 재규정을 통해 한국 현대정치사를 민주화 관점에서 재구성하는 작업을 실시했다. 이에 5·16을 쿠데타로, 12·12를 쿠데타적 사건으로 규정하고 이후 4·19에 대한 재조명을 실시했다. 문민정부는 4·19를 혁명으로 정의하고, 1995년 「국가유공자 예우 등에 관한 법률」과 「국가유공자 등 단체 설립에 관한 법률」 등 관련 법령을 개정해 재정립된 4·19 정신과 이념을 초중고 교과서에 반영했다.

3단계로 12·12와 5·18 군사 쿠데타에 대한 법적 심판은 5·18 특별법이 제정됨으로써 구체화됐다. 이를 통해 전두환, 노태우 전 대통령을 구속하고 법정에 세움으로써 역사바로세우기 작업의 정점을 찍었다고 볼 수 있다.

이러한 역사바로세우기와 관련해 정치적 의도에 관해 이견이 있으나 다음과 같은 의미를 지닌다고 볼 수 있다.

첫째, 한국 현대사를 이끌어온 민주화와 산업화를 실질적으로 통합할 수 있는 기반을 구축했다.

둘째, 5·18 광주민주화운동이 정당하게 역사적으로 자리매김함으로써 사회통합의 계기를 마련했다는 것이다.

셋째, 비자금 사건과 더불어 개발독재의 부정적 유산인 정경유착 구조의 중심에 전 대통령들이 있었다는 사실이 드러나면서 정경유착 구조와 부정부패 구조와의 단절과 금융실명제의 효과를 보여줄 수 있었다.

넷째, 상하이임시정부의 법통 확립과 일제 시대의 잔재에 대한 청산작업, 그리고 민주화운동의 역사적 재평가작업 등은 민족정기를 다시 확립하는 데 기여했다.

3. 권위주의 청산과 깨끗한 정치 실현

5·16 군사 쿠데타 이후 집권한 군부정권은 권위주의적 통치 방식의 정당성을 산업화와 경제 발전에서 찾았다. 짧은 기간에 비약적인 경제 성장을 이루기 위해서는 권위주의적 통치가 불가피하고 시민적 자유와 권리가 부분적으로 유보될 수밖에 없다는 개발독재의 논리를 펼쳤고, 이에 대한 동의를 전국가적으로 강요했다. 그러나 김영삼 정부는 비정상적이고 정당성이 결여된 군사 권위주의 체제를 해체하고 진정한 의미의 문민성과 민주성을 확고히 함을 천명하여 이전 정부와 차별성을 두려고 했다. 이를 위해 권위주의 잔재를 청산하고 문민 우위의 원칙을 확립해 올바른 민주정치와 깨끗한 정치의 틀을 구축하는 것을 최우선 과제로 삼았다. 관련 정책은 다음과 같다.

첫째, 김영삼 정부는 권위주의 청산을 위해 청와대부터 개혁을 실시했다. 청와대 앞길과 인왕산 등산로를 개방하고 지방 청와대 5개소를 문화시설로 활용하기도 했다. 또한 대통령의 하계별장 등 6개의 대통령 전용시설 국민에게 개방했고, 안전가옥 12개소를 철거했으며, 국회의사당·올림픽 경기장·김포공항 등의 공공시설의 대통령 전용귀빈실 8개소를 폐지했다. 또한 국무회의에 안기부장과 경호실장을 제외시키고 대통령의 헤드테이블을 설치하지 않고 각료와 수석비서관들 사이에 섞여 회의를 주재하기도 했다.

둘째, 김영삼 정부는 국가안전기획부, 국군기무사, 대통령경호실의 기능과 기구를 개편했다. 먼저 국가안전기획부장에 대학교수 출신을 임명하고 조직을 대폭 축소했으며, 국회 정보위원회에서 안기부의 운영을 감독하고 예산을 심의하도록 제도적 통제장치를 마련했다. 또한 군 개혁을 통해 '하나회' 등 사조직을 제거하고 관련 인사들을 보직 이동시키거나 자진 전역 등 인사 조치를 단행했다. 그뿐만 아니라 국군기무사와 대통령 경호실을 개혁했는데, 국군기무사는 사령관의 직급을 하향 조정하고 대통령 직보 체제를 철폐했으며, 경호실 또한 경호실장의 직급을 차관급으로 낮추고 인사 업무 영역을 조정하여 월권행위를 방지했다.

셋째, 김영삼 정부는 의회가 정치의 중심이 되도록 국회제도를 개선했다. 이를 위해 1993년 12월 국회의장 자문기구로서 '국회제도개선위원회'를 설치했다. 김영삼 대통령의 권위주의 청산·깨끗한 정치 실현을 위한 개혁 조치는 재산 공개에서 시작됐으며, 이를 계기로 공직자윤리법개정안이 임시국회에서 통과돼 시행됐다. 또한 1994년 3월 여야 합의를 통해 통합선거법, 정치자금법을 개정해 깨끗한 정치를 위한 제도적 틀을 마련했다. 소위 '돈 안 드는 선거, 깨끗한 선거, 공정한 선거'를 통해 깨끗한 정치를 실현하고자 「공직선거 및 선거부정방지법」(일명 통합선거법)을 제정해 선거운동의 자유는 확대하고 불법선거운동에 대한 규제 및 제재는 강화하는 정책을 시행했다. 또한 정치자금법 개정을 통해 후원회 제도를 대폭 확대하고, 정당에 대한 국가보조금 지급도 확대했다.

넷째, 지방자치법을 개정해 1995년 6월 우리나라 선거 사상 최초로 15개 광역자치단체와 기초자치단체의 단체장 및 지방의원을 선출하는 4대 지방선거가 실시됐다. 이는 지역주민의 참여기회를 확대시키기 위해 자치단체의 주요 사항에 대해 주민이 직접 참여하여 주민투표로 결정할 수 있는 제도적 근거를 마련했다는 데 역사적 의의가 있다. 또한 자치단체가 보유 및 관리하는 정보와 행정자료를 제공해 행정에 대한 주민 참여를 활성화시키고 행정운영의 투명성을 높이는 데 기여했다. 동시에 지방행정 기능과 자율성을 확대시키기 위한 일환으로 국가사무를 지방으로 이전하는 데 주력했다.

이러한 김영삼 정부의 탈권위주의, 민주화, 의회 중심 정치제도 마련 노력 등은 다른 정책 영역에 비해 당시 국민들에게 높은 평가를 받았다고 볼 수 있다. 1994년 서울대 사회과학연구소가 실시한 정치민주화 의식조사 결과에 따르면, 완전독재 1점, 완전민주 10점으로 할 때 전두환 정부는 3.35점, 노태우 정부는 4.85점, 김영삼 정부는 6.63점으로 평가되기도 했다(한겨레신문, 1994. 5. 24). 문민정부가 확보할 수 있는 정치적 자신감을 바탕으로 민주화정책을 꾸준히 펼친 결과라고 할 수 있다.

4. 국가경쟁력 강화와 경제정의 실현

김영삼 정부 출범 당시의 경제는 1980년대 말의 경기 과열에 따른 후유증으로 경제성장이 둔화되고, 임금 및 부동산 가격의 급등과 사회간접자본 부족 등으로 인해 제조업 분야의 경쟁력 약화 현상이 두드러지게 나타나는 어려운 상황이었다. 대외적으로 지역별 블록화가 진행됨과 동시 우루과이 라운드 등 새로운 국제 통상관계가 모색되고 있었으며, 이 과정에서 농산물 및 금융시장에 대한 개방 압력이 가중되고 있었다. 김영삼 정부는 출범 당시 경제 활력 회복을 시급한 과제로 인식하고 '신경제 100일 계획'을 마련하고 동시에 경제·사회의 체질을 바꿔 선진 경제 사회로 원활히 진입할 수 있는 기반 조성을 위해 '신경제 5개년계획'을 수립·추진했다. 이 계획에서는 성장잠재력의 확충에 초점을 맞추면서도 성장과 안정 조화를 도모하고, 우리 경제의 국제적 위상 제고를 위해 국제시장 기반의 구축을 도모하면서 개방화와 국제화를 추진했으며, 국민생활 여건의 개선을 통해 국민경제 형평성을 제고하고자 했다. 금융실명제, 부동산실명제, 금융개혁, 자본시장 개방화와 국제화, OECD 가입, 재정 · 세제개혁, 노동관계법 제정, 중소기업청 설치 등이 핵심적인 내용이라고 할 수 있는데, 대략적인 내용은 다음과 같다.

첫째, 금융실명제는 실명에 의거한 금융 거래를 의무화하는 단순한 조치임에도 불구하고 정치 · 경제 전반에 걸쳐 심대한 영향을 미치는 핵심적인 개혁으로 인식됐다. 이 제도는 금융 거래질서의 정상화를 통해 조세 형평을 이룰 수 있는 제도적 기반을 구축하는 데 중요한 의의가 있다고 할 수 있다. 이를 통해 금융기관을 통한 자금 흐름의 투명성을 제고하고 음성소득과 불건전 자금 거래를 차단할 수 있는 장치가 마련됐으며, 1995년 도입된 금융소득 종합과세제도는 소득 간 조세 형평을 제고하고자 했다. 당시 금융실명제의 도입은 1993년 8월 12일 대통령 결단으로 '금융실명 거래 및 비밀보장에 관한 긴급재정경제명령'의 형태로 전격 실시했는데, 국회에서 일반적인 법 개정 절차에 따라 금융실명제가 실시될 경우 논의 과정에서 대규모 자금 이탈 또는 금융 경색 등의 부작용을 최소화하기 위함이었다. 금융실명제는 금융기관과 거래 시 실명의 사용 의무화, 기존 비실명 금융자산에 대한 조치, 금융거래 정보의 비밀 보장 강화 조치 등으로 구성됐다. 또한 금융실명제 정착을 위해 실명 확인 절차 간소화, 금융소득종합과세제의 도입 등의 세제 개편, 부동산실명제 등의 제도를 구축했다.

둘째, 김영삼 정부는 '농어촌 발전대책 및 농정개혁 추진 방안'을 마련해 농어업의 경쟁력 강화와 농어촌산업 진흥 및 농업인의 복지 증진을 종합적으로 추진했다. 구체적으로 농지법 제정, 농지 소요 및 이용 · 보전제도의 정립을 통한 구조 개선 촉진, 양정개혁을 통한 쌀 시장 기능 부분적 회복, 유통혁신을 통한 도매시장과 산지유통시설 보강 및 거래제도 투명성 제고, 협동조합 개혁을 통한 조합 운영의 민주화와 경제사업 활성화 도모, 농정 추진체계의 상향식 자율 방식으로의 전환 등의 노력을 수행했다.

셋째, '해양개발기본계획'은 해양 및 해양자원의 합리적인 개발 · 이용과 보전에 관한 종합적이고 기본적인 계획으로서, 국가 해양관리 체제 확립, 해양생물자원 개발, 해양광물 및 에너지 개발, 해양공간의 이용 및 개발, 해양오염 관리 체제 강화 및 해양생태계 보호, 연안역 통합관리, 해양산업의 국제경쟁력 제고, 해양 개발 및 이용의 안전 체제 확립 등의 장기계획을 추진했다.

넷째, 중소기업의 경쟁력 강화를 위해 구조 개선을 통한 경쟁력 강화에 정책 목표를 두고, 생산성을 제고하기 위한 자동화 · 정보화 사업을 적극 추진했다. 또한 다양한 기술 지원 프로그램 수립, 산학연 지역 컨소시엄 결성, 중소기업 신용보증 대폭 강화, 중소기업 전담 부서인 중소기업청 신설 등을 중점적으로 추진했다.

다섯째, 김영삼 정부는 경상수지 개선을 위해 거시경제적 측면에서 통화의 안정적 공급과 재정지출 축소를 통해 총수요 확대를 억제하고 소비를 절약하며 저축을 증대하는 정책을 시행했다. 그리고 물가 안정을 위해서는 미시적인 측면에서 농수산물 유통구조 개선 및 저가 할인형 유통구조 확산, 공기업 경영개신을 통한 공공요금 안정 유도, 경쟁 촉진을 통한 구조적 물가 안정 정착, 소비의 건전화운동 등을 추진했다.

김영삼 정부는 금융실명제의 전격 도입 등 경제의 투명성을 제고하는 데 큰 기여를 했고, '세계화'를 대외 정책뿐만 아니라 국정 전반의 기본 방향으로 선언해 적극 추진했으며, 1996년 OECD 가입은 국제 규범 형성을 위한 논의에 능동적으로 참여해 우리의 국익을 반영하는 한편, 국내 제도와 관행을 국제 수준에 부합되게 개선함으로써 우리 사회의 선진화를 가속화할 수 있는 계기를 마련했다. 그뿐만 아니라 물가 안정과 경제 활력 회복에 꾸준한 노력을 기울이는 한편 경제 틀을 선진화시키기 위한 경제제도와 관행 및 의식 개혁을 지속적으로 추진했다. 그러나 개혁 노력과 성과에도 불구하고 거시경제 실패에 따른 IMF 구제금융 사태를 야기함으로써 국가의 큰 위기를 초래한 것이 사실이다. 또한 규제정책과 공공부문의 개혁에는 기대 수준에 미치지 못했다는 평가를 받고 있다.

5. 행정쇄신: 권위주의에서 봉사행정 시대로

김영삼 정부의 행정쇄신은 개발기 한강의 기적을 이룬 공무원의 엘리트 의식과 권위주의적 행태를 민주화시키고, 동시에 노태우 정권에서 표출된 국민들의 요구에 대해 조정과 통제하는 데 초점이 맞춰졌다.

김영삼 정부의 행정쇄신위원회를 비롯한 개혁위원회가 구상한 과제들은 작고 효율적인 정부 구현, 공직의 세계화 역량 확충, 국민 편익 증진으로 집약된다. 작고 효율적인 정부를 구현하기 위해 정부 출범과 동시에 부처 통폐합을 단행해 동력자원부와 상공부가 합병돼 상공자원부(이후 통상산업부로 개편)로, 문화부와 체육청소년부가 문화체육부로 통합됐다. 전반기에는 1부처 1처를 폐지하고 1,002명의 정원을 감축하기도 했다. 경제기획원과 재경부가 통폐합되어 재정경제원이 됐고 건설부와 교통부가 통합돼 건설교통부로, 환경처가 환경부로, 체신부를 정보통신부로 개편했다. 또한 공정한 경쟁을 통한 국가경쟁력 향상을 위해 공정거래위원회 위원장을 장관급으로 격상했으며, 국민보건 안전을 위한 보건복지부 내 식품의약품안전본부 신설, 중소기업의 보호를 위한 중소기업청 신설, 해양국가 진입을 위한 해양수산부 발족 등이 추진됐다. 또한 공직의 세계화 역량 확충 전략을 위해 개방형 임용 체제를 구축해 민간의 우수한 전문인력 채용의 활성화를 도모하고, 공무원의 세계화 역량과 전문 능력 제고를 위해 공무원 교육을 대폭 강화했다. 또한 행정규제기본법 제정으로 신설 규제의 억제와 기존 규제의 제도적 정비를 위한 기본 틀을 마련했으며, 민원사무 처리에 관한 법률 제정, 행정절차법, 정보공개법 등을 실시했다.

김영삼 정부의 행정쇄신 노력은 주로 작고 효율적인 정부에 초점을 맞추고 있다. 제도적인 부처의 통폐합이 이뤄지고 정원 감축 등을 통해 정부의 효율화를 도모했다. 또한 당시 추진된 공무원의 개방형 임용제, 교육훈련의 강화정책은 그 기조가 현재까지 이어지고 있다. 그러나 이러한 정책이 실질적인 정부의 생산성 제고와 이어지지 못했으며, 공공부문의 관료주의 문화를 철폐하는 데도 효과가 크지 못했다. 또한 김영삼 정부의 제도적인 행정쇄신 노력에 비해 체감 개혁이 낮으며, 금융규제나 토지규제와 같은 핵심 사항에 대해 논의가 제대로 이뤄지지 못했고, 규제개혁 추진 체제가 관 주도인 위원회임에 따라 실질적인 규제개혁에는 미흡했다는 지적이 많이 이뤄지고 있다.

6. 민생개혁: 삶의 질 높이기

김영삼 정부에서는 교육, 사법, 환경, 정보화, 노사, 보건 및 복지, 여성 정책 등 각 분야에서 국민의 삶의 질을 높이기 위한 민생개혁이 추진됐다.

첫째, 교육개혁은 김영삼 정부가 규정한 신한국 건설의 핵심 개혁으로 '신한국 창조를 위한 교육개혁의 방향과 과제' 시작으로 1994년 '세계화 선언' 이후 국정개혁이 구체화됐다. 김영삼 대통령의 '신교육 구상'은 첫째, 획일적인 교육에서 다양성의 교육으로, 둘째, 공급자 위주의 교육에서 수요자 중심의 교육으로, 셋째, 규제 위주에서 자율 위주로, 넷째, 수월성과 보편성의 조화 도모, 다섯째, 교육 제도와 그 운영의 정보화라는 교육 패러다임으로 이뤄져 있다. 그리고 이와 함께 ① 열린 평생학습사회의 구축, ② 대학의 다양화와 특성화, ③ 초·중등교육 운영의 민주성과 자율성 강화, ④ 인성 및 창의성을 함양하는 교육과정, ⑤ 국민의 고통을 덜어주는 입학제도의 강구, ⑥ 정보화 시대에 맞는 직업기술교육 체제 구축, ⑦ 교육 수요자들이 참여하는 교육평가 및 지원 체제, ⑧ 품위 있고 유능한 교사의 양성, ⑨ 정보화 시대에 부응하는 교육기반의 구축, ⑩ 교육행정 및 재정제도의 과감한 혁신 등의 10개 주요 교육개혁 과제가 제시됐다.

둘째, 사법개혁과 관련해, 1단계 개혁의 주요 내용은 사법 서비스 개선을 위한 법원 조직 확대, 사법부의 독립을 보장을 위해 사법부가 법률안을 개진할 수 있는 통로 확보, 법조 경력 7년 이상 판사 단독재판 업무 담당, 예비판사제도 도입, 형사소송법 개정 등으로 구성됐다. 이러한 1단계 사법개혁이 법원조직, 인원, 재판제도에 관한 변화였다면 2단계는 법조인 양성, 교육 체제, 전관예우 등에 초점을 뒀다. 특히 사법시험 합격자 증원, 형사사건에 대한 특별관리제도 도입, 변호사 및 검사가 재판 업무 관련 법관 면담 금지, 변호사 보수 결정에 대한 소비자단체 참여 등의 변화를 모색했다. 그러나 법학교육 및 법조인 양성제도는 현행을 유지하면서 대학의 법학 교육과정을 정상화하고 사법시험제도와 사법연수원 체제를 개현하는 방향으로 수렴되기도 했다.

셋째, 환경정책은 1996년 '환경복지 구상'을 선언을 시작으로 환경행정 체계 개편을 도모했다. 먼저 환경처를 환경부로 승격·개편하고 예산을 확대했다. 또한 환경영향평가법, 환경기술 개발 및 지원에 관한 법률, 지하생활공간 공기질환 관리법 등 7개 법률이 신규 제정됐다.

넷째, 정보화의 중요성과 파급 효과를 인식하고, 정보통신부 신설, 정보화촉진기본법 제정, 정보화추진위원회 설치, 정보화촉진기본계획 수립, 부문별 정보화사업 시행 및 관련 법·제도 정비 등 정보화 추진 기반을 확보하고자 했다. 특히 1994년 체신부를 개편해 정보통신부로 발족시키고, 상공자원부, 과학기술처, 공보처 등 여러 부처에 흩어져 있던 정보화 관련 기능을 일원화했다. 1995년에는 「정보화촉진기본법」을 제정하고, 1996년에는 정보화추진위원회를 구성했다.

다섯째, 노사개혁과 관련해 1996년 '신노사관계로 21세기 세계 일류국가 건설을'이라는 '신노사관계 구상'을 발표했는데, 이때 김영삼 정부의 노사개혁의 5대 원칙이 제시됐다. 5대 원칙은 ① 공동선 극대화 원칙, ② 참여와 협력의 원칙, ③ 노사자율과 책임의 원칙, ④ 교육 중시와 인간 존중의 원칙, ⑤ 제도와 관행의 세계화 원칙 등으로 구성됐다.

여섯째, 보건·복지개혁은 1995년 삶의 질 세계화 선언을 통해 생산적인 한국적 복지모형을 구축해야 한다고 강조했다. 국민복지기획단을 구성하고 '삶의 질 세계화를 위한 국민복지 기본 구상'을 발표했는데, ① 성장과 복지를 상호대립적이 아닌 상호보완적이고 상승적인 관계로 정립하고, ② 우리나라의 전통적 가치를 서구의 보편적 복지제도와 조화시키며, ③ 사후적이고 소극적인 복지에서 벗어나 예방적이고 생산적인 복지공동체를 구축하는 것을 목표로 했다.

일곱째, 김영삼 정부의 여성정책 기조는 인권으로서 여성의 권리를 존중한다는 기본 이념에 따라 여성의 지위 향상과 사회 참여 확대를 추진했다. 여성정책 추진 유형은 각종 기관장 등 고위직에 여성 기용, 법률의 제·개정을 통한 여성 권익 제도 강화, 여성 참여 확대 방안을 토대로 여성 인력의 사회적 활용을 극대화하기 위한 제반 장치 마련 등이다. 또한 여성 권익의 강화를 위해 제시한 10대 과제로 ① 보육시설의 획기적 확충, ② 방과 후 아동지도제 도입, ③ 학교급식의 전면 실시, ④ 여성의 공직참여 비율 제고 목표 설정, ⑤ 여성고용 인센티브제 도입, ⑥ 모성보호 비용의 사회적 분담, ⑦ 여성 인력 양성 체제 확충, ⑧ 여성 관련 정보 네트워크 구축, ⑨ 여성발전기본법 제정, ⑩ 대중매체를 통한 성차별 의식 개선 등을 제시했다.

7. 신외교, 통일, 국방정책

김영삼 정부의 소위 '신외교정책'의 핵심은 자유·민주·복지·인권 등 인류 보편적인 가치를 중시하고, 전 세계를 활동무대로 국제 평화·군비통제·빈곤 퇴치 등 인류 공동의 관심사 해결을 위해 적극적인 외교를 전개하겠다는 것이다. 구체적으로 신외교 5대 정책 기조로 ① 세계화(globalization), ② 다변화(diversification), ③ 다원화(multi-dimensionalism), ④ 지역협력(regional cooperation), ⑤ 미래지향(future orientation) 등이 제시됐다.

그리고 김영삼 대통령은 1994년 광복절 경축사를 통해 '화해협력 단계', '남북연합 단계'를 거쳐 '완전한 통일국가'로 이행하는 '민족공동체 통일방안'을 제시했다. 이는 권력 배분을 어떻게 할 것인가보다 민족이 어떻게 함께 잘 살아가느냐에 초점을 맞추고 있으며, 특정 계급이나 집단 위주가 아닌 개인의 자유와 복지, 인간 존엄성이 보장되는 사회가 돼야 한다는 점을 강조했다. 이를 효율적으로 실천하기 위해 민주적 국민 합의, 공존·공영, 민족 복리의 3대 기조를 바탕으로 하는 통일정책을 마련하고 이어 자주, 평화, 민주의 3원칙을 발표했다.

또한 김영삼 정부 국방정책의 주요 이슈로는 1994년 12월 한미연합군사령관의 평시 작전통제권이 한국 합참의장에게 이양된 것을 들 수 있다. 이에 따라 1995년 4월 국방부, 합참, 각 군 본부의 조직을 전면 개편하고 기능 체계를 보완했다. 국방 인사개혁으로는 정치군인 숙청, 군내 사조직 근절 등을 추진했고, 이후 군인사법을 개정해 각 계급별 정년을 2~4년 연장하고 진급심사에 4심제와 참관인 제도를 도입했다. 또한, 진급과 주요 부서장 임명 시 국방부 시정심의위원회를 설치해 진급의 투명성과 객관성을 보장하도록 했다.

제3절 김영삼 정부 시기 정치적·사회적 이슈와 이에 대한 정부의 대응

1. 권위주의 시대 청산: 역사바로세우기

김영삼 정부는 지난 30년간 군인 출신의 대통령 시대를 마감한다는 점에서 문민정부 시대의 개막을 강조했다. 지난 권위주의 시대를 청산하고 이를 시정하고자 하는 개혁작업이 광범위하게 진행됐는데, 비정상적이고 정당성이 결여된 군사 권위주의 체제를 해체하고 민주성을 확고히 하려는 노력은 국민들의 염원이자, 김영삼 정부의 최우선 과제였다.

1993년 김영삼 정부 출범 이후 쿠데타로 집권한 전두환·노태우 전 대통령과 관련자에 대한 고소·고발운동이 일어났다. 1993년 5월 김영삼 대통령은 '5·13 특별담화'에서 '12·12 사태'에 대해서는 '쿠데타적 하극상'이라고 규정했으며, '김영삼 정부는 5·18 연장선에 있는 민주정부'라는 표현을 사용, 5·18 민주화운동을 재평가했다.

1993년 7월 19일, 12·12 당시 신군부 세력에 의해 지휘권을 강탈당했던 정승화 당시 육군참모총장과 장태완 수경사령관 등 22명은 전두환·노태우 등 34명을 군 형법상의 반란 및 내란 목적 살인 혐의로 검찰에 고소했다. 또한, 1994년 5월 13일 5·18 사건의 피해자 322명이 전두환·노태우 등 5·18 관련 책임자 35명을 내란 및 내란 목적 살인 혐의로 서울지검에 고소했다.

이후 1995년 12월 21일 국회에서 5·18 특별법이 제정되어 전두환·노태우의 대통령 임기 동안 실질적으로 12·12 사건, 5·18 사건 소추가 불가능했다는 점을 확인하기 위해 공소시효 정지 규정을 두었다. 1996년 1월 23일 검찰은 전두환, 노태우 등의 관련자들을 5·18 사건에서의 내란죄, 내란목적살인죄의 혐의로 구속 기소했다. 그리고 같은 해 2월 2일부터 28일까지 검찰은 12·12 사건, 전두환 전 대통령 비자금 사건, 노태우 전 대통령 비자금 사건 등의 관련자들을 기소했다.

김영삼 정부는 역사바로잡기를 위해 상하이(上海)임시정부의 정통성 계승, 조선총독부 건물 철거, 4・19혁명 계승을 추진했고, 특히 5・18 특별법을 마련해 두 명의 전직 대통령 뿐만 아니라 12・12군사반란과 5・17쿠데타 핵심 관련자 전원은 물론 이에 가담한 인사까지도 사법적으로 심판했다는 점은 높이 평가된다.

2. 부정부패 근절 및 경제 안전 성장: 금융실명제 실시

1982년 '이・장 어음사기사건'을 계기로 금융실명제 실시의 필요성에 대한 국민적 공감대가 형성됨에 따라 1982년 7월 정부는 금융실명거래와 금융자산소득에 대한 종합과세의 실시 방침을 발표한 바 있으며, 이에 국회는 1982년 12월 「금융실명 거래에 관한 법률」을 제정했다. 정부가 금융실명제를 처음으로 추진하고자 한 것은 첫째, 음성적인 사채 거래를 양성화해 금융시장의 정상적 발전을 도모하고, 둘째, 떳떳하지 못한 자금의 양성화 기회를 부여해 부당한 자산의 축적을 방지하며, 셋째, 기업자산의 부당 유출 소지를 제거해 은닉자금을 기업에 환류시킴으로써 기업의 재무구조를 개선시키고, 넷째, 금융거래의 양성화로 탈세 소지를 봉쇄하고 완전한 종합소득세제를 통해 조세의 형평성을 도모하기 위함이었다. 정부는 이와 같이 건전한 금융 질서, 조세의 형평, 사회정의의 실현이라는 취지를 내세우고 금융실명제를 추진한 것이다. 그러나 당시에는 금융기관 실명화율 부진, 전산 체계 미흡, 경기 부진 등 실명제 실시에 필요한 제반 여건이 미흡하다는 판단에 따라 「금융실명 거래에 관한 법률」 중 실명 거래의 의무를 부여하는 제3조 관련 조항의 실시를 1986년 1월 1일 이후 대통령령이 정하는 시기에 실시하도록 정부에 위임함으로써 금융실명제의 전면적 실시가 유보됐다(공보처, 1997b: 46).

1982년 한 차례 유보됐던 금융실명제는 1987년 대통령 선거를 통해 각 후보의 공약으로 다시 제기됐고, 1988년 10월 정부는 '경제안정 성장과 선진화합 경제 추진대책'을 통해 1991년 1월부터 금융실명제를 전면적으로 실시할 것임을 예고했다. 이에 따라 1989년 4월에는 재무부 내에 금융실명거래실시준비단이 발족됐고, 정부 관련 부처 및 금융기관 대표로 구성된 금융실명제 추진 실무대책위원회가 구성돼, 제도 개선 방안, 예상 부작용 및 문제점에 대한 보완 대책을 검토하는 등 구체적인 추진 방안을 검토했다. 그러나 1989년 하반기 이후 경제성장률 둔화, 국제수지 상황 악화, 증시 침체, 부동산 투기 조짐 등 경제위기론이 제기되면서 금융실명제 실시는 소모적인 논란만을 유발한 채 1990년 4월 경제활성화 대책 발표와 함께 그 실시가 또 한 차례 유보됐다(공보처, 1997b: 47).

결국, 1993년 8월 12일 김영삼 대통령의 '금융실명거래 및 비밀보장에 관한 긴급재정경제명령'을 통해 금융실명제가 전격적으로 실시됐다. 이 당시에도 금융실명제 실시로 인한 경제침체론, 지하자금의 해외 이전, 부동산 및 골동품, 보석, 귀금속 등의 실물투기 증가, 사채시장 혼란과 이로 인한 기업 위축 등에 대한 우려가 있었으나, 대체적으로 성공적인 개혁이라고 평가되고 있다. 개혁 명분에서 정당성을 가지고 있었고 국민정서에도 부합했으며, 제도 시행에 대한 논의가 오래전부터 시작돼 준비 기간이 충분했기 때문이다.

김영삼 정부는 금융실명제를 통해 정치·사회·경제 등 전 분야의 부조리 척결, 투명성 제고와 함께, 금융자산의 실소유자에 대한 금융소득 종합과세를 시행함으로써 조세의 형평성을 추구할 수 있는 기틀을 마련했다.

3. 우루과이 라운드 이후 농촌 정책

우루과이 라운드(Uruguay Round: UR)는 '관세 및 무역에 관한 일반협정(GATT)' 체제의 제8차 다자간 무역 협정이다. GATT는 제2차 세계대전 이후 자유무역 활성화를 목표로 설립된 체제로서, 1970년대까지 일곱번에 걸친 협정 체결로 회원국 상호간 관세율 인하, 보조금 지급 축소 등을 지속적으로 추진했다. 1986년 시작된 UR는 이전 일곱 차례의 협정과 근본적으로 달랐다. 그동안은 원자재나 공산품만을 다뤘던 것과는 달리, 서비스 분야와 지적재산권, 투자문제, 그리고 농산물 등의 안건을 다뤘다. 특히 농산물은 식량 안보문제와 각국 농민층의 반발 등으로 인해 자유무역의 금기 사항에 속했던 분야였다.

우리나라도 UR 협상 타결을 전후해 187개 시민사회단체와 농민단체, 학계가 연합해 '우리 쌀 지키기(우루과이 라운드 반대) 범국민 비상대책회의'가 결성됐다. 당시 김영삼 대통령 후보는 "쌀 개방만은 대통령직을 걸고 절대 막아내겠다"고 약속했고, 10대 공약과 200여 항목의 정책 약속을 담은 '나의 신농정 구상'(1992.12. 8)을 발표하는 등 농어민의 적극적 지지를 모았다. 대통령의 의지를 반영하듯 최종 협상을 마무리하는 허신행 농림부 장관은 당시 목을 걸고 쌀 개방만은 막아내겠다고 비장한 인터뷰를 했다. 쌀시장 개방으로 인한 농민, 대학생, 사회단체 등의 강한 반발에도 불구하고 우리 정부는 미국의 통상 압력에 따라 쌀시장만 부분 개방(개방 유예)하고 나머지 모든 농산물의 관세화를 받아들였다. 결국 쌀에 관세를 매기고 자유로운 수출을 보장하는 대신 정부가 의무수입량(쿼터)을 사들이는 형식으로 제한적 쌀시장 개방이 이뤄졌다. 또한, 서비스업 부문은 유통시장이 개방돼 월마트, 까르푸 등 세계적인 유통업체가 국내에 진출했다. 더욱이 UR 타결 이후 세계무역 질서를 이끌어온 GATT 체제가 발전적으로 해체되고 1995년부터 세계무역조직(World Trade Organization: WTO)이 가동돼 본격적인 개방화시대가 예고됐다.

김영삼 정부는 UR 협상 이후 농어촌발전위원회를 설치하고 농어촌발전대책 및 농정개혁 추진 방안(1994.6)을 마련해 농어업의 경쟁력 강화, 농어촌의 생활환경 혁신, 농어민 삶의 질 향상 등의 과제를 설정했으며, 이를 위해 제도 개혁과 규제 완화, 투・융자 확대와 농정 추진 방식 혁신, 농정조직의 개편 등을 실시했다.

4. 김일성 사망 이후 대북관계: 민족공동체 통일 방안

김영삼 정부 출범 전 남북관계 상황은 1992년 남북한이 '남북 사이의 화해와 불가침 및 교류 협력에 관한 기본 합의서'와 '한반도 비핵화 공동선언' 및 정치・군사・경제・사회문화 등 분야별 공동위원회가 발족됨으로써 남북한 간 화해와 협력의 기반을 마련할 수 있었다.

김영삼 정부 역시 민족의 복리를 우선적으로 고려해 북한을 고립, 봉쇄시키지 않고 공존공영과 개방을 유도하려고 했다. 이를 위해 당시 북한의 핵비확산조약(Nuclear Non Proliferation Treaty: NPT) 탈퇴에 따른 국내외의 대북 강경 대응 분위기 속에서도 경제협력과 핵을 전면 연계하지 않는 유연한 대북정책을 취했다. 그러나 "어느 동맹국도 민족보다 나을 수 없다"고 대통령 취임사에서 밝혔던 적극적인 대북 정책기조는 북한의 핵문제가 불거질수록 퇴색됐다. 결국 북한이 NPT 탈퇴를 선언 후 1993년 6월 1일 "핵을 가진 자와 악수를 할 수 없다"며 강경한 입장을 밝혔다.

북핵 파문이 커지면서 카터(Jimmy Carter) 전 미국 대통령의 방북으로 가닥이 잡히고 난 후, 1994년 7월 8일 김일성 주석이 사망하자 당시 야당 의원들이 제기한 정부의 조문 여부를 둘러싼 조문 파동이 발생했다. 또한 김일성 주석의 한국전쟁 책임론이 제기되며 김영삼 정부는 러시아와의 약속을 깨고 한국전쟁 발발 과정에 관한 극비 문서를 공개했다. 1994년 8월 15일 '한민족공동체 건설을 위한 3단계 통일 방안'을 통해, 자유민주주의를 수호할 것을 밝히면서 북한의 체제 붕괴와 흡수 통일을 간접적으로도 언급하기도 했다. 북한의 핵문제와 김일성 주석 사망 이후 김영삼 정부는 강경한 대북정책을 펼쳤으나 1994년 10월 21일 북미 기본합의문이 체결되자 북한의 핵문제의 근원적 해결과 한반도 안정과 평화 유지를 위한 기반이 마련됐다고 평가하고 11월 8일 남북경협활성화 방침을 발표하기도 했다.

김영삼 정부는 민족보다 앞서는 우방은 없다는 식으로 대북 온건주의를 표방하기도 했으나 북핵문제와 김일성 주석 사망 이후 강경 노선을 선택한 것으로 평가된다.

제4절 정부 정책기조 및 추진체계[2)]

1. 경제 분야

1) 재정정책

김영삼 정부의 재정·세제개혁의 주요 과제는 조세부담률을 점진적으로 제고하고, 수익자 부담 원칙 적용을 확대하며, 고정적·경상적 지출 비중을 축소해 변화된 여건에 대비한 재정의 대응 능력을 강화함과 동시에 예산의 생산성과 투명성을 확보하기 위한 재정 운영 방식 및 제도를 개편하는 것이다. 김영삼 정부 재정개혁의 주요 내용은 다음과 같다.

먼저, 경제안정화를 위한 건전재정 기조를 유지하면서 경제·사회 여건의 변화에 대응하여 재정 능력의 확충과 재정제도의 효율화를 목표로 했다. 또한, 핵심 사업으로서 조세부담률 제고, 재정 능력 확충, SOC 투자재원 확충, 농어촌 투자재원 확충, 교육재정 확충 방안 마련, 공공여유자금의 통합관리, 고정적 지출 비중 축소 등 재정지출 구조개선, 양곡관리제도의 개선, 재정제도 및 운영 방식의 효율화, 특별회계 및 기금 정비, 지자체 국고보조금제도 개선, 정부 기능 민간이양 및 경영 요소의 도입 등을 추진했다.

김영삼 정부 세제개혁의 주요 추진 실적은 다음과 같다. 금융실명제와 부동산실명제 실시, WTO 체제의 출범 및 OECD 가입 등 경제 여건의 변화를 수용해 개방화·국제화 시대에 걸맞은 세제 개편을 도모했다. 또한 근로자의 세 부담 경감 등 과세의 형평성 제고, 금융소득종합과세의 실시, 영세 서민의 세 부담 완화, 사업자의 과표 양성화 유도,

---

2) 공보처(1997a; 1997b; 1997c; 1997d).

상속·증여세의 실효성 제고 정책 등을 추진했다. 아울러 세 부담의 적정화를 통한 성실 납세 기반의 조성, 중소기업에 대한 세제 지원 확대 등을 통한 기업경쟁력 강화, 기술·인력 개발 지원, 기업 지원 세제의 보완, 납세자 권익 보호와 납세절차 간소화 등을 추진했다.

2) 산업정책

김영삼 정부는 '신경제 5개년계획'의 핵심 정책 대상으로 중소기업을 지목했다. 이는 중소기업 정책 이념을 과거 '보호와 지원'에서 탈피해 '자율과 경쟁'을 통해 창의적이고 자생력을 갖춤으로써 우리 경제의 뿌리 역할을 수행할 수 있도록 하는 데 정책 목표를 두었다.

구체적으로 첫째, 정부 지원을 원칙적으로 산업 및 중소제조업 전반에 대한 파급 효과가 큰 부문에 집중하여 개별기업에 대해 건실하고 성장 유망한 중소기업을 선별하여 지원하고, 둘째, 생산기술력 향상을 바탕으로 한 중소기업의 자생력 배양에 역점을 두고 구조고도화를 촉진했다. 셋째, 중소기업과 대기업 간 및 중소기업 상호간의 협력관계 강화를 통해 민간부문이 자율적인 성장 기반을 확보하는 데 중점을 두었다. 넷째, 지방화 시대를 맞이해 지역경제 활성화를 위해 중소기업 육성에 대한 지방자치단체의 역할을 본격화하기도 했다. 또한 중소기업 육성 시책을 효율적으로 추진해 나가기 위해 지원 체제를 대폭 개편하고 1995년 중소기업청을 신설했다. 이는 종래 공업진흥청을 개편하고 관련 부처 기능을 통합한 것이다.

3) 국토 건설 등의 사회간접자본 확충

김영삼 정부는 1994년 「사회간접자본시설에 대한 민간자본 유치 촉진법」을 제정해 SOC 건설에 민간 자본을 유치할 수 있는 토대를 마련했다. 이어서 1996년 '사회간접자본 확충 대책', '사회간접자본 확충을 위한 민자유치 활성화 대책'을 발표해 국가재정 투입을 최소화하는 대신 민간에 일정한 수익을 보장하는 형태의 SOC 건설이 촉발됐다. 아울러 도로, 철도, 지하철, 공항, 해운 항만, 수자원 개발 등 각 부문별 투자의 지속적 확대와 사회간접자본 투자를 활성화하면서 물류비를 감축할 수 있도록 하는 법과 제도를 마련했다. 또한 사회간접자본 세수 확보를 위해 목적세로서 교통세를 신설, 도로 등 교통시설 특별회계 설치, 사회간접자본시설에 대한 민간자본 투자를 촉진하기 위해 「사회간접자본시설에 대한 민간자본 유치 촉진법」을 제정, 물류산업 및 시설 운영과 관련한 규제 완화 등을 추진했다.

4) 해양수산정책

김영삼 정부는 해운항만청과 수산청, 해양경찰청, 건설교통부의 수로국을 통합하고 통산산업부, 과학기술처, 환경부, 건설교통부 등 유관 부처의 해양 관련 기능을 이관해 1996년 해양수산부를 신설했다. 신설 해양수산부는 '21세기 해양수산 비전'으로 ① 국제 경쟁력을 갖춘 세계 일류 해양산업 육성, ② 첨단 해양산업 육성과 해양과학 기술의 실용화, ③ 해양 생태환경의 보전과 안전하고 쾌적한 해양공간 조성, ④ 국민의 삶의 질 향상을 위한 신해양문화 창달 등을 제시했다.

2. 사회, 문화, 복지 분야

1) 보건복지정책

김영삼 정부가 제시한 보건복지정책의 슬로건은 '삶의 질의 세계화'였는데, 이를 위한 기본 원칙은 ① 최저 수준 보장, ② 생산적 복지, ③ 공동체적 복지, ④ 정보화·효율화, ⑤ 안전 중시 등 5개다. 복지 기반 구축 추진 방향으로는 1994년 보건복지부 장관의 자문기구로 사회복지정책심의위원회가 구성돼, 공공복지 전달 체계의 확립, 민간복지자원의 발굴 및 육성, 사회복지 서비스 확충 등을 주된 내용으로 하는 사회복지 정책과제와 발전 방향을 발표했다. 또한 1995년 세계화추진위원회 산하 '국민복지기획단'이 구성돼 21세기 복지 선진화를 위한 비전을 제시하고 중장기 복지증진계획이 수립됐다. 1996년에는 '삶의 질 선진화를 위한 국민복지 기본 구상'에 전 국민에 대한 4대 사회보험제도의 조기 정착, 저소득층의 생활안전 기반 조성, 노인·장애인 복지 확충, 여성의 사회참여 활성화, 복지 공급 주체의 다원화, 정부 민간부문 간의 역할 및 재정 분담 등 50여 개 복지 프로그램이 제시됐다. 1996년 4월에는 국민복지 기본 구상의 실천을 위해 국무총리를 위원장으로 하는 '국민복지추진위원회'를 구성해 노인과 장애인 복지 확충을 위한 종합대책을 발표하고, 사회복지 분야 중점 투자계획, 법령·제도 개선과제 등을 확정했다.

김영삼 정부의 복지개혁 정책 방향은 ① 성장과 복지가 상호 대립이 아닌 상호보완적이고 상생적인 관계로 정립, ② 소득·의료·교육·주거 등 일상생활에서 인간다운 기본 생활 보장, ③ 사후적 · 소극적 복지가 아닌 예방적이고 생산적 복지의 강화, ④ 정부뿐만 아니라 가족 · 기업 · 종교 · 사회단체 등이 함께 참여하는 복지 공급 주체의 다원화 등을 통한 '함께 더불어 잘사는 복지공동체' 건설 기반 구축을 도모하는 것이었다.

2) 고용노동정책

김영삼 정부는 노사관계를 '자율과 책임', '참여와 협력'에 기초한 새로운 노사문화의 확산을 모색했는데, 1996년 '신노사관계로 21세기 세계 일류국가 건설'이라는 신노사관계 구상을 발표했다. 노사개혁은 세계화 · 정보화 시대를 맞아 기업 경쟁력과 근로자의 삶의 질을 향상시키고, 이를 바탕으로 21세기 선진 일류국가로 도약하기 위한 국가의 핵심 전략을 발전시킨다는 기치 아래 신노사관계 5대 원칙을 발표했다. 신노사관계의 5대 원칙은 ① 공동선의 극대화: 생산과 복지의 공동체 형성, ② 참여와 협력: 열린 경영과 생산적 노동운동, ③ 자율과 책임: 책임을 수반한 노사자치주의 구현, ④ 교육 중시와 인간 존중: 인적 투자와 삶의 질 향상, ⑤ 제도와 의식의 세계화: 국제 기준과 관행의 존중 등이다.

3) 환경정책

김영삼 정부는 국민 복지의 증진은 경제적 번영과 함께 국민이 삶을 영위하는 공간인 자연환경의 건전한 유지에 의해 가능하다고 인식하고, '삶의 질의 세계화'를 구현하고 국가경쟁력을 유지하기 위한 환경개선 시책을 추진했다. 생활환경을 개선하기 위해 환경 기준을 강화하고 환경기초시설을 확충했는데, 예산 면에서도 1992년 1,396억 원에서 1997년 1조 802억 원으로 지속적으로 확대됐고, 1995년에는 환경개선특별회계를 도입했다. 또한 환경행정의 정책 기능과 집행 기능을 연계 · 강화하기 위해 환경처를 환경부로 승격시켜 강한 정책 추진 의지를 천명했다고 볼 수 있다.

또한 각종 환경관리제도의 개선을 위해 1993년 이후 「환경영향평가법」, 「환경기술개발 및 지원에 관한 법률」, 「지하생활공간공기질관리법」, 「호소수질관리법」 등 8개 법률을 신규로 제정했다. 아울러 기후변화협약, 생물다양성협약 등 환경협약에 가입, 환경협력협정 체결 등을 통해 지구 및 지역환경 문제 해결을 위한 국제적 노력에 적극적으로 참여했다.

4) 여성정책

김영삼 정부는 여성정책 추진 체제를 확립하기 위해 1995년 12월 31일 「여성발전기본법」을 제정했다. 이를 통해 여성정책의 추진체계 및 구체적인 내용을 규정하고 남녀평등 촉진, 여성의 사회 참여 확대, 여성의 복지 증진을 위한 국가 및 사회의 책무 등을 규정해 건강한 가정 구현과 국가 · 사회 발전에 남녀가 공동으로 참여하고 책임을 분담하도록 하여 여성의 역할과 지위를 향상시키는 것을 목표로 했다.

구체적으로 여성에 대한 잠정적 우대 조치 도입, 여성정책의 체계적이고 유기적인 추진을 위한 여성정책 기본계획 수립의 의무화, 여성 차별을 시정하기 위한 '성차별개선위원회'의 설치 · 운영, 여성 발전을 위한 사업 등의 지원을 위한 '여성발전기금'의 설치 · 운용, 여성주간 지정 및 행사에 대한 근거 등을 마련했다.

5) 문화정책

김영삼 정부는 문화부와 체육청소년부를 통합해 문화체육부로 개편하고 관광 분야를 이관해 방송을 제외한 문화 관련 업무 전반을 관장하게 했다. 또한 이전 정부의 1990년 '문화발전 10개년계획'과 1992년 제7차 경제사회발전 5개년계획 '문화부문 계획'을 발전적으로 수정 · 보완한 '새 문화 · 체육 · 청소년진흥 5개년계획'을 수립했다.

새 문화진흥 5개년계획의 문화 창조력 제고와 문화환경 개선 부문에서는 문화 · 예술 창조 여건의 개선을 통한 문화 창조자의 창조 의욕 고취, 문화 관련 법령 개정, 문화 관련 단체의 조직과 운영 합리화, 전문 인력 양성과 시설확충사업 지속 추진을 도모했으며, 특히 문화 · 예술진흥 재원을 획기적으로 확충해 지원제도가 정착될 수 있도록 했다. 구체적 대안으로 ① 창작 소재의 개방과 지원 범위 확대, 예술인 단체의 자율성과 자립 능력 제고 등을 통한 예술 창작의 자율성 확보, ② 문예진흥법, 외국간행물 수입배포에 관한 법률, 문화재보호법, 전통사찰보존법, 공연법, 영화법, 음반 및 비디오물에 관한 법률 등 개정 및 국립예술교육원설치법 제정 등 문화예술 관련 법 제 · 개정, ③ 문예진흥원 · 예술의 전당 · 영화진흥공사 등 문화 관련 단체의 조직 및 운영의 합리화와 중장기 국가 문화 · 예술정책 및 전략 개발, 후기 산업사회를 대비한 첨단 문화산업 연구개발 및 문화 · 예술행정의 고급 인력 교육을 위한 한국문화정책개발원의 설립, ④ 한국예술종합학교 단계적 개원, 종합영화촬영소 및 정동극장 건립, 문화재 보존 · 관리 전문인력 등 예술 전문인력 양성과 이를 위한 전문시설의 확충과 문화 · 예술진흥 재원의 확충 등을 제시했다.

한편 문화 · 예술 재원 확충을 위해 1993년 0.44%인 정부재정에서 문화예산이 차지하는 비중을 1997년 1% 수준으로 높이고, 문예진흥기금도 3,000억 원을 조성한다는 목표를 설정했고, 기업의 메세나운동 확산, 기업 내에 전문예술단체 설립을 적극 권장하기도 했다.

6) 안전행정(민생치안, 재난방지 체계, 지방자치)

김영삼 정부의 조직개편은 세계화 · 지방화 · 정보화 · 통일 시대에 대비한 '작고 강한 정부'의 구축을 목표로 첫째, 과거 1960~70년대 정부 주도 성장 시대에서 비대하고 다기능화된 조직을 통폐합, 감축하는 동시에 정부규제를 획기적으로 완화하며, 둘째, 급변하는 세계 경제 여건에 능동적으로 대처하기 위해 각 분야의 정부 기능을 좀 더 체계적 · 효율적으로 재정립하고, 셋째, 국가정책에 대한 종합 · 조정 기능을 강화해 부처할거주의를 타파하고 기관 간 협조를 증진함과 동시에 경쟁을 촉진하며, 넷째, 국민의 삶의 질 향상을 위한 환경 보존 및 국민복지 기능을 보강하고, 다섯째, 유사 · 중복 기능 등 비대하고 불합리한 조직을 과감히 정비 축소하는 등의 노력을 추진했다. 또한 행정쇄신을 통해 국민생활 불편 민원 해소 및 국민생활의 질 향상을 위한 제도 개선, 경제활동의 자율성 및 합리성 제고, 행정 생산성 향상 등을 도모했다.

한편 김영삼 정부는 지방자치와 관련해 뚜렷한 성과를 남긴 정부로서, 1995년 6월 27일 지방선거 실시를 통해 자치단체장과 지방의회 의원을 직접 선출함으로써 지방화 시대를 마련했고 지방행정구역 개편을 추진했다. 또한 주민투표제를 도입해 자치단체의 주요 사항을 주민들이 직접 참여해 투표할 수 있도록 제도적 근거를 마련했으며, 이를 위해 행정정보공개법과 행정절차법 등이 제정됐다.

한편 김영삼 정부의 치안활동은 시국치안에서 민생치안으로 전환을 천명한 것이 가장 큰 변화라고 할 수 있다. 또한 재난관리의 경우 재난 상황의 24시간 관리 및 재난 발생 시 초동 대처 능력을 강화하고 재난의 사전적 · 근원적 예방을 추진하기 위해, 민방위 · 자연재해 · 재난 24시간 관리 및 신속한 보고 · 전파와 구조구난, 재난 수습 · 복구를 위한 관계 기관 간 공조 체제를 구축하기 위해 민방위재난종합상황실 등을 설치했다. 또한 공공시설물, 노후공동주택, 다중이용시설물, 가스시설 등 재난위험시설에 대한 점검 및 보수 체계를 확립했다.

3. 교육, 과학, 정보통신 분야

1) 교육정책

김영삼 정부의 소위 '신교육 체제'의 비전은 누구나 언제나 어디서나 원하는 교육을 받을 수 있는 길이 활짝 열려진 '열린 교육사회, 평생학습사회'를 건설한다는 것이다. 신교육 체제의 기본적 특징은 ① 학습자 중심 교육, ② 교육의 다양화, ③ 자율과 책무성에 바탕을 둔 학교 운영, ④ 자유와 평등이 조화된 교육, ⑤ 교육의 정보화, ⑥ 질 높은 교육 등이다. 김영삼 정부는 신교육 체제를 수립하기 위해 교육개혁의 추진 원칙으로 교육의 수월성을 신장하기 위해 각급 학교 운영에 자율과 경쟁의 원리를 도입하는 한편, 소외계층과 지역을 위해 형평성이 확보되도록 하면서 체계적인 평가를 통해 교육의 질이 관리되도록 했다.

한편 신교육 체제 수립을 위한 제1차 교육개혁 방안(5 · 31 교육개혁 방안)은 신교육 체제 구상의 배경, 신교육 체제의 비전과 목표를 제시했다. 주요 내용은 ① 열린 교육사회, 평생교육사회 기반 구축, ② 대학의 다양화와 특성화, ③ 초 · 중등교육의 자율적 운영을 위한 학교공동체 구축, ④ 인성 및 창의성을 함양하는 교육과정, ⑤ 국민의 고통을 덜어주는 대학입시제도, ⑥ 학습자의 다양한 개성을 존중하는 초 · 중등교육 운영, ⑦ 교육 공급자에 대한 평가 및 지원 체계 구축, ⑧ 품위 있고 유능한 교원 육성, ⑨ 교육재정 GNP 5% 확보(1998년까지) 등이다. 이후 신교육 체제 수립을 교육개혁 방안은 1997년까지 4단계까지 수립, 발표됐다.

2) 과학기술정책

김영삼 정부의 과학기술정책은 '신경제 5개년계획'의 기술개발전략(1994), 2010년까지 과학기술의 발전 궤적을 조망하고 이를 바탕으로 추진해야 할 정책과제를 도출한 과학기술처의 '2010년을 향한 과학기술 발전장기계획'(1994), 재정경제원이 범부처적으로 추진한 2010 국가 전체 발전 비전을 조망하고 이를 달성하기 위한 장 · 단기 정책과제를 도출한 계획 중 과학기술 부문을 다룬 '21세기 경제 장기 구상: 과학기술 부문'(1996), 과학기술처 중심의 '과학기술혁신 5개년계획'(1997) 등에 나타나 있다.

과학기술정책의 전개 방향의 특징은 선진국에 비해 절대 규모에서 커다란 격차를 보이고 있는 과학기술 자원을 확충하고자 국가연구개발사업의 전략적 추진을 통한 과학기술 능력의 고도화에 주력한다는 것이다. 또한 국내 과학기술의 발전을 위해서는 선진

기술의 지속적인 국내 유입과 국제기술 제휴망에 연결되는 것이 중요하므로, 과학기술의 세계화를 추진하고 민간 주도 기술개발 체제를 강화하며 정부 출연의 연구 활성화를 추진했다. 또한 과학기술 정보유통망 구축 등 과학기술 하부구조를 보강하고 국가과학기술자문회의 역할을 확대해 각 부처 과학기술 관련 조직을 보강했다.

3) 정보화정책

김영삼 정부는 1994년 12월 체신부 기능을 모태로 상공자원부・과학기술처・공보처 등 흩어져 있던 정보통신 관련 기능을 통합해 정보통신부를 발족하고, 1995년 정보화발전기본법을 공포해 정보화의 촉진과 정보통신산업의 기반 조성 및 정보통신 기반 고도화를 정부 시책의 기본 원칙으로 제시했다.

특히 1996년의 '국가경쟁력 강화를 위한 정보화 전략'은 김영삼 정부가 정보화 시대의 비전을 제시했다는 데 의의가 있다. 선언의 5대 목표는 ① 지식과 경험을 공유하고 서로가 협력하는 열린 사회, ② 다양하고 윤택한 삶을 누리는 인간 중심의 사회, ③ 세계 수준의 문화적 국가, ④ 부정부패가 없는 공정한 정보민주주의 사회, ⑤ 아시아 지역의 정보화 선도를 통한 세계중심국가 등이다. 5대 추진 원칙으로는 ① 정부와 민간부문 간의 적정한 역할 분담, ② 보편적 서비스 실현, ③ 사회 전체의 균형적・통합적 정보화 추진, ④ 파급 효과가 큰 정보화 과제의 선별적 추진, ⑤ 정보화 부작용과 역기능 통제 등이다.

한편 정보화 촉진 기본계획에서는 기본 방향으로 공공・지역・산업・생활 등 각 분야의 정보화 촉진, 정보통신 이용자 권익 보호, 지적소유권 보호, 개인정보 보호, 정보통신산업의 기반 조성, 정보통신기술의 연구개발, 정보통신 기술인력의 양성, 정보통신 기반의 고도화, 정보화 촉진 등 관련된 국제협력, 정보화 촉진 등에 관한 재원의 조달 및 운용 등을 제시했다.

4. 외교, 통일, 국방 분야

1) 외교정책

1993년 2월 변화와 개혁을 통한 신한국 창조의 기치를 걸고 출범한 김영삼 정부는 급격한 세계 변화에 대처하고 더 나아가 이를 주도해야 한다는 역사적 인식 아래 세계화를 새 기조로 삼고 이에 따른 외교정책 기조를 마련했다.

신외교정책의 목표는 첫째, 공고한 안보 체제 유지, 둘째, 1990년대 중반 선진국 진입, 셋째, 20세기 내 통일 달성으로 삼고, 그 중점을 ① 평화 정착과 통일외교 추진, ② 선진 경제 진입을 위한 경제실리 외교 강화, ③ 능동적인 아·태 외교 전개, ④ 국제화 시대에 부응한 국가 위상 제고, ⑤ 재외국민 지원 및 문화외교 확대에 두었다. 신외교정책의 핵심은 자유·민주·복지·인권 등의 인류 보편적 가치를 중시하고 전 세계를 활동무대로 국제 평화·군비통제·빈곤 퇴치 등 인류 공동 관심사의 해결에 적극 참여하며, 한민족 전체의 장래를 위해 현 분단 상황의 관리, 통일, 그리고 통일 이후를 염두에 둔 새로운 통일관으로 남북한 관계를 발전시켜 나감으로써 태평양 시대의 평화와 안정에 기여한다는 것이다.

2) 통일정책

김영삼 대통령은 1994년 49주년 광복절 경축사를 통해 통일의 기본 철학, 통일 원칙, 통일 과정, 통일국가 미래상 등을 주요 내용으로 하는 '한민족공동체 건설을 위한 3단계 통일 방안(민족공동체 통일 방안)'을 제시했다. 이는 통일 추진의 기본 철학으로서 자유민주주의 이념을 제시하고 통일의 접근 방식으로 민족공동체를 건설하며, 대화와 협력을 통해 경제·사회·문화공동체를 형성·발전시켜 나가면서 궁극적으로는 하나의 민족, 하나의 국가로 완전한 정치적 통일을 완성하는 평화적이고 점진적인 통일을 추구하자는 것이다. 아울러 민족공동체 통일 원칙으로 '자주', '평화', '민주'를 제시했으며, 통일의 과정은 '화해협력 단계', '남북연합 단계', '통일국가 완성 단계'로 설정하고 있다. 그러나 당시 제기됐던 북한 핵무기 개발과 관련해 대북 경수로 지원사업, 대북 경제 지원 등이 추진됐으나 남북관계 경색 등으로 실질적인 성과는 미미했다.

3) 국방정책

김영삼 정부는 국방정책의 기본 방향으로 북한의 도발 등 돌발적 위기에 대비하면서 미래의 새로운 전략과 전장(戰場) 환경에 능동적으로 대응하기 위해 '확고한 국방 태세의 구축', '대내외 군사관계의 발전', '중장기 국방정책의 발전'과 '신뢰받는 국군상 확립'을 설정했다. 또한 당시 한반도 위기 상황이 도래함에 따라 북한의 모험적 도발과 불확실한 안보 상황에 대비하기 위해 확고한 국방 태세의 구축이 매우 중요한 국정과제로 추진됐다.

이상에서 논의된 내용을 요약하면 〈표 1-2-6〉과 같다.

표 1-2-6 김영삼 정부 국정운영 기조 및 목표

구분	특징
국정운영 기조	• 깨끗한 정치 구현을 위해 대통령이 앞장선다.
국가 비전	• 지역 간, 계층 간 갈등 해소 및 국민 대화합 • 엄정한 법집행으로 민생치안 주력, 강력한 정부 실현
정부조직	• 획기적인 행정쇄신으로 능률행정 • 간소하면서도 능률적인 정부 구현 • 학계, 재계, 민간전문가로 구성된 '행정쇄신추진위원회' 설치
정치개혁	• '부정방지위원회' 설치 • 깨끗한 선거로 정치권 부패 추방
경제정책	• 경제력 집중을 완화하고 건전한 경제 질서 확립 • 기업경영 전문화 및 효율화 유도 • 독과점 폐해 방지 및 공정 경쟁 질서 확립으로 소비자 권익 최대한 보호 • 「지역개발균형법」을 제정해 지방균형 개발 제도적 보장 • 정보산업을 효율적으로 육성하기 위해 「정부산업육성특별법」 제정
세제 개편	• 세제 개편과 재정개혁을 통해 효율과 형평성 제고
부동산정책	• 부동산 관련 제도의 계속적인 보완으로 부동산 투기 근절 • 서민주택 위주의 주택 공급을 꾸준히 확대해 부동산 가격 안정 • 무주택 저소득가구의 주택난을 우선적으로 해결 • 민간임대주택산업의 육성을 위한 제도 정비 • 주택금융을 확충해 저소득층의 주택 구입 지원 • 무주택 영세민에게 주거비 지원
중소기업정책	• 신규 창업자를 위한 아파트형 공장, 전용공단 확대 조성 • 1998년까지 '중소기업구조조정기금'을 2배로 늘리고 대출금리 인하 • 신용보증 확대를 통해 은행대출 쉽게 받을 수 있도록 함. • 중소기업 세금 경감
노동정책	• 전국적인 취업알선망 구축 및 고용보험제 실시 • 노동관계 법령을 전향적으로 개정 • 「근로복지진흥법」 제정 및 근로복지기금 조성 • 무주택근로자를 위해 매년 10만 호 이상 근로자 주택 공급
복지정책	• 장애인의 사회적응 및 자립사업 적극 지원 • 노인 및 장애인을 위한 대통령 직속 '사회복지대책위원회' 설치 및 「노인건강관리법」 제정 • 모성보호 및 보성보호 비용의 사회적 분담을 촉진해 안전한 출산과 육아를 제도적으로 지원 • 아동이 안전하고 좋은 환경에서 보육될 수 있도록 공공보육 지원

교육정책	• 교육재정을 대폭 확충해 학부모의 부담을 줄이고 대학교육의 질을 향상시키며 기초과학교육 강화 • 대학입시제도를 획기적으로 개선 • 대학정원을 확대하고 학사관리의 자율화를 과감히 추진해 대학 입학을 희망하는 청소년에게 문호를 개방 • 대통령 직속의 '교육개혁위원회'를 설치 • 다양한 평생교육 체계 확충으로 생활교육 실천
일자리정책	• 매년 6천개 중소제조업체를 창업해 1998년까지 10만 개로 확충 • 창업절차를 대폭 간소화하고 창업지원기금 확충 • 전국 주요 지역별로 창업기금보육센터 설립 • 신규 창업자를 위해 아파트형 공장, 창업 중소기업 전용공단 확대 • 여성 및 중・고령자에게 일자리를 알선하는 공공직업훈련원 3개소 증설 및 공동직업훈련원 10개소를 신설해 생산직 기능인력 확대 • 여성인력의 개발과 고용 적극 추진 • 시군구 단위에 '여성취업정보센터' 확대 운영
대북정책	• 통일을 위한 남북교류지역 개발 • 한・미 안보협력 체제를 전향적 발전
국방정책	• 현역병 복무 기간을 단계적으로 줄이고 군을 정예화 • 장병 복지를 획기적으로 개선 • 국민 편익을 위한 국방행정 구현

자료: http://blog.daum.net/ksscjang/16059987(검색일: 2014. 4.29).

참고 문헌

공보처(1997a). 변화와 개혁: 김영삼 정부 국정 5년 자료집 ① 정치・외교・통일・국방. 서울: 공보처.

______(1997b). 변화와 개혁: 김영삼 정부 국정 5년 자료집 ② 경제. 서울: 공보처.

______(1997c). 변화와 개혁: 김영삼 정부 국정 5년 자료집 ③ 교육・사회・문화・환경. 서울: 공보처.

______(1997d). 변화와 개혁: 김영삼 정부 국정 5년 자료집 ④ 대통령편・일지편. 서울: 공보처.

김병문(2005). 개혁의 성패 요인 분석: 김영삼 대통령 리더십을 중심으로. 한국행정논집, 17(4): 1159-1184.

나라정책연구회(1998). 김영삼 정부의 국정평가 및 차기 정부의 정책과제. 서울: 현대정보문화사.

박성문(2007). 역대 대통령의 국정운영 목표에 관한 연구: 역대 대통령 취임사 내용분석을 중심으로. 서울: 고려대학교 대학원 석사논문.

박진근(2009). 한국 역대 정권의 주요 경제정책. 한국경제연구원 정책연구, 2009-6.

신동면 (2001). 김영삼 정부의 사회복지정책: 세계화와 사회복지. 연세사회복지연구, 6/7: 79-103.
신율 (2002). 차기 정부의 대북정책 여론 수렴 방향에 관한 제언. 통일정책연구, 11(2): 59-85.
염재호 · 김영대 · 권효진 (2007). 정책 환경 변화에 따른 정부와 민간의 역할 재정립 연구. 한국정책학회.
이대희 (2001). 한국의 행정사. 서울: 대영문화사.
정정길 · 김성수 · 김재훈 · 김찬동 · 하정봉 (2007). 작은정부론. 서울: 부키.
한국행정연구원 (2008). 한국행정 60년 1948~2008: 제1권 배경과 맥락. 파주: 법문사.
함성득 (2001). 김영삼 정부의 성공과 실패. 파주: 나남.
황혜신 (2005). 역대 정부와 참여정부의 정부혁신 비교: 문민정부, 국민의 정부와의 비교를 중심으로. 한국정책학회 하계학술발표논문집, 7-25.

대통령 기록관, http://14cwd.pa.go.kr/
http://blog.daum.net/ksscjang/16059987(검색일: 2014. 4.29).
김영삼 대통령 취임사.
김영삼 대통령 8 · 15 경축사.
한겨레 (1994). 김영삼정부 출범 이후 민주화 '삶의 질'에 큰 영향 없다. 5월 24일자.

제 2 편

김영삼 정부의 주요 정책 및 국책사업

제 1 장

역사바로세우기

이상록
국사편찬위원회

제 1 절 정책의 추진 배경

1. 군사정부의 역사 인식과 그 문제점

사람들은 흔히 역사를 '승자의 기록'이라고 말한다. 만약 그 승자가 정의롭지 못한 방식을 동원해 권력을 찬탈하고, 그 권력으로 국가의 기틀을 뒤흔들며 보호해야 할 국민을 '적'으로 간주해 폭력을 행사했을 때, 역사는 그 '승자의 행위'를 어떻게 다뤄야 할 것인가. 정의롭지 못한 승자의 기록으로서의 역사를 우리는 제5공화국 시기에 발행된 『국사』 교과서의 한 대목에서 발견할 수 있다.

> 10월 유신 이후 성립한 제4공화국은 박정희 대통령의 장기 집권적 징후를 보였다. 이리하여, 이를 막기 위한 개헌 논의가 일자, 대통령은 개헌운동을 중지시키는 등 정치적 불안이 계속되는 가운데 10・26 사태를 맞았다. 그 이후 한때 혼란 상태가 나타났고, 이러한 혼란 속에서 북한 공산군의 남침 위기에서 벗어나고 국내 질서를 회복하기 위하여 정부는 국가

보위비상대책위원회를 구성한 뒤, 각 부문에 걸쳐 과감한 개혁을 추진하였다. 국가보위비상대책위원회는 입법 활동을 위해 각계 주요 인사를 망라한 입법회의를 구성하여 새로운 정부 수립의 기초를 닦았다. 그 후, 국민투표로 확정된 새 헌법에 따라 당선된 전두환 대통령이 취임하여 새 정부를 이끌어 나감으로써 제5공화국이 출범하였다. 제5공화국은 정의로운 사회의 구현과 민주 복지국가로의 발전을 지향하고, 민족의 분단을 종식시키며, 조국의 평화적인 통일을 이룩할 수 있도록 계속 노력하고 있다(문교부, 1982: 175-176).

승자의 기록으로서 역사가 갖는 1차적인 특징은 권력의 자기정당화에 방해가 되는 요소를 '망각'·'소거'시키고, 권력의 자기정당화에 유리한 요소를 '강조'·'과장'하는 데 있다. 1982년에 발행된 위의 『국사』 교과서에서는 1979년 신군부의 12·12쿠데타를 직접 설명하는 방식을 피하고, 10·26 사태 이후의 혼란과 남침 위협을 극복하기 위해 불가피한 것이었음을 암시하면서 국보위의 '개혁' 과정 속에서 제5공화국이 탄생했음을 강조하는 방식으로 12·12쿠데타에서 제5공화국 성립까지를 서술하고 있다. 이 같은 공식 기억으로서의 '국사' 교육은 5·18민주화운동 과정에서 신군부가 광주시민을 무참하게 학살했던 과거의 사실들을 망각·은폐하는 역할을 해왔다. 김영삼 정부의 '역사바로세우기' 이전까지 '5·18광주학살'의 기억은 광주·전남 지역을 제외하면 대학가나 재야운동 진영 내에서만 '사실'로 간주돼 왔고, 여타 기억의 공간에서는 '하나의 설' 정도로만 다뤄져 왔다.

헌법을 개정하자는 운동과 함께 정치적 불안이 조성되자, 정부에서는 여러 가지의 강경 정책을 실시하였으며, 그러한 가운데 10·26 사태가 일어났다(1979). 사태를 수습하는 과정에서 개헌 작업이 추진되었고, 마침내 새 헌법에 따라 전두환이 대통령이 됨으로써 제5공화국이 수립되었다. 제5공화국은 정의 사회의 구현과 복지사회 건설을 이념으로 내세웠으나, 여러 가지의 부정과 비리로 말미암아 국민들의 비난을 받았다(교육부, 1990: 178).

제6공화국 시기 발행된 『국사』 교과서 역시 제5공화국의 '부정과 비리'를 언급하는 평가가 가미되기는 했지만, 12·12쿠데타와 5·18민주화운동에 대한 '망각'·'소거'를 통해 제5공화국의 수립을 설명하고 있는 특징을 보였다. 제도정치의 차원에서 보자면 1988년 국회의 5공 청문회에서 5·18광주민주화운동에 관한 진상 규명작업이 시도된 바 있으나 사법적 책임이나 역사 서술의 변화로 이어지지는 못했다. 실제로 당시 검찰은 신군부 인사들에 대한 형사 고발에 대해 서류 검토만으로 무혐의 처리했다. 1994년 5월 정동년 씨 등 6백여 명이 전두환·노태우 두 전직 대통령을 포함한 관련자 35명을 내란 혐의로 고소·고발해오자 검찰은 "집권에 성공한 내란은 사법적 심사의 대상이 아니다"라는 이유로 '공소권 없음' 결정을 내렸다. 1995~96년 '역사바로세우기' 이전까지 12·12쿠데타와 5·18광주학살은 사법적 심판의 대상이 아니었을 뿐만 아니라, 국가로부터 공식적인 '역사'로 제대로 인정받지도 못하고 있었다.

김영삼 대통령은 취임 초 3·1절 기념식 연설에서 정권의 성격을 스스로 '문민민주주의'로 규정하고, '문민민주정부'의 탄생과 함께 일제 식민지 시대부터 시작된 격동의 시대가 역사의 한 장(章)을 넘겼다고 선언했다. 이와 동시에 문민정부의 뿌리가 6공화국과 민자당(民自黨)이라는 제도정치의 틀에 있는 것이 아니라 격동의 시대를 이끌어온 위대한 두 번의 투쟁에 있다고 강조한 바 있다. 김영삼 정부는 애국선열들의 독립항쟁과 4·19혁명 이래로 이어진 민주화 투쟁의 열매가 문민정부라고 선언함으로써 정치적 정당성을 획득하고 과거의 권력과 문민정부를 차별화할 수 있었다. 이같은 차별화와 단절의 역사 인식은 문민정부 출범 직후 스스로 '제2공화국의 계승자'로, 임시정부의 법통을 계승한 정부로 규정하려 시도하고 있는 데에서도 잘 드러난다(공보처, 1997d: 33). 김영삼 정부는 근현대사의 다양한 사건을 식민지로부터 벗어나기 위한 3·1운동과 대한민국 임시정부 수립으로 이어져온 독립운동과 4·19혁명, 5·18광주민주화운동, 1987년 6월 민주항쟁으로 이어지는 민주화운동 두 개의 축으로 정리해 이를 모두 계승하려는 역사 인식을 지향했다. 이러한 맥락에서 김영삼 정부의 '역사바로세우기'는 문민정부 출범과 함께 시작된 것이라고도 볼 수 있다.

2. 문민정부의 군부개혁

'문민정부'의 대통령이 된 김영삼은 군부 장악을 정권의 기틀을 다지는 가장 중요한 과제 중 하나로 상정하고 정권 초기부터 군부개혁 드라이브를 강력하게 걸었다. 김영삼 정부의 군개혁 화두는 한마디로 '하나회'로 불리는 사조직의 제거에 있었다. '하나회'는 5·16쿠데타 당시 혁명 지지 시위를 주도한 전두환 등 육사생도 11기생 모임에서 출발, 박정희·윤필용 등의 지원 아래 군내 핵심 사조직으로 성장해 군내 인사를 좌우하고 있었다.

김영삼 대통령은 1993년 육군사관학교 제49기 졸업식에서 "올바른 길을 걸어온 대다수 군인에게 당연히 돌아가야 할 영예가 상처를 입었던 불행한 시절이 있었다. 이제 잘못된 것을 제자리에 돌려놓아야 한다"고 연설에서 군 개혁의 기본 윤곽을 제시했다(공보처, 1997a: 48).

'하나회' 세력 제거의 신호탄은 1993년 3월 8일에 단행된 육군참모총장과 기무사령관 인사 교체였다. 김영삼 대통령은 하나회 출신으로 12·12쿠데타 당시 33경비단장을 지냈던 김진영 육군참모총장을 해임하고 후임에 비하나회 출신 김동진 한미연합사 부사령관을 임명했다. 또한 하나회 출신 서완수 기무사령관을 해임하고, 후임에 김도윤 기무사 참모장을 임명했다. 육군참모총장과 기무사령관에 이어 4월 2일에는 하나회 및 9·9인맥의 핵심 멤버인 안병호 수방사령관과 김형선 특전사령관을 보직 해임하고, 후임에 비하나 회원인 도일규 한미연합사 부참모장과 장창규 육본동원참모부장을 각각 임명했다. 하나회 출신 핵심 군수뇌부에 대한 인사 경질은 권영해 국방 장관이 청와대에 불려가 일방적으로 통보받는 형식으로 이뤄졌으며, 이는 '하나회'와 군 재직 시 9사단장 9공수여단장을 지낸 노태우 전 대통령의 '9·9인맥'을 제거하기 위한 김영삼 대통령의 포석이었다.

예정보다 2개월 앞당겨 시행한 4월 15일 군 정기 인사에서는 하나회 정예 멤버였던 최승우 인사참모부장, 전영진 국방부 인사국장 등이 각각 교육사 참모장과 제병협동본부장으로, 권중원 장관보좌관이 학생군사학교 참모장으로 각각 좌천됐다. 4·15 군 인사는 5·6공화국 시절의 하나회, 9·9인맥이 핵심 포스트에 섰던 군내 서열을 무너뜨린 특징을 지녔다.

한편 4·15 정기 군 인사를 앞둔 4월 2일 서울 용산구 동빙고동 군인아파트에 하나회 회원 142명의 장성·장교의 이름이 적힌 유인물이 단지 내에 대량 살포되는 사건이 발생했다. '육사 하나회 회원'이란 제목의 이 유인물에는 육사 20기부터 36기까지의 17개 기수의 하나회 대표와 회원 명단이 기수별로 분류돼 적혀 있었다(동아일보, 1993a). 하나회 명단 유인물이 뿌려지자 권영해 국방 장관과 김동진 육군참모총장은 대책회의를 갖고 진상 파악을 위해 육군범죄수사단에 수사를 지시해 수사에 착수했다. 수사 도중 육군교육사 교육훈련분석처장 백승도 대령(육사31기)이 "군 내부 갈등의 악순환 척결, 4월 정기 인사 시 하나회 특혜 배제, 현 국방부 장관과 육군참모총장의 개혁 의지 보호 등을 위해 자신이 하나회 명단을 유포했다"며 자수를 해왔다. 수사 착수 한 달 여 뒤인 1993년 5월 10일 육군본부는 "하나회 명단 살포사건을 조사한 결과 명단에 나타난 142명 중 전역자를 제외한 132명의 79.5%에 해당하는 105명이 하나회 회원임이 드러났다"고 발표해 육군 당국이 하나회의 실체를 공식적으로 발표했다(동아일보, 1993b).

1993년 5월 8일 국회 본회의에서 민주당 박계동 의원은 황인성 국무총리에게 "12·

12는 쿠데타였습니까, 합법적 군사행동이었습니까?"라고 질의했고, 황 총리는 "그 사건은 당시 특수한 국가적 위기 상황에서 일어난 하나의 군사적 행동으로 현재까지는 위법 사항은 아니라고 봅니다. 역사적 평가는 어떨지 모르나 불법은 아니라는 말씀을 드립니다"라고 답변했다. 이에 야당은 즉각 황 국무총리의 해임과 '12·12 및 5·18에 대한 대통령의 공식 입장 표명'을 요구했다. 이에 5월 10일 이경재 당시 청와대 대변인이 "12·12사태는 김영삼 대통령이 누차 언급한 바와 같이 하극상에 의한 쿠데타적 사건"이라며 "황 총리의 발언은 잘못된 것으로 유감스러운 일"이라고 공식 발표했다.

대통령이 이와 같이 입장 표명을 하자 군부개혁을 이끌고 있던 권영해 국방 장관은 현직에 포진해 있는 노태우 계열 장성들의 제거에 좋은 기회라고 판단해 이른바 '5·24 숙군'으로 불리는 군고위직 인사를 추진했다. 이 인사의 핵심은 '12·12사태 관련 고위 장성 예편' 조치였다. 정부는 이날 현직 군 최고 서열인 이필섭 합참의장과 김진선 2군 사령관, 안병호 2군부사령관 및 박종규 56사단장 등을 전역시키고 후임 합참의장에 공군 출신으로는 처음으로 이양호 공군참모총장을 임명했다. 이로써 문민정부 출범 이후 육군 고위층에 자리하고 있던 3성 장군 이상 하나회원 전부와 소장급 일부가 퇴임했고, 소장 이하도 모두 한직으로 보직이 변경됐다. 5·24 숙군 조치에 대해 당시 이경재 청와대 대변인은 군 인사 개편을 발표하면서 그 배경에 대해 "우리 헌정사를 얼룩지게 만든 군의 정치 개입을 마감하고 군의 생명인 통수 체계를 확립하기 위한 조치"로 그 의미를 부여했다. 군내 제도 개혁보다는 인적 개혁에만 편중돼 있다는 비판이 있기도 했으나, 김영삼 정부의 군부개혁은 군사정권 시절의 정치적 사조직으로 강력하게 성장해온 '하나회' 조직을 발본색원했다는 점에서 긍정적인 성과를 거뒀다.

3. 전직 대통령 비자금 파문

1995년 8월 당시 증권가에서 나돌던 '전직 대통령 괴자금설'에 대해 서석재 당시 총무처 장관이 "두 전직 대통령 중 한 사람인 것만은 맞다"면서 4천억 원의 차·가명 계좌를 실명으로 전환하는 문제를 전직 대통령의 대리인으로부터 타진받은 사실을 기자들에게 확인해주었다(한겨레, 1995b). 서석재 장관의 이 발언은 많은 의혹을 불러일으키기는 했으나, 구체적인 수사로 연결되지는 않았다. 같은 내용이지만, 좀 더 분명한 증거를 갖고 1995년 10월 19일 국회 본회의에서 민주당 박계동 의원이 의혹을 제기하면서 이 문제는 엄청난 파문을 불러일으켰다. 박 의원은 "노태우 전 대통령이 퇴임 직전인 1993

년 2월 이원조 씨를 통해 상업은행 효자동 지점에 있던 비자금 4천억 원을 신한은행·동화은행 등 시중은행 40개 계좌에 1백억 원씩 분산 예치했다"고 폭로했다(동아일보, 1995d).

노 전 대통령은 애초 이 사실을 부인했지만, 검찰 수사가 진행될수록 의혹은 사실로 드러났다. 신한은행에 차명계좌로 예금된 3백억 원이 노태우 전 대통령의 재직 당시 통치자금의 일부였으며 6공 실세인 이현우 전 경호실장이 관리해온 돈으로 밝혀졌고, 그 밖에도 재임 기간 중 조성해 퇴임하면서 시중 은행에 분산 예치해놓은 비자금이 5천억 원에 이른다는 사실을 검찰은 수사 결과로 발표했다. 1995년 11월 1일 건국 이후 전직 대통령으로서는 처음으로 노태우 전 대통령이 검찰에 소환됐으며, 11월 16일 '특정범죄 가중처벌법 위반(뇌물 수수)' 혐의로 구속됐다.

이후 검찰 수사 과정에서 전두환 전 대통령도 기업들로부터 총 9천 5백여 억 원을 거둬 이 중 7천억 원을 정당운영비 등의 비자금으로 사용해오다가 1988년 2월 퇴임 시 1천 6백여 억 원을 개인적으로 관리해온 사실이 밝혀졌다. 이 같은 전직 대통령들의 천문학적 액수의 비자금 관리 사실은 전 국민의 공분을 불러일으켰으며, 특히 노태우 대통령의 비자금 관리 사실은 김영삼 정부의 '역사바로세우기' 정책을 추동하는 실질적인 도화선이 됐다.

제 2 절 정책의 추진체계

1. 대통령의 지시와 정부 부처의 수행

김영삼 정부는 1961년부터 1992년까지 32년간 지속돼온 군부통치 시대를 종식시키고 수립된 문민정부였다. 군부통치 시대의 낡은 역사 인식을 민주사회에 걸맞은 과거사 인식으로 바꾸기 위해서는 아픈 과거에 대한 응시와 정면 대응이 필요했다. 김영삼 정부의 '역사바로세우기'는 과거에 대한 응시를 통해 미래로 나갈 기반을 다졌다는 측면에서 중요한 개혁 과정이었다고 볼 수 있다. 김영삼 정부는 대한민국 정부 수립 이래 처음으로 애국독립지사의 유해를 정부 지원으로 봉환했으며, 식민 지배의 역사와의 단절을 상징하는 구 조선총독부 건물 철거를 단행하기도 했다. 또한 그동안 '의거'로 축소돼온

4 · 19를 '혁명'으로 자리매김하고, 4 · 19묘지를 확장해 국립묘지로 성역화함으로써 문민정부가 4 · 19정신을 계승하고 있음을 분명히 했다. 또한 5 · 18광주민주화운동을 '문민정부 수립의 원천'으로 규정해 역사적 의미를 재규명 하는 한편, 5 · 18특별법을 통해 헌정질서 파괴자들을 엄중 처벌하고 희생자들의 명예 회복을 도모했다.

역사바로세우기 사업은 대체로 김영삼 대통령의 결단에 의한 지시와 정부 부처의 사업 수행이라는 방식으로 추진됐다. 다만, 12 · 12쿠데타와 5 · 18광주민주화운동의 진상규명과 책임자 처벌을 위한 과정은 김영삼 대통령의 과감한 결단 이후 「5 · 18특별법」 제정과 검찰 특별수사본부 구성을 통해 추진됐다.

독립운동정신의 계승 · 발전 관련 사업의 추진은 상대적으로 정부 부처의 사업 의지가 많이 반영돼 있었고 대통령이 국무회의 등을 통해 이를 재가하는 형식으로 추진된 경우가 많았다. 독립유공자 발굴 포상과 국외 안장 선열 유해 봉환 · 안장사업은 국가보훈처에서 주도했으며, 독립운동 사료 수집 및 문헌 발간은 독립기념관과 국사편찬위원회에서 수행했다. 임시정부청사 복원사업은 문화체육부와 독립기념관이 외교부의 협조하에 추진했다.

구 조선총독부 건물 철거의 정책적 판단에는 김영삼 대통령의 결단이 중요하게 작용했다. 구 조선총독부 건물 철거라는 사안은 보존론과 철거론이 대립하고 있었고, 철거를 둘러싸고도 신중추진론과 즉각추진론 사이에 갈등이 있었다. 김영삼 대통령은 구 조선총독부 건물 철거는 임기 내에 실행하지 못하면 철거가 어려워질 수도 있다는 판단에 따라 과감하게 즉각 철거를 추진했다. 구 조선총독부 건물 철거와 경복궁 복원사업은 문화체육부에서 주관했다.

4 · 19민주 이념의 계승 · 발전을 위해 정부는 국가보훈처와 총무처 주도로 「국가유공자 예우 등에 관한 법률」과 동법 시행령, 「국가유공자 등 단체 설립에 관한 법률」 등 4 · 19 관련 법령 개정을 추진했고, 교육부에서는 교육과정 개정 등을 통해 4 · 19 관련 교과서 내용 및 용어 등을 전면 개정했다.

2. 「5·18 특별법」의 제정

김영삼은 1987년 대선 후보 시절 관훈토론회에서 '12 · 12'를 쿠데타로 지칭하면서 노태우 후보에 대해 "일선 군대를 끌고 쿠데타를 한 장본인"이라고 공격했다. 그러나 1993년 대통령에 취임하면서 김영삼은 용서와 화해를 강조했다. "12 · 12는 현재까지는 위법이 아니다"라는 황인성 국무총리의 국회 답변에 대한 청와대의 해명에서 "12·12는 헌정사에 씻지 못할 오점을 남긴 불행한 사건"이라면서도 "이에 대한 평가는 역사가 내리게 될 것"이라고 했다.

김영삼 대통령은 1993년 5월 "문민정부는 민주화운동의 연장선 위에 있다", "광주민주화운동은 정당하고 올바르게 평가받아야 한다"면서 광주시민을 향해 명예 회복과 기념사업 추진을 약속했다. 그렇지만 김 대통령은 "후대의 역사가들의 평가에 맡기자"는 입장을 고수하며 진상 규명과 책임자 처벌은 사실상 포기하는 태도를 취했다.

노태우 전 대통령의 4천억 비자금설이 사실로 드러나면서 전두환·노태우 전 대통령을 구속 수사하고 5·18에 대한 진상 규명과 책임자 처벌을 해야 한다는 국민적 여론이 비등했다. 1995년 11월 24일 김영삼 대통령은 "군사 쿠데타를 일으켜 국민에게 수많은 고통과 슬픔을 안겨준 당사자들을 처리하기 위해 나는 반드시 5·18 특별법 제정이 필요하다고 생각한다"고 말하면서 정기국회 회기 내에 5·18 특별법을 제정할 것을 여당인 민자당에 지시했다. 김영삼 대통령의 '5·18 특별법 제정' 천명은 전격적으로 이뤄졌는데, 이는 노태우 비자금 파문 정국을 정면 돌파하겠다는 의지의 표명인 동시에 5·6공 세력과의 실질적 결별을 선언하는 것이었다.

〈역사바로세우기로 제2의 건국〉

저는 전직 대통령의 권력형 부정부패 사건을 통하여 국민의 신뢰와 기대를 배반한 이 엄청난 범죄의 뿌리가 12·12와 5·17, 5·18에 이어져 있음을 확인할 수 있었습니다.

우리는 국민과 역사를 욕되게 한 이 같은 작태를 더 이상 국민 화합이라는 명분으로 묵과할 수는 없습니다. 이 나라에 정의와 법이 살아 있음을 분명히 하고 진정한 국민 화합을 이루기 위해 이제 잘못된 역사를 바로잡아야 합니다. 그래야만 지난 어두운 시대가 남긴 국민적인 아픔과 상처도 보다 근원적으로 치유될 수 있을 것입니다.

자랑스러운 21세기 신한국을 건설하기 위해서, 그리고 민족 정기를 확립하기 위해서도 우리는 역사를 바로 세워야 합니다. '역사바로세우기'야말로 국민의 자존을 회복하고 나라의 밝은 앞날을 여는 '명예혁명'입니다.

저는 대통령으로서 남은 임기 동안 우리의 역사를 바로 세우는 데 혼신의 힘을 기울일 것입니다. 저는 이 일이 '제2의 건국'이라는 신념으로 어떠한 반역사적 반민주적 도전도 분쇄하고 이 과업을 반드시 완수할 것입니다(김영삼 대통령의 특별담화문: 12.12사태 발생 16년째 되는 날을 맞아 국민에게 드리는 말씀(1995.12.12.)).

1995년 12월 제177회 국회 법제사법위원회에서는 '헌정질서 파괴범죄의 공소시효 등에 관한 특별법안', '5·18사건 및 '92대선자금수사를 위한 특별검사의 임명에 관한 법률안', '5·18광주민주화운동의 진상규명 등에 관한 특별법안' 등에 관한 심의를 진행했다. 여기에서는 '공소시효' 적용문제와 '특별검사제' 수용 여부가 쟁점으로 작용했다. 특별법 심의가 진행되는 중에 김영삼 대통령은 '역사바로세우기'에 대한 강력한 의지를 담은 '12·12 담화'를 발표하면서 특별법의 회기 내 제정을 더욱 압박했다.

12월 19일 국회는 본회의에서 「헌정질서 파괴범죄의 공소시효 등에 관한 특례법」을 만장일치로 통과시켰고, 「5·18 민주화운동 등에 관한 특별법」을 표결 끝에 247명의 참석 의원 중 225명 찬성, 20명 반대, 2명 기권으로 통과시켰다. 야당이 제기한 '특별검사제' 도입은 수용되지 않았으나, 1980년 5월 광주시민들을 학살한 가해자들에 대한 '단죄'와 그 피해자들에 대한 '명예 회복'을 내용으로 한 5·18 특별법의 제정은 '역사바로세우기'의 가장 중요한 법적 기반을 확보한 것이었다. 12·12 및 5·18 내란으로 정권을 탈취한 자가 대통령으로 '재임'하는 기간에는 공소시효가 정지된다는 원칙과 앞으로의 반란이나 내란에는 공소시효 적용을 배제한다는 원칙을 법률적으로 확인했다는 점도 중요한 의미를 갖는다.

3. 검찰 '특별수사본부' 수립 운영

1994년 5월 13일 정동년 광주민주운동연합 상임의장 등 5·18 피해자 322명이 전두환·노태우 전 대통령 등 35명을 '내란 및 내란목적 살인' 혐의로 서울지검에 고소했고, 그해 11월 검찰은 '5·18 관련 고소고발 사건 조사'에 착수했다. 고소고발인 조사를 시작으로 전두환·노태우 전직 대통령에 대한 서면조사 등 방대한 조사를 펼쳐 검찰은 1979년 12월 12일부터 1980년 8월 27일 전두환 대통령 취임까지 신군부의 일련의 조처를 "전두환 보안사령관이 그가 장악하고 있던 군을 배경으로 새로운 정권과 헌법질서를 만들어 나간 정치적 변혁 과정"으로 규정하고 신군부의 정권 장악 의도를 인정함으로써 사실상 '쿠데타'임을 시인했다. 그러나 검찰은 "집권에 성공한 내란은 사법적 심사의 대상이 아니다"라는 이유로 '공소권 없음'의 결정을 내렸다(동아일보, 1995c).

고소 고발인들은 검찰의 공소권 없음 결정에 불복하여 서울고검과 대검에 항고, 재항고했으나 모두 기각됐고, 헌법재판소에 불기소처분 취소 헌법소원을 제출했다. 헌법재판소는 6차례의 평의를 거쳐 위헌 여부에 대한 결정을 선고하기로 했으나, 선고 결과가 나오기 전인 11월 24일 김영삼 대통령이 「5·18 특별법」 제정을 민자당에 지시하면서 헌법재판소의 판결은 검찰의 결정과는 다를 것이라는 기대가 높아졌다. 선고를 앞두고 헌법재판소가 이 헌법 소원사건에 대해 '공소시효가 만료됐다'는 이유로 각하 결정을 내릴 것이라는 이야기가 사전에 흘러나오자, 청구인 측은 특별법의 위헌 시비를 막기 위해 선고 하루 전날인 11월 29일 헌법소원을 취하했다(한겨레, 1995c). 헌법재판소는 결국 12월 15일 최종적으로 심리절차의 종료를 선언했고, 헌법재판소의 결정 선고는 무산됐다.

국회에서는 「5·18 특별법」 제정이 추진 중이었고, 특별검사제 도입 여부가 쟁점 사안으로 떠올랐다. 검찰은 특검제 도입을 사전에 봉쇄하기 위해 11월 30일 '12·12 및 5·18사건 특별수사본부'를 설치하고, 김영삼 대통령의 특별법 제정 지시, 노태우 전 대통령 비자금사건 등 사정 변경을 이유로 재수사에 착수했다. 검찰은 특별수사본부를 설치한 직후인 12월 3일 전두환 전 대통령을 '군형법 상 반란수괴 등 혐의'로 구속한데 이어 5·18사건 관련자들에 대한 재소환 조사를 벌였고, 광주현지 조사에 나서 피해자들의 증언을 듣기도 했다.

특별수사본부는 1995년 12월 3일부터 1996년 2월 26일까지 전두환 전 대통령을 8회, 노태우 전 대통령을 7회에 걸쳐 각각 조사했다. 이 과정에서 전두환 전 대통령은 구속된 12월 3일부터 단식을 시작해 19일 만인 12월 21일 국립경찰병원으로 이송됐고, 1996년 3월 2일까지 치료를 받기도 했다. 특별수사본부는 1995년 12월 21일 전두환을 반란수괴 등의 죄로, 노태우를 반란 중요 임무 종사 등의 죄로 구속 기소했다(공보처, 1997a: 85). 아울러 1996년 1월 23일부터 2월 28일까지 피의자 유학성, 황영시, 박준병, 최세창, 장세동, 허화평, 허삼수, 이학봉, 정호용 등 11명을 반란 중요 임무 종사 등 죄로 구속 기소했고, 피의자 차규헌, 박종규, 신윤희, 이희성, 주영복 등 5명을 반란 중요 임무종사 등의 죄로 불구속 기소했다(공보처, 1997a: 88).

1심재판은 서울지법 제30형사부에서 담당했고, 재판장은 부장판사 김영일, 배석판사 김용섭, 황상현이었다. 공판은 1996년 3월 11일부터 8월 26일까지 28회에 걸쳐 진행됐다. 1심 선고는 1996년 8월 26일에 이뤄졌는데, 피고인 전두환에게 사형을, 노태우에게 징역 22년 6월을 각각 선고했다. 피고인 박준병을 제외한 15인의 피고인에 대해 유죄판결이 선고됐다.

2심재판은 서울고등법원 제1형사부에서 담당했고, 재판장은 부장판사 권성, 배석판사 김재복, 이충상이었다. 공판은 1996년 10월 7일부터 12월 16일까지 12회에 걸쳐 진행됐다. 2심 선고는 1996년 12월 16일에 있었는데, 피고인 전두환이 무기징역으로, 노태우가 징역 17년으로 각각 감형됐다. 피고인 주영복을 제외한 나머지 피고인 전원에 대해서는 감형돼 형이 선고됐다.

1996년 12월 23일 피고인 최세창 · 장세동 · 박종규 · 신윤희를 제외한 전두환 등 12명의 피고인에 대해 검찰은 상고했고, 피고인 전두환 · 노태우 · 박준병을 제외한 13명의 피고인도 상고했다.

3심재판은 대법원 제1형사부에서 담당했으며, 정귀호, 이돈희, 이임수, 최종영 대법관이 재판을 맡았고, 주심은 정귀호 대법관이었다. 사안의 중요성을 감안해 전원합의체에 회부하는 방식으로 재판이 진행됐다. 대법원 선고는 1997년 1월 16일에 이뤄졌는데, 사망한 유학성을 제외한 전원에 대해 상고 기각이, 유학성에 대해서는 공소 기각이 선고됐다(공보처, 1997a: 89).

제3절 정책의 추진 과정 및 내용

김영삼 정부의 역사바로세우기는 대체로 세 흐름으로 진행됐다. 첫째는 일제 강점기의 잔재 청산과 훼손된 항일독립운동의 복원을 통한 민족적 정통성의 회복이었다. 구 조선총독부 건물 철거와 경복궁 복원사업, 독립운동정신의 계승 · 발전을 위한 사업 등이 이에 해당된다. 둘째는 해방 이후 민주화운동과 이에 대한 탄압의 역사를 재조명하여 민주화 과정의 역사를 복원하는 것이었다. 김영삼 정부는 특히 4 · 19혁명을 재조명하며 4 · 19민주 이념을 계승할 수 있도록 하는 데 힘을 쏟았다. 셋째는 불법적인 권력 찬탈의 역사와 단절하기 위한 군사 쿠데타에 대한 단죄였다. 김영삼 정부는 12 · 12군사쿠데타와 5 · 18광주민주화운동에 대한 진상 규명을 통해 군사 쿠데타 세력이 만들어놓은 기존의 역사 인식을 해체시키고 쿠데타 세력을 단죄할 수 있도록 하는 데 역점을 두었다.

1. 구(舊) 조선총독부 건물 철거와 경복궁 복원

1) 구 조선총독부 건물 철거

일제가 경복궁을 파괴하고 그 자리에 세운 조선총독부 건물은 1914년 독일인 데 랄

표 2-1-1 역사바로세우기 주요 일지

일시	주요 내용
1993. 3	공안사범 등 4만 913명 사면·복권
1993. 4	상하이(上海) 임시정부청사 복원 개관
1993. 5	광주민주화운동 관련자 81명 사면·복권
1993. 6	경미사건 650만 명 전과 말소 조치
1993. 8	국립묘지 임시정부 묘역 조성
1993. 8	해외 선열 유해 봉환 시작
1993. 12	전교조 해직교사 등 187명 사면·복권
1995. 4	4·19혁명 기념관 건립 및 묘역 성역화
1995. 8	충칭(重慶) 임시정부청사 복원 개관
1995. 8	독립유공자 발굴 대대적 포상
1995. 8	구조선총독부 건물 첨탑 철거
1995. 12	김영삼 대통령 '역사바로세우기' 관련 특별담화 발표
1995. 12	5·18 특별법 제정
1995. 12	전두환·노태우 전 대통령 구속 기소
1996. 5	카자흐스탄 국외선열 홍범도 장군묘소 단장 준공
1996. 6	보훈복지 시설 및 보훈 휴양원 건립
1996. 12	구조선총독부 건물 철거 완료
1997	공공기관에 태극기 24시간 게양
1997. 4	4·19혁명기념관 전시실 개관

란데(Georg de Lalande)의 주관하에 일본인 노무라 이치로(野村一朗) 등이 설계해 1916년 7월 착공, 1926년 10월에 준공됐다(공보처, 1997c: 580). 일제가 조선총독부 건물을 경복궁 경내에 지은 것은 조선왕실의 권위를 짓누르고 조선-대한제국의 역사로부터 단절시켜 조선이 일제의 속국임을 과시하고자 했던 것이다.

이를 위해 일본인들은 건물의 권위를 내세우는 중앙돔을 만들어 일본의 의미를 노골적으로 표현했고, 건물 정면 중앙 옥상 위의 창은 떠오르는 태양을 표현하는 등 건물 각 부위마다 조선을 영구 식민화하고 일본 지배의 권위를 나타내기 위한 상징적 장식들로 치장했다.

일제는 조선물산공진회 개최를 빌미로 경복궁 남쪽의 전각들을 모두 해체해 없애버리거나 이전했고, 1929년에는 다시 조선박람회를 개최하는 것을 명분으로 남아 있던 경복궁의 전각들마저 훼손했다. 조선총독부는 일제가 패망할 때까지 조선에 대한 수탈과 착취를 수행하는 정책기지이자, 조선인에 대한 전시 동원과 비인도적 만행을 획책하는 본거지 역할을 했다.

광복 이후 조선총독부 건물을 철거해야 한다는 주장은 줄곧 제기됐으나, 미군정은 이 건물을 미군정청으로 활용했고, 1948년 8월 15일 수립된 대한민국 초대 정부는 이 건물을 중앙청 정부청사로 사용했다. 조선총독부 건물을 정부중앙청사로 사용한 것에 대해서는 일제 잔재 청산 문제와 연결돼 정부 수립 당시부터 찬반 논란이 끊이지 않았다. 중앙청 철거론은 중앙청이 조선총독부 건물이었다는 내력 말고도 건물의 모양이 하늘에서 내려다보면 일본을 뜻하는 일(日)자형이고, 기둥에 새겨진 벚꽃 문양과 동조동근론(同祖同根論)을 연상시키는 벽화 등 건물 곳곳에 일제의 잔재가 남겨 있다는 이유로 힘을 얻었다. 1950년대 이승만 대통령은 한때 중앙청 건물을 철거하는 방안 검토를 지시했으나 철거비용이 신축비용과 거의 맞먹는 상황에서 경제적인 사정으로 인해 철거를 실행할 수 없었다. 5・16군사정부도 신축과 수리의 경제적 비교 아래 중앙청 건물의 수리 복구가 경제적으로 유리하다고 판단하고, 중앙청 복구공사를 추진해 사용했다(동아일보, 1982). 제5공화국 정부는 1982년 3월 중앙청 건물을 '국립중앙박물관'으로 사용하기로 결정했고, 개축하여 1986년부터 이 건물을 국립중앙박물관으로 사용하기 시작했다.

김영삼 정부 출범 직후인 1993년 4월 1일 문화체육부는 청와대 업무보고 자리에서 구 조선총독부 청사 해체 추진계획을 보고했고, 이 자리에서 김영삼 대통령은 해체 이전 검토를 지시했다(경향신문, 1993). 김영삼 대통령은 1993년 광복절을 앞두고 "우리 민족의 자존심과 민족 정기의 회복을 위해서는 조선총독부 건물을 가능한 한 조속히 해체하는 것이 바람직하다는 결론에 도달했다"며 총독부 건물을 해체하기로 결정했음을 밝혔다.

1994년 4월 철거 설계를 완료했고, 1995년 3・1절을 기념하는 문화축제에서는 조선총독부 건물 철거를 공식적으로 선포했다(동아일보, 1995b). 공식 선포 이후에도 당시 여당인 민자당에서 새 박물관을 먼저 짓고 총독부 건물을 철거하는 방향으로 당장 철거를 보류해야 한다는 의견을 김영삼 대통령에게 건의했다. 그러나 김영삼 대통령은 "옛 총독부 건물 철거는 치욕의 역사를 제거해 민족의 정통성을 세우는 일"이라며 즉각적인 철거를 옹호했다(한겨레, 1995a).

1995년 8월 15일 광복 50주년 행사 때 구 조선총독부 건물 첨탑 철거가 이뤄짐으로써 총독부 건물 철거의 개시를 알렸다. 국립중앙박물관의 유물들은 경복궁 내 박물관으로 임시 이전해 두고 이전작업이 완료된 1996년 8월부터 본격적인 철거작업이 진행됐다. 구조선총독부 건물 지상부는 1996년 11월 13일에 완전히 철거됐다. 철거 과정에서 건물 지하에 박힌 말뚝 9천 3백여 개가 발견됐는데, 이 말뚝은 일제가 1916년 조선총독부 건물을 세우면서 지반을 강화한다는 명목으로 "조선왕궁의 지기(地氣)를 누르기 위해 막은 것"으로 알려져 있었고, 문화재관리국은 이 말뚝을 완전히 제거하는 작업을 추가로 진행했다(동아일보, 1996c).

정부는 철거 과정에서 나오는 자재 중 전시용으로 활용 가능한 것은 독립기념관에 이전, 보관하고 나머지는 「산업폐기물 관리법」에 의거해 폐기 처분했다. 또한 일반 장비류 및 기기류는 사회교육관 증·개축 공사에 일부 재활용하도록 했고, 건물의 철거 전에 실측조사와 기록 영화 제작 및 모형 제작을 완료해 역사 기록으로 남기는 데 만전을 기했다(공보처, 1997c: 582).

2) 경복궁 복원

태조 이성계가 1394년 10월 한양에 도읍을 정하고 왕궁 창건을 시작하여 1395년 9월에 완공된 경복궁은 1592년 4월(선조 25년) 임진왜란으로 전소된 후 273년간 폐궁으로 방치됐다. 그 후 흥선대원군의 경복궁 재건사업으로 1865년 4월(고종 4년) 총 7,500여 칸의 웅장한 모습으로 복원됐다.

그러나 일제는 1915년 경복궁 내에 조선총독부 박물관을 짓고 5,200평에 달하는 진열관을 건축하면서 궁궐을 파괴하기 시작했다. 1916년에는 경복궁의 흥례문과 좌우 회랑, 금천교를 모두 헐어버리고 경복궁 남북 중심축 위에 조선총독부 청사를 지어 그 축을 절단하고 방향도 3.5° 동향으로 틀어 궁의 축을 완전히 변형시켰다. 1917년에는 광화문마저 헐어 건춘문 북쪽으로 옮겼고, 1920년에는 화재로 소실된 창덕궁의 내전을 복구한다는 명목으로 강녕전과 교태전 등 부속 전각들까지 헐어버렸다.

1930년에는 역대 왕들의 초상을 모신 선원전(璿源殿)을 헐어 박문사(博文寺)를 짓는 등 조선왕실을 유린했으며, 1939년에는 고종이 거처하던 건청궁 터에 조선총독부 미술관을 짓는 등 4,000여 칸의 전각들을 헐어 궁을 철저히 파괴하고 짓밟았다. 이에 따라 일제의 침략 전 7,500여 칸에 이르던 궁궐 전각 대부분이 사라지고, 근정전·사정전·경회루 등 36동 695칸 정도만 겨우 남아 있어 궁의 명맥을 유지하고 있는 형편이었다(공보처, 1997c: 583).

경복궁 복원정비 사업은 1990년부터 2009년까지 총 20년에 걸쳐 추진됐다. 정부는 경복궁의 옛 모습을 최대한 그대로 재현시킬 수 있도록 구한말에 작성된 북궐도, 조선왕조실록, 궁궐지 등의 문헌을 참고하고 발굴·조사 자료를 바탕으로 문화재 위원 등 관계 전문가들의 자문과 지도 아래 이 사업을 추진해 왔다.

1993년에는 사업비 40억 6,300만 원을 투입해 강녕전·교태전 등 침전 지역의 고건물 8동을 복원 완료하고 교태전 회랑 등 3동의 복원을 착공했으며, 근정전 행각을 보수했다. 1994년에는 사업비 50억 5,200만 원을 투입해 강녕전·교태전 등 고건물 복원을 완료하고, 교태전 회랑 등 4동의 일부를 복원했으며, 근정전 행각 및 사정전 행각 등을 보수했다. 1995년에는 사업비 53억 4,400만 원을 투입해 침전 일곽 복원을 완료하고 근정전 행각 보수를 완료했다. 제2단계 사업인 동궁 일곽 복원사업도 본격적으로 착수해 변형 건물인 구조선총독부 박물관의 철거를 완료했다. 1996년에는 사업비 58억 1,400만 원을 투입해 자선당, 비현각, 자선당 행각, 비현각 행각을 일부 복원하고 건춘문을 보수했다(공보처, 1997c: 584-587).

3) 쇠말뚝 제거 및 우리 고유지명 되찾기

정부는 1995년 2월 15일 국무회의에서 일제가 전국 각지에 세운 쇠말뚝 제거작업에 대해 예산·장비·인력 등을 적극 지원하고, 일제에 의해 개악된 지명에 대한 실태조사를 한 뒤 주민 여론을 수렴해 원래의 고유지명으로 복원시키는 것을 골자로 한 광복50년 기념 3·1절 행사의 기본계획안을 의결했다(동아일보, 1995a). 내무부는 민간 영역에서 이뤄지고 있던 일제의 쇠말뚝 제거작업을 지원하기 위해 전국의 시·군·구별로 실태조사를 벌였고, 그 결과 모두 118개의 쇠말뚝을 확인해 제거작업을 지원했다.

우리 고유지명 되찾기운동은 지명에 스며 있는 일제의 잔재를 완전 일소한다는 차원에서 추진됐다. 이를 위해 1995년 2~5월까지 주민에게 홍보활동을 전개했고, 제보가 들어온 지명에 대해서는 철저하게 실태를 조사했다. 이 기간에 일제가 의도적으로 변경했다고 제보된 지명은 129건으로서, 이 중 행정지명은 105건(구 2건, 읍·면 4건, 동 20건, 리 79건)이고, 자연지명은 24건(산 8건, 하천 3건, 마을 13건)이다. 이 기간 동안에 조사된 일본식 지명은 주민의 의견을 수렴하고 시·군·구 의회와 시·군·구 지명위원회의 의결을 거쳐 1995년 11월까지 행정지명 54건, 고유지명 16건을 환원 조치했다(공보처, 1997a: 79).

2. 독립운동정신의 계승·발전

김영삼 정부는 대한민국 헌법 전문에 명시된 대한민국 임시정부의 법통을 계승해 대한민국의 정통성을 공고히 하고 독립운동정신을 이어받아 민족 정기를 바로 세우겠다는 취지에 따라 독립유공자 발굴 · 포상과 대한민국 임시정부 청사 복원, 애국선열 유해 국내 봉환 등의 사업을 의욕적으로 추진했다.

1) 독립유공자 발굴 포상

독립유공자에 대한 본격적인 포상은 1961년 8월 국가보훈처의 전신인 군사원호청을 창설하면서 시작됐다. 일제의 식민 지배 아래에서 독립운동을 했던 인물들은 많았으나, 독립운동 관련 자료의 유실 등으로 광복 이후 1992년까지 총 6,110명의 한정된 인원만을 포상했다. 김영삼 정부는 광복 50주년을 계기로 독립운동사를 총결산하는 차원에서 지금까지의 신청 위주의 포상제도를 정부 주도가 직접 조사 발굴하는 적극적인 방식으로 개선했다. 특히 새로 국교가 수립된 중국, 러시아 지역의 자료를 중점적으로 조사 · 발굴해 독립운동에 참여한 4만 3천여 명의 명단을 확보하고 이 중 유공자의 인적 사항에 대해 심사했다. 1993년과 1994년 임정수립기념일을 계기로 412명을 포상했으며, 1995년 광복절에는 건국훈장 1,073명, 건국포장 105명, 대통령표창 264명 등 1,442명, 1996년 277명, 1997년 125명 등이며, 광복 이후 지금까지 건국훈장 6,811명, 건국포장 233명, 대통령표창 887명 등 총 8,366명을 독립유공자로 포상했는데, 이 중 김영삼 정부 수립 후 포장된 인원은 2,256명이다(공보처, 1997a: 72-73).

2) 해외 독립운동 사적지 복원

김영삼 정부의 해외 독립운동 사적지 복원은 대한민국 임시정부 청사 복원에 집중됐다. 임시정부청사 복원은 단순히 역사문화재의 복원에 그치는 것이 아니라 항일독립운동 시기에 임시정부와 중국 정부의 긴밀한 협조 관계를 유지했던 사실을 다시 확인해 1992년 국교정상화 이후 한중 관계를 우호 협력의 기조로 끌어올리는 데 기여한다는 외교적 의미도 있다.

(1) 상하이임시정부 청사

대한민국 임시정부가 1926년부터 1932년까지 독립운동의 본부로 사용했던 상하이(上

海)임시정부 유적지가 상하이시의 도시 개발에 따라 철거될 위기에 있다는 소식을 접하고 1989년 6~7월에 문화공보부는 독립기념관과 합동으로 상하이시 노만구 마당로 306롱(弄: 번지) 4호에 위치한 대상 건물에 대한 종합적 조사를 실시했다. 조사 후 정부는 상하이임시정부 청사를 보존하도록 중국 정부에 요청하고 상하이시와 복원 협정을 체결하여 정비공사와 자료 전시를 마친 뒤 1993년 4월 13일에 청사 복원 기념식을 거행했다.

복원 규모는 연건평 약 48.2평(159.3㎡)이다. 3층 연립 형태의 이 청사는 1층은 임시정부 회의실, 2층 국무령 집무실과 사무실, 3층 임시정부 요인 숙소와 전시실로 복원됐고, 회의용 탁자, 임시정부 당시 사용한 태극기・전화기 등 집기류를 비치했다. 이 밖에 임시정부에서 작성한 독립운동선언서, 내각수반 사진 등의 관련 사진 및 실물자료를 전시하여 관람객으로 하여금 당시 임시정부의 활동을 이해할 수 있도록 했다(공보처, 1997c: 592).

(2) 충칭임시정부 청사

충칭(重慶)시 시중구 연화지 38호에 위치한 충칭임시정부 청사 역시 도시개발계획으로 철거될 위기에 놓여 있다는 사실이 보도되자, 한국 정부는 중국 정부에 청사 건물의 보존을 요청했다. 중국 정부는 한국 정부의 요청을 받아들여 동 유적지를 충칭시의 문물보호단지 65-38호로 지정했으며, 한・중 양국은 청사 복원 원칙에 합의했다.

당시 중국인이 경영하던 여관이었던 이 청사는 중국 국민당의 지원을 받아 1945년 1월부터 9월까지 대한민국 임시정부가 사용한 마지막 청사로 연건평 519평에 연립형 2층 건물 1개동, 3층 건물 1개동, 4층 건물 2개동 등 4개동이 남아 있었다. 그런데 이들 중 일부는 임시정부가 귀환하고 난 이후 증축 개조된 상태였고 임시정부 요인의 집무실 겸 숙소와 주석 비서실로 사용된 1개동은 원형이 없어진 상태로 임시정부 환국 이후 원형이 크게 변형됐고 당시의 도면도 남아 있지 않았지만, 정부는 당시 독립투사의 회고록, 임시정부 요인 기념 사진 등을 전거로 해 면밀하게 분석하고 광복군 출신 인사들에게 현지 출장과 자문을 구해 복원 도면을 만들었다.

독립기념관과 충칭시 인민대회우호협회가 복원공사 및 전시 임무를 맡아 추진해 광복 50주년 기념행사의 하나로 1995년 8월 11일 청사 복원 기념식을 거행했다. 복원 규모는 대지 313평, 연건평 400평으로서 2, 3층 건물 5개동으로 되어 있다. 복원된 임시정부 청사 5개동 건물에는 편의상 일련번호가 붙여졌는데 전시실에는 임시정부 약사(略史), 상하이 시기 및 충칭 시기 임시정부 활약상, 중국 국민당 정부의 임시정부 지원상,

임시정부의 환국 관련 자료 등이 전시됐다.

이 밖에도 김구 주석의 복제 의상, 광복군 군복과 소총, 임시의정원 회의 장면, 김구 주석과 장제스(蔣介石)의 회담 장면, 대일・대독 선전포고문, 광복군 훈련 장면, 대한민국 건국강령, 임시정부 헌장, 독립신문 등 167점의 자료를 전시하고 있다(공보처, 1997c: 592-593).

3) 애국선열 유해 국내 봉환

독립운동 유적지 발굴・복원사업과 함께 정부는 조국의 독립을 위해 애쓰다가 끝내 망국의 한을 품고 머나먼 이국땅에 묻힌 선열들의 유해를 봉환하는 사업도 펼쳤다. 일제에 침탈당한 국권의 회복을 위해 중국・러시아・미주 등지에서 독립운동을 하다 서거했으나 조국 광복 후에도 환국하지 못하고 이국땅에 안장돼 있는 선열의 유해를 국내로 봉환해 안장함으로써 국민의 애국정신을 고취하는 데 기여할 수 있게 했다.

1993년 8월 박은식・신규식・노백린・김인전・안태국 등 임시정부 요인 5인의 유해를 새로 조성한 임시정부 묘역에 봉환해 안장했다. 그후 미주 지역에서 서재필・전명운 독립운동가의 유해를 봉환 안장했고, 1994년 10월에는 중국 길림성 일대에서 서거한 독립군 출신 이화일・손병헌・강백규・김기선・윤희순 등 5인의 유해를 봉환해 독립된 조국의 땅에 안장했다. 김영삼 정부는 이처럼 국외에 안장된 선열의 유해 총 27구를 국내로 봉환・안장함으로써 독립을 위해 일신을 던진 선열들의 의기를 후손들이 본받도록 했다(공보처, 1997a: 73).

4) 이준열사기념박물관 개관

김영삼 정부는 해외 독립운동 유적지의 발굴・복원에도 관심을 기울였으며, 고종의 밀명을 받고 헤이그에서 개최된 만국평화회의에 참석, 나라의 독립 보전을 호소하다가 순국한 이준 열사의 순국 장소인 드용호텔 건물을 이준열사기념박물관으로 개관한 것도 그 일환이었다.

헤이그시 와건스트리트 124에 소재하는 드용호텔을 현지에 거주하는 동포 사업가가 개인 자금으로 이 건물을 매입해 기념박물관으로 복원하려는 노력이 가시화됐고, 정부는 광복 50주년 기념사업의 하나로 포함시켜 기념박물관 개관을 본격적으로 추진했다. 이준열사기념박물관은 1995년 8월 5일 개관됐다. 드용호텔의 2, 3층을 개조해 꾸며진 기념관 내부에는 만국평화회의 한국자료실, 이준방, 이상설 방, 이위종 방과 세계 각국

원수들이 자국어로 쓴 친필 '평화 염원 휘호'를 전시하는 평화의 방, 한국 역사인물의 방, 건국훈장 방, 네덜란드 역사 방 등 모두 8개의 방으로 구성돼 있다(공보처, 1997c: 591).

5) 독립운동 사료 수집 및 문헌 발간

독립운동의 주요 활동무대였던 중국·러시아에는 중요한 독립운동 사료들이 존재했으나, 외교관계 등의 문제로 인해 독립운동 관련 사료 수집이 제대로 이뤄지기 어려웠다. 김영삼 정부 출범 이후 중국·러시아의 문호 개방과 함께 사료 수집과 문헌 발간 사업이 활성화됐다.

정부는 1993년부터 미국, 일본, 대만 등지에 소장돼 있던 독립운동 당시 발행됐던 신문·잡지·통신문·외교문서 등을 본격적으로 수집했다. 또한 정부는 『한국의 독립운동사』 등 독립운동 관련 간행물 11종(5권) 21만 3,700부를 발간해 국내외 교육·연구기관 등에 보급함으로써 독립운동사에 대한 관심을 환기시켰다(공보처, 1997a: 73-74).

3. 4·19 민주 이념의 계승·발전

1) 4·19 민주 이념의 재조명

헌법 전문에 명기된 '4·19 민주 이념의 계승'은 독재와 사회 모순에 대항한 시민의 정의로운 저항이자 자유민주 이념과 정신의 표출이었다. 그러나 뒤이어 일어난 5·16군사 쿠데타 이후 굴절된 역사 속에서 '4·19'는 '의거'로 표현되며 평가절하돼 왔다. 김영삼 정부는 '문민정부'로서 4·19 민주 이념의 의의와 그 정신에 대한 새로운 조명작업에 착수했다. 1993년 7월에는 4·19의 역사적 재조명을 위한 학술회의를 개최했는데, 여기에서 연구자들은 4·19를 '혁명'으로 정의했고, 그 후 1993년 12월에 개최된 공청회에서도 발표자와 토론자들은 4·19혁명정신이 국가정책에 반영돼야 한다는 의견을 피력했다.

정부는 이에 대한 후속 조치로서 1995년 1월 「국가유공자 예우 등에 관한 법률」과 동법 시행령 「국가유공자 등 단체 설립에 관한 법률」 등 4·19 관련 법령을 개정하고, 4·19의거를 4·19혁명으로 변경해 4·19 희생자들과 관련 단체들의 위상을 제고했다. 또한 재정립된 4·19정신을 교육과정을 통해 학생들에게 심어주기 위해 초·중·고 관련 교과서에 반영 방침을 확정(1993년 12월)하고, 우선 1995년도에 중·고교 사회과 지도에 반영하는 것을 시작으로 1996년도에는 교과서 개편 시 초·중·고교의 사회와 국사 과목에 반영했으며, 1997년부터 교과서 내용 및 용어를 전면 개정했다(공보처, 1997a: 80).

2) 4·19묘지 확장 및 기념도서관 재건립

4·19혁명의 상징적 기념시설인 4·19묘지는 1961년 공원묘지로 설립된 이래 서울시가 관리해 왔으나, 그 역사적 상징성에 비해 규모나 시설이 초라했다. 김영삼 정부는 1993년 10월부터 1995년 4월까지 총 161억 원의 예산을 투입해 기존 묘지 면적의 4배 규모로 확장했다. 아울러 봉안소 및 기념관 건립, 기념탑 이전 등을 실시했고, 국립묘지로 승격시켰다. 이 사업의 결과로 4·19국립묘지는 민주주의의 산 교육장으로 활용되고 있다. 또한 정부는 4·19기념도서관을 새롭게 조명된 4·19 이념을 나타내고 정보화 시대에 대비하는 미래형 도서관으로 재건립했다(공보처, 1997a: 81).

4. 12·12군사쿠데타, 5·18광주민주화운동의 진상 규명

'12·12군사쿠데타'는 당시 보안사령관이었던 전두환 소장을 중심으로 한 소수의 정치군인이 군의 주도권을 장악할 목적으로 정승화 육군참모총장 겸 계엄사령관을 불법으로 연행하고 군 병력을 동원해 무력으로 군의 지휘 계통을 무너뜨린 군사반란이었다. '5·18광주민주화운동'은 12·12군사쿠데타로 군의 실권을 장악한 정치군인들이 정권 장악을 기도하는 데 반발하며 저항했던 광주시민들의 민주화 요구 시위였다. 당시 '12·12군부'는 계엄군과 공수부대를 동원해 시위에 나선 광주시민을 향해 무력으로 강경 진압했다. 그 핵심 세력이 대통령의 직위로 통치를 수행했던 제5공화국과 제6공화국 시기 '12·12군사쿠데타'와 '5·18광주민주화운동'은 그 진상 자체가 규명될 수 없었고, 사태의 현장에 있었던 자들의 기억은 억압돼야 했다. 문민정부의 출범은 이 불행의 역사를 바로잡을 수 있는 절호의 기회가 도래했음을 의미했지만, 김영삼 대통령은 집권 초기 피해자 명예 회복과 화해를 강조하며 진상 규명을 유보하는 태도를 취했다. 그러나 1995년 연이어 터진 전직 대통령 비자금 파문 이후 김영삼 대통령은 여론을 등에 업고 진상 규명과 책임자 처벌을 우선시하는 쪽으로 방향을 전환했다.

김영삼 대통령은 1995년 11월 24일 「5·18 특별법」 제정을 민자당에 지시한 데 이어

12월 12일 특별담화를 발표해 '역사바로세우기'에 대한 의지를 명확히 피력했다. 이 담화에서 김 대통령은 "저는 전직 대통령의 권력형 부정부패사건을 통해 국민의 신뢰와 기대를 배반한 이 엄청난 범죄의 뿌리가 12 · 12와 5 · 17, 5 · 18에 이어져 있음을 확인할 수 있었습니다. 우리는 국민과 역사를 욕되게 한 이 같은 작태를 더 이상 국민 화합이라는 명분으로 묵과할 수는 없습니다. 이 나라에 정의와 법이 살아 있음을 분명히 하고 진정한 국민 화합을 이루기 위해 이제 잘못된 역사를 바로잡아야 합니다"라면서 '역사바로세우기'를 '명예혁명'과 '제2의 건국'으로 규정했다(공보처, 1997a: 83).

같은 해 12월 15일 헌법재판소는 청구인들의 심판청구 취하로 헌법소원 심판절차가 종료됐다고 밝혔으나, 김진우 재판관 등 3명의 재판관은 11월 30일에 선고하려 했던 '5 · 18 헌법소원 결정문 가운데 성공한 내란도 처벌할 수 있다는 부분은 소 취하에도 불구하고 선고해야 한다는 소수 의견을 내고, 소수 의견문에서 당시의 결정문 내용을 그대로 공개했다. 김진우 재판관 등은 "5 · 18 헌법소원에서 성공한 내란의 처벌 가능성 여부는 그 해명이 헌법적으로 매우 중대한 의미를 가진다"면서 "성공한 내란도 처벌할 수 있다는 기존의 결정에 따라 검찰의 불기소 결정 이유 중 성공한 내란은 처벌 못한다는 부분에 대해서는 취소 결정을 내려야 한다"고 밝혔다(경향신문, 1995a).

1995년 12월 21일 국회는 「헌정질서 파괴범죄의 공소시효 등에 관한 특례법」과 「5 · 18민주화운동 등에 관한 특별법」을 제정, 공포했다. 「5 · 18 특별법」의 핵심은 "1979년 12월 12일과 1980년 5월 18일을 전후해 발생한 헌정질서 파괴범죄행위에 대해 국가의 소추권 행사에 장애 사유가 존재한 기간은 공소시효의 진행이 정지된 것으로 본다"고 하여 쿠데타가 발생했던 1979년 12월 12일부터 전두환, 노태우가 대통령으로 집권했던 1993년 2월 24일까지를 '국가의 소추권 행사에 장애 사유가 존재한 기간'으로 규정해 공소시효를 정지시킨 데 있다. 이를 통해 공소시효 만료를 사유로 쿠데타 주역을 처벌할 수 없었던 상황으로부터 벗어날 수 있게 됐다(조용환, 1996). 또한 「5 · 18 특별법」에는 '5 · 18민주화운동 기념사업 추진'과 국가 배상, 상훈 치탈 등의 조항을 담아 관련자들의 명예 회복을 추진할 법적 근거를 확보하기도 했다.

김영삼 대통령의 역사바로세우기 추진 천명과 「5 · 18 특별법」의 제정 이후 언론의 12 · 12쿠데타와 5 · 18민주화운동에 대한 재조명도 정책의 추진에 중요한 요인으로 작용했다. 언론은 이전과 달리 1979년 12월 12일에 무슨 일이 있었고, 1980년 5월 광주시민들이 신군부의 특명을 받은 공수부대원들에 의해 참혹하게 학살됐던 사실들을 생생하게 다뤄 국민들의 공분을 자극했다.

특별법 제정을 통해 재판정에 올리기까지 전두환, 노태우 전직 대통령의 반발도 적지 않았다. 특별수사본부 구성 직후 검찰이 전두환 측에 소환 요구를 진행하자, 전두환은 서울 연희동 자택 앞에서 "검찰의 소환 및 여타의 어떠한 조치에도 협조하지 않을 생각"이라며 대(對)국민 성명을 발표했다. 전두환은 이 성명에서 "내가 국가의 헌정질서를 문란케 한 범죄자라면 이러한 내란 세력과 야합해온 김 대통령도 응분의 책임을 져야 하는 것이 순리가 아니겠느냐"고 3당 합당에 기반해 정권을 출범시킨 김영삼 대통령을 공격했다(경향신문, 1995b). 이 성명의 발표 직후 합천으로 내려간 전두환은 곧바로 구속 수감됐다.

검찰은 1994년 11월부터 진행했던 '5・18 관련 조사'를 토대로 재수사해 1980년 신군부가 취한 일련의 조치가 사전에 치밀하게 계획된 내란행위임을 확인했고, 계엄군의 광주민주화운동 진압과 관련해 신군부가 공수부대 병력 등을 동원해 살상행위 등을 자행한 사실도 확인했다.

수사가 진행되는 와중인 1996년 1월 17일 전두환, 장세동, 최세창, 이학봉, 유학성, 황영시 등은 "5・18 특별법이 소급입법을 금지한 헌법에 위배된다"며 서울지법에 위헌법률심판 제청 신청을 냈다. 그러나 검찰은 같은 해 1월 23일 전두환 등 신군부 핵심인사 8명을 내란 혐의로 기소하여 쿠데타 주동자들을 법의 심판대에 세우게 됐다(동아일보, 1996a). 검찰을 광주 현지 조사를 통해 공수부대의 살상행위 등을 확인했으나, 진압과정에서의 발포책임자나 사망자 수 등과 관련한 구체적인 내용을 밝히지는 못했다.

1996년 2월 16일 헌법재판소는 전두환 등 6인이 제기한 위헌법률 심판 제청 등에 대해 "5・18민주화운동에 관한 특별법은 합헌"이라고 판결해 위헌 논쟁에 종지부를 찍었다. 같은 해 2월 26일 부정부패 사건에 대한 첫 공판이 열려 전두환은 피고인 신분으로 법정에 섰고, 3월 11일에는 전두환과 노태우가 함께 '12・12와 5・18' 첫 공판장에 섰다. 수차례의 공판 끝에 그해 8월 26일 서울지법에서 제1심이 선고됐다. 전두환 피고인에게 반란 및 내란수괴, 내란목적 살인, 특정범죄가중처벌법 위반(뇌물 수수)죄 등을 적용해 사형을 선고했으며, 노태우 피고인에게는 반란 및 내란 중요 임무 종사 및 특정범죄가중처벌법상 뇌물 수수 혐의를 적용, 징역 22년 6월형을 선고했다. 재판부는 전・노 피고인이 재임 중에 기업체 등으로부터 받은 뇌물액 2,259억 5천만 원과 2,838억 9,600만 원을 전액 추징했다. 이 밖에 황영시, 정호용, 이학봉, 허화평 피고인은 징역 10년, 이희성, 허삼수, 유학성, 최세창 피고인에게는 징역 8년, 주영복, 차규헌, 장세동 피고인에게는 징역 7년, 신윤희, 박종규 피고인에게는 징역 4년을 선고했다(동아일보, 1996b). 1997년

4월 17일 대법원 판결에서는 전두환, 노태우 피고인의 상고를 기각하고, 이들에게 각각 무기징역과 징역 17년형을 선고했다. 재판부는 전·노 피고인이 재임 중 받은 뇌물액에

표 2-1-2 피고인별 구형량 및 선고 형량

순번	피고인	구형량	1심 선고 내용	2심 선고 내용	3심 선고 내용
1	전두환	사형, 추징금 2,223억 1,666만 6,666원	사형, 추징금 2,259억 5,000만 원	무기징역, 추징금 2,205억 원	검사 상고 기각
2	노태우	무기징역, 추징금 2,838억 9,600만 원	징역 22년 6월, 추징금 2,838억 9,600만 원	징역 17년, 추징금 2,628억 9,600만 원	검사 상고 기각
3	유학성	징역 15년	징역 8년	징역 6년	공소 기각
4	황영시	무기 징역	징역 10년	징역 8년	검사 및 피고인 상고 기각
5	차규헌	징역 15년	징역 7년	징역 3년 6월	검사 및 피고인 상고 기각
6	박준병	징역 10년	무죄	무죄	검사 상고 기각
7	최세창	징역 15년	징역 8년	징역 5년	피고인 상고 기각
8	장세동	징역 12년	징역 7년	징역 3년 6월	피고인 상고 기각
9	허화평	징역 15년	징역 10년	징역 8년	검사 및 피고인 상고 기각
10	허삼수	징역 15년	징역 8년	징역 6년	검사 및 피고인 상고 기각
11	이학봉	징역 15년	징역 10년	징역 8년	검사 및 피고인 상고 기각
12	박종규	징역 10년	징역 4년	징역 3년 6월	피고인 상고 기각
13	신윤희	징역 10년	징역 4년	징역 3년 6월	피고인 상고 기각
14	이희성	징역 15년	징역 8년	징역 7년	검사 및 피고인 상고 기각
15	주영복	징역 15년	징역 7년	징역 7년	검사 및 피고인 상고 기각
16	정호용	무기 징역	징역 10년	징역 7년	검사 및 피고인 상고 기각

대해서도 원심대로 추징금으로 선고했고, 황영시 · 정호용 등 14명의 피고인에 대해서도 전원 상고를 기각, 징역 8~3년 6월씩을 선고했다(한겨레, 1997).

그러나 1997년 대선정국에서 전두환, 노태우 전 대통령에 대한 특별사면 논의가 끊이지 않았고, 그해 12월 22일 김영삼 대통령과 김대중 대통령 당선자의 합의에 의해 특별사면 조치로 전두환, 노태우는 석방됐다(동아일보, 1997).

1997년 4월 정부는 '5 · 18'을 법정기념일로 지정하기로 했고, 그해 5월 16일에는 '5 · 18묘지(신묘역)' 준공식이 개최됐다. 이로써 '5 · 18광주민주화운동'은 이제 국가의 역사적 기억 속에 포함됐다.

제 4 절 성과 및 평가

1. 역사 인식 민주화의 계기 마련

김영삼 정부의 역사바로세우기는 오랫동안 망각과 왜곡을 강요당해온 '12 · 12쿠데타'와 '5 · 18광주민주화운동'을 국가 주도 하에 '역사적 기억'으로 자리매김했다는 점에서 커다란 의의를 갖는다. '문민정부'는 3당 합당이라는 태생적 한계로 인해 5 · 6공 정치 세력과의 단절이나 이들에 대한 사법적 심판이 불가능에 가까운 상황이었으나, 노태우 전 대통령의 불법 비자금이 드러나면서 상황은 역전됐고 그 상황에서 과단성 있게 정책을 추진해갔던 김영삼 대통령의 추진력은 높이 평가할 만한 것이었다. 추진력의 이면에는 '진상 규명과 책임자 처벌'을 원하는 국민적 요구가 있었던 것 또한 사실이다. '역사바로세우기'가 한창 추진 중이던 1996년 1월 독일 프랑크푸르터 알게마이네(*Frankfuter Allgemeine*)지는 "한국의 '역사바로세우기'의 진정한 승리자로 등장하고 있는 주역은 바로 한국 국민들 자신"이라면서 이 과정의 근저에는 "합리주의적 애국심으로 무장된 중산층의 민주화 욕구가 깔려 있다"고 보도하기도 했다(한국일보, 1996).

역사바로세우기는 1987년 이후 민주화를 향한 시민적 열망의 한 발현이었다. 이런 점에서 역사바로세우기는 민주화에 의해 추동됐고, 다시 민주화를 촉발하는 계기이기도 했다. 민간 영역에서 억눌려 있던 집단 기억을 국가가 역사바로세우기를 통해 공식적인 역사 기억으로 인정해줌으로써 시민사회의 영역에서 더욱 다양한 역사 인식이 경합할 수 있게 됐고 역사 해석이 풍부해지는 계기가 마련됐다.

2. 사회통합의 기반 마련

김영삼 정부의 역사바로세우기 정책은 과거 군부독재가 남긴 국민적 아픔과 상처를 치유하려는 시도라는 점에서 의미를 갖는다. 역사바로세우기 이전까지 5 · 18광주민주화운동은 정당하게 역사적으로 자리매김되지 않음으로써 한국 사회의 지역 분열을 증폭시켰고 민주화운동에 참여했던 이들에게 허탈감과 상실감을 해소해줄 수 없었다. 5 · 18특별법 제정과 5 · 18기념일 제정을 비롯한 일련의 조치들은 이제 미래를 향한 사회통합의 기반을 마련하는 데 중요한 역할을 했다.

역사바로세우기 정책의 직접적 촉발 요인이 됐던 비자금 사건을 계기로 개발독재의 부정적 유산인 정경유착 구조의 중심에 대통령이 있었다는 사실이 드러났다. 이 사건은 김영삼 정부에서 단행한 금융실명제의 효과로 밝힐 수 있었으며, 권력의 핵심에 있는 대통령 또한 퇴임 이후 부정부패에 대한 처벌로부터 자유로울 수 없다는 점이 확인됐다. 역사바로세우기 정책은 곧 정경유착 구조와 부정부패 구조를 혁파하려는 김영삼 정부의 의지를 표명한 것이었다.

3. '내란', '국가 폭력'에 대한 처벌과 사회정의 실현

'역사바로세우기'는 자칫 집권자의 행위를 정당화시키는 데 역사를 동원하는 방식으로 오용되기 쉬우며, 실제로 김영삼 정부의 역사바로세우기 정책의 추진 과정에도 '정략적 이용'이라는 요인이 없지는 않았다. 그러나 모든 정치적 행위에는 정략적 의지가 작용하게 마련이고, 그 행위의 결과가 어떻게 작용했는가를 놓고 봤을 때, 전두환 · 노태우 전직 대통령의 쿠데타와 학살에 대한 책임을 재판정에 세워 물은 사실은 한국 사회의 민주화 과정에서 상징적인 의미를 갖는 것이었다. 특히 김영삼 정부는 5 · 18 특별법을 제정 · 공포함으로써 헌정질서 파괴자들을 엄중 처벌하고 희생자의 명예 회복을 도모함으로써 굴절된 역사를 바로잡는 중요한 계기를 마련했다. 권력 찬탈과 광주 발포 명령의 책임을 물어 두 전직 대통령과 핵심 주동자를 구속해 재판에 회부함으로써 '성공한 쿠데타도 처벌받는다'는 민주화 구현의 중요한 전례를 남겼다.

물론 실제 사법적 처벌 · 집행은 상징적인 차원에 머물렀지만, 군사 쿠데타라는 정의

롭지 못한 집권행위와 그에 기반한 시민 학살이라는 국가 폭력에 대한 단죄는 사회 정의의 회복이라는 차원에서 볼 때 매우 중요한 의미를 갖는다. '역사바로세우기' 드라이브 정국에서 김영삼 정부는 '미래 지향적'이기보다 '과거 집착적'이라는 비난을 받기도 했으나, 김영삼 정부의 역사바로세우기는 부조리한 과거와의 정면 대응을 통해 '민주주의의 미래'의 기반을 다진 미래 지향적 정책이었다.

참고 문헌

경향신문(1993). 사라질 '일제 상징'. 4월 4일.
______(1995a). 헌재 결정문: 반대 의견. 12월 16일.
______(1995b). 전두환씨 대국민 성명 전문. 12월 3일.
공보처(1997a). 변화와 개혁: 김영삼 정부 국정 5년 자료집 1 정치 · 외교 · 통일 · 국방. 서울: 공보처.
______(1997b). 변화와 개혁: 김영삼 정부 국정 5년 자료집 2 경제. 서울: 공보처. 서울: 공보처.
______(1997c). 변화와 개혁: 김영삼 정부 국정 5년 자료집 3 교육 · 사회 · 문화 · 환경. 서울: 공보처.
______(1997d). 변화와 개혁: 김영삼 정부 국정 5년 자료집 4 대통령편 · 일지편. 서울: 공보처.
교육부(1990). 중학교 국사(하).
나라정책연구회(1998). 김영삼 정부의 국정평가 및 차기정부의 정책과제. 서울: 현대정보문화사.
대통령비서실(1998). 변화와 개혁, 그 도전과 시련: 김영삼 문민정부 국정 5년. 서울: 대통령비서실.
대통령자문 정책기획위원회(1998). 미래를 향한 변화와 개혁: 문민정부 5년의 개혁정책을 평가한다. 서울: 대통령자문 정책기획위원회.
동아일보(1982). 중앙청 영욕의 56년(하). 3월 19일.
______(1993a). 장성 인사철에 괴문서 나돌아, 하나회 명단 파문. 4월 14일.
______(1993b). '하나회' 회원 특별관리, 육군본부 처음으로 존재 인정. 5월 11일.
______(1995a). '일제 쇠말뚝' 제거 정부 지원. 2월 16일.
______(1995b). 구 총독부 건물 철거 선포. 3월 2일.
______(1995c). 5 · 17 이후 일련의 사건 신군부 정권 장악 과정. 7월 19일.
______(1995d). 93년 1월 비자금 4천 억 시중은행 40개 계좌 분산 예치. 10월 20일.
______(1996a). 5 · 18은 집권음모 내란. 1월 24일.
______(1996b). 전두환씨 사형 선고.
______(1996c). 총독부 건물터 '일제 말뚝 9,388개 뽑아낸다. 11월 29일.
______(1997). 전-노씨 사면, 12 · 12사태서 12 · 22 석방까지 뒤바뀐 영욕. 12월 22일.

문교부 (1982). 고등학교 국사(하)

조용환 (1996). 5 · 18특별법과 전 · 노재판의 문제점. 역사비평, 34.

한겨레 (1995a). "옛 총독부 철거 좀 참으시죠". 8월 1일.

______(1995b). 4천억 대 계좌설 파문. 8월 4일.

______(1995c). 5 · 18 헌재 선고 무산. 11월 30일.

______(1997). 대법, 전씨 무기 확정. 4월 18일.

한국일보 (1996). "한국 '역사바로세우기' 승자는 국민"/독 알게마이네지 보도. 1월 5일.

한국행정연구원 (2008). 한국행정 60년 1948-2008: 제1권 배경과 맥락. 파주: 법문사.

제 2 장

금융실명제

김병문
안동대학교

제 1 절 정책의 추진 배경

1. 김영삼 개혁정책의 시대적 배경[1)]

김영삼 정부의 탄생은 과거 30여 년 동안의 군사정권 시대의 불합리와 부패를 척결할 수 있는 정치적 시기라는 점에서 많은 국민으로부터 기대와 찬사를 받고 출발했다. 소위 '문민정부'라는 이름으로 과거의 청산 및 개혁을 통해 새로운 시대로의 도약을 이루는 듯했다(최용섭, 1997: 20).

국민이 김영삼을 선택한 것은 안정 속의 개혁을 약속한 그의 정치 신념을 선택한 것이라고 볼 수 있으며, 안정 속의 화합, 안정 속의 착실한 개혁을 지지하고 있음을 알

1) 김병문(2005). 개혁의 성패 요인 분석: 김영삼 대통령을 중심으로. 한국행정논집 논문을 기본으로 대폭 수정 및 보완해 구성했다.

수 있다. 김영삼 정부에 대한 국민들의 기대는 정치적으로는 군사권위주의 정권을 종식시키고 과거 권위주의 정권에서 행해졌던 각종 부정부패를 차단하며 정경유착의 고리를 단절시키는 것이었다. 경제적으로는 노태우 시절 계속돼온 경제난 물가고를 안정시키며 투명한 경제 과정을 통해 경제적 번영을 이룩하는 것이었다.

그리고 사회적으로는 민주화 세력의 집권으로 사회적 불평등 및 지역 갈등을 해소하는 것이었다. 이러한 정치적 · 경제적 · 사회적 변혁을 위한 개혁을 시도하는 데 급진적이지 않으며 안정 속의 개혁을 추진할 수 있는 지도자로 김영삼을 선택했다고 볼 수 있다. 특히, 정치적으로 권위주의적인 군사문화를 청산하고 새로운 문민(文民)이 주인이 되는 사회를 지향했다고 볼 수 있다. 따라서 이러한 시대적 배경 하에서 김영삼의 개혁은 과거를 청산하는 개혁에 몰두하게 된다.

김영삼의 당선은 비록 지역세의 영향을 받았지만 호남을 제외하고는 전국 각 지역에서 고르게 지지를 받았다는 점에서 국민들은 군사문화와 권위주의 청산을 안정적으로 개혁하기를 원했다고 볼 수 있다. 비록 김영삼은 안정을 바라는 보수적 성향을 가진 세력과 변화를 기대하는 온건 개혁 지향적 세력의 지지를 받았으나 대체로 김영삼 정부의 지지 세력은 기본적으로 보수 세력의 연합체였다고 볼 수 있다.

김영삼 정부의 지지 세력은 군부 엘리트, 관료, 재계를 중심으로 한 구체제 하에서의 집권 세력과 민주주의에 대한 온건한 개혁을 지지하나 대체로 비호남 출신인 교육받은 도시중산층의 연합이었다. 이 연합은 호남 배제, 냉전적 반공주의, 상위 중상층, 그리고 온건 반(反)군부독재 민주화 세력을 기반으로 했다는 점에서 호남 배제와 보수주의 및 온건민주 세력의 결합이라는 성격을 지녔다(최장집, 1996: 245). 집권 이후 김영삼 정부의 개혁 주도 세력은 크게 출신 배경이 주로 부산 · 경남 출신 인사, 김영삼 대통령과 야권 생활을 오랫동안 해온 인사, 개인적으로 개혁 성향이 짙어 발탁된 인사 등으로 나눠 볼 수 있다(박병련 · 이대희, 1994: 22-26).

3당 합당 이후 권력의 재창출이라는 목표 아래 탄생한 김영삼 정부는 내부적으로는 과거 민주화 세력과 권위주의 세력이라고 하는 근본적 차이를 안고 있었으나 과거 식의 권위주의 대 민주주의 구도는 그 의미가 크게 희석됐다. 과거 갈등 구조 하의 대립적 세력이 하나로 통합됐다는 사실은 민주주의와 권위주의라는 대립 구도가 적어도 외면적으로는 종식됐음을 의미했다(강원택, 1998: 198). 특히 유권자의 정당 지지가 현실적인 지역을 중심으로 이뤄지면서 여당 내의 각 정파는 실질적인 정치적 영향력을 유지한 채 외형적인 통합을 유지해 왔다. 따라서 집권연합을 유지하기 위해서는 이 정파들 간의 협조가 필수적이었으며 이는 결국 김영삼 정부가 추진해 온 개혁정책의 성패가 달린 문제였다. 즉, 김영삼 정부는 이러한 내부 연합세력 간의 이질성을 어떻게 조화시키느냐가 개혁의 성패에 갈림길이 됐던 것이다. 이러한 배경에서 대표적인 개혁으로 꼽을 수 있는 금융실명제나 정치개혁법 등은 시대적 배경 및 개혁정책의 특징을 반영한 사례라 할 수 있다.

2. 금융실명제의 추진 배경

1) 김영삼 정부의 3단계 개혁정책

집권 초기 김영삼 정부는 대통령 취임사에서 밝힌 바와 같이 '신한국 창조'를 국정지표로 삼고 개혁 조치를 단행했다. 그러나 '신한국 창조'의 국정지표는 어떠한 구체적인 이론이나 이념에 근거해 제시된 것은 아니었다.

김영삼의 개혁은 위로부터의 개혁 → 단계적 개혁 → 사회 틀을 바꾸는 개혁이라는 3단계 특징으로 요약된다. 잘못된 관행 혁파와 21세기에 대비한 새로운 제도 및 의식 형성이 김영삼 정부가 추진하는 3단계 개혁 정책의 특징이며 목표라 할 수 있으며, 〈표

표 2-2-1 3단계 특징

단계	주요 특징
1) 위로부터의 개혁	- 정치자금을 받지 않겠다고 선언함 - 재산 공개를 비롯해 개혁을 주도하며 몸소 실천함 - 주요 개혁정책이 대통령 자신의 결단과 실천으로 추진됨
2) 단계적 개혁	- 군부통치와 고도 성장 과정에서 야기된 잘못된 관행, 의식, 제도를 개혁하고 사회 기강을 바로잡는 '정상화'를 위한 개혁에 초점을 둠 - 군의 정치 개입 방지, 권력 비리 등 각종 사회 비리, 정경유착 비리 근절을 위해 법·제도적 장치를 마련함 - 공직자 재산 공개, 공직자 윤리법 강화 및 경제정의 기틀 마련을 위한 금융실명제 단행
3) 사회 틀을 바꾸는 개혁	- 세계화 개혁에 착수 - 한국 경제의 경쟁력 제고를 위한 개방과 경제구조 조정 등 경제 질서 개편, 지식정보 시대를 준비하는 정보화 추진 전략, 사회복지 구상, 사법개혁 교육개혁 등이 추진됨 - 세계화 개혁을 한국 사회의 근본을 바꾸는 개혁으로 추진됨

자료: 서울신문(1996). 김 대통령 개혁 3년 3월 29일자: 15에서 재정리, 김병문(2005)에서 재인용.

2-2-1〉은 이러한 3단계 개혁을 요약한 것이다.

2) 금융실명제의 의미 및 추진

김영삼 정부는 정치개혁의 주요 대상으로 군부 및 권위주의 세력을, 경제개혁의 주요 대상으로는 재벌과 관련된 정경유착 및 부패구조를 상정했다. 따라서 경제개혁은 넓은 의미의 민주화 개혁으로서 "군부 권위주의를 지탱시킨 재정적 자원을 제공해온 정경유착의 고리를 끊고, 정치와 경제 간의 관계를 투명하게 하며, 다른 한편으로는 재벌기업과 정치 엘리트의 연합이 정치를 독점하는 현상을 타파하고자" 하는 데 목적을 두었다(최장집, 1997: 258). 이러한 의도에서 김영삼 개혁 초기에 경제개혁의 측면에서 시행된 가장 중요한 조치로서 금융실명제의 추진을 들 수 있다.

금융실명제란 금융기관의 예금이나 증권 매입 등 모든 금융 거래에서 가명이나 차명을 금지하고 의무적으로 금융거래자의 실지 명의를 사용하도록 하는 제도 또는 금융관행이라 할 수 있다. 이에 따라 금융실명제가 실시되면 금융기관은 고객과의 신규 거래 시 개인의 경우 주민등록증이 법인의 경우에는 사업자등록증에 의해 본인의 실지 명의를 확인하는 제도다(진광명, 1997: 56).

김영삼 대통령으로서는 집권 직후 실시한 신경제 100일 계획의 성과가 부진했고, 공직자 재산 공개가 미비했으며, 보궐선거의 혼탁에 따른 야당 및 여론의 비판에 대해 무엇인가를 행동을 통한 반응을 취할 필요가 있었으므로 가장 개혁적인 정책이라고 인식돼온 금융실명제를 실시할 필요가 있었다. 이러한 요소는 금융실명제 정책이 명확하고도 구체적인 정책 목표보다는 개혁의 상징이라는 측면에 중점을 두고 채택됐음을 시사한다(김신범, 1998: 186).

김영삼 대통령은 개혁과 부정부패의 척결을 국정지표의 주요 과제로 내걸고, 자신의 재산을 공개하고 정치자금을 거절하면서 개혁 의지를 실천에 옮기자 정치권은 순식간에 개혁의 소용돌이에 휘말렸다. 김영삼 대통령의 재산 공개에 자극을 받아 관료와 국회의원을 비롯한 고위공직자의 재산공개가 있었고 뒤이어 필연적으로 사정작업이 뒤따랐다. 이러한 사정작업에 대한 국민적 지지가 확산되는 가운데, 한편으로는 금융실명제가 실시되지 않는 사정작업은 제대로 실효를 거두기 어렵다는 비판이 각계각층에서 일어나기 시작했다.

1991년 우리나라 지하경제의 규모는 GNP의 19~40% 수준에 이른 것으로 나타났다. 이러한 상황에서 정부의 금융정책이나 재정정책의 효율성은 기대하기 어려웠으며, 1992

년에는 경상수지가 45억 2천 8백만 달러의 적자를 기록했다. 김영삼 대통령은 집권 후 신경제정책을 내세우면서 경제 회생을 위해 노력했으나 신경제의 성과가 즉시 나타나지 않았다. 오히려 과거의 정부가 실명제를 유보할 때 주장했던 "경제가 회복된 뒤 실시" 내신 "경세가 바닥에 있을 때 실시"하는 것이 오히려 좋다는 명분적 논리를 내세워 경제 상태가 좋지 않음에도 불구하고 금융실명제는 전격 결정돼 시행되기에 이르렀다. 그리고 1993년 6월 '금융시장 개방 방안'을 계기로 자본자유화는 한 차원 높아졌으며, 이는 지금까지 개별적으로 추진해 왔던 자본자유화가 이제는 종합적인 정부시간표에 맞춰 시행되도록 하는 청사진으로서 1997년까지 채권시장 개방・원화 국제화・상업차관 도입 등 지금까지의 금기 사항들이 모두 포함됐다. 이렇듯 대외적으로 자본자유화를 앞둔 시점에서 금융실명제는 더 이상 미룰 수 없는 국가적 과제가 됐던 것이다(진광명, 1997: 73).

3) 금융실명제의 목적

금융실명제는 모든 금융기관과의 거래 시 거래자의 실지 명의 사용을 의무화한 제도다. 지난 30여 년 간 성장 일변도의 경제정책을 추진하는 과정에서 우리 사회 전반에 깊숙이 뿌리내린 가명 및 차명 형태의 비실명 금융거래 관행은 계층 간 소득 및 세 부담의 불균형을 심화시켰으며, 음성적 자금 거래는 확대하는 등 많은 부작용을 초래했다. 금융실명제는 바로 이러한 과거의 잘못된 제도와 관행을 바로잡음으로써 금융 거래 시 실지 명의를 사용하도록 의무화하고, 기존 비실명 금융자산의 실명 전환을 유도하며 금융 거래 내용에 대한 철저한 비밀 보장을 위해 필요한 법률적 장치를 마련하고자 하는 내용을 담고 있다(이인표・정영현, 1996: 8).

따라서 금융실명제가 시행될 경우 비실명에 의한 변칙적 금융 거래가 차단됨으로써 금융기관을 통한 자금 흐름의 투명성을 제고할 수 있으며 음성 불로소득 및 불건전 자금 거래의 소지를 제거할 수 있게 된다. 또한 시장 원리에 입각한 금융시장의 가격 기능 회복을 통해 금리 자유화의 기반을 조성할 수 있으며, 변칙적 예금 유치의 차단을 통해 금융기관의 경쟁 방식을 변화시킴으로써 금융산업의 효율성을 증대시킬 수 있다.

많은 사람이 금융실명제가 달성되면 경제 정의가 실현되고 부정부패가 척결될 것으로 확신했다. 그러나 금융실명제의 궁극적 목표는 조세의 형평성 제고, 경제적 신분의 세습 억제, 불로소득 및 투기의 원천 봉쇄, 금권정치의 청산 및 깨끗한 정치풍토의 조성, 부정 부패 및 사회 부조리 척결 등을 통한 경제 정의의 실현이라고 할 수 있다(현진권,

1997: 203). 즉, 금융실명제의 실시로 흐트러진 금융 관행을 시정하고, 공평과세 기초를 확보하며, 그리고 부의 축적에 대한 정당성을 확보해 지도계층에 대한 도덕성 회복의 기회 제공에 그 의의가 있다.

금융실명제의 이러한 근본적 효과 외에도 자산소득에 대한 과세 강화로 근로소득에 대한 세 부담 형평성의 확보, 불로소득 척결에 따른 근로 의욕의 고취, 기업의 기술 축적 노력의 배양, 음성소득과 지하경제의 축소로 기업의 준조세 감소, 사채시장의 양성화로 기업의 자금 조달비용 감소, 정경유착의 단절, 정치자금의 양성화 등이 금융실명제의 실시로 얻어지는 기대 효과로 표현될 수 있다.

어느 제도든 제도의 도입 과정에서 중요한 점은 제도의 도입 목적 또는 제도에 대한 인식의 공감대를 형성하는 것이다. 제도 도입의 목적을 사회구성원이 어떻게 인식하느냐에 따라 제도가 정착되고 제도의 역할이 규정될 수 있다. 이러한 점에서 금융실명제는 자본주의 경제 체제에서 새로운 경제규칙의 도입으로 인식될 수 있었다. 따라서 금융실명제가 시행된다면 소유자와 거래자를 밝혀 음성적인 금융거래와 비공식적인 자금관리로 오랜 세월에 걸쳐 흐트러질대로 흐트러진 우리나라의 금융 질서를 바로잡을 수 있다. 이렇게 하여 사회 형평의 기틀을 마련하면서 경제정책의 합리성과 효율성을 제고할 수 있다(최광, 1993: 14-15).

이러한 금융실명제의 목표 때문에 금융실명제의 시행이 그동안 금융실명제의 부재로 인해 이익을 향유하고 있었던 기득권 집단의 반발에 직면하게 될 것이라는 점은 쉽게 예상할 수 있었다. 실제로 이러한 반발로 인해 금융실명제의 실시가 계속 좌절돼 오다가 1993년에야 대통령 긴급명령의 형태로 갑작스럽게 시행됐던 것이다(현진권, 1997: 204).

결국 김영삼 정부가 금융실명제를 실시하게 된 궁극적 목표는 금융 거래의 투명성 확보와 조세의 형평성 제고를 통한 경제 정의의 실현이라 할 수 있었다. 금융실명제의 실시로 경제 정의의 실현이 나타나게 되는 경로는 세 부담의 공평성 확보, 경제적 신분의 세습 억제, 불로소득 및 투기의 원칙적 봉쇄, 부정부패의 감소 그리고 금권정치의 청산과 깨끗한 정치풍토의 조성으로 요약할 수 있다(정영헌 · 전영준, 1997: 64).

제 2 절 정책의 추진체계

1. 김영삼 대통령의 개혁 방식

금융실명제는 경제의 합리성, 시장의 자율성 확보뿐만 아니라 부패한 권력과 금력의 유착관계를 단절하고 불법적인 정치자금의 흐름을 차단하기 위해서도 필수적인 조치였다. 또한 금융실명제는 재벌의 소유구조, 조세금융정책의 개혁 등 다른 여러가지 경제개혁을 위해서도 필수적인 요건이 된다는 점에서 아주 중요한 개혁의 하나였다. 그러나 금융실명제는 김영삼 개혁의 방법 중 대표적인 깜짝쇼라는 비난이 있었다. 공론화를 통한 개혁 추진을 하지 않았다는 데에 대한 비판이 많았다. 그러나 공론화를 통한 개혁 추진에는 양면성이 있었다. 공론화를 거치면 기득권 세력, 이익집단의 로비나 여론 조작으로 개혁 자체가 후퇴되거나 변질될 가능성이 높았기 때문이다. 따라서 이미 사회적으로 공감대가 형성돼 대통령의 결단만이 필요할 때에는 공론화는 거치지 않고 개혁에 착수하는 것이 바람직했다는 견해가 우세했다(한겨레신문, 1998.2.21).

초기 김영삼 대통령의 개혁은 국민의 지지에 힘입어 성공적이었다고 평가될 수 있으나 개혁 추진 방식에 대한 비판도 제기됐다. 개혁 초기 시기에 개혁을 지속적으로 추진하기 위해서는 정치개혁에 관한 프로그램을 수립해 각 분야의 개혁 속도를 조절해 나가야 하며 소위 '인치(人治)'가 아닌 '법치(法治)'의 방식으로 추진해야 한다는 요구가 제기됐다. 또한 개혁 과정에서 문민이 중심이 되는 명분으로 하는 강력한 통치행위가 행해지고 있기 때문에 '신권위주의'를 경계해야 한다는 지적도 있었다. 이는 개혁과 민주화가 과거의 반독재 야당 세력이 주도하던 통례와는 달리 집권 여당과의 통합을 통해 집권한 과거의 반독재 세력에 의해 주도되고 있다는 특수성에서 연유하는 개혁 형태 자체의 모순성과 그 물적・계급적 지지 기반과 정책지지 기반 간의 불일치에 기인하는 것이라고 할 수 있었다(정용대, 1994: 123).

일반적으로 지도자의 리더십은 다음과 같은 과정을 거쳐 현실화된다. 우선 지도자는 비전을 제시하고 비전이 제시되면 제한된 시간과 자원을 가지고 국정과제를 선정한다. 국정과제가 선정되면 중요도에 따라 우선순위가 정해지며 다음 과제별로 실행계획이 만들어져야 한다. 이 과정 중 지도자의 주요 역할은 비전 제시와 국정과제의 선정이다.

왜냐하면 여기에 지도자의 통치철학이 담겨 있기 때문이다. 우선순위는 국민의 요구에 따라 정하는 것이 바람직하며 이 단계에서 국민의 국정 참여가 시작되는 것이다. 김영삼 대통령의 리더십의 경우 가장 문제가 되었던 것은 통치자로서의 비전 제시가 부족했다는 점이다. 비전 제시의 부족은 결국 국정과제의 선정에 혼란을 불러일으켰다(유한수, 1998: 24).

김영삼 대통령의 의지와 결단에 의해 개혁이 단행되어가면서 개혁정책이 청와대 중심으로 비밀스럽고 급격하게 추진되는 바람에 결국 정책 실책이 발생되고 반발을 불러일으킬 수 있는 빌미를 제공했다. 또한 김영삼 대통령의 정책결정 방식은 합의 과정을 통해 국정을 이끌어가기보다는 소수의 정책결정자들을 통한 방식에 의존했다. 금융실명제의 경우 사회 각층의 의견 수렴을 통해 합의를 도출해 공론화하기보다는 소수의 정책결정자들에 의해 비밀스럽게 진행됐다.

기습적으로 실시된 금융실명제는 법안 자체가 담고 있는 내용은 물론 준비 과정 또한 혁명적인 방식을 따랐다. 극비로 진행된 준비작업은 군사작전을 방불케 했다. 이 과정에서 경제수석도 금융실명제의 준비 과정을 모를 정도로 비밀스럽게 진행됐다. 1주일에 한 번씩 대통령이 주재하는 수석비서관 회의가 열렸지만 이 회의는 주요 사안에 관한 논쟁과 토론이 있는 회의가 아니라 일종의 보고회 형식으로 이뤄졌다. 김영삼 대통령은 수석회의를 주재하면서 수석비서관들에게 준비해 온 보고서를 읽게 하곤 했다. 따라서 이 회의에서는 어떠한 사안이 토론돼 결정되는 일은 거의 없으며 중요한 사항은 해당 수석과 대통령의 독대를 통해 이뤄지는 경우가 더 많았다(강인선, 1998:146). 이와 같이 김영삼 대통령은 공식적 조직을 통해 정책을 결정하기보다는 비공식적으로 비밀스럽게 국가의 정책을 결정했다.

개혁 추진 방식에서도 김영삼 대통령은 즉흥적인 방식에 많이 의존해 향후 국정의 예측가능성을 불확실하게 했다. 김영삼 대통령의 일반적인 독선과 독주에 의해 개혁의 본질이 훼손됐다는 비판도 많이 제기됐고 국민들의 폭넓은 참여를 유도하지 못해 실질적인 파급 효과도 그만큼 제한됐다. 개혁의 범위에서도 개혁이란 단기간 내에 모든 부문을 망라해 실행하기 어렵기 때문에 가장 핵심적인 개혁을 통해 그 개혁이 전 사회로 확산되는 방식을 택하는 것이 개혁이 성공할 확률이 높다. 그러나 개혁의 선택에서 김영삼 대통령의 리더십은 그 범위나 일관성이 결여돼 있었다. 예를 들면 김영삼 대통령의 집권 초부터 1994년 3월에 158개나 되는 정부개혁법안을 상정할 때 상당히 많은 개혁이 포함돼 있었음에도 불구하고 실제로 개혁이 추진되는 시점들을 보면 그 간격이 많이 떨어져 있었다. 이렇게 시행 간격이 떨어져 있는 이유 중 하나는 하나의 개혁을 완성한 후에 다른 개혁들을 시도한다는 의미도 있을 수 있겠지만 최소한 집권 초반에 핵심적으로 추진했어야 할 개혁의 선택에서 그 시기를 놓친 것이라 할 수 있다.

이러한 비판에도 불구하고 김영삼 대통령은 국민의 지지를 바탕으로, 비록 절차상의 문제점은 있었으나 개혁의 목표에서는 성공적이라 볼 수 있었다. 예를 들어 사정개혁은 과거 체제의 국가 권력의 핵심을 이뤘던 과두 체제에 대한 공격을 중심으로 진행했다. 이를 통해 군에 대한 민간 우위가 실현될 것이고, 국가기구는 일정하게 정화될 것이며, 국가 권력 행사는 이전보다 투명해지고, 국가의 강권 및 안보기구들과 권력 행사는 많이 축소될 것으로 전망됐다.

그리고 국가의 정책결정 과정은 국회와 정당이 사회로부터 민의를 대변하는 정도만큼 민주적 통제 하에 놓이게 될 것으로 보았다. 이것은 과거 군부 권위주의와 비교한다면 커다란 변화임에 의심할 여지가 없었다. 이 점에서 김영삼 정부가 단행한 초기 사정개혁의 성과는 괄목할 만했다(최장집, 1996: 255). 문제는 이러한 개혁을 지속적으로 추진하기 위해서는 안정된 개혁연합 세력이 형성되고, 사정 중심의 개혁에서 탈피해 보수-진보의 이익을 절충하는 방식으로 개혁을 진행시켜야만 했다는 점이다.

2. 금융실명제의 추진체계

김영삼 대통령은 금융실명제를 추진하는 과정에서 국민의 광범위한 요구 및 선거공약의 실천, 강력한 개혁 의지의 표명에 입각해 정치권 개입을 최소화시킨 후, 개혁파 관료와 함께 이를 준비한 후 전격적으로 실시하게 됐다. 5·6공화국 때와는 달리 금융실명제에 대한 대통령의 강력한 개혁 의지는 다른 주체들의 저항을 극복하고 금융실명제를 채택하는 데 결정적인 요인이 됐다. 또한 금융실명제는 통상적인 법률이 아니라 대통령의 '긴급재정명령'이라는 비상한 방식을 취함으로써 입법 과정에서 예상되는 부작용을 최소화하고자 했다(김신범, 1998: 182).

1) 부총리와 재무장관

과거 전두환, 노태우 정부의 금융실명제 정책결정 과정에서 행정부 관료들은 사회적 집단들의 눈치를 보지 않고 비교적 자체적으로 관료적 자율성이 높았다. 정책결정에 중요한 역할을 담당했던 청와대비서실이나 경제기획원의 경우 대통령이 뒷받침해주는 경우 사소한 단기적 이익보다는 장기적이고 계획적인 정책을 제안할 여지가 컸었다.

그러나 김영삼 정부는 과거 전두환 노태우 정부보다는 사회 세력들의 개입을 배제하기에는 쉽지 않은 상황이었다. 김영삼 정부의 2개월간의 비공개 준비 기간을 거쳐 단계적으로 수행한 금융실명제에 대한 정부안은 잠재적 반대를 배제하고 외부의 압력을 차단하는 데 주력했다. 이를 위해 금융실명제 실시 적극론자를 정책 주관 부서장으로 기용하면서 금융실명제를 좀 더 적극적으로 추진케 했다(진광명, 1997: 77).

금융실명제를 실시하기 위한 주위 환경의 조성을 살펴보면 사회·경제적 요인(특히 경기 및 시장구조)과 정치 및 행정적 변수, 행정적 요인(특히 전산망 구축)이 시간이 경과함에 따라 금융실명제 실시를 위한 여건 성숙으로 진전돼오고 있는 실정이었다. 행정부 밖의 참여자들도 민주화라는 역사적 흐름에 따라 서서히 증가하게 되고 대통령에게 금융실명제 실시 요구를 촉구함으로써 대통령이 결단을 내리는 데 유리한 환경을 조성할 수 있었다.

일반적으로 정책형성 과정에서는 대통령을 포함하는 행정부의 주도가 핵심적이다. 특히 대통령의 정치적 의지와 선택이 매우 중요하며 전문 행정관료 체계가 대통령의 의지와 선택을 뒷받침한다. 김영삼 대통령의 금융실명제 정책결정은 상황 변화에 따른 개혁을 위해 정부가 매우 의욕적으로 추진한 점에서 대통령의 의지 및 의지 및 리더십의 영향이 더욱 컸던 것으로 보였다(진광명, 1997: 79).

1993년 집권 직후 김영삼 대통령은 오랫동안 논란의 대상이 되어 왔으며 자신의 대통령 선거공약이기도 했던 금융실명제의 실시 준비를 당시 이경식 경제기획원 장관 및 부총리에게 요청했다. 또한 홍경식 재무 장관에게도 부총리와 똑같은 지시를 했다. 이에 따라 이경식 부총리는 보안을 위해 경제기획원을 배제한 채 KDI의 전문 연구원들을 중심으로 비밀리에 정책을 준비해 왔다. 동시에 재무부 측도 세제실을 중심으로 금융실명제를 준비해 왔다(김신범, 1998: 179).

김영삼 대통령은 금융실명제 실시를 대통령 선거 공약으로 제시했다. 그러나 집권 후 금융실명제 실시에 대한 논의가 자제돼 오다가 이경식 부총리와 재무부 관료들에게 비밀리에 금융실명제 정책을 준비시킴으로써 이들이 실무적인 정책 입안에 중요한 역할을 하게 했다. 금융실명제 정책이 결정된 이후에도 이들은 집행의 주무부서가 됐으며, 다른 부처 및 금융기관별 실무 작업반에 대해 주도적인 집행기구로서 역할을 수행했다. 다만 비밀리에 단기간에 준비하다 보니 정책의 세부적 사항의 집행 단계에서 문제점이 제기돼 후속적인 보완이 필요했는데 이 과정에서도 경제 부처의 역할이 중요했다.

경제 부처에서는 금융실명제의 실무 부처인 홍재형 재무 장관부터가 금융실명제 실시의 당위성을 주장하면서도 조기 시행에는 다소 회의적이었다. 재무부의 자체 검토 시안도 빨라야 1993년 연말이나 1994년 4월쯤 시행하는 것이 옳다고 주장했다. 경기가 나아진 뒤에 실시해야 한다는 신중한 입장이었다. 이에 비해 신중론자의 정책 건의에도 불구하고 김영삼 대통령을 금융실명제의 조기 실시 쪽으로 유도하는 데 결정적인 역할을 한 사람이 이경식 부총리였다. 그는 소위 목욕탕수리론의 명분을 내세워 금융실명제를 조기에 실시할 것을 주장했다. 이처럼 신중론과 조기실시론이 대립하는 가운데 1992년 청와대에서 대통령을 독대한 자리에서 이경식 부총리는 조기 실시를 건의하자 김영삼 대통령은 조기 실시가 자신이 생각했던 것과 같다고 하면서 이경식 부총리가 책임지고 조기에 긴급명령으로 하되 보안을 철저히 지킬 것을 지시했다(진광명, 1997: 75).

이러한 금융실명제의 정책 과정에서 청와대의 박재윤 경제수석비서관은 실질적으로 배제된 채 추진됐다. 김영삼 정부에서는 대통령의 취임 이전부터 대통령의 경제정책을 설계해 온 박재윤 경제수석은 '선경제 후개혁'을 경제정책의 기조로 삼고 있었다. 김영삼 대통령은 자신의 개혁정책의 상징으로 여겨지는 금융실명제를 실시하기 위해 경제수석비서관을 배제한 채 비밀리에 이를 추진했다. 집권 후 신경제 100일 경제정책을 주도하는 등, 대통령의 경제정책에 미치는 영향력에서 이경식 부총리에 비해 상대적으로 영향력이 컸던 박재윤 경제수석비서관의 영향력은 금융실명제 정책 과정에서 소외되면서 그의 영향력은 점차로 감소됐다(김신범, 1998: 183).

금융실명제는 김영삼 대통령의 특별지시에 의해 이경식 부총리와 홍재형 장관이 재무부의 세제실을 지휘해 준비했고 박재윤 경제수석과 박관용 비서실장은 발표 직전에 통보를 받을 정도였다. 금융실명제는 경제의 많은 분야에 큰 영향을 주는 제도이므로 이를 준비하는 과정에서 경제수석이 소외된 것은 그 자체로 경제수석실의 영향력이 감소되는 결과를 불러왔다(진광명, 1997: 75). 그 후 1993년 7월에는 부총리와 재무부팀이 합류해 금융실명제 정책안을 총괄, 완성했다. 이후 김영삼 대통령은 1993년 8월 12일 '금융실명거래 및 비밀보장에 관한 긴급재정경제명령'으로써 금융실명제를 실시한다고 전격적으로 발표하게 됐다.

2) 정당

우리나라의 경우 정당과 국회의원은 일정한 이념과 정책에 입각해 정치행동을 결정하기보다는 자신들의 후원 세력과 연계해 자신들의 기득권적 이익을 지키는 선에서 정치활동을 결정하는 경향이 강했다. 정당과 국회의원은 정책결정을 주도하지 않으면서도 자신들의 이익에 반하는 정책결정은 방해하거나 유보시키는 경향을 많이 보여주었다. 실제로 정당과 국회의원들은 정책결정 과정에서는 주변적 기능을 수행했으며 전두환, 노태우 정부 시절 금융실명제의 유보 결정에서는 오히려 주도적 기능을 수행했다.

1992년 말 대통령 선거를 앞두고, 모든 정당에서는 금융실명제 실시를 공약으로 내세우는 등 정치 분야에서도 금융실명제 실시를 옹호하면서 금융실명제 실시의 시기와 방법에 대한 여러 가지 의견이 제시됐다. 그러나 금융실명제를 조기에 실시한다는 공약을 내세우고 집권한 민자당은 1993년 1월 29일 '선경제 회복 후 금융실명제 실시' 방침을 결정했고, 1993년 2월 7일에는 금융실명제 3단계 추진 방안을 검토하는 등 금융실명제를 조기에 실시하기보다는 연기하기 위한 구실을 찾기에 급급했다. 특히 범보수 세력의 결집체였던 3당 합당의 산물로 탄생한 민자당은 내부적으로 3계파인 민정, 민주, 공화계 사이의 알력으로 금융실명제 실시가 지연되는 상황이었다. 당시의 야당 또한 정책 정당화되지 않았기 때문에 오히려 개혁의 대상이었던 정치권이 스스로 금융실명제 실시를 통한 개혁정책을 주도하기에는 역부족이었다고 할 수 있었다. 따라서 국회에서 공개적으로 논의되지 못한 채 결과적으로 김영삼 대통령의 긴급명령에 의해 1993년 8월 12일 금융실명제 실시 발표가 있었고, 국회는 단지 사후 조치로 1993년 8월 19일 '금융실명거래 및 비밀보장에 관한 긴급재정경제명령'을 승인함으로써 합법화 단계를 밟게 됐다(진광명, 1997: 74).

금융실명제는 정치자금 양성화와 관련이 있었으며 정당은 이에 대해 민감하게 반응했다. 금융실명제의 실시는 주로 경제 부처에서 제안했으며 여당인 민자당은 이러한 부처 의견에 실질적으로는 반대 의견을 제시하는 양상을 띠었다.

한편 김영삼 정부는 5·6공에서 겪은 두 번의 금융실명제 실시 유보에 대한 경험 때문에 금융실명제가 비록 선거 공약화돼 있었지만 여당인 민자당으로서는 그 실시 여부에 대해 확신이 적었다. 김영삼 정부 집권 초기 재산 공개와 사정개혁으로 인해 당시 정치권이 위축돼 있었으며 집권한 지 반 년도 안 돼기 때문에 여당인 민자당이 금융실명제 실시에 대한 강력한 반대 여론을 결집할 여유가 없었다. 이러한 요인으로 인해 여당인 민자당은 금융실명제 실시를 반대하는 명분을 제대로 표출하지 못했다. 5·6공화국 때와는 달리 여당인 민자당은 김영삼 정부의 금융실명제 정책결정 과정에서 강력한 반대 의사를 제시하지 못했으나 이후 금융실명제의 집행 과정에서는 금융실명제의 보완 조치를 요구함으로써 여당의 개입을 표방했다(김신범, 1998: 184).

한편 야당은 5공화국 초기에는 금융실명제에 대해 뚜렷한 당론이 없었으나 5공화국 후반부터 금융실명제의 실시를 주장하게 됐다. 6공화국 초기에는 여소야대 상황에서 야당(평민당, 민주당)이 금융실명제의 조속한 실시를 요구했으나, 3당 합당 이후 거대여당이 탄생하자 금융실명제에 대한 요구도 상당히 위축됐다. 김영삼 정부는 집권 후 전격적으로 금융실명제를 실시했기 때문에 또한 당시 야당은 여당에 비해 크게 열세에 있었기 때문에 금융실명제 정책결정에 영향을 미칠 기회는 상대적으로 약했다. 단지 금융실명제 실시 이후의 집행 단계에서 다소간의 요구를 하는 정도였다. 즉, 금융실명제의 보완을 요구하거나 부작용을 최소화시키기 위한 요구를 하고 또한 대통령의 긴급명령의 위헌성 여부 등에 초점을 두면서 시정 요구를 하기에 이르렀다(김신범, 1998: 184).

3) 시민단체

김영삼 정부로 하여금 금융실명제를 실시하도록 실제적으로 압력을 행사하고 이를 일반국민 대다수가 지지하고 수용하도록 만든 인식적 토양은 시민단체인 '경실련' 등 시민단체들의 끈질긴 '정책 캠페인'에 힘입은 바 컸다.

노태우 정부 시절에는 정부의 금융실명제 정책의제 형성에서 비공식적 관여자들로 이익집단과 언론 및 외부 전문가를 중심으로 적극적인 활동을 보였다. 이후 김영삼 정부에 들어와서는 시민단체의 성숙과 압력이 금융실명제 실시에 큰 역할을 했다. 특히 시민입법운동을 벌인 경실련의 역할은 두드러졌다. 시민단체는 1차 금융실명제 정책의 형성에서는 거의 영향력을 행사하지 못했으며, 정부의 정책안을 확산시키기 위한 국민의 지지를 이끄는 데 상당히 수동적 입장에 있었다.

1,2차 금융실명제 정책이 유보됐을 때 정당은 적극적으로 금융실명제 실시 유보정책에 활발한 활동을 나타냈으며, 재계 또한 정당과 같이 자신들의 기득권을 보호하려는 집요한 노력을 보여주었으며 이는 효율적인 결과로 나타났다. 이는 당시 시민단체의 활동과 비교해 볼 때 상당한 차이가 있었다. 금융실명제 정책 과정에서도 결정 과정이 2개월에 불과했고 비공개로 진행됐기 때문에 시민단체가 거의 영향력을 행사하지 못했으나 김영삼 정부의 정책안을 확산시키기 위한 국민의 지지를 획득하는 데는 시민단체가 능동적으로 활동했다는 점은 금융실명제 실시의 명분에 상당한 영향력을 행사하는 데 도움을 주었다(진광명, 1997: 78).

4) 언론

김영삼 정부 출범 후 언론 자유가 보장된 상태에서 언론의 정책결정 과정에서의 역할은 과거 어느 때보다 고조됐다. 언론은 공직자의 재산 공개와 일련의 사정활동의 실효성 확보를 위해서는 금융실명제 조기 실시가 필요하다는 것을 사설이나 논평 등을 통해 지속적으로 충실히 보도함으로써 금융실명제 실시에 큰 공헌을 했다. 김영삼 대통령은 언론기관을 통해 대국민 담화를 발표한 후 금융실명제 실시 확산에 공헌했으며 외부 전문가의 활동도 매우 적극적이었다. 김영삼 대통령의 금융실명제는 김영삼 대통령 → 이경식 부총리 → KDI 박사팀 → 홍재형 재무 장관 → 김용진 세제실장의 순서로 이어지면서 그 내용이 정교히 다듬어졌다. 과거에 비해 외부 전문가집단의 활동이 중요한 역할을 했음을 보여주는 사례였다. 즉, 김영삼 정부는 과거 정부와는 달리 외부와 내부 전문가를 동시에 적절히 활용함으로써 성공적인 금융실명제 정책결정을 이뤄낼 수 있었다.

의회는 통상적인 법 개정을 대신한 대통령 긴급경제명령에 대한 사후 승인을 해주는 역할을 수행하는 데 불과할 정도로 그 활동이 미미했다. 그러나 대통령 긴급명령으로 할 수밖에 없었던 이유를 김영삼 대통령은 "국회에서 공개적인 논의를 통해 법률을 개정하자면, 예상되는 부작용이 너무나 크고, 과거 금융실명제의 실시 문제가 논의될 때마다 금융시장이 동요하고, 경제의 안정이 위협받기 때문이다"라고 대통령 특별담화문에서 밝힌 바 있다(진광명, 1997: 74-75).

5) 기업

김영삼 정부 초기에는 김영삼 대통령이 금융실명제 논의 자체를 제지했기 때문에 외부적으로는 정부, 여당과 함께 이익집단들도 뚜렷한 역할을 하지 못했다. 그러나 본질적으로 전경련을 비롯한 경제단체는 금융실명제의 실시에 대해 반대 입장을 뚜렷이 피력했고 노동단체와 경실련 등은 찬성 입장을 공유하고 있었다(김신범, 1998:185). 경제단체는 금융실명제가 기업의 투자 위축과 부작용을 초래한다는 명분으로 금융실명제 실시에 대한 반대의 주장을 제기했다. 이에 김영삼 정부는 금융실명제 실시 이후 금융실명제를 집행하면서 기업의 투자 위축과 부작용을 최소화하는 데 중점을 두고 과도기적인 운용의 필요성도 검토하겠다고 주장했다.

1992년 9월 전경련을 포함한 경제단체들은 금융실명제 실시에 찬성한다는 충격적인 선언을 한 바 있고 그 속셈이야 어떻든 공개적으로 찬성 의사를 표현했기 때문에 금융실명제 실시의 최대 장애 요인이었던 기업에 대한 우려가 사라졌다.

다음 〈표 2-2-2〉와 〈표 2-2-3〉은 김영삼 정부의 금융실명제 결정 사유 및 입안 방법을 정리한 것이다.

표 2-2-2 김영삼 정부의 금융실명제 실시 결정 사유

1. 정책 환경			2. 정책형성 관여자		
사회, 경제적 변수		**비공식적 관여자**		**공식적관여자**	
• 경기 및 시장구조: 지하경제, 자본시장 개방 대비 정치, 행정적 변수 • 정치적 사건: 선거 결과 • 전산망 구축 여부: 전산망 구축 완료	→	• 정당(여, 야당): 실시 대선공약 • 이익집단(재계): 실시지지 시민단체(경실련): 시민입법운동 • 언론 및 외부 전문가: 여론 확산 및 공청회, 토론회	→	• 재무관료: 실시 실무안 주도 • KDI박사팀: 실시 기초안 주도 • 대통령: 실시 최종정책 결정 • 대통령비서실: 참여 배제 • 당정회의: 참여 배제 • 국회: 추인	→ 긴급경제 재정명령

자료: 진광명(1997: 76).

표 2-2-3 각 정부의 금융실명제 입안 방법의 비교

	전두환 정부	노태우 정부	김영삼 정부
정책 준비 방법	비공개적	공개적	비공개적
준비 기간	1주일	1년	2개월
실시 발표	전격적	2년 4개월 전	전격적
정책 주관부서	재무부	재무부	경제기획원, 재무부
장관의 실명제 추진 스타일	적극(강경식 장관)	신중(이규성 장관)	적극(이경식 부총리) 신중(홍재형 장관)
정책기초안 준비	재무부 관료	재무보관료, 은행원	KDI 연구원(1단계)
정책수행안 준비	재무부 관료	재무보관료, 은행원	KDI 연구원, 실무관료(2단계)

자료: 진광명(1997: 77).

김영삼 정부의 금융실명제 추진체계의 특징을 요약하면 다음과 같다(진광명, 1997: 79-80).

첫째, 한국의 대통령과 고위 행정관료는 정책 형성 과정에 매우 중요한 역할을 했다. 그에 비해 정당과 국회의원은 정책형성 과정에서 매개적 역할을 물론 정책대안 개발 과정에서도 그 활동이 매우 미약했다. 정당과 의회를 기초로 하는 민주주의가 활성화되기 위해서는 가장 직접적인 대정부 전달 경로인 정당과 의회가 그 기능을 발휘해야 하지만 한국의 경우 대통령을 중심으로 한 관 주도적 국정운영에 많이 의존해 왔다. 따라서 정당과 국회의원이 금융실명제 정책 형성 과정에서 제대로 된 역할을 다하지 못한 채 방관자적 입장에만 있었다고 볼 수 있다.

둘째, 금융실명제는 정부의 편의에 따라 정책이 결정되는 경향이 있었다. 전두환 정부의 금융실명제 실시 결정의 경우 당시의 정권이 안고 있는 문제를 금융실명제 정책을 통해 해결하려고 하는 의도가 강했다. 전두환, 노태우 정부의 금융실명제 유보 결정의 경우에도 기득권층 이익 옹호를 위해 시민 입장보다는 정부의 편의에 더 치중한 것으로 보인다. 김영삼 정부의 금융실명제 정책의 경우에도 명분은 충분했으나 그 과정과 시기가 정부 편의에 치중된 면이 있었다.

셋째, 금융실명제와 같은 장기적 계획에 의해 수행돼야 할 국가의 기본 정책은 사회문제가 발생해 국민의 여론이 증대하면 이때 비로소 정책결정의 필요성을 감지하는 정부의 정책 체계와 이에 따른 단기적 정책결정이 이뤄졌다는 것이다. 장기적인 계획 수립 없이 충분한 검토 없이 정책 시행을 감행하게 되면 부작용과 혼란이 발생할 수 있었다. 김영삼의 금융실명제 정책은 이러한 요소를 간직한 채 전격적으로 시행됐다.

넷째, 정책의 종류에 따라서는 정치적 전략이 특정 정책을 결정케 하는 경우는 있겠으나 금융실명제 정책과 같은 경우에는 정치적 성격이 과도하게 개입돼 정책의 지속성 및 일관성에 문제가 발생했다. 김영삼 정부의 금융실명제는 장기적이고 전문적인 정책적 고려보다는 단기적인 정치적 성격이 우세했다는 지적이 제기됐다.

정책결정은 민주적 절차에 따라 여러가지 정책 상황변수를 공명정대하게 종합적으로 분석한 후 과감한 결단을 내려야 할 것이며, 정책을 결정하는 경우에 사회 제반의 문제와 시민의 요구를 좀 더 효과적으로 정부의 공식 결정 체제로 끌어들일 수 있는 체제의 대응 능력의 향상이 이뤄져야 함은 당연하다. 그러나 김영삼의 금융실명제 정책은 이러한 성격과는 판이하게 다른 양상을 보여주었다.

제3절 정책의 추진 과정 및 내용

1. 금융실명제 추진 과정

지금까지의 금융실명제 실시 과정을 살펴보면 우리나라의 다른 정책의 경우와 다른 나라의 정책을 비교해 볼 때 매우 특이하다고 할 수 있다. 금융실명제가 우리의 정치 경제 및 사회에 미치는 영향이 지대하기 때문에 금융실명제 실시를 두고 다양한 논란과 논의가 오랫동안 지속되는 것은 당연하기는 하지만 세 번의 정권 교체를 거치면서 12년이라는 오랜 기간 동안 논의돼 오다가 마침내 김영삼 정부 시절 금융실명제가 시행되는 경우는 그 유례를 찾아보기가 힘들었다(최광, 1993: 16).

우리나라는 1960년대 이후 경제개발정책을 추진하는 과정에서 절대적으로 부족한 투자재원의 원활한 조달을 위해 실명과 비실명예금을 구분하지 않았다. 더구나 1961년에 제정된 「예금 · 적금 등의 비밀보장에 관한 법률」을 통해 비실명 금융 거래의 내용에 대해서도 비밀을 보장해주었다. 이는 당시 국내 저축 기반이 취약한 상태에서 자금을 제도금융권으로 유도하기 위한 불가피한 조치였다. 그러나 비실명에 의한 금융 거래는 음성적인 자금 거래의 확대와 세 부담의 형평성을 저해하는 등 많은 부작용을 불러왔다(이인표 · 정영헌, 1996: 6-7).

이러한 부작용이 누적돼 오면서 경제의 구조적 취약성은 점점 더 심화됐고, 이러한 취약성이 표면화된 사건이 1982년 5월에 발생된 이철희 · 장영자 어음사기사건이었다. 이철희 · 장영자 어음 사기 사건을 계기로 하여 금융실명제를 도입해야 한다는 논의가 제기되기 시작했고, 급기야 1982년 7월 정부는 금융실명제와 금융자산소득에 대한 종합과세제의 실시를 발표했다. 이것이 소위 '7 · 3조치'로서 이에 따라 국회는 1982년 12월 「금융실명거래에 관한 법률」을 제정하게 됐다.

당시에는 금융기관의 실명거래화율이 약 60%에 불과할 정도로 비실명 금융관행의 뿌리가 깊었다. 또한 국세청과 금융기관의 전산 설비가 미흡해 금융소득을 합산하는 것이 어려웠으며, 세무행정 처리 능력도 금융실명제 실시에 대처하기에는 미비한 점이 많았었다. 더구나 제2차 석유파동과 불안정한 국내 정치 상황으로 인해 1980년에는 3.7%의 마이너스 성장을 기록했다. 이러한 여파로 인해 이후에도 경제성장률은 1981년

5.9%, 1982년 7.2%를 기록하는 등 경제성장률이 한 자리 숫자에 머무는 수준에 머물렀다. 국제수지도 적자가 지속돼 1980년에는 53억 2천 만 달러, 1981년 46만 5천만 달러, 1982년 26억 5천만 달러의 경상수지 적자를 나타냈다.

이에 정부는 경제 여건의 어려움의 명분과 실명제 실시 여건의 미비를 이유로 「금융실명거래에 관한 법률」 중 실명 거래 의무를 부여하는 제3조 관련 조항의 실시를 1986년 1월 1일 이후 대통령이 정하는 시기로 연기했다. 이는 그 당시 경제 상황 하에서 금융실명제를 전면적으로 실시할 경우 예상되는 자금의 해외 유출, 제도금융권으로부터의 자금 이탈, 각종 실물 투기 성행, 증시 침체에 따른 기업의 자금 조달 곤란 등 부작용에 대한 대응 능력이 취약했다는 점을 고려해 볼 때 당시로서는 불가피한 선택이었다고 볼 수 있다.

그 후 노태우 정부는 1988년 10월에 '경제의 안정 성장과 선진화 경제추진 대책'을 발표하면서 1991년 1월부터 전면적으로 금융실명제를 실시할 것임을 예고했다. 이후 국민적 논란을 일으켰던 금융실명제 실시 논의는 노태우 정부 차원에서 구체적으로 추진돼 1989년 4월에는 재무부 내에 '금융실명거래 실시준비단'이 발족됐다. 또한 정부 관련 부처 및 금융기관 대표로 구성된 '금융실명제 추진 실무대책위원회'가 구성돼 제도 개선 방안, 예상되는 부작용 및 문제점에 대한 보완대책을 검토하는 등 추진 방안을 만들어 나가기 시작했다.

그러나 1989년 하반기 이후 경제성장률 둔화, 국제수지 악화, 증시 침체, 부동산 투기 조짐 등 경제위기론이 제기되면서 금융실명제 실시에 대한 반대 여론이 형성되면서 국가적으로 소모적인 논란만 거듭한 뒤 금융실명제는 1990년 4월 다시 유보 조치가 취해졌다. 1990년 4월에 취해진 금융실명제 유보 조치는 국민 일반의 충분한 이해와 동의 없이 경제 상황 악화와 준비 상황 미비를 명분으로 발표되면서 국민들의 반발과 정부에 대한 불신을 불러왔다. 금융실명제 실시의 필요성에 대한 국민적 공감대가 형성됐고 제반 여건이 어느 정도 갖춰진 상황에서 노태우 정부가 경제적 부작용을 우려해 금융실명제 실시를 유보한 것은 노태우 정부의 금융실명제 실시 의지에 대한 명분을 약화시켰다(이인표 · 정영헌, 1996: 7-8).

대통령령에 의해 실시가 가능했던 「금융실명거래에 관한 법률」은 실명제 실시 후에도 기존 비실명 자산의 인출을 무기한 허용해 대규모 자금 이탈을 방치하고 있었다. 더구나 보험을 비롯한 일부 금융자산을 실명화 대상에서 제외함으로써 심각한 자금이체 및 형평성상의 문제를 야기할 수 있는 단점을 보유하고 있었다. 이로 인해 기존의 금융

표 2-2-4 금융실명제의 역사적 과정

일자	주요 내용
1961. 7. 29	무기명 가명 금융거래의 비밀을 보장하는 「예금 적금 등의 비밀보장에 관한 법률」 제정.
1982. 7. 3	정부, '사채 양성화와 관련하여 실명거래 실시와 종합소득세제 개편 방안' 발표
1982. 8. 13	정부, 민정당, 7·3조치 일부 수정, 1983년 6월 30일까지 실명화시는 일체의 자금 출처 조사 배제, 이자 배당 및 주식양도차익 종합과세는 1983년에 재검토하기로 함.
1982. 12. 2	실명거래법 국회 수정 통과, 기존 경제질서에의 충격, 전산화 등 행정 준비의 미흡 등을 근거로 정부가 제출한 '실명거래법안' 수정, 실명제의 전면 실시는 1986년 이후로 연기, 비실명에 대한 단계적 차등과세로 실명화 유도
1982. 12. 31	「금융실명거래에 관한 법률」 공포 및 일부 시행
1987. 5.	'금융전산망 추진위원회' 발족(한국은행), 금융기관 전산 시스템 구축에 나섬.
1989. 12.	노태우 대통령 후보, 대선공약으로 경제의 도덕성 회복 및 부의 공정 배분의 경제윤리를 내세우면서 '금융실명제' 실시 공언
1988. 10. 24	경제기획원, '경제의 안정 성장과 선진화합경제추진대책'에서 토지기록 전산화와 종합토지세제를 도입 정착시킨 후 1991년부터 금융실명제와 금융소득종합과세제를 실시하겠다고 발표
1989. 4. 11	금융실명제와 금융자산소득 종합과세 실시 준비를 위한 대책기구로서 재무부 산하에 '금융실명거래 실시준비단' 발족(총괄반, 금융반, 증권반, 세제반, 세정반으로 구성 1992년 말까지 활동키로 함).
1990. 1. 17	정부, 1991년 1월부터 시행 예정인 금융실명제 도입을 위해 비실명 금융자산을 실명화할 때 일정한 유예기간을 두고 세제상 구제 조치를 해주는 등 경과 조치를 마련하고, 금융실명제와 함께 시행되는 금융자산소득의 합산과세도 일정 금액 이하의 소액 금융자산소득은 현행 제도처럼 분리과세한다고 발표
1990. 4. 5	정부, '경제활성화 종합대책'에서 금융실명제 무기한 연기를 발표, 보완대책으로 비실명 금융소득에 대한 소득세율을 최고세율로 높이고 상속세 및 증여세의 조세 시효를 현행 5년에서 7~8년으로 연장하겠다고 발표
1992. 10.	각 정당 대통령 후보 선거공약으로 금융실명제의 조속한 실시를 공언
1993. 1. 13	새정부, 출범 뒤 금융실명제 실시준비단을 곧 발족하겠다고 발표
1993. 1. 29	민자당, '선 경제회복 후 금융실명제 실시키로' 방침 결정
1993. 8. 12	대통령 긴급재정경제명령을 통해 금융실명제 전격 실시
1993. 8. 19	대통령 긴급재정경제명령 국회 본회의 통과
1993. 8. 31	국세청 자금출처조사 및 금융정책 관련 금융실명제 실시 보완대책 발표
1993. 9. 24	장기저리 기명채권의 발행 등 금융실명제 후속 조치 발표

자료: 최광(1993: 16-17).

실명제법에 대한 개정이 불가피했으나 이를 국회에서 개정해 실시할 경우 논의 과정에서 대규모 자금 이탈이 발생해 경제적 위기를 초래하고 금융실명제 실시 자체가 어려워질 가능성이 있었다. 이러한 상황에서 김영삼 정부는 금융실명제의 부작용을 최소화하고 실효성을 극대화하기 위해 1993년 8월 12일을 기해 긴급명령의 형태로 전격적으로 실시하게 된 것이다.

금융실명제는 〈표 2-2-4〉에 정리된 바와 같은 역사적 과정을 거쳐 1993년 8월 12일부터 대통령 긴급명령이라는 수단을 통해 시행되기에 이른다.

김영삼 대통령은 임기 초 개혁과 부정부패 척결을 주요 국정지표로 삼고, 공약으로 내세웠던 금융실명제를 다시 추진하기 시작했다. 김영삼 정부는 실명제 실시 이전에 공직자 재산 공개를 먼저 실시하고 이에 따라 사정작업을 벌여 나갔다. 그리고 이러한 재산 공개와 사정의 실효성을 확보하기 위해서도 금융실명제를 실시한다는 명분을 내세우고 있었다. 당시의 공직자 재산 공개 내역을 살펴보면 대다수의 정치인이 재산 신고액에 비해 예금액은 터무니없이 적은 것으로 나타났다. 이는 많은 정치인이 돈의 사용 내역이 드러나는 것을 싫어해서 대부분 차명계좌를 사용하고 있었다. 따라서 정치인들은 대다수가 금융실명제를 원치 않았을 것이라고 판단할 수 있었다(이정진, 2002: 120-121).

김영삼 정부 초기에는 많은 국민이 문민정부의 개혁에 큰 기대를 걸며 각종 개혁정책과 금융실명제 실시를 지지하고 있었다. 민주화 이후 역할이 증대돼온 경실련 등 시민단체들도 적극적으로 금융실명제의 필요성을 주장했고, 언론도 재산공개와 사정활동의 효과적 마무리를 위해 금융실명제 조기 실시가 필요하다는 것을 지속적으로 보도하여 개혁 분위기를 확산했다. 전경련도 대선 전인 1992년 9월 본의야 어떻든 금융실명제 실시에 찬성한다는 공개적인 발표를 한 바 있어서 특별히 금융실명제 실시에 반대할 명분이 없었다.

그러나 1992년 말부터 경기 침체와 심각한 경상수지 적자를 이유로 금융실명제 조기 실시에 반대하는 그룹이 생겨나기 시작했다. 1993년 3월 금융기관 단체장들은 금융실명제의 단계적 실시와 경제 활성화의 우선을 주장하기 시작했다. 여당인 민자당은 내부의 보수 정치인들을 중심으로 금융실명제를 찬성하지 않는 가운데 조기 실시를 추진하지 않고 있었고, 아직 정책정당화하지 못한 야당 또한 금융실명제 실시에 적극적인 입장이 아니었다. 김영삼 정부에서도 이경식 부총리는 경제 상황이 바닥에 있을 때 실시하는 것이 오히려 좋다는 입장이었지만, 박재윤 경제수석과 홍재형 재무 장관은 경제 상황이 나아진 뒤 실시해야 한다는 신중한 입장이었다.

이렇게 다양한 이견이 있는 가운데 김영삼 대통령은 정부 내에서 실명제의 실시 시기와 방법에 대해 대외적으로 언급하지 못하도록 했다. 동시에 1993년 4월 비밀리에 이경식 부총리에게 금융실명제 실시 방안을 연구해 최대한 빨리 실시하도록 명령했다. 이경식 부총리는 KDI 연구위원들을 주축으로 작업을 진행했고, 6월부터는 홍재형 재무 장관과 재무부 팀도 공동으로 실명제 실시안 작성에 참여하게 됐다. 이 과정에서 경기회복 선행론자인 경제수석과 국무총리는 배제됐다. 결국 대부분의 사람이 1994년 초에야 예고를 거쳐 시행되리라 예상했던 금융실명제는 1993년 8월 12일 대통령 긴급명령으로 전격 시행됐고, 국회는 단지 사후 조치로 이를 승인만 했다.

금융실명제는 김영삼이 가장 신경쓰고 공을 들였던 개혁 중의 하나였다. 개혁의 내용이 외부에 누출될 것을 우려해 청와대 경제수석도 모르게 극비로 몇 사람을 중심으로 준비시킬 정도로 금융실명제에 대한 애착이 강했다. 금융실명제의 특징은 그것이 대통령 긴급명령으로 이뤄졌다는 것이다. 개혁의 필요성에 대한 국민적 합의는 이미 이뤄졌다고 판단하고 긴급명령으로 그것을 실행했기 때문에 어느 면에서는 개혁의 실천 과정은 간단하고 단순했다고 할 수 있었다. 금융실명제의 단행은 저항 세력이 저항할 시간적 여유나 능력도 발휘하지 못하게 전격적으로 진행됐다. 개혁의 안을 만드는 작업, 그리고 보안을 유지하는 일만이 가장 중요한 과제였다.[1]

1993년 이해당사자들을 완전히 배제한 채 비밀리에 긴급명령에 의해 채택·실시됐으나 그 결정에 참여한 사람들도 이러한 갈등을 완전히 무시할 수 없었으며, 단기간에 이를 실시하고자 하는 대통령의 강력한 의지 하에서 이러한 정책결정상의 갈등이 충분히 해소되지 못한 채 그대로 반영돼 모호하고도 상충된 내용들을 포함하는 정책으로 나타난 것으로 해석할 수 있었다.

실제로 금융실명제 준비 기간은 2개월로 잡았다. 대신 성장률이 1~2% 정도 떨어지고 시행 직후 증권시장이 몸살을 앓을 것도 각오했다. 가장 중요한 것은 최대한 빨리, 어떠한 일이 있어도 비밀을 지키는 것이었다. 어떠한 예외도 절대 배제한다는 것도 원칙이었다.

이 점은 누구나 이해할 수 있는 일이었다. 문제는 이를 법제화할 시기를 놓친 데 있다. 긴급명령은 1993년 8월 12일에 발표됐다. 당시는 김영삼 대통령의 임기 초였다. 개

1) 대통령의 아들인 김현철도 금융실명제 실시를 몰랐다고 할 정도였다. "비밀은 가족에게도 지켜야 한다"는 김영삼의 보안 의식은 금융실명제 실시에서 철저했던 것 같다. 금융실명제는 당시 대통령과 이경식 경제기획원 장관 겸 부총리의 철저한 보안에서 시작돼 추진됐다(동아일보 특별취재팀, 1999: 274).

혁에 대한 국민의 기대와 지지는 전폭적인 것이었다. 상식적인 판단이라면 그 기세를 이용해 법제화를 하는 것이었다. 특히 금융실명거래제는 어떤 조치보다도 제도화를 필요로 하는 과제였다. 그러나 김영삼 대통령은 이를 기피했다. 국회의 논의에 맡길 경우 제도가 변질될 것이라고 우려했을 수 있겠지만 언제까지나 '대통령의 명령'으로 이어갈 수는 없는 일이었다.

김영삼 대통령 자신도 이를 몰랐을 리 없겠지만 대통령 명령만으로 버텼다. 이러한 면은 김영삼이 의회주의자로 자처했지만 의회주의적인 방법은 거부했다고 볼 수 있었다. 어느 면에서는 독선적이며 자기 과시적 성향이 이를 통해서도 뚜렷하게 드러났다고 할 수 있었다.

그러나 5・6공화국에서 반대론자의 의견에 밀려 실시를 유보했던 것과 비교하면, 재벌과 보수 정치인들의 반대에 개의치 않고 비밀리에 이를 준비해 전격적으로 시행한 데는 김영삼 대통령 개인의 의지와 강력한 권력이 결정적 영향을 미쳤다고 할 수 있다. 여기에는 최초의 '문민정부'라는 정통성과 국민의 지지가 중요한 뒷받침이 됐다.

금융실명제 실시 이후 절대적인 여론의 지지에 힘입어 금융실명제를 보완해야 한다는 주장은 거의 없었다. 그러나 개혁에 따른 후속 조치들이 이어지지 못한 상태에서 김영삼 정부는 대북정책에서의 일관성 결여, 1994년과 1995년의 대형 사고들의 발생 등으로 인해 김영삼 대통령에 대한 지지도가 점점 하락했다. 이러한 환경에서 그동안 잠재된 재계의 불만을 여당인 신한국당이 논의하게 된 것은 1995년 6월 지방선거에서 신한국당이 패배한 이후부터였다. 신한국당 내에서 실명 전환을 하지 않은 지하자금의 양성화를 주장하는 보수 정치인들의 목소리가 높아지게 되고, 이어 1995년 말부터 시작된 경기 침체와 저축률 저조로 인해 실명제 보완에 관한 주장이 제기됐다(이정진, 2002: 121-122).

1997년 1월 한보철강이 부도나고 경기 침체가 심각해지자 실명제 보완론자의 주장은 힘을 얻게 됐으며, 1997년 3월 개각에서는 재무 장관에 보완론자인 강경식이 임명됐고, 결국 김영삼 정부는 1997년 3월 18일 실명제 보완을 위한 대체 입법을 추진하겠다고 발표했다. 이 과정에서 지지도가 급락한 김영삼 대통령의 의견은 큰 영향을 미치지 못하게 됐다. 외환위기를 맞은 11월에 들어서자 전경련은 경제 회생을 이유로 실명제 전면 유보를 요청했고 이 무렵엔 김영삼 대통령의 경제정책에 대한 권위 및 권한은 이미 땅에 떨어진 상태였다. 언론도 금융실명제 보완을 찬성하는 상황에서 국회는 1997년 12월 29일 금융실명제 긴급명령을 대체하는 금융실명제 법안을 확정했고, 2년간 실시돼 왔던 금융소득종합과세는 무기한 유보됐다.

이 과정에서 당시 김인호 경제수석과 재정경제원은 전경련을 중심으로 한 재계의 주장을 반박하며 실명제 유보의 부당성을 주장했지만 이미 대통령비서실의 위상은 미약한 상태였다. 금융실명제가 경제위기에 중요한 요인이 아니었음에도 불구하고 재계가 경세난의 원인을 금융실명제 탓으로 돌린 것은 기본적으로 자산계층의 금융실명제에 대한 거부감에서 출발하고 있다고 지적할 수 있다. 그리고 이들 반대론자들은 경제위기와 김영삼 대통령의 영향력 쇠퇴를 활용해 자신들의 주장을 관철시킬 수 있었다.

전두환과 노태우 대통령은 모두 임기 초에 금융실명제 실시의 필요성을 인정하고 실시안을 마련해 시행일을 발표했으나 기득권 세력인 재벌과 보수정치인들의 저항에 부딪쳐 이를 유보하게 됐다. 반면 김영삼 대통령은 재벌과 보수정치인들의 여전한 반대에도 불구하고 비밀리에 시행안을 만들어 전격 실시하여 임기 말까지 이 제도를 운용했다. 이 과정에서 김영삼 대통령의 시행 의지가 중요한 변수라 할 수 있었다. 김영삼 대통령의 강력한 추진력이 민주화라는 시대적 환경과 결합해 강력한 추진 의지를 보일 수 있었다.

전두환 대통령은 권위주의적 권력에 바탕을 두고 있었고, 노태우 대통령은 권위주의적 권력이나 여론의 강력한 지지가 없는 가운데 실명제를 추진하려다 후퇴했다. 김영삼 대통령은 임기 초 강력한 국민의 지지를 바탕으로 금융실명제 실시에 성공했으나 임기 후반 지지도가 하락하자 재벌과 보수 정치인들의 입장이 반영된 법안으로 대체되는 과정에 별다른 영향력을 행사하지 못하게 됐다. 이는 민주화와 더불어 대통령의 자의적 권력이 줄어들고 여론의 지지가 매우 중요한 권력자원이 되며 정책결정 과정에 큰 영향을 미치게 됐다고 볼 수 있었다.

2. 금융실명제의 내용

1) 금융실명제의 내포된 문제점

1982년 「금융실명거래에 관한 법률」이 제정되고도 이후 격렬한 찬반 대립 속에 금융실명제는 10여년 이상의 오랜 기간 동안 실시되지 못하고 논쟁만 진행돼 왔다. 금융실명제는 고도 경제 성장 과정에서 그동안 왜곡돼 왔던 경제 사회구조의 본질을 개혁하기 위한 제도로서 금융실명제의 실시가 초래하는 긍정적 또는 부정적 파장이 엄청날 것으로 예상됐기 때문에 몇 차례 실시가 유보되는 과정을 겪게 됐다(정영헌 · 전영준, 1997:

65). 김영삼 정부가 이러한 파장을 감수하고서라도 금융실명제를 전격적으로 실시하게 되나 이러한 금융실명제 정책 시행에는 몇 가지 문제점을 내포하고 있었다.

(1) 공식적 목표와 선언된 목표의 괴리

김영삼 정부가 전격 실행한 금융실명제에 대한 목표의 명확성 결여는 필연적으로 혼란을 야기했다. 긴급명령(제3조)에서 의도하고 있는 금융실명제의 정책 내용이 '소유실명제'인가, '거래실명제'인가와 관련해서도 그 내용이 명료하지 않았다. 원래는 금융실명제 정책 주무 부서인 금융실명제 실시단의 애초 목적은 '소유실명제'가 아니라 '거래실명제'를 염두에 두고 있었다. 즉, 금융실명제 집행부서는 차명계좌의 경우 실명거래를 의무화하는 것만으로는 차명 여부를 밝혀내는 것이 불가능하다고 판단했다. 또한 차명계좌까지 금지할 경우에는 민간경제를 지나치게 위축할 수 있다고 우려했다. 그리고 차명계좌는 금융자산종합소득과세와 같은 다른 수단을 통해 증여세를 부과하는 방법을 사용함으로써 차명계좌를 제한할 수 있다는 점 등을 들어 거래실명제를 염두에 두고 있었다(김신범, 1998: 186-187).

그러나 일반 국민이 인식했던 금융실명제의 내용은 '소유실명제'였기 때문에 국민들은 가명거래는 물론 차명거래도 불법인 것으로 인식하고 있었다. 금융실명제 실시 이전에 가명계좌가 약 3천억 원 정도밖에 안 됐던 것에 비해 차명계좌는 약 30조 원에 이르렀기 때문에 차명계좌를 합법화하는 금융실명제는 실제로 의미가 없다고 생각하고 있었다. 따라서 당연히 차명계좌도 불법시하는 내용이 담긴 소유실명제를 금융실명제의 내용으로 염두에 두고 있었다.

그러나 김영삼 정부는 소유실명제와 거래실명제의 구분을 명확하게 표현하지 못하고 있었다. 그 결과 금융실명 집행 단계에서 금융실명제의 위반사례가 속출하게 됐다. 이에 국민과 야당은 차명 거래를 방지할 수 있는 대체입법을 요청하게 되지만 정책 주무 부서에서는 이에 동조하지 않고 시행하게 됐다. 따라서 금융실명제의 공식적 목표와 선언된 목표 사이에는 분명한 괴리가 있었던 셈이다.

(2) 정책에 내재된 갈등

원래 금융실명제의 정책 내용은 많은 갈등을 내포하고 있었으며, 이러한 갈등이 5·6 공화국 때 결국 금융실명제 정책화에 실패하고 유보된 요인이 됐다. 이러한 갈등 중 주요한 몇 가지를 살펴보면 다음과 같다.

첫째, 실시 시기와 관련해 갈등이 내재돼 있었다. 우선 경기가 활성화된 후 금융실명제를 도입하자는 입장으로 주로 민자당, 재계, 청와대 경제수석이 이에 포함됐다. 한편으로는 금융실명제 없는 개혁은 무의미하다며 경기 활성화와 상관없이 조속히 실시해야 한다는 입장으로 야당 및 경실련 등의 시민단체들이 이에 포함됐다.

둘째, 금융종합과세와의 동시 실시 여부와 관련해 갈등이 내재돼 있었다. 금융실명제를 먼저 실시하고 여건이 성숙된 후에 금융종합과세를 실시하자는 입장과 사회 정의를 위해 동시에 양자를 실시하자는 입장 간의 갈등이 있었다.

셋째, 자금 출처 조사와 관련해 갈등이 내재돼 있었다. 모든 비실명 자산에 대해 자금 출처 조사를 해야 한다는 입장과 그 경우 오히려 실명 전환이 억제되므로 자금 출처 조사 면제 범위를 확대해야 한다는 입장이 대립돼 있었다.

넷째, 실명거래 의무자 범위에 금융기관의 임직원만을 포함할 것인가 혹은 이용자도 포함할 것인가, 또한 비실명 계좌의 적발과 비밀 보호 중 어느 것이 우선하는가 등에 관한 갈등이 있었다(김신범, 1998: 187-188).

(3) 대통령 긴급명령

대통령령을 통해 실시가 가능했던 「금융실명거래에 관한 법률」에 대해 많은 문제가 제기됐다. 금융실명제 실시 이후에도 기존 비실명 자산의 비실명 인출을 무기한 허용해 대규모 자금 이탈을 방치한다는 비난이 있었다. 또한 보험을 비롯한 일부 금융자산이 실명화 대상에서 제외되어 심각한 자금이체 및 형평성의 문제를 내포하고 있었다. 그러므로 금융실명법에 대한 개정이 불가피했으나 국회에서의 법 개정을 거쳐 실시할 경우 논의 과정에서 대규모의 자금 이탈이 발생하며 경제적 혼란을 초래하고 실시 자체가 어려워질 가능성이 높았다. 따라서 대통령의 긴급명령에 의한 실시가 불가피했던 것이며 대통령의 긴급명령에 의한 실시는 무엇보다도 비실명에 의한 자금 이탈을 방지할 수 있어서 대규모 자금 이탈에 따른 경제적 혼란을 사전에 예방할 수 있다는 장점을 지니고 있었다(최광, 1993: 18).

원래 금융실명제가 표방한 정책 목표는 매우 복합적이며 정경유착의 근절, 탈세 방지, 부정부패의 일소, 활력 있는 자본주의 등을 모두 포함하고 있었다. 그러나 금융실명제가 실시되고 있는 국가에서도 조세 탈루, 돈세탁은 상존하는 실정이었다. 또한 사채시장의 경우 우리나라의 만성적인 자금의 초과 수요에서 기인하는 것이므로 금융거래의 실명화라는 정책 수단으로 해결되기는 쉽지 않았다. 탈세나 부정부패가 발생하는 근본적 원인을 고려하지 않은 채 단지 지하경제의 방법에 불과한 비실명 거래를 금지하는 것만으로는 충분한 효과를 보기 매우 어려웠다.

이러한 상황에도 불구하고 금융실명제는 모든 목표를 달성하는 유효한 수단으로 인식됐다는 데에 문제가 있었다. 다양한 갈등이 개입돼 실명화를 통해 달성하고자 하는 목표가 모호해졌으며 이러한 모호한 목표를 두고 정책 수단도 거래실명제와 소유실명제의 혼란된 모습으로 표현됐다. 결국 금융실명제의 정책 목표와 실명에 의한 금융거래라고 하는 정책 수단은 부적절한 인과관계로 연계될 수밖에 없었다. 이는 후속되는 집행과정에서도 많은 혼란을 야기하고 충분한 집행 성과를 얻지 못하게 된 주요한 요인으로 작용했다(김신범, 1998: 188-189).

2) 금융실명제의 주요 내용

김영삼 정부는 1993년 8월 12일 20시를 기해 '금융실명거래 및 비밀보장에 관한 긴급재정경제 명령'에 의해 금융실명제를 전격 실시했다. 1993년 8월 12일에 실시된 금융실명제를 뒷받침하는 긴급재정경제명령은 첫째, 금융기관과의 거래 시 실지 명의 사용 의무를 규정, 둘째, 기존 비실명 금융자산에 대한 조치를 규정, 셋째, 금융거래정보의 비밀보장을 강화 등 크게 세 부분으로 구성돼 있었다.[2]

(1) 금융기관과의 거래 시 실지 명의 사용 의무

1993년 8월 12일 이후에는 은행을 비롯하여 증권, 보험, 투자신탁, 투자금융, 농협 등의 단위조합, 우체국, 새마을금고, 신용협동조합 등 모든 금융기관과 거래를 할 때에는 반드시 실지 명의를 사용해야만 한다. 그러나 실명 사용의 대상이 되는 거래는 금융기관을 통한 거래에만 국한된다. 금융기관을 통하지 않은 개인 간의 거래까지 실명거래 의무를 부여하지 않은 이유는 대부분의 금융 거래가 금융기관을 통해 이뤄지고 있는 현실을 감안할 때 이러한 규정만으로도 소기의 목적 달성이 가능하다고 판단했기 때문이다. 더구나 자본주의 경제 체제 하에서 개인 간의 사적 거래까지 정부가 지나치게 규제하거나 개입하는 것은 계약 자유의 원칙 또는 사적 자치의 원칙에 맞지 않는 측면이 있기 때문이다.

실지명의 사용 여부는 금융기관이 실명 확인 증표를 이용해 확인하도록 했는데 개인은 성명과 주민등록번호에 의해 그리고 법인은 법인명과 사업자등록번호 또는 고유번호로 실명임을 확인받는다. 실명 확인 증표로 사용될 수 있는 것은 개인의 경우에는 주민

2) 정영헌 · 전영준(1997). 정책토론 리포트: 금융실명제의 정착과 발전 방향. 재정포럼 4월호 64-87에서 재정리함.

등록증, 운전면허증, 학생증 등 사진이 첨부돼 있는 증표이며, 법인이나 각종 단체의 경우에는 세무서에서 발급한 사업자등록번호(납세번호증) 또는 고유번호 발급 사실 통보문서 등이 해당된다.

더불어 실명거래 의무화의 실효성을 높이기 위해 이를 위반한 금융기관 임직원에 대해서는 500만 원 이하의 과태료를 부과하도록 했으며, 위반행위가 발생한 해당 금융기관에 대해서도 이를 방지하기 위한 상당한 주의나 감독을 하지 않은 때에는 과태료를 부과할 수 있도록 규정했다.

(2) 기존 비실명 금융자산에 대한 조치

금융실명제는 미래 지향적인 취지에서 실시하는 것으로서 과거의 잘못을 들춰내어 책임을 주장하겠다는 것이 아니라는 점을 분명히 하고 있다. 다만, 지금까지 성실하게 세금을 부담해 온 선량한 예금주와의 형평성을 고려해 기존 비실명 자산에 대해서는 다음과 같은 조치를 취하도록 했다.

① 비실명에 의한 자금 인출 금지

현재 계좌가 개설돼 있는 모든 금융자산의 명의인에 대해 금융실명제 실시 이후 최초로 금융거래를 할 때에는 그 명의가 본인의 실명인지의 여부를 확인받도록 하고 실명 확인 절차를 거치지 않았거나 비실명으로 확인된 자산은 인출을 금지했다.

② 실명 전환 의무 기간의 설정

금융실명제 실시일로부터 2개월간의 실명 전환 의무 기간(1993년 8월 12일~1993년 10월 12일)을 설정해 기존 비실명 자산의 거래자는 이 기간 중에 그 명의를 본인의 실명으로 전환하도록 했다.

③ 실명 전환 의무 기간 중 실명 전환 된 금융자산에 대한 조치

실명 전환 의무 기간 동안 기존의 비실명 자산의 실명 전환을 유도하기 위해 동 기간 중 실명 전환되는 금융자산에 대해서는 다음과 같이 조치했다.

첫째, 〈표 2-2-5〉에서 보듯이 실명 전환 계좌별로 다음 금액에 대해서는 자금 출처 조사를 면제하도록 했다.

둘째, 실명 전환으로 인해 상법, 증권거래법 독점규제 및 공정거래에 관한 법률 등 다른 법률을 위반하게 되어 벌칙 또는 행정 제재의 대상이 되는 경우 1년 내에 당해 위반 사항을 시정할 때에는 해당 법률에 의한 벌칙이나 행정 제재 규정의 적용을 1년간

표 2-2-5 자금 출처 조사 면제 기준

대상	긴급명령 제6조
20세 미만(미성년자)	1,500만 원 이하
20세 이상 30세 미만	3천만 원 이하
30세 이상	5천만 원 이하

면제해준다. 예를 들면 실명 전환으로 증권거래법상의 주식 소유 제한규정인 상장 당시 비율 또는 10% 대량 소유규제 의무를 위반하게 되는 경우에도 1년 내에 당해 위반 사항이 시정될 때에는 그 처벌을 면제해준다.

셋째, 종전의 실명 형태, 예를 들면 차명으로 예입된 금융자산의 거래자가 종전 명의를 본인의 실명으로 전환할 때에는 과거 5년간 부족하게 원천징수한 소득세를 추징한다. 즉, 일반저축의 경우에는 실명 금융자산에 대한 이자소득세율 20%(주민세 포함 21.5%)와 비실명 금융자산에 대한 이자소득세율 60%(주민세 포함 64.5%)의 차이만큼 소득세를 추징한다. 세금우대저축의 경우에도 비과세 또는 5%의 세율을 적용하므로 동 세율과 20%(주민세 포함 21.5%)의 차이만큼 소득세를 추징한다. 이는 소득과세의 형평성 제고를 위한 조치라 할 수 있다.

④ 실명 전환 의무 기간 경과 후에 실명으로 전환하는 자에 대한 조치

실명 전환 의무 기간이 지난 후에 실명으로 전환하는 경우에는 다음과 같이 조치하도록 한다.

첫째, 경과 기간에 따라 금융실명제 실시일로부터 매년 10%씩 최고 60%(증여세 최고세율 수준)의 과징금을 부과하도록 한다. 과징금은 실명 전환 의무 기간이 경과한 날 이

표 2-2-6 경과 일수 및 징수율

경과 일수	징수율
긴급재정경제명령 시행일로부터 1년까지	금융자산가액의 10%
긴급재정경제명령 시행일로부터 1년 초과~2년 이하	금융자산가액의 20%
긴급재정경제명령 시행일로부터 2년 초과~3년 이하	금융자산가액의 30%
긴급재정경제명령 시행일로부터 3년 초과~4년 이하	금융자산가액의 40%
긴급재정경제명령 시행일로부터 4년 초과~5년 이하	금융자산가액의 50%
긴급재정경제명령 시행일로부터 5년 경과 후	금융자산가액의 60%

주: 과징금은 당해 금융자산에서 원천징수함.

후에 기존 비실명자산의 명의를 실명으로 전환하는 거래자에 대해 부과한다. 금융기관이 당해 금융자산가액에 〈표 2-2-6〉에 제시된 징수율을 적용하여 계산한 후 원천징수하고 이를 징수일이 속하는 달의 다음달 10일까지 정부에 납부하도록 했다.

둘째, 실명 전환 의무 기간 경과 이후(1993년 10월 13일 이후) 비실명 자산에서 발생하는 이자 배당소득에 대한 차등과세율을 종전 64.5%(소득세 60%, 주민세 4.5%)에서 96.75%(소득세 90%, 주민세 6.75%)로 인상해 적용한다.

⑤ 고액 현금 인출 등의 국세청 통보

첫째, 실명 전환 의무 기간 중 현금(자기앞수표 포함) 순인출액이 3천만 원을 초과하는 거래자의 명단을 국세청에 통보하도록 하여 특별 관리함으로써 자금이 불필요하게 유동화되는 것을 억제한다.

둘째, 실명제 실시일 이전에 발행된 채권, 수익증권 및 양도성예금증서 등을 금융기관에 예탁하지 않고 실물로 직접 보유하는 거래자가 금융기관과 매매, 원리금 상환 등의 금융 거래를 하는 경우에는 점포별 월 거래 금액이 5천만 원 이상인 때에 그 내용을 국세청에 통보해야 한다. 단, 3개월 이상 금융기관에 예탁하거나 기관투자자가 실물거래를 하는 경우에는 제외한다.

(3) 금융거래정보의 비밀 보장 강화

실명제의 성공적인 정착을 위해서는 무엇보다도 국민들이 안심하고 금융 거래를 할 수 있도록 금융거래정보를 보호하는 것이 중요하다고 판단돼 긴급재정경제명령에서는 그 제목에서도 나타나듯이 비밀 보장에 대한 정부의 정책 의지를 분명히 하고 있다. 아울러 금융정보를 제공할 수 있는 요건과 절차를 좀 더 명확하게 규정해 금융기관은 명의인의 서면상 요구나 동의를 받지 않고서는 그 금융 거래의 내용에 대한 정보 또는 자료를 타인에게 제공하거나 누설할 수 없도록 했다.

이러한 금융기관의 금융 거래 비밀 준수 의무 조항에도 불구하고 예외적으로 정보제공이 인정되는 경우는 다음과 같다(긴급재정경제명령 제4조 제1항). 첫째, 법원의 제출명령이나 법관이 발부한 영장에 의해 정보 등의 제공을 요구하는 경우, 둘째, 조세에 관한 법률의 규정에 의한 질문조사를 위해 소관 관서의 장이 정보 등의 제공을 요구하는 경우와 조세에 관한 법률의 규정에 의해 제출 의무가 있는 과세자료 등을 제공하는 경우, 셋째, 재정경제원 장관과 은행감독원장, 증권감독원장 및 보험감독원장이 금융기관에 대한 감독에 필요한 정보 등의 제공을 요구하는 경우, 넷째, 동일 금융기관 내부 및 금융기관 상호간에 업무상 필요한 정보 등을 제공하는 경우, 다섯째, 기타 법률의 규정에 의해 불특정 다수인에게 공개가 의무화된 것으로서 당해 법률의 규정에 의해 정보 등의 제공을 요구하는 경우다.

그러나 예외적으로 정보 제공이 인정되는 경우에도 사용 목적에 필요한 최소한의 범위로 정보 제공을 요청하도록 제한하고 있다. 또한 문서에 의해 점포별로 요구하도록 하는 등 절차를 명확히 하여 자의적인 정보 제공 요구가 불가능하도록 했다(긴급명령재정경제명령 제4조 제2항). 부당한 정보 제공을 요구받은 경우에는 금융기관 직원이 이를 거부하도록 의무화했으며(긴급재정경제명령 제4조 제3항) 제공받은 금융정보를 타인에게 제공 또는 누설하지 못하도록 금지했다(긴급재정경제명령 제4조 제4항).

비밀 보장 의무를 위반한 경우에 대한 벌칙 조항을 설치했다. 정보를 누설한 금융기관의 임직원, 부당한 정보 제공 요구자 및 업무상 취득한 정보의 누설자에 대해서는 3년

표 2-2-7 금융실명제 실시의 주요 내용

개요	긴급명령에 의해 1993년 8월 12일 20시를 기해 금융실명제를 실시
주요 내용	1. 모든 금융기관과의 거래 시에 '실지 명의' 사용 의무 부여 - 기존 금융자산 거래자는 이 명령 시행 후 원칙적으로 첫 거래 시에 실명 여부를 확인받은 후 거래 2. 기존 비실명 자산에 대한 조치 1) 2개월 내에 실명 전환하면 최고 5천만 원까지 자금 출처 조사 면제 2) 실명으로 전환하지 않은 비실명 금융자산에 대해서는 - 자금 인출 금지 - 2개월 경과 후에는 시행일로부터 계산해 1년 단위로 매년 10%씩 최고 60%(증여세 최고세율 수준)까지 과징금 징수 - 2개월 경과 후부터는 비실명 이자, 배당소득에 대해 96.75%의 세금을 중과 3. 금융정보의 비밀 보장 강화 - 정보 제공 요구절차 요건을 강화하고 금융기관에서 부당한 정보 요구에 대한 거부 의무 부여
관련 대책	- 중앙대책위원회(위원장: 재무부 차관)와 금융실명제 실시단을 설치하고 관계장관회의를 운영 - 부동산, 자금 해외유출, 중소기업의 자금난 등에 적극 대처함으로써 경제 안정 유지 - 시행 후 2개월간 현금인출액이 3천 만원을 초과하는 경우 그 내용을 국세청에 통보케 하여 특별관리

자료: 임금연구, 1993년 가을호.

이하의 징역 또는 2천만 원 이하의 벌금을 부과하도록 했다. 또한 행위자를 처벌하는 것 이외에 사용주인 법인 또는 개인에 대해서도 벌금 부과가 가능하도록 조치했다.

표 2-2-8 금융실명제 실시안

구분	정책 내용
실시 대상	- 은행, 증권, 보험, 단자회사, 신용금고, 농·수·축협, 새마을금고, 체신관서 등을 포함한 전 금융기관
실명 대상 자산	- 예금, 적금, 부금, 신탁재산, 주식, 채권, 수익증권, 출자증권, 출자지분, 어음 등 - 자기앞수표는 발행 및 지급 시에 은행에서 실명 확인 - 부분적으로 비실명 인정
실명 확인 방법	- 개인: 주민등록증, 공공기관이 발행하는 증명서에 의해 실명 확인 - 법인: 사업자등록번호 또는 납세번호로 확인
경과 규정 및 세무조사	- 실명 전환 유예 기간은 실시 후 2개월 - 나이에 따라 일정 금액까지만 자금 출처 조사 면제 - 고액 인출 시 국세청 통보 - 1년 이내 시정 시 처벌 면제 - 비실명 자산의 이자, 배당소득에 90%, 주민세 6.7% 적용 - 실명 전환 의무 기간 이후 전환 시 최고 60%까지 과징금 부과 - 비실명 자산의 인출 금지
종합과세	- 종합과세는 1996년부터 실시 - 소액금융소득자에 대해서는 분리 또는 종합과세 중 선택적 적용 - 근로, 사업, 금융소득의 종합과세에 대해서는 의견 수렴 후 검토 - 저축성 보험의 양도차익에 대해 과세할 것이나 의견 수렴 후 과세 방법 결정 - 주식 거래의 양도 차익에 대해 과세는 동향과 의견 수렴 후 결정
실명제 위반자 벌칙	- 과태료 1백만 원 이하에서 5백만 원으로 강화 - 비밀 보장 위반 시 3년 이하의 징역 또는 3백만 원에서 3년 이하, 2천만 원 이하로 강화
비밀 보장	- 금융기관에 거래자 동의 없는 자료 요청 거부권 부여, 다만 문서로만 정보 요청 가능 - 법원의 명령 및 영장에 의하거나, 조세 포탈 조사용으로 대통령이 정하는 자료 요청 시, 재무 장관, 은행감독원, 증권감독원장이 업무상 요청 시, 기타 다른 법률에 의해 불특정 다수인에게 공개가 인정되는 경우에 한해 자료 제공
실시 방법	- 통상적 입법절차

자료: 재무부, 금융실명제 일주년 백서(서울: 1994)와 한겨레신문, 1990년 1월 25일자 3면, 한국경제신문, 1989년 9월 13일자 11면 참조, 진광명(1997: 60)에서 재인용.

제 4 절 성과 및 평가

1. 금융실명제의 성과

김영삼 정부가 과감하게 정치개혁을 추진할 수 있었던 것은 광범위한 민주연합 세력의 존속과 당시 국민의 지지에 근거하고 있었다. 다소 독단적이지만, 신속하고 여론몰이식의 김영삼의 개혁 추진 방식도 이러한 후원 세력이 존재했기 때문이다. 그러나 금융실명제 등과 같은 경제개혁에는 명분과 실리, 상징적 후원과 실제적 지지 사이에는 균열이 생길 수밖에 없었다. 또한 당연히 포괄적인 연합 세력 사이에서도 갈등이 떠오르게 되며 단기적으로는 경제의 효율성과 생산성에서도 타격을 받을 수 있었다. 즉, 경제개혁을 추진하면서 일정한 경제 성장을 유지한다는 것은 아주 어렵게 된 것이다. 경제민주화를 지향하면서 과거의 불투명하고 잘못된 구조를 개혁하려 할 때, 경제 성장에 장애가 생기면 경제위기감이 확산된다. 이러한 상황에서 기득권층은 대열을 정비하고 세력을 결집해 경제개혁의 방향을 성장 기조로 선회시키려고 했다(강문구, 2002: 9).

초기 김영삼은 집권 여당인 민자당에서 소수 계파인 민주계를 중심으로 개혁정책을 시도하게 되며 그 결과 개혁의 추진 과정에서 다수인 민정계가 소외되는 상황이 전개됐다. 김영삼 정부가 초기에 펼쳤던 사정개혁의 대상은 주로 기존의 권력 핵심이었던 군부와 정치인들이었다. 그러나 이후 개혁 지향적 세력이 완벽하게 형성되지 않은 상황에서 개혁에 저항하는 과거 권위주의 세력이 연합하게 되어 개혁의 장애 요인이 됐다. 심지어 야당마저도 김영삼 정부의 사정이나 인사정책을 팽(烹)으로 간주해 사실상 개혁에 저항하는 과거 권위주의 세력에 동조하는 듯한 인상을 주었다(임경환, 1996: 9).

야당은 기존 체제와 제도 속에서 변화를 추구할 수밖에 없는 개혁의 한계를 김영삼 정권의 한계로 간주하며 김영삼 정부의 개혁을 비판했다. 더구나 김영삼 정부의 개혁은 역사를 단계적으로 진전시키는 데 기여하는 것이 아니라, 모든 개혁정책이 정략적 차원에서 실행된다고 김영삼 정부의 개혁을 격하시키려 했다. 이는 야당이 김영삼 정부의 개혁의 진전을 방해하는 데 일조하는 결과가 됐고, 이러한 야당의 태도는 부정부패의 상징으로 추방된 과거 권위주의 인사들을 마치 표적 사정의 희생양이라는 인상을 국민에게 주게 됐다.

김영삼 정부의 초기 사정개혁은 군부 권위주의를 해소시키는 데는 성과가 있었으나 그 군부 권위주의 체제가 국가・정치・사회 부문에 구축해 놓은 보수적 지배의 체제 자체를 개혁하는 구조개혁에는 한계를 보였다(최장집, 1996: 255). 김영삼 정부의 개혁은 권위주의적 군사정권의 등장으로 야기된 지역적 권력구조를 단지 지역적 네트워크와 연결된 정치 엘리트의 구조다원화로 대체했을 뿐이다. 그리고 지배구조의 근본적인 변혁과 실질적 민주주의의 공고화를 위한 개혁은 단행하지 못하고, 법규 실행보다는 개정 자체로서 과시 효과를 내는 수준의 제도적 개혁에 머물렀다(김태룡, 1998: 5). 즉, 민주주의를 정치제도적인 측면에서만 접근하려 했지, 의회나 정당 등의 자율성과 제도화를 통한 민주주의의 공고화나 실질적 민주주의 실현에는 미흡했다는 주장이다.

사정 중심의 개혁 조치들은 의회나 정당 등의 지지 기반이 취약한 데에서도 그 원인의 일단을 찾을 수 있지만, 무엇보다도 대중주의적 성향을 강조하려는 김영삼 대통령의 정치적 자질에 의해 단행됐다. 그러나 이러한 정치적 자질에 의존한 개혁은 시민사회 내의 다양한 이익 표출을 허용하고 이를 정치적 대표 체제나 국가에 연계시킬 수 있는 제도적 매개장치를 등한시해 결국 새로운 질서의 수립을 어렵게 만들었다.

김영삼 대통령의 개혁 추진 방식에 대한 비판도 제기됐다. 개혁 초기 시기에 개혁을 지속적으로 추진하기 위해서는 정치개혁에 관한 프로그램을 수립하여 각 분야의 개혁 속도를 조절해 나가야 하며 소위 '인치'가 아닌 '법치'의 방식으로 추진해야 한다는 요구가 제기됐다. 또한 개혁 과정에서 문민을 명분으로 하는 강력한 통치행위가 행해지고 있기 때문에 '신권위주의'를 경계해야 한다는 지적도 있었다. 이는 개혁과 민주화가 과거의 반독재 야당 세력이 주도하던 통례와는 달리 집권 여당과의 통합을 통해 집권한 구반 독재 세력에 의해 주도되고 있다는 특수성에서 연유하는 개혁 형태 자체의 모순성과 그 물적・계급적 지지 기반과 정책 지지 기반 간의 불일치에 기인하는 것이라고 할 수 있다(정용대, 1994: 123).

이러한 난관에도 불구하고 김영삼 대통령은 개혁에 대한 과거 권위주의 세력의 저항을 극복하면서 높은 국민의 지지를 바탕으로 전격적인 방식으로 개혁정책을 펼쳐 나가는 리더십을 보여주었다. 김영삼이 초기에 압도적인 국민의 지지를 받은 이유는 사정 중심의 개혁을 통해 기득권층의 부패 척결이 궁극적으로는 사회 전반에 걸친 제도적・구조적 개혁으로 이어져갈 것이라는 국민의 기대감이 반영된 탓이었다.[3] 즉, 김영삼 대

3) 초기 대통령 이미지에 대한 여론조사 결과를 보면 결단력(61.8%)과 정직성(38.1%)이 압도적이며, '인기주의'나 '권위주의' 항목에 대한 응답은 거의 없었다. 대통령이 제기한 '고통 분담'에 대해서도 85.4%가 수용함으로써 국민

통령에 대한 지지가 높은 이유는[4] 개혁을 바라는 국민들의 시대적 요구와 김영삼 대통령의 개혁 의지와 추진력 있는 리더십이 결합된 형태로 나타났기 때문이다. 따라서 김영삼 대통령의 전격적인 개혁 방식은 초기 개혁 시기에 가장 필요하고 강력한 수단이 될 수밖에 없었다. 이와 같이 김영삼 대통령의 초기 개혁의 특징은 과거 권위주의 세력에 대한 사정을 중심으로 대통령의 단호한 의지와 결단력을 바탕으로 한 전격적인 개혁이었다. 또한 과거 권위주의 세력의 저항은 존재했으나 김영삼 대통령의 국민의 지지를 바탕으로 한 전격적인 리더십에 가려 그 영향력은 강하지 못했다.[5]

오랜 세월 동안 금융실명제 실시에 대한 논란이 거듭돼 왔고 몇 차례에 걸쳐 실시가 유보되는 등 많은 우여곡절 끝에 1993년 8월 12일에 전격 실시된 금융실명제는 상당히 오랫동안 김영삼 대통령에게는 '개혁 중의 개혁이요, 우리 시대 개혁의 중추이자 핵심'으로 자부심을 갖게 했다. 그러나 금융실명제는 대통령 긴급명령을 일반 법령 체계로 바꿔, 제도적으로 정착시키지 못했기 때문에 이후 금융실명제의 효력이 반감되는 계기가 됐다.

금융실명제가 실시되기 이전에 금융실명제 실시를 반대하는 주된 논거들은 다음과 같이 요약할 수 있다(현진권, 1997: 204-205, 이인표 정영헌, 1996: 11).

첫째, 증권시장이 침체한 상황에서 금융실명제를 실시하면 거액의 큰손들이 증권시장을 이탈함으로써 증시 침체가 가속화될 것이다.

둘째, 금융권에서 이탈한 자금이 부동산 시장으로 흘러들어 부동산 투기가 재연되거나 투기성 자산으로 몰릴 가능성이 있다.

셋째, 금융실명제 실시로 노출을 꺼리는 비실명자금이 해외로 유출될 수 있다.

넷째, 금융실명제의 후속 조치로 금융자산소득에 대한 종합과세가 부과될 경우 저축에 대한 세금 부담 증가로 저축률이 하락해 안정적 경제 성장을 위한 국내 저축의 축적에 부담을 줄 것이다.

다섯째, 금융실명제 실시로 사채 거래가 위축돼 사채 의존도가 높은 중소기업의 자

대부분은 개혁의 비용은 기꺼이 감수하겠다는 의지를 보였다(한국일보 1993년 8월 24일자).

4) 김영삼 대통령에 대한 지지율은 83.6%(1993년 6월), 73.3%(1993년 10월)에서 볼 수 있듯이 상당히 높은 지지율을 보여준다(월간 중앙, 1995년 2월호).

5) 김영삼 정부 시절 사회복지 수석을 역임했던 박세일에 의하면 김영삼의 확고한 신념이나 결단으로 문제를 풀 수 있는 부분에서는 상당한 개혁의 성과가 있었다고 한다. 즉, 정치의 민주화, 지방자치 시대의 개막, 돈 안 드는 선거풍토 조성, 정경유착 단절, 군 개혁, 공직자 재산공개, 금융실명제, 역사바로세우기 등이 바로 그것이다. 반면에 재벌개혁, 금융개혁, 정부의 각종 규제개혁은 상대적으로 성과가 적었던 것은 사실이라고 한다. 경제 분야의 개혁 부진은 결국 IMF의 자금 지원 사태를 불러온 근본적 원인이 됐다고 술회했다.

금난이 심화돼 대량의 도산이 발생할 수 있다.

이러한 논거들은 금융자금이란 기본적으로 외부에 노출되는 것을 기피하는 속성을 가지고 있기 때문이라 할 수 있다. 금융실명제의 실시로 금융자산 은닉을 위한 보호막이 제거될 경우에는 이들 자금이 다른 곳으로 은닉하기 위해 옮겨갈 것이라는 관점이 지배적이었다. 이는 금융실명제의 실시 그 자체가 금융자산 보유자들이 갖고 있는 심리적 불안감을 자극하게 되고 금융실명제 실시 이후 개인이나 기업의 자금 운용 형태에 상당한 변화를 일으킬 것임을 의미한다.

그러나 금융실명제를 실시하는 근본 이유가 건전한 금융 질서의 확립 및 조세의 형평성 제고를 통해 경제 정의를 실현하는 것이라고 볼 때, 이러한 반대 논거들은 금융실명제를 실시하기 위해서는 반드시 겪어야만 하는 경제적 비용이라고 할 수 있었다. 그와 같은 경제적 비용은 경제 규모가 커짐에 따라 더욱더 증가할 수 있는 것들이었다. 그러므로 문제 해결의 방향은 금융실명제를 실시하되 어떻게 하면 경제적 비용을 최소한으로 줄이느냐에 초점이 맞춰져야 한다.

실제로 금융실명제가 실시된 3년 이후 동안은 금융실명제 실시 당시에 우려했던 부작용들은 거의 나타나지 않았다. 금융소득 종합과세의 실시에 대응해 이동한 자금은 미미한 규모에 그쳤다. 또한 제도금융권 내에서의 자금 이동을 제외하고는 실물시장 등 금융권 밖으로의 자금 이탈 혹은 자금의 해외 도피도 거의 없었다. 이러한 현실 경제의 움직임을 고려해 볼 때, 초기 금융실명제 실시에서 제기된 반대 논리들은 금융실명제의 실시 자체를 막기 위해 금융실명제의 경제적 부작용을 지나치게 확대 해석한 의도가 있다고 볼 수 있다.

금융실명제 실시 이후 3년이 지난 1996년 12월말 실명예금의 실명 확인율은 98.3%이고 비실명예금의 실명 전환율은 98.8%로서 대부분 실명 확인 또는 실명으로 전환된 것으로 나타났다. 이에 따라 1996년 12월 말 실명예금 중 미확인 액은 3조 2천억 원이고, 비실명 예금 중 실명 미전환액은 344억 원으로 금융실명제가 제대로 정착하고 있다고 판단할 수 있었다.

금융실명제 실시의 중요한 이유 중 하나는 조세의 형평성을 제고하는 것이었는데, 소득세 탈루 규모는 1993년(귀속분)의 경우에는 25.7%에 이르렀으나 금융실명제가 실시된 이후 1994년(귀속분)에는 16.3%로 나타나 소득세 탈루 규모가 약 9.4% 축소된 것으로 나타났다.

계층별 지표의 측면에서는, 금융실명제 실시 이후 근로자 가구에서 근로소득 분배의 형평은 미세하게나마 악화됐으나, 이자 및 배당 등 여타소득 분배의 형평성이 개선돼 전체 소득에서는 분배의 형평성이 제고된 것으로 나타났다. 이러한 소득계층별 직접세 부담의 형평성 개선은 금융실명제 실시와 관련해 이뤄진 세제의 보완 조치에 크게 기인했다.

금융실명제 실시로 인해 금권정치의 청산과 깨끗한 정치 풍토의 조성과 관련해 1995년 6월의 4대 지방선거와 1996년 4월 총선의 선거에도 변화가 나타났다. 금융실명제 실시 이후 변화된 선거 양상을 단적으로 보여주는 사례는 바로 총통화(M2)의 증가율이었다. 선거 때만 되면 나타나던 자금 수요의 과열 현상이 발생하지 않았던 것이다. 총통화 증가율은 선거 전후로 거의 변화가 없었거나 오히려 하락하기까지 했다. 이는 금융실명제의 실시로 출처가 불분명한 비자금의 조성이 어려워졌기 때문이라고 해석할 수 있다. 또한 비자금과 관련해 두 전직 대통령의 사법 처리를 가능하게 했던 이유는 바로 금융실명제의 영향이 컸다고 할 수 있다(현진권, 1997: 205-206).

2. 금융실명제에 대한 평가

경제 정의를 실현하기 위한 목적으로 만들어진 금융실명제에 대한 비판은 여론으로부터 시작됐다. 수많은 신문이 금융실명제의 방법과 시기가 잘못돼 경제를 어렵게 한다고 비판하기 시작했다. 특히 과거의 잘못에 대해 너무 가혹하게 취급함으로써 경제 정의의 실현보다는 도리어 투자와 경제활동 면에서 심각한 타격을 주게 됐다고 비판했다. 금융시장의 혼란, 그로 인한 자금 회전의 부진으로 경제가 파국으로 간다는 경고까지 했다.

금융실명제는 그후의 정치·경제적 상황 때문에 많이 퇴색되고 만다. 1997년 가을 많은 논란 끝에 금융종합과세제가 폐지됨으로써 금융실명제의 가장 중요한 목적 중의 하나인 형평 과세라는 목적이 유실되고 말았다.

1993년 8월에 입법화한 금융실명제는 경제 조치였기는 하지만 사실상 정치권을 겨냥한 것이었다. 당시 김영삼 대통령은 정치권을 염두에 두고 금융실명제를 실시했다고 말한 바 있다. 따라서 금융실명제는 경제권에서 정치권으로 부당하게 들어가는 불법자금을 차단하기 위한 조치로 볼 수 있다. 즉, 부정부패를 방지하기 위한 정치적 제도라 할 수 있었다.

자본주의 사회에서 본인 실명에 의한 금융 거래는 도덕적 정당성이라는 측면에서뿐만 아니라 자본주의 경제의 정상적인 재생산활동을 위해서도 필수적이다. 실명이 아닌 가명이나 차명 거래를 필요로 하는 자본은 탈세나 부정한 자금의 획득을 목적으로 움직이기 때문에 사회경제에서 내 각종 투기와 범죄, 부정과 부패를 일으키게 된다. 가명이나 차명 거래에 의해 형성된 지하경제의 팽창으로 사회경제 내의 생산적 활동은 위축되고 경제 전반에 걸쳐 거품경제 현상이 만연하게 된다. 실제로 1988년 이후 1991년까지 한국 경제는 극심한 투기와 이에 따른 거품경제 붕괴로 심각한 불황에 빠져 있던 상황이었다. 이와 같은 지하경제의 팽창 척결에 금융실명제는 가장 적절한 제도적 장치로 작용했다고 할 수 있다.

금융실명제는 자본주의 경제가 발전한 국가일수록 금융 거래가 실명 거래로 잘 정착돼 있다. 그리고 이를 기반으로 하여 각종 이자배당소득세의 종합과세나 증권거래차익 과세가 잘 이뤄지고 있다. 반면 자본주의 경제가 후진성을 띤 국가의 경우에는 금융실명제와 같은 개혁적 제도가 사회 내의 강력한 대금융자산가, 독점자본 등 기득권 계층의 저항에 의해 제대로 정착되기가 쉽지 않다(이상영, 1993: 64-65).

그러나 일정한 경제 발전 단계에 진입하게 되면 후진성을 띤 자본주의 국가에서도 더 이상 투기적 구조만을 유지하기가 어렵게 된다. 오히려 투기와 같은 비생산적 영역이 확대돼 사회경제의 활성화에 심각한 장애로 작용하게 된다. 투기, 사채, 탈세, 밀수, 범죄, 부정축재 등의 확산으로 인해 자본의 생산적인 투자를 위축시킬 뿐만 아니라 소득재분배를 악화시키고 사회적 소외감의 증폭을 가져와 사회 세력 간의 갈등을 심화시키게 된다. 나아가 이로 인해 체제 유지를 위한 수단이 붕괴될 위험을 불러오게 된다. 따라서 사회경제 전체의 순조로운 재생산을 위해 광범하게 확산되는 투기적 자본 축적을 규제하고 비생산적 투자를 생산적 투자로 전환 또는 유도할 필요가 생긴다. 동시에 사회운동은 투기 억제를 위해 제도개혁 과제를 중심으로 확산되며 기득권 세력을 무력화시키는 데 중점을 두게 될 필요성이 발생한다.

금융실명제가 시행된 지 20년 이상이 흘렀다. 금융실명제 도입을 통해 가명, 무기명 거래가 전면 금지됨으로써 불법 자금원의 추적이 가능해져 거래투명성이 제고되고 거래가 활성화돼 우리나라 금융산업 발전에도 크게 기여한 것으로 여겨진다. 또한 금융소득 종합과세를 통한 분배구조 개선에도 공헌했다.

그러나 정치인, 기업인의 차명계좌를 이용한 비자금사건을 계기로 금융실명제법의 개정이 요구되고 있는 실정이다. 국회에는 차명거래의 전면 금지와 형사적 제재를 담은 개정안이 제출됐으며, 이를 계기로 차명 거래 규제에 대한 논의가 다시 관심의 대상이

돼 가고 있다(김자봉, 2013: 4).

범죄형 차명 거래를 효과적으로 규제하는 방안에 대해서는 실명제 실시 이후 논의에도 불구하고 실제로 큰 진전을 보지는 못했다. 차명 거래는 정보비대칭성으로 인해 잘 드러나지 않으며 선의와 악의가 서로 뒤섞여 있어서 악의의 차명만을 적절히 구분해 규제할 수 있는 방안이 쉽지 않기 때문이다. 차명 거래에 대한 행정적 및 형사상 제재 등 전통적인 제재는 근본적인 한계가 있다. 정보비대칭성 하에서 드러나지 않는 선의와 악의의 행태를 구분되게 만드는 적절한 제도가 도입돼야만 규제 효과를 제고할 수 있을 것이라고 판단된다.

참고 문헌

강문구(2002). 한국의 민주적 공고화와 개혁의 한계. 21세기 정치학회보, 12(1): 1-20.

강인선(1998). 이제는 마지막 산을 넘는다는 담담함. 월간조선, 3월호.

경향신문(1995). 민자당 개혁 지금부터다. 2월 8일자 3면.

권영기(1998). 김영삼정부 비사; 금융실명제 전격 실시: 조기에 한꺼번에 실시하되 경제수석에겐 절대 알리지 마시오!. 월간조선, 234-255.

김광웅(1993). 역대 대통령의 취임사에서 밝혀진 이념과 정책. 행정논총, 31(1): 1060-1068.

김기석(2003). 대통령제와 내각책임제 하에서의 연립정권 비교연구 1990년대의 한국과 일본. 국제정치논총, 43(2): 151-174.

김병문(2005). 개혁의 성패요인 분석: 김영삼 대통령을 중심으로. 한국행정논집, 17(4): 1159-1184.

김석준(1995). 한국의 정치개혁과 민주주의에 관한 발전. 한국정책학회보, 4(1): 11-29.

김신범(1998). 금융실명제정책의 형성과 집행. 고시계, 1998년 7월: 179-190.

김영명(1999). 고쳐 쓴 한국현대정치사. 서울: 을유문화사.

김영삼(1993). 변화와 개혁 그리고 전진. 제165회 정기국회 대통령 연설문, 1993년 9월 21일.

______(1994). 개혁과 세계화로 재도약: 국가 경쟁력 강화의 해. 1994년 대통령 연두기자 회견문, 1994년 1월 16일.

김용호(2001). 한국정당정치의 이해. 서울: 나남.

______(2004). 2003년 헌정 위기의 원인과 처방: 제3당 분점정부와 대통령-국회 간의 대립. 진영재 편저, 한국권력구조의 이해, 295-325. 서울 나남.

김자봉(2013). 금융실명제 20년의 성과와 과제. 주간금융브리프, 22(33): 3-9.

김재한(1994). 한국 거대 야당체제의 등장과 쇠퇴. 정당구도론. 서울: 나남.

김태룡 (1998). 김영삼 정부 시기의 정당개혁에 대한 평가. 한국행정논집, 10(2): 515-532.
김호식 · 송영신 (1999). 종합적 접근을 통한 김영삼 정부의 행정개혁에 관한 연구. 삼척대학교 논문집.
김희민 (1994). 한국 3당 합당의 원인과 결과. 정당구도론. 서울: 나남.
남상우 (1993). 금융실명제 실시 이후의 금융시장 동향 및 향후 과제. 계간금융동향: 분석과 전망, 3(3): 45-61.
대통령 비서실 (1994). 김영삼 대통령 연설문집.
동아일보 (1993). 국가경쟁력 강화에 총력. 10월 26일자.
동아일보 특별취재팀 (1999). 잃어버린 5년 칼국수에서 IMF까지: YS문민정부 1800일 비화. 서울: 동아일보사.
박병련 · 이대희 (1994). 중종 초기, 고종 말기 개혁과 김영삼 정부의 개혁의 비교. 관악행정학회 연례학술대회 발표논문 김영삼 정부 개혁의 역사적 의미와 평가, 1994년 2월 17일.
박병섭 (1998). 비용 절감에 발목 잡힌 선거개혁. 김대중 정부개혁 대해부. 서울: 도서출판.
박상훈 (1997). 민주적 공고화의 실패와 그 기원. 동향과 전망, 34: 8-27.
박성원 (1997) 거꾸로 가는 YS 「無民정부」의 종착역은?. 신동아, 1997년 2월호.
박찬욱 (2004). 한국 통치구조의 변경에 관한 논의: 대통령제의 정상적 작동을 위하여. 한국정치연구, 13(1): 83-124.
박효종 (2000). 의회의 다수당과 소수당 협상 행태에 대한 정치경제학적 연구: 김영삼 정부 아래서 이루어진 세 가지 협상 사례를 중심으로. 국민윤리연구, 44(1): 191-214.
박희섭 (1996). 개혁 가로막는 집단이기주의. 신동아, 1996년 9월호.
백종국 (1996). 김영삼 개혁 연합의 선택. 사회비평, 14호.
백종섭 (1993). 문민정부 정치개혁의 평가와 과제. 한국사회와 행정연구, 4: 1-14.
서울신문 (1996). 김대통령 개혁 3년. 서울신문, 3월 29일자.
석철진 (1998). 한국의 개혁은 왜 실패했나: 문민정부 개혁과 국민의 정부 과제. 한국정치의 개혁과 반개혁: 꿈과 좌절의 신화. 서울: 한국정신문화연구원.
시사저널 (2005). 대통령 덧셈정치 시작했나?. 2005년 1월 11일.
______(2005). 대통령 · 총리 권력분점 새 시대 열렸다. 2005년 1월 6일.
신동면 (2001) 김영삼 정부의 사회복지 정책: 세계화와 사회복지. 연세사회복지연구, 8: 79-103.
오태규 (1996). YS독선이 나라 망친다. 한겨레21, 1996년 6월 20일.
유한수 (1998). NO비전: 인위적인 부양책 반복 등이 화근. The Weekly Economist, 1998년 3월 3일.
윤영호 (1997). 노동법 개정 힘겨루기: 전운 감도는 勞 · 使 · 政. 신동아, 1997년 1월호.
여현덕 (1996). 문민정부의 개혁과 미래를 위한 제언. 여의도 정책논단, 1996년 겨울호.
이강로 (1993). 김영삼의 지도력 유형. 한국정치학회보, 27(2): 145-163.
______(2001). 한국에서의 개혁과 민주주의의 공고화. 사회과학논총, 18:345-371.
이상영 (1993). 금융실명제와 한국경제의 앞날. 월간 말, 1993년 9월 64-69.

이영우 (1999). 김영삼 정권과 김대중 정권의 정치개혁에 대한 연구. 연세대학교 행정대학원 석사논문.
이영조 (1997). 김영삼 정부 개혁 정치의 딜레마. 한국사회와 민주주의: 한국민주화 10년의 평가와 반성. 서울: 나남출판.
이인표 · 정영헌 (1996). 현안분석: 금융실명제 실시 3년의 평가와 정책과제. 재정포럼, 1996년 8월호 2: 6-27.
이정진 (2002). 한국의 민주화와 대통령의 권력 변화: 금융실명제와 대선후보 결정 과정을 중심으로. 한국행정논집, 36(2): 113-133.
______(2003). 정당연합과 지역주의. 한국과 국제정치, 19(3): 111-138.
이종범 (1994). 김영삼 대통령의 리더십 특성과 국정관리유형: 문민정부 1년의 정책평가. 한국행정학보, 28(4): 1127-1140.
임경환 (1996). 개혁과 저항: 김영삼 정부의 개혁정책(1993∼1994). 인하대학교 사회과학연구소 논문집, 14: 219-246.
임성한 (1997). 금융실명제가 정치개혁 탄생에 미친 영향. 한국부패학회보, 1: 85-101.
______(1998). 김영삼 정부 주도하의 정치개혁법이 한국정치에 미친 영향. 사회과학연구. 강원대학교 사회과학연구소 논문집, 37: 35-57.
전기원 (2002). 대통령 중심제의 공동정부: 3당 정책연합을 중심으로. 21세기 정치학회보, 12(2): 37-57.
조선일보 (1994). 당서 후퇴 때마다 제동: 김대통령 의지의 소산. 3월 10일자.
______(1995). JP퇴진 움직임 "잘못" 56%. 1월 19일자.
______(1997). 대선자금해법. 5월 3일자.
조용준 (1996). YS 단독 플레이 끝이 없다. 뉴스플러스, 1996년 6월 20일.
주간동아 (2004). 지나친 자신감이 좌절 불렀다. 2004년 11월 4일.
______(2005). 경제올인 실용주의로 간다. 2005년 1월 25일.
주돈식 (1997). 문민정부 1천 2백일: 화려한 출발, 소리 없는 실종. 서울: 사람과 책.
정구영 (1993). 금융실명제 카드, 김영삼의 '막판 뒤집기'. 월간 사회평론 길, 1993년 9월 58-63.
정경뉴스 (2003). 참여정부 출범 6개월을 진단 한다. 정경뉴스, 2003년 9월호.
정용대 (1994). 김영삼 대통령의 개혁 이념과 한국민주주의. 한국정치학회보, 27(2): 121-143.
정영헌 · 전영준 (1997). 정책토론 리포트: 금융실명제의 정착과 발전방향. 재정포럼, 4: 64-87.
정윤재 (1994). 김대통령 개혁 리더십의 정치적 성격 연구. 국가와 전쟁을 넘어서. 구영록교수 회갑기념 논총. 서울: 법문사.
진광명 (1997). 한국의 금융실명제 형성과정에 관한 연구 - 전두환 · 노태우 · 김영삼 정부를 중심으로. 한국행정학회 정책연구회 제1회 학술발표회 논문집, 47-83.
______(1998). 역대 정부의 금융실명제 정책형성과 신정부의 정책과제. 한국행정학회 98년 춘계학술대회, 1-20.
최 광 (1993). 금융실명제: 논리와 정책과제. 월간회계, 1(11): 13-40.

최용섭(1997). 김영삼 정부의 민주화 추진 내역에 대한 평가. 호남정치학회보, 9:97-123.
최장집(1996). 김영삼 정부 초기 개혁과 한국민주주의의 성격. 한국민주주의의 조건과 전망, 243-284. 서울: 나남출판.
한겨레(1995a). 김대통령 JP 퇴진 밀어붙이기. 1월 13일.
______(1995b). 'JP' 축출 이후 김대통령 당면과제. 1월 21일.
______(1995c). 민자 "세계화" 드러나는 실체. 1월 23일.
______(1998). YS를 위한 변론: 박세일 청와대 복지수석. 2월 21일.
한국경영자총협회 임금뉴스: 금융실명제 전격 실시 - 4월 1일 노사공동 임금가이드라인 합의 시 건의사항, 대통령 긴급명령으로. 임금연구, 1(2):106-108.
한국일보(1995a). 민자당 세계화: 청와대의 고민. 1월 15일.
______(1995b). 청와대: 갈 길가는 JP. 1월 17일.
______(1995c). YS당 "뭔가 달라야 하는데." 1월 22일.
한승조(1974). 현대정치와 리더쉽 연구. 정경연구, 1974년 6월.
현진권(1997). ITBI Forum 중계석: 금융실명제 보완 논의의 현황과 과제. *ITBI Review*, 3(1): 201-218.
홍은택(1996a). YS-DJ 손잡을 수 없는가. 신동아. 1996년 5월호.
______(1996b). 5·18특별법「YS식 결단」그 배후와 파장. 신동아, 1996년 1월호.

제 3 장

세계화정책

금창호
한국지방행정연구원

제 1 절 정책의 추진 배경

한국에서의 세계화는 1995년도부터 본격적으로 시작됐다고 할 수 있다. 당시의 김영삼 대통령은 1994년 11월 17일 제2차 APEC 정상회의 후 호주 순방 길에 시드니에서 기자간담회를 통해 세계화 구상을 밝혔다. 이에 따라 1995년 1월 21일 세계화추진위원회가 발족했고, 1월 25일 세계화 구상을 발표함에 따라 세계화가 본격적으로 추진 궤도에 오른 것이다. 하지만 세계화가 생산, 교환, 정보통신 등의 세계적 확산이 가져온 세계체제의 객관적 흐름을 지칭한다면 김영삼 정부의 세계화와는 구별된다. 이는 영미식의 신자유주의 또는 신보수주의의 한국적 모방이었다(지봉도, 1999: 23).

대통령 취임 2년이 되던 해 김영삼 대통령은 '세계화'를 정부의 주요 정책으로 실시한다고 선언했다. 1995년 1월부터 출범된 WTO 체제는 세계 무역질서에 대변화를 예고했다. 세계가 하나의 시장으로 통합되고 국내시장의 개방이 가속화되면서 국내에는 이에 대한 위기의식이 팽배하게 된 것이다. 이에 따라 세계화에 대응하는 핵심 전략으로 정부 역할의 재정립과 정부조직 개혁의 필요성이 제기됐다. 1994년 11월 17일 호주 시드니에서 김영삼 대통령이 발표한 세계화 구상은 이러한 맥락에서 이뤄진 것이며, 이후 국정운영의 기본 틀이 됐다.

김영삼 대통령이 선언한 세계화의 5대 방향은 다음과 같다(김은미 · 그라노벡터 · 장덕진, 2003: 50). ① 세계경영 중심국가로의 발전, ② 국가 간의 경쟁과 협조를 조화시킬 정책과 인력 개발, ③ 세계화를 겨냥한 제도와 인식의 개혁 추진, ④ 창의성을 가진 자가 성공하는 사회 건설, ⑤ 물질적 번영 못지않은 정신과 인성이 중시되는 사회 건설이 그것이다. 이러한 김영삼 정부의 세계화정책은 한국이 날로 국제화되는 세계의 도전에 대처하고 국제사회에서 중요한 역할을 담당할 수 있도록 하기 위한 것이었다. 세계화 프로그램을 통해 사회의 모든 부문 – 정치, 경제, 사회, 문화 – 이 국제 수준의 경쟁력을 갖추기 위한 큰 목표가 설정됐고, 이에 따라 다음의 다섯 가지 세부 목표가 정립됐다. ① 일등국가가 된다, ② 생활의 모든 면을 합리화한다, ③ 계급, 지역, 계층 간 차이를 넘어 국가적 통합을 달성한다, ④ 성공적인 세계화를 달성하기 위한 기초로 국가 정체성을 강화한다, ⑤ 모든 인류와의 공동체 인식을 고양한다.

이 밖에도 김영삼 대통령은 개혁을 위해 다음 여섯 가지 부문에 관한 사항을 발표했다(김은미 · 그라노벡터 · 장덕진, 2003: 51). ① 국제사회의 지도자를 길러낼 수 있는 교육제도를 갖춘다. ② 글로벌 수준에 맞는 법제도와 경제제도를 만든다. ③ 세계화의 도전에 대처할 수 있는 정치와 언론을 추구한다. ④ 더욱 효율적인 국제화를 추진할 수 있는 중앙 및 지방정부로 개혁한다. ⑤ 세계 환경보호에 적극 참여할 수 있는 국가가 되기 위한 환경정책을 추진한다. ⑥ 한국 문화와 한국적 사고방식을 함양해 세계문화에 기여하고 문화시민으로서 긍지를 갖고 세계에 진출한다 등이다. 이에 따라 정부는 고위 행정관료, 학자 및 전문인으로 구성된 세계화추진위원회를 구성해 1997년 10월 국정 전 분야에 걸친 다양한 분야의 51개 프로젝트를 포함한 전략적 개혁정책을 정립했다.

경제활성화와 정부개혁은 세계화라는 개방 무역정책을 통한 한국 시장의 자유화에 초점을 두고 있었다. 국내 · 외 경제 여건의 변화에 따른 자율화와 개방화가 빠르게 진전되고 있는 상황에서 기존의 포괄적 발전국가가 수행하던 기능이 현저히 축소되고 민간부문이 그 기능을 대신하게 됐으며, 김영삼 정부가 추진한 세계화정책 역시 과거 정부 주도적인 경제발전 체제 하에서 행해졌던 사전 규제 및 통제를 통한 국가의 경제개입 방법이 아니라 정부는 비전만 제시하고 이전과 같은 지원을 하지 않는다는 것이었다. 결국, 세계화정책으로 인해 정부의 역할은 제반 규제를 철폐하고 민간부문 기업들이 세계화 과정에 주도적으로 참여할 수 있도록 유도하기 위한 사후규제 중심의 제한적 발전국가로 변화된 것이다. 김영삼 정부의 정책은 민간기업이 스스로의 투자를 꺼리는 특정 산업 분야에 대해 저리의 정책자금 등을 동원해 기업의 투자를 유치했던 과거의 정책과는 근본적으로 다른 것이었다. 오히려, 민간부문의 국제화가 민간부문에 의해 주도됐고, 능동적이고 적극적인 정부 주도적인 산업정책이 아닌, 기업이 선투자한 후 정부가 규제하는 방향으로 선회했다.

김영삼 정부의 세계화정책은 세계적으로 다양하고 커다란 변화가 나타남에 따라 이러한 시대적 변화에 능동적으로 대처하기 위해 추진됐다(세계화추진위원회, 1998: 22). 제2차 세계대전 이후 지속돼온 미국과 소련을 축으로 한 동서 간의 대립은 소련의 붕괴로 종말을 고했다. 공산주의 종주국 소련의 해체와 함께 소련을 이어받은 러시아와 동구사회주의 국가들은 자유시장 경제 체제로의 전환을 추진했고, 이에 따라 쿠바 등 일부 사회주의 국가를 제외하고는 국가와 체제 사이에 견고하게 존재했던 이념의 벽이 무너졌다. 정보통신 및 교통 분야의 급속한 기술 발전은 시간과 공간의 제약을 넘어 지역 간 접촉과 교류를 확대 심화시키고 있다. 교통 수단의 발전에 따른 인적·물적 교류의 확대에 이어 정보화 시대의 도래는 각 부문과 지역을 네트워크로 연결하고 있으며, 이를 통한 정보의 흐름은 각 지역을 하나의 세계로 만들고 있다.

WTO 체제의 출범과 함께 세계는 하나의 시장으로 통합됐으며, 구 사회주의권의 시장경제 도입으로 시장의 범위도 넓어지고 있다. 상품·서비스 교역이 점차 확대되는 한편, 투자·생산 등 경제활동도 국경을 넘어 이뤄지고 있으며, 이러한 과정에서 각국 경제의 상호의존성이 증대되고 동시에 생존을 위한 경쟁은 더욱 심화됐다. 이처럼 오늘날의 세계는 분열되고 국경으로 나뉜 모습에서 점차 하나의 지구촌으로 통합돼 가는 경향을 보여주고 있다. 여기에 더해 전 지구 차원의 새로운 문제들이 제기되고 있다. 지구온난화, 오존층의 파괴, 생태계 파괴와 생물종의 감소 등 산업화가 고도로 진전되면서 생겨난 지구환경의 위기는 현대 문명의 생존 자체를 위협할 수도 있는 상태에 이르렀다. 인구의 급증, 에너지를 비롯한 자원의 고갈 등 지속적인 성장과 발전의 제약 요인이 상존하는 가운데 핵, 기아, 인권, 에이즈(AIDS) 등 인류 공동의 관심과 해결 노력을 요구하는 문제는 늘어나고 있다.

이러한 변화는 과거의 연장선 위에서 서서히 진행되는 그러한 것이 아니라 동시에 여러 분야에 걸쳐 복합적으로 진행되고 그 변화의 속도가 가속화되고 있을 뿐만 아니라 종래에 경험할 수 없었던 전혀 새로운 변화라는 점에서 문명사적 전환이라고 부를 수 있다. 이러한 변화는 오늘날 지구상 모든 국가에 영향을 미치고 있으며, 앞으로 변화에 슬기롭게 대처하는 나라는 새로운 세기를 그들의 시대로 만들 것이나 그렇지 못한 나라는 역사의 뒤안길로 퇴보하게 될 것이다.

세계화는 문명사적 전환기를 맞아 이와 같은 과거의 잘못을 되풀이할 것이 아니라 능동적으로 변화에 적응하고 나아가 이를 발전의 기반으로 삼고자 하는 취지에서 제기됐다. 즉, 구태의연한 발상과 사고방식으로 문명사적 전환기를 헤쳐 나갈 수 없으므로 새로운 발상과 실천으로 우리의 의식 · 제도 등을 혁신하고 다가오는 미래에 세계의 중심국가로 부상하기 위한 전략으로 추진됐다.

김영삼 대통령은 1994년 11월 17일 제2차 APEC 정상회의 후 호주 순방길에 시드니에서의 기자간담회를 통해 세계화 구상을 밝혔으며, 귀국 후 국무회의를 통해 세계화 구상을 구체화할 추진기구와 추진체계 마련을 내각에 지시했다. 이에 따라 1995년 1월 21일 세계화 추진의 중심기구로서 세계화추진위원회가 발족되고 시드니 구상을 좀 더 체계적으로 밝히고 향후 나아갈 방향을 정리한 대통령의 '세계화 구상'이 1995년 1월 25일 발표됨에 따라 세계화가 본격적으로 추진 궤도에 오르게 됐다. '세계화 구상'에 의하면, 전 세계는 21세기 '세계화 시대'라는 대격변을 맞이하고 있는데, 그 원인은 세 가지로 첫째, 동서 체제의 냉전이 종식됐고, 둘째, 정보통신 및 항공 · 교통기술의 발달로 세계가 시공간적으로 동시화 · 지구촌화됐고, 셋째, WTO 체제의 성립으로 각국의 경제적 상호의존이 크게 증대됐다는 것이다. 이러한 외연적인 변화와 맞물려 우리의 지난 역사적 과오가 이에 대한 응전의 시급성을 더하고 있다고 말한다(전정현, 2004: 120).

제2절 정책의 추진체계

1. 추진조직

대통령령(세계화추진위원회 규정)에 의해 설치된 세계화추진위원회는 민간의 참신성과 전문성을 활용하고, 각계의 폭넓은 참여가 가능하도록 민 · 관 합동기구로 출범했다. 세계화추진위원회는 민 · 관을 대표하는 2명의 위원장을 포함해 50명 이내의 위원으로 구성됐다. 민간 측에서는 민간인 공동위원장 이외에 정책기획위원회 위원장, 행정쇄신위원회 위원장, 교육개혁위원회 위원장, 국가과학기술자문회의 위원장 등 주요 개혁 관련 위원회의 위원장이 당연직 위원으로 참여하는 외에 세계화추진위원회 설치로 폐지되는 국제화추진위원회 위원장, 신경제전문위원회의 위원장 등 세계화관련위원회 위원장과 학계, 문화계, 연구기관 등의 주요 인사들이 위원으로 참여했으며, 발족 당시 민간인 위원으로는 공동위원장 이외에 20명의 위원이 위촉됐다.

정부 측에서는 국무총리가 정부를 대표하는 위원장이 되고 재정경제원 장관과 통일원 장관이 부위원장이 되며, 심의 안건과 관련된 국무위원이 수시로 위원으로 참여하도록 했다. 세계화추진위원회 규정에 따르면 세계화추진위원회는 국무총리 소속 위원회로서 세계화 추진을 위한 정책과제를 심의 · 조정하는 기능을 담당한다고 되어 있으나, 세계화의 비전과 전략을 수립 · 제시했고, 세계화 과제를 심의 · 확정했으며, 확정된 세계화 과제가 정부시책으로 추진된 점 등을 감안할 때 사실상 세계화 추진의 중심기구의 역할을 수행했다고 할 수 있다.

이와 같은 세계화추진위원회의 활동을 지원하기 위한 실무조직으로 세계화추진기획단이 설치됐다. 세계화추진기획단은 세계화추진위원회에서 심의할 안건에 관한 부처 간 이견 사항의 조정 등 의안의 준비 및 작성, 자료조사, 각종 회의 연락 등 위원회 운영이 원활히 이뤄지도록 하는 지원 업무를 담당했다. 기획단의 단장은 국무총리 행정조정실장이, 부단장은 제2행정조정관이 각각 겸임했으며, 단원은 국무총리 행정조정실을 비롯한 관계 부처에서 파견된 공무원으로 충원됐다. 그리고 범정부 차원에서의 세계화 과제 발굴, 위원회와의 원활한 업무 협조를 위해 각 부처에는 차관을 반장으로 하는 세계화추진기획반을 구성 · 운영하도록 했다.

한편 세계화추진위원회를 비롯하여 행정쇄신위원회, 교육개혁위원회 등 여러 개혁 관련 위원회의 개혁 작업이 진행되어 감에 따라 각 위원회의 과제 추진 상황을 점검하고 추진 과정에서 애로가 있는 경우 애로 타개를 지원하기 위해 국무총리 행정조정실장을 단장으로 하고 개혁 관련 위원회를 담당하는 부처의 1급 공무원을 구성원으로 하는 국정개혁점검단을 1996년 9월부터 운용하도록 했다.

2. 추진 절차

세계화 과제의 추진은 과제의 선정, 시안의 작성, 관계 부처 의견 수렴, 세계화추진위원회 심의 · 확정, 관계 부처의 세부시행계획 수립 및 추진의 순서로 이뤄졌다.

과제의 선정은 위원 또는 관계 부처 등에서 제안된 사항을 대상으로 세계화추진위원회에서 결정하게 되는데, 세계화에 긴요하나 정부에서 추진하고 있지 않은 사항이나 여러 분야 또는 여러 부처에 관련되는 사항 위주로 과제의 선정이 이뤄졌다. 선정된 과제는 위원 주관 과제와 부처 주관 과제로 나눠 시안을 작성했다. 위원 주관 과제의 경우 주관 위원과 연구진으로 위촉된 전문가, 국무총리 행정조정실 관련 심의관으로 소위를 구성하고 의견 조율을 한 다음, 주관 위원이 중심이 되어 연구진이 시안을 작성하며, 이 과정에서 필요한 경우 다른 위원이 의견 조율에 참여하게 된다.

시안이 작성되면 구체적인 대책 방안에 대해 관계 부처의 의견을 수렴하게 된다. 그러나 과제가 중요하거나 정책 방향에 대한 견해 차이가 큰 경우에는 시안 작성 과정에 외부 전문가를 참여시키고 세계화추진위원회와 부처가 공동으로 시안을 작성하거나 별도 조직을 통해 시안 작성 및 의견 조정을 거치기도 했다. 예를 들면, 법조개혁의 경우 세계화추진위원회 위원과 학계 전문가로 구성된 소위가 주관이 되어 법조계, 학계, 시민단체대표가 참여하는 전문가회의를 개최하고 의견을 수렴했으며, 대법원과 협의를 거친 후에 법무부와 공동으로 '법률서비스 및 법학교육의 세계화 방안'을 마련했다.

관계 부처의 의견 조정이 끝나면, 세계화 과제는 세계화추진위원회 전체 회의에 상정해 심의·확정되고, 확정된 과제는 각 부처에 시달된다. 각 부처는 소관 사항에 관해 세부적인 시행계획을 작성해 추진하고, 분기별로 추진 상황을 세계화추진위원회에 제출하게 된다. 이처럼 세계화 과제는 정부정책으로 시행되므로 세계화추진위원회는 여타 위원회와 달리 간접적이지만 정책집행 능력을 가지게 됐다. 특히, 세계화추진위원회는 회의 후에 대통령보고회의를 가짐으로써 각 부처의 관심과 수용 동기를 높일 수 있었고, 이것은 세계화 과제의 시행에 긍정적인 효과를 미쳤다(세계화추진위원회, 1998: 37).

3. 홍보 체제

정부는 세계화에 대한 국민의 인식을 높이고 공감대를 형성하기 위해 세계화홍보대책협의회를 운영함과 동시에 언론, 방송 및 컴퓨터통신 등 다양한 방식을 활용해 세계화에 관한 홍보 노력을 기울였다.

공보처 차관과 관계 부처 1급 공무원으로 구성된 세계화홍보대책협의회는 1995년 2월의 1차 회의를 시작으로 24차례의 회의를 운영하면서 세계화 과제를 비롯한 주요 사안에 대해 부처별 홍보계획 및 방향을 설정하고 효과적인 홍보 전략을 수립 및 시행했다.

1997년 4월부터는 컴퓨터통신 및 인터넷 홈페이지 등을 통해 홍보를 실시했다. 컴퓨터통신 천리안의 국무총리실 열린 광장에 세계화 알림마당 및 제안마당을 개설해 세계화 추진의 배경・의미와 추진체계, 그리고 위원 및 추진 과제 현황을 등을 소개해 세계화에 대한 국민의 이해를 도왔으며, 나아가 국민의 의견도 수렴했다. 또한 인터넷의 국무총리실 홈페이지에도 세계화 관련 코너를 개설해 세계화 추진 상황과 관련 자료를 게시했다.

제3절 정책의 추진 과정 및 내용

1. 추진 목표 및 전략

세계화추진위원회는 발족 이후 1995년 8월 '세계화의 비전과 전략'을 제시하고 53개의 세계화 과제에 대한 개선 방안을 마련・추진했다. '세계화의 비전과 전략'은 김영삼 대통령의 세계화 구상을 토대로 세계화 시대의 여건과 특징, 세계화 시대의 국가 발전 원리와 세계화추진원칙, 세계화추진전략 등을 좀 더 구체화한 것이다.

이에 따른 세계화의 비전 및 구체적인 추진전략 등을 살펴보면, 다음과 같다. 즉, 세계화의 본질은 미래 지향적이며, 그 목표는 정치・경제・사회・문화를 포괄하는 국가의 선진화다. 따라서 세계화는 21세기의 국가 비전, 그리고 이를 달성하기 위해 필요한 전략과 수행해야 할 과제를 의미한다(세계화추진위원회, 1988: 32). 즉, 세계화는 21세기 도약을 위한 전략과 과제를 담은 21세기 선언이며, 결국 세계화의 비전과 전략은 [그림 2-3-1]과 같이 요약할 수 있다.

산업화・근대화 시대의 구각을 깨고, 지구촌 상호의존 및 경쟁 시대, 지식정보 시대, 지구환경 시대, 시민 참여 시대, 문화우위 시대에 걸맞은 새로운 의식, 관행, 제도를 구축해 통일된 세계중심국가로 나아가려는 것이 세계화 추진의 의의이자 기본 구상이다. 따라서 세계화는 목표이자 전략이며, 과정이자 수단이다.

21세기 국가 목표: 통일된 세계중심국가

경제·문화·정신·도덕대국: 모범이 되는 나라, 풍요롭고 편안한 나라,
열린 사회, 열린 나라, 인류 공영에 이바지하는 나라

↑

추진전략

‣ 환경모범국가의 건설 ‣ 신교육 체제의 구축 ‣ 지식정보 일류국가의 건설 ‣ 과학기술의 획기적 발전 ‣ 경제의 세계화	‣ 삶의 질의 세계화 ‣ 문화대국 건설 ‣ 지구정치 시대의 국가운영 ‣ 법질서의 선진화 ‣ 세계화 시대의 행정개혁

↑ ↑

세계화 시대의 국가 발전 원리	세계화 추진의 원칙
‣ 생산성 ‣ 유연성 ‣ 공정과 자율	‣ 일류화 ‣ 합리화 ‣ 일체화 ‣ 한국화 ‣ 인류화

↑ ↑

세계화 시대의 여건과 전망

- 지구환경 시대
- 경쟁과 협력의 새로운 경제질서
- 지식정보화 시대
- 과학기술 중심의 질서
- 사회구조와 가치관의 변화
- 문화 우위 시대
- 세계 정치질서의 변화
- 다원화·분권화 시대

그림 2-3-1 세계화의 목표와 전략

2. 추진 과제

세계화 과제는 세계화추진위원회 발족 이후 검토되기 시작해 1995년 29개 과제, 1996년 15개 과제, 1997년 9개 과제가 위원회에 상정됐다. 확정된 세계화 과제의 수가 점차 줄어든 것은 1997년부터는 부처 상정 과제가 없어지고 위원 주관 과제만 상정했고, 과제도 세계화 시대의 사회통합과 같이 몇 개 분과에 걸쳐 여러 위원이 참여하는 과제

를 추진함에 따른 것이다. 그동안 추진한 53건의 세계화 과제를 분야별로 나눠보면 〈표 2-3-1〉과 같이 정리할 수 있다.

표 2-3-1 세계화 과제

<table>
<tr><th>분야</th><th>추진전략</th><th>과제명</th></tr>
<tr><td>행정</td><td>세계화 시대의 행정개혁</td><td>• 세계화를 위한 공무원 교육훈련제도 개선 방안
• 고급공무원 임용 및 육성의 세계화 방안
• 정부정책 집행에 대한 평가기능 강화 방안
• 민원행정의 세계화 방안
• 자동차 민원행정의 세계화 방안
• 조세행정 개선 방안</td></tr>
<tr><td>외교 · 통일</td><td>통일된 세계중심국가</td><td>• 국가 이미지 개선 방안
• 아시아 · 태평양 시대 주역으로서 우리 외교의 추진 방향
• 우리 국민의 국제기구 진출 확대 방안
• 재외동포사회 활성화 지원 방안
• 한 · 일간 올바른 역사인식 확립 방안
• 통일정책 연구 및 논의의 활성화 방안</td></tr>
<tr><td rowspan="3">경제</td><td>경제의 세계화</td><td>• 21세기에 대비한 신해양정책 방향
• 한반도의 동북아 국제물류중심화 전략
• WTO 체제에 부응하는 산업지원 체제 개편 방안
• 세계화 촉진을 위한 규제개혁 방안
• 경쟁 촉진을 위한 공정거래제도 개선 방안
• 통신사업의 경쟁력 강화 방안
• 디자인산업 세계화 방안
• 벤처기업 활성화를 위한 종합 추진 방안
• 21세기 에너지절약형 사회구조 구축전략
• 수출농업의 활로 개척 방안
• 지방자치 시대의 지역발전 전략</td></tr>
<tr><td>과학기술 발전 기반의 확충</td><td>• 기술개발지원제도의 실효성 제고 방안
• 외국 우수과학 기술인력 활용 방안</td></tr>
<tr><td>지식정보 일류국가의 건설</td><td>• 세계화를 위한 정보화 촉진 방안
• 공공부문 정보화 추진계획
• 정보화촉진 기본계획 추진 방향
• 서울의 동북아지역 정보 및 연구중심지화 방안
• 외국문화에 대한 이해 증진과 지역전문가 육성 방안
• 국가통계의 발전 방안</td></tr>
</table>

사회	환경모범국가의 건설	• 21세기 환경 비전 • 환경 비전 21: 21세기 환경개선 종합대책 • 접경지역 보전관리를 위한 기본 구상
	'삶의 질'의 세계화	• '삶의 질' 세계화를 위한 국민복지 기본 구상 • '삶의 질' 세계화를 위한 노인·장애인 복지종합대책 • 사회취약계층 복지 증진 대책 • 식품·의약품 안전관리전담기구 설치계획 • 여성 역할과 지위의 세계화 추진 방향 • 여성의 사회참여 확대 방안 • 세계화 시대의 청소년상 정립 방안 • 여가문화의 향상 방안
	법질서의 선진화	• 법률서비스 및 법학교육의 세계화 방안 • 법률서비스 및 법조인 양성제도의 세계화 방안 • 치안서비스 선진화 방안 • 세계화 시대를 살아가기 위한 사회교육 방안
교육·문화	신교육 체제의 구축	• 세계화 추진을 위한 외국어교육 강화 방안
	문화대국 건설	• 세계화 시대에 부응한 문화와 관광의 연계 방안 • 문화산업의 발전 방안 • 국민 문화예술의 생활화 방안 • 세계촌 추진계획
정치	지구정치 시대의 국가 운영	• 세계화 시대의 사회통합 • 경제정책 결정체계의 개선 방향

자료: 세계화추진위원회(1998: 41-42).

3. 분야별 과제

1) 행정 분야: 세계화 시대에 걸맞은 행정개혁

행정 분야에서는 6개의 과제가 추진됐으며, 우선적으로 세계화 시대에 발맞춰 정부의 생산성과 경쟁력을 높이기 위해 공무원 교육훈련제도를 개선하고자 했다. 또한 행정의 전문성과 효율성을 높이기 위해 행정의 담당자인 공무원의 질적 수준을 제고하며 행정의 효율성을 높이기 위한 정책평가 강화 방안이 마련됐다.

(1) 세계화를 위한 공무원 교육훈련제도 개선 방안

① 수요자 중심의 교육훈련 실시

전문교육을 강화하는 한편 교육훈련 과목 및 내용의 다양화를 통해 피교육자의 자율적인 선택권을 확대했다. 그 결과 1995년 414개였던 전문 교육과정의 수는 1996년에 453개, 1997년에는 530개로 증가했다. 또한 상하수도, 쓰레기 처리, 치안 등과 같이 민간이 담당할 수 없는 공공 특수 분야에 대한 전문교육을 강화했다.

수요자 중심의 교육훈련을 위한 국내 위탁교육도 활성화시켰다. 우선 단기교육을 중심으로 위탁교육을 확대했고, 그 결과 국내 대학원의 위탁교육이 1995년의 70명에서 1997년에는 89명으로 확대됐다. 또한 방송통신대학의 위탁교육 대상자도 확대해 종전 그 대상자를 6급 이하 학사학위 미소지자로 한정하던 제한 규정을 철폐했다.

이 밖에도 방송 및 정보통신망을 이용해 장기적으로 재택 또는 재직장교육을 실시하는 방안을 추진했다. 이를 위해 케이블TV, 정보통신망 등을 이용한 첨단 교육기법 및 교육 프로그램의 개발을 추진했으며, 공무원 교육훈련지침을 통해 각급 훈련기관에 원격화상 강의 시스템 등의 개발을 권장했다. 또한 국내외 교육훈련정보를 수집・관리하고 공무원에게 제공하는 교육훈련 시스템을 설치・운영하고자 중앙공무원교육원과 정부전산정보관리소가 공동으로 교육훈련 정보 시스템의 개발을 추진했다. 그뿐만 아니라 기술직에 대한 위탁교육도 강화돼 철도청 공무원을 대상으로 기계・용접・전기 분야의 위탁교육이 기능대학에서 이뤄졌다. 한편 업무와 관련 있는 각종 세미나, 학술대회 등에 참여할 수 있도록 교육출장제를 1996년부터 실시했다.

② 임용 전 교육 강화 및 직급별 기본교육 개선

실무공무원의 교육을 강화하기 위해 7・9급 신규채용자에 대한 임용 전 교육과 6급 이하 공무원에 대한 교육훈련을 강화했으며, 직급별 기본교육 개선을 위해 '선교육 후임용 원칙'의 준수를 강조함으로써 임용 전 교육 및 전문교육을 강화하고 교육을 받지 않고 임용되는 사례가 없도록 했다.

③ 교육요원 확대

관련 분야 행정 경험이 풍부한 퇴직 고급공무원과 사회 각 분야의 발전에 기여한 전문가를 명예교수로 위촉해 강사로 활용하는 방안을 추진했다. 또한 전임교관 증원 및 사기를 양양하기 위해 전임교관을 1994년 266명에서 1996년의 346명으로 증원했으며, 사기를 진작하기 위해 강사료, 교재연구수당 등을 대폭 인상하고 전보 시 희망보직을 우선적으로 부여하도록 했다.

④ 국제 업무 능력 제고

공무원들의 국제 업무 능력을 높이기 위해 교육훈련 과정의 내실화를 추진했다. 중앙공무원교육원의 국제협력 발전 과정의 경우 국제 업무 담당자들의 전문교섭 능력 배양을 위해 각급 행정기관 5급 이상 공무원과 공공 유관단체의 부장급 이상을 대상으로 2주씩 연 2회의 교육을 실시했고, 세종연구소의 세계화 과정은 종전의 6개월의 교육 기간을 1년으로 확대했다.

그뿐만 아니라 외국어 능력의 향상 기회를 넓히기 위해 외국어 위탁훈련을 대학과 외국어학원까지 확대했으며, 국제기구 등에 파견되는 직무훈련을 확대했다.

(2) 고급공무원 임용 및 육성의 세계화 방안

① 경쟁 체제 도입 및 전문인력 확충

개방형 임용 방식을 활성화하기 위해 민간전문가 활용제도를 정비했다. 1997년 11월 「국가공무원법」을 개정해 계약직(전문직)제도 활성화, 민간 전문가의 공직파견제 및 임시채용휴직제를 도입했다. 또한 국제관계 전문가의 확보를 원활히 하기 위해 채용 대상 외국어 및 직렬 제한을 폐지하고 승진상한 계급을 폐지했으며, 직무 관련 분야 학위 및 자격증 취득 후 민간 분야 근무경력을 반영하기 위해 「공무원임용령」 및 「공무원보수규정」을 1995년 12월에 개정했다.

국제 관계 전문가를 양성하기 위해 국제 전문 직위에 대해서는 전보 제한 기간을 3년으로 설정해 장기근무를 유도했고, 경력평정 시 가점 부여, 근무연수에 따른 수당 지급, 등급에 따른 외국어 가산금 지급 등 인사·보수상의 우대 조치를 시행했다.

이 밖에도 통상 등 관련 전문 분야에 전문인력의 활용을 확대함으로써 행정의 전문화를 추구했다. 이에 따라 박사학위 소지자, 전문자격증 소지자, 국제 관계 전문직 등 외부 전문가의 특별채용이 1995년 109명에서 1996년 166명, 1997년에는 186명에 이르렀다.

② 고시제도 개편

전 세계의 한국계 우수인력이 국가 발전에 참여할 수 있도록 국제관계 특별고시제도(외무고시 2부)가 신설됐다. 이는 임용 전에 한국 국적만 취득하면 외국 국적자도 응시가 가능하며, 시행을 위해 1996년 7월 「공무원임용시험령」 및 「공무원임용시험시행규칙」이 개정됐다.

고시제도도 개편되어 기존의 영어시험에 듣기와 말하기를 추가했고, 시험문제는 사례 및 실무 중심으로 조정됐다. 또한 장기간 수험 준비에 따른 고급인력의 유휴화를 방지하기 위해 응시 상한 연령을 새로 조정하고 정부의 과학기술 인력 확충을 위해 기술고시 선발 인원을 확대했다.

③ 고급공무원 훈련 체제의 개편

기존의 공무원 교육훈련은 기본교육 위주로 실시돼 직무의 전문성과 외국어 능력, 정보처리 능력을 배양하기에 어려움이 있었다. 이를 개선하기 위해 고시 합격자의 분야별 전문교육 및 기술고시 출신자들에 대한 법학 과목과 행정학 등 사회과학에 관한 교육을 실시했고, 어학 및 컴퓨터 분야에서 일정 수준 이상의 자격 취득을 의무화했다.

임용 후 교육을 강화하기 위해 직급별 기본교육 위주로 돼 있는 임용후 교육훈련 체제를 실제 업무 수행과 직결되는 전문교육 강화 체제로 개편했다. 이를 위해 다양한 전문교육 과정이 개발됐고, 「공무원평정규칙」의 개정을 통해 기본교육의 성적 비중을 낮추고 전문교육의 성적 비중을 확대했다.

④ 범부처 차원의 직무분석 실시

1995년 11월 직무분석기획단을 구성하여 전 부처를 대상으로 직무분석 및 전문직위 분류 등을 위한 작업을 실시했다. 우선 1단계로 중앙부처의 1~5급을 중심으로 직무분석 작업을 실시해 개방형 전문직위(201개) 선정 및 자격 요건을 설정했고, 1997년 2월에 마련된 「개방형 전문직위 인사관리지침」에 따라 개방형 전문직위에 대해 파견, 겸임, 계약 등 다양한 방법으로 1999년 말까지 단계적으로 충원하도록 했다.

(3) 정부정책 집행에 대한 평가 기능 강화 방안

① 외부 전문가 참여 등을 통한 평가의 내실화 도모

독립적인 외부 전문가가 실질적으로 정책평가에 참여할 수 있도록 국무총리 소속 하에 관련 분야 교수, 전문가 등 30명 내외의 규모로 '정책평가위원회'의 구성을 계획했다. 위원회의 기능은 과제의 성질상 계통적 분석이 필요한 사업, 대단위 국책사업 등에 대해 심층적인 분석 · 평가를 실시하는 것이다.

② 국정평가를 뒷받침할 수 있는 평가 체계 구축

국무총리실에서 주관하는 종합평가는 그 대상을 전 부 · 처 · 청으로 확대해 국정전반에 관한 종합평가를 실시하면서, 국정의 중점과제 및 중대형 예산사업 등을 중심으로 집중평가를 실시하도록 했다. 이를 위해 위원회 운영 · 인력 및 부처별 전담평가담당관을 확보하고, 국책연구기관 등과 협조해 TF팀을 구성하거나 연구용역을 통해 전문가를 활용하도록 했다.

각 부처는 기관장 책임 하에 자체평가를 실시하고 평가 결과를 매년 또는 반기별로 국민에게 공표하는 것을 의무화해 자체평가의 책임성 및 내실화를 도모하도록 계획했다.

③ 평가 결과의 시책 반영과 책무성 확보

평가 결과를 대통령에게 보고하는 체계를 수립해 정책 결과에 대한 관심을 높이고 환류(feedback) 기능을 강화하도록 했다. 평가 결과 나타나는 문제점과 개선 방안은 해당 부처의 시책에 반영·조정하도록 의무화하고, 평가 결과 사업계획의 조정이 필요한 경우에는 정부 예산편성 시에 이를 반영하도록 하며, 예산집행기관의 노력으로 예산이 절약됐을 경우 절약된 재원을 자체 활용할 수 있는 방안을 강구했다. 또한 평가 결과에 대한 신상필벌 체제를 확립해 평가 결과가 우수한 기관 및 개인에게는 포상을 실시하고, 문제점이 드러난 사업에 대해서는 단위기관장의 책임을 묻는 등 책무성을 확보하도록 계획했다.

④ 정책평가를 실질적으로 추진할 수 있도록 법제 정비

정책평가 체계의 확립, 평가의 실효성 제고 및 책무성 확보 등을 위해 가칭「정책평가 및 조정에 관한 법률」을 제정해 '정책평가위원회' 신설 및 민간 전문가 참여, 전문연구기관 등 외부 관계기관 활용, 평가 결과 시정 조치 의무화, 우수기관 및 우수 공무원에 대한 포상 실시, 평가 결과의 대국민 공표 및 평가 관련 정보 공개 등의 규정을 계획했다.

(4) 민원행정의 세계화 방안

① 주민등록등·초본 등 행정기관 간에 확인할 수 있는 서류 요구 폐지

행정기관 내 자체 공부(公簿)로 확인이 가능한 서류의 징구를 억제하기 위해 각급 행정기관의 전산망을 공동활용망 형태로 구축·운영하고자 1997년 8월「민원사무처리에 관한 법률」을 제정했고,「공공기관의 행정정보 공동 이용에 관한 규정」을 제정했다.

또한 정보중계, 데이터베이스 개발, 전산망 연계에 필요한 표준화 작업 등을 수행하는 '행정정보공동이용센터'를 설치하는 방안을 추진했다. 이를 통해 '민원정보종합처리시스템(One-Stop)' 및 '안방민원서비스시스템(Non-Stop)'을 구축할 계획으로 실태조사를 실시했다.

② 국민 편의를 우선으로 하는 민원행정 체제 구축

민원 전담 처리 직원을 민원실에 집중 배치하고 민원을 즉시 해결할 수 있는 권한을 부여함으로써 민원 1회 방문처리제를 추진했으며, 각 기관에 종합민원실 설치 및 '민원후견인제도'를 확대했다.

또한 전화상담 전담요원과 현장상담 전담요원을 지정하여 상담 기능을 강화함으로써 가부사전고지제(可否事前告知制)를 이행하도록 했다. 전화자동응답시스템(ARS)의 도입과 컴퓨터통신을 통한 민원 · 생활안내 정보시스템을 구축했으며, 특히 1997년 6월에 민원전용 120전화의 확대를 위한 코드의 증설을 추진했다. 1997년 7월 1일부터 팩스에 의한 민원 발급을 전국으로 확대해 시행했다.

③ 지도 · 단속 업무의 합리화

지도 · 단속 방식을 '처벌 위주'에서 '사전 예방' 방식으로 전환하되, 국민의 안전이나 보건에 관련된 단속은 강화하는 방향으로 나갔다. 이를 위해 일선기관의 민원 처리실태 지도점검을 정례화하고, 지도 · 단속기관 간의 협조 체제 또한 강화했다.

④ 다수 기관 관련 민원 협의 절차의 개선

「민원사무처리에 관한 법률시행령」 등에 규정된 협의절차를 준수하도록 하고, 정당한 사유 없이 협의를 지연할 경우 담당공무원을 징계하도록 「다수 기관 관련 민원협의 지침」을 시달했다. 또한 관계 기관과의 협의 사항을 전면 재검토해 협의에 불가피한 사항만 남겨두고 나머지는 협의 없이 가능하도록 하기 위해 1997년 민원사무에 대한 실태 파악을 실시했고, 1998년 중 민원제도에 반영하고자 했다.

⑤ 행정기관 간 업무조정 및 민간위탁 확대

1997년 3~6월 광역 · 기초단체 간의 기능 재배분 방안 수립을 위한 조사를 진행했고, 지방자치단체의 경영혁신을 위해 지방민원행정에 대한 목표제시제, 민원행정 시민헌장 제정 등 관련 과제 29개에 대한 연구가 이뤄졌다.

사(私)경제적 성격이 강한 공공 서비스의 외부 위탁을 추진하기 위해 1997년 2월 「지방자치단체의 행정기구와 정원기준 등에 관한 규정」을 개정해 모든 행정기구 설치 시에 사무위탁을 검토하고 위탁 가능 사무의 위탁 추진을 의무화했다. 또한 1997년 3~5월에 지방자치단체의 민간위탁 사무 현황 조사 및 권고 등이 이뤄졌다.

⑥ 지방자치단체에 대한 감사합리화 및 주민에 의한 통제 강화

감사의 합리화를 위해 1997년부터 지방자치단체의 감사 기간 상한 일수를 최고 100일로 하는 감사 기간 상한제를 도입하고, 이를 효과적으로 점검하도록 '국가감사활동 정보시스템(NAIS)'을 1996년 하반기부터 운영했다. 또한 주민에 의한 통제 강화를 위해 주민감사청구제를 적극 실시하도록 권장하고, 지역 주민을 민원 모니터로 위촉해 활용했다.

⑦ 취약계층에 대한 민원구제의 강화

취약계층에 대한 민원구제의 강화를 위해 대한법률구조공단의 활동을 활성화하고, 1996년 6월부터 농·어민, 생활보호 대상자, 국가보훈 대상자 등을 대상으로 하는 소송구조 범위를 민사소송에서 형사소송까지 확대했다. 또한 법률 서비스 낙후지역에 53명의 공익법무관을 배치하고 농어민 피해구제기구를 설치했다. 1996년 12월 농어민 피해구제를 위한 '농어민소비자보호사업 협약'이 소비자보호원과 농협 간에 체결돼 전국 지역농협에 피해구제 접수 창구가 개설됐다.

⑧ 민원행정 서비스에 대한 국민만족도 조사·평가의 제도화

1996년 6월, 1997년 11월 등 2회에 걸쳐 중앙행정기관의 민원행정 서비스에 대한 만족도를 조사하고, 이의 법제화를 위해 1997년 8월 제정된 「민원사무처리에 관한 법률」에 국민만족도 실시 근거 조항을 신설했다. 또한 각 지방자치단체별로 주민고객 만족도에 대한 조사·평가를 실시하는 방안을 추진했다.

⑨ 민원행정 세계화 시범기관 지정

1997년 20개 시·군·구를 '민원행정 세계화 시범기관'으로 지정·운영했으며, 향후 시범기관을 민원행정 모델로 활용해 다른 지방자치단체로 파급·확산시키는 방안을 추진했다.

(5) 자동차 민원행정의 세계화 방안

① 고객 중심의 자동차 운전면허 민원행정 체계 구축

운전면허 시험장의 행정 체제 개선을 위해 일괄 민원 처리를 위한 전산망 교체작업을 완료했고, 서울의 4개 시험장에서 시범적으로 민원창구에 면허증 제작기를 설치해 창구에서 면허증을 발급했다.

민원안내 체제를 개선해 1995년 1월부터 전화자동응답시스템(ARS), 컴퓨터통신(천리안, 나우누리, 하이텔 등)을 통해 자동차 면화 관련 민원안내를 실시했으며, 1996년 7월부

터 수요가 많은 주소 변경 신청 양식을 관할 동사무소에 비치하고, 녹색 면허의 경우 1995년 9월부터 우편신청제도를 시행했다. 또한 1997년 1월부터 전국 24개 면허시험장에 '운전면허 민원행정개선반'을 구성 · 운영했다.

② 운전면허 시험제도 개선

1997년 1월부터 개편한 학과시험 문제와 실기시험을 실시했다. 이에 따라 학과시험은 기초학과시험과 교통도덕 및 예절, 안전운전 능력 측정을 위한 응용학과시험으로 구분하여 출제됐다. 실기시험은 장내 기능시험 합격자에게 연습면허증을 교부하고, 도로주행시험 합격시 본 면허증을 교부하도록 했다. 한편 자동차운전 전문학원에 노상시험 관할권을 부여했으며, '면허시험응시자 종합보험'을 1997년 3월 1일자로 개발했다. 그리고 녹색면허제도를 평생면허제도로 운영하는 방안을 도입하여 녹색면허 소지자는 적성검사 없이 신고로써 면허증이 발급되도록 했다.

③ 도로교통 안전교육의 강화

1996년 초등학생 및 중학생용 교육자료 9만 부를 제작 · 보급했고, 1997년 3월부터 초 · 중 · 고등학교의 체육이나 국어 교과서에 교통안전에 관한 내용을 반영했다. 또한 공영방송의 교통안전 프로그램과 교통안전 공익광고도 강화돼 '교통사고 줄이기' 캠페인이 연중 실시됐고, '교통질서 확립'을 위한 공익광고가 수시로 반영됐다. 한편 외국 운전면허의 국내 운전면허로의 전환 시 이뤄지던 교통안전교육은 1996년 5월 폐지됐다.

④ 장애인을 위한 제도 정비

운전 부적격 정도에 대한 합리적이고 분명한 기준을 마련하기 위해 운동 능력 측정 요강을 마련하고, 장애인의 면허 취득을 용이하게 할 수 있도록 24개 시험장에 지체장애인을 위한 전용시험 차량 51대를 배치했다. 또한 장애인 전용 주차장의 설치 확대를 위해 1996년 6월 「주차장법시행령」을 개정했다.

⑤ 자동차 검사제도의 개편

환경오염의 예방과 연료효율성 및 안전성 확보를 위해 배출가스검사를 강화하고 검사장비를 자동 판정 · 기록하는 기기로 교체해 검사원의 자의적인 판정을 배제하도록 했다. 검사 결과 처리 방식은 차량 용도에 따라 합격 기준에 차이를 두고 불합격 판정 방식을 결함 정도에 따라 시정권고, 불합격 처리, 운행 금지로 구분하도록 개선했다. 또한 1997년 3월부터 검사 결과에 대한 이의제기제도를 도입해 검사의 공정성 확보를 위한 제도적 장치를 마련했다.

⑥ 기타 제도 개선 사항

「도로교통법시행규칙」을 개정해 1997년 1월부터 국제운전면허 발급 시 여러가지 증명서의 제출 의무를 폐지했고, 「행정규제 및 민원사무처리 기본법시행령」을 개정해 구비서류를 사본으로 처리할 수 있도록 했으며, 우편에 의한 업무 처리가 가능하도록 했다. 군 운전면허의 민간 운전면허로의 전환도 1997년 1월부터 전역 후 1년 이내에서 전역 전 또는 전역 후 1년 이내로 기간이 확대됐고, 구비서류도 축소됐다. 「자동차관리법시행규칙」의 개정으로 무상정비 보증 기간을 명시하도록 했다.

(6) 조세행정 개선 방안

① 선진 세정으로의 업무 체제 개편

1996년부터 소득세 서면신고 기준율을 폐지하고, 부가가치세 과세특례자에 대한 표준신고율을 매 신고 시마다 축소 시행했다. 또한 부가가치세 신고 및 납부서의 개별 우송을 확대 시행하고, 세정의 전문화를 위해 전문요원을 수시 선발하고 인사상 우대제를 시행했다.

② 세정 전반의 전산화 및 새로운 통합 전산망 구축

1997년 1월 국세통합전산망을 구축하고 주요 업무를 전면적으로 전산화하도록 했다. 한편 국세통합전산망과 토지·주택 등 다른 분야의 전산망을 연계하고 새로운 통합전산망을 구축하기 위해 등기신청 자료를 등기소에서 수집하고 건설교통부의 토지·주택 자료를 데이터베이스로 구축했다. 또한 각종 신고서 및 서식을 표준화·간소화해 법인세 세무조정계산서 첨부서류가 89종에서 45종으로 간소화됐다.

③ 기타

전술한 과제 이외에 잔존 세무 비리의 근절을 위한 제도 개선과 납세자의 권익 보호와 납세 편의 위주의 세정 강화, 세 부담 불균형의 시정, 근거 과세의 확대와 추계 과세의 합리화, 국제화·개방화에 부응하는 국제 조세행정 체계 확립 등이 추진됐다. 그뿐만 아니라 지방세 차원에서도 지방세정의 전산화 및 지방세 비리 방지, 지방세정의 공개와 신뢰성 확보, 지방세제도의 발전적 개선 등이 포함됐다.

2) 외교·통일 분야: 통일된 세계중심국가

외교 · 통일 분야에서는 세계화의 최종 목표인 '통일된 세계중심국가'가 곧 외교 · 통일의 비전이라는 인식에 따라 국가 이미지 개선, 아시아 · 태평양 시대 주역으로서의 외교활동 강화, 우리 국민의 국제기구 진출 확대, 재외동포사회 활성화 지원, 한 · 일 간 올바른 역사 인식 확립, 통일정책 연구 및 논의의 활성화와 같이 다양한 과제에 대한 개선 방안이 강구됐다.

APEC 등 아시아 · 태평양지역 국제기구에서의 외교적 입지 강화, 우리나라에 대한 인식도 제고, 국제기구에서의 영향력 확대 등 우리나라의 국제적 위상을 높이기 위한 대책을 강구했으며, 재외동포가 한민족으로서의 정체성을 가지고 발전할 수 있도록 하는 대책을 추진했다. 통일 분야에서는 구체적인 통일정책 방안의 제시보다는 통일에 대비한 연구 기반을 확충하는 노력을 기울였다.

국가 이미지 개선 방안으로는 ① 국가 이미지 종합관리 기능의 강화 및 개선전략 수립, ② 대외 홍보활동의 쇄신, ③ 문화홍보의 강화, ④ 관광문화의 선진화, ⑤ 민간 홍보활동 지원과 국내 홍보 강화 등이, 아시아 · 태평양 시대 주역으로서 우리나라 외교의 추진 방향으로는 ① APEC에서의 주도적 역할 강화, ② 안보협력 강화를 통한 통일한국에 대비, ③ 국제 통상환경 변화에 능동적 대응, ④ 아시아 · 유럽정상회의에 적극적 참여 등이, 우리 국민의 국제기구 진출 확대 방안으로는 ① 국제기구 진출을 위한 인적자원 양성, ② 국제기구 적극 진출 및 역할 증대, ③ 국제기구 전문요원의 인사관리 강화 등이, 재외동포사회 활성화 지원 방안으로는 ① 재외동포 지원 체제 정비, ② 지역별 재외동포 지원 강화, ③ 세계화 추진에 있어 교포 참여 및 지원 강화, ④ 재외동포의 국내활동 편의 증진 등이 추진됐다. 또한 한 · 일간 올바른 역사 인식 확립 방안으로는 ① 객관적 역사 사실 확인을 위한 한 · 일 협력, ② 정치 외교적 대응, ③ 일본인의 한국 역사 인식 제고, ④ 한 · 일관계 및 현대사에 대한 국민 인식 제고, ⑤ 현대사 연구의 활성화, ⑥ 한 · 일 간의 학술 · 문화 교류 확대 강화 등이, 통일정책 연구 및 논의의 활성화 방안으로는 ① 통일 대비 정책연구의 체계화, ② 올바른 통일관 확립 및 통일 논의 활성화, ③ 북한 · 통일 관련 정보 관리 체계 구축, ④ 국제적 통일환경 조성을 위한 체계적 노력 전개 등이 추진됐다.

3) 경제 분야: 경제의 세계화

경제 분야의 세계화 추진은 다른 분야보다 더욱 활발했다. 우리 경제의 세계화 자체가 중요하다고 인식돼 다양한 과제를 추진했고, 과학기술의 발전이나 지식정보 일류국가의 건설을 위한 과제들도 경제 분야의 세계화 과제로서 추진됐다. 경제 분야의 세계화 과제가 이처럼 다양한 이유는 한편으로는 세계 경제의 새로운 질서에 부응해 우리의 제도를 고쳐야 하는 동시에, 다른 한편으로는 개방화, 글로벌 경쟁의 전개, 정보화라는 추세에 대응해 우리의 고비용·저효율 구조를 타파하고 지식기술 시대에 맞게 우리의 경쟁력을 강화해야만 하기 때문이다.

경제의 세계화는 여러 분야에 걸친 과제를 포괄했는데, '21세기에 대비한 신해양 정책 방향', 'WTO 체제에 부응하는 산업지원 체제 개편 방안', '한반도의 동북아 국제물류 중심화 전략'과 같이 국제 경제질서 및 여건의 변화에 직접 부응하는 과제와 규제개혁, 공정거래제도 개선과 같이 세계화 시대에 걸맞게 제도개혁을 가속화하기 위한 과제가 추진됐다. 또한 통신 산업의 경쟁력 강화, 디자인산업 세계화, 벤처기업 활성화, 에너지 절약 등 경쟁력 강화의 기반이 되는 과제를 추진했으며, 개방에 대비해 농업의 수출활로를 모색했다. 그리고 '지방자치 시대의 지역발전전략'과 같이 지방화에 대비하는 과제도 추진됐다.

경제 분야의 과제들을 좀 더 구체적으로 살펴보면, 21세기에 대비한 신해양 정책 방향으로 ① 신해양 질서에의 대응 체제 확립, ② 연안역 이용·보전의 체계화, ③ 해양환경의 유지관리, ④ 해양과학 기술 개발 및 자원 개발의 합리화 등이, 한반도의 동북아 국제물류 중심화 전략으로 ① 물류 관련 기본시설의 건설, ② 물류산업 육성을 위한 제도 개선 등이, WTO 체제에 부응하는 산업 지원 체제 개편 방안으로 ① 보조금제도의 개선, ② 기업 세계화 및 외국인 투자의 촉진, ③ 환경친화적 산업구조로의 전환, ④ 환경친화적 산업구조로의 전환, ⑤ 산업 및 기업경쟁력 제고를 위한 제도 정비, ⑥ 공업입지 애로 제거 및 산업기반시설의 정비 등이, 세계화 촉진을 위한 규제개혁 방안으로 ① 경제행정에서 덩어리 규제의 개혁, ② 사회 분야 규제개혁 시범 부처 운영, ③ 규제행정 준칙 설정과 규제의 감시·평가 등이, 경쟁 촉진을 위한 공정거래제도 개선 방안으로 ①「독점규제 및 공정거래에 관한 법률」 개정, ② 소비자 보호 기능 강화,③ 경쟁법·정책의 국제화 등이 포함됐다.

또한 통신사업의 경쟁력 강화 방안으로 ① 통신사업의 경쟁 체제 구축, ② 한국 통신의 경쟁력 제고, ③ 통신사업자 간 공정경쟁 여건 조성 등이, 디자인산업 세계화 방안으로 ① 디자인산업 진흥 인프라 구축, ② 디자인 개발 능력 강화 등이, 벤처기업 활성화를 위한 종합 추진 방안으로 ①「벤처기업 육성에 관한 특별조치법」 제정, ② 창업 분위기의 활성화, ③ 벤처 캐피탈의 기능 강화, ④ 스핀오프(Spin-off) 제도 활성화, ⑤ 인력의 확보 지원, ⑥ 기타 지원 시책 등이, 21세기 에너지 절약형 사회구조 구축전략으로 ① 에너지 가격정책의 기조 전환, ② 에너지 사용 기기의 효율 향상 및 보급, ③ 에너지 절약형 사회 기반 구축, ④ 에너지 절약 추진체계 강화 등이, 수출농업의 활로 개척 방안으로 ① 수출기반 확충, ② 안정적 생산기반의 확보, ③ 수출 지원 체제의 확충 등이, 지방자치 시대의 지역 발전 전략으로 ① 지방재정의 확충, ② 지역산업 기반의 확충, ③ 지방의 산업입지 여건 개선, ④ 지방자치의 확대와 국가의 역할, ⑤ 행정정보 공개를 통한 주민감시의 강화 등이 포함됐다.

4) 경제 분야: 과학기술 발전 기반의 확충

과학기술 개발을 위해 기술개발 지원제도를 효율화하는 방안, 우수한 외국 과학기술 인력을 활용하는 방안이 추진됐다. 기술개발 지원제도의 실효성 제고 방안으로는 ① 국가연구 개발사업의 효율적 운영, ② 기술 개발에 대한 조세지원제도 개선, ③ 기술력 종합평가제도 도입 등을 통한 신용금융 지원 강화, ④ 기술개발 지원제도에 대한 규제 완화 및 홍보 강화 등이 그리고 외국 우수 과학기술 인력 활용 방안으로는 ① 해외 우수 인력 활용을 위한 기반 구축, ② 외국 과학기술 인력 활용에 대한 지원 확대, ③ 과학기술의 국제협력 강화 등이 추진됐다.

5) 경제 분야: 지식정보 일류국가의 건설

정보화 촉진 및 지식기반 확충을 위해 정보화촉진 기본계획 수립과 공공부문 정보화 등 정보화 기반을 마련하기 위한 다양한 방안, 서울의 동북아지역 연구중심지화 및 외국의 이해와 지역전문가를 육성하는 방안이 추진됐고 국가 통계의 발전 방안도 강구됐다.

세계화를 위한 정보화 촉진 방안으로는 ① 정보화 촉진을 위한 제도적 기반 정비, ② 정보통신산업의 육성, ③ 정보화교육 및 전문 인력 양성, ④ 공공부문의 정보화, ⑤ 지역정보화의 추진 등이, 공공부문 정보화 추진계획으로는 ① 국가안전관리 시스템, ② 종합환경정보 시스템, ③ 교육정보화사업, ④ 보건의료정보망, ⑤ 종합물류정보망, ⑥ 산업정보전산망, ⑦ 과학기술 정보유통 체제, ⑧ 행정종합정보망 구축, ⑨ 기타 부문별

사업, ⑩ 관련 법·제도의 정비 등이, 정보화 촉진 기본계획 추진 방향으로는 ① 국가사회의 정보화 촉진, ② 정보통신산업의 기반 조성, ③ 초고속정보통신 기반의 구축 등이, 서울의 동북아지역 정보 및 연구중심지화 방안으로는 ① 동북아지역 정보·연구기관 지정·운영, ② 국내외 자료·정보 수집 체계 정비, ③ 연구 결과의 활용 체제 구축, ④ 전문가 네트워크 구축 등이, 외국 문화에 대한 이해 증진과 지역전문가 육성 방안으로는 ① 교육과정의 개편, ② 지역전문가 및 국제관계 전문가의 양성, ③ 지역별 정보자료 데이터베이스 구축 등이, 국가 통계의 발전 방안으로는 ① 통계환경 변화에 대처, ② 통계 생산의 효율화 등이 추진됐다.

6) 사회 분야: 환경모범국가의 건설

한편 사회 분야의 세계화에서는 환경모범국가의 건설, 삶의 질 세계화, 법질서의 세계화 등 3개 비전을 달성하기 위한 과제들이 추진됐다. 환경의 경우에는 아직도 우리의 낙후된 환경정책의 실정을 감안해 우선 우리나라의 '21세기 환경 비전'을 제시하고 이를 구체화하기 위한 종합대책을 마련했으며, 접경지역의 보전관리를 위한 기본 구상도 제시됐다. 즉, 환경문제는 21세기의 우선적 과제로 제기되고 있으므로 이에 대비한 근본적인 대책을 마련하기 위해 '21세기 환경 비전'을 수립했다. 환경 비전을 달성하기 위해 환경친화적 개발과 생산·소비 체계를 정착시키고, 환경교육의 강화 등 추진체계를 정비했다. 목표 연도인 2005년까지 소요되는 약 60조 원의 재원은 오염원인자 부담 원칙의 충실한 적용, 환경 관련 사용료의 현실화, 환경기초시설의 민자 유치 확대 등을 통해 조달하도록 계획했다.

이에 따라 21세기 환경개선의 종합대책으로 ① 맑은 물의 안정적 공급, ② 상쾌한 공기의 확보, ③ 폐기물의 최소화 및 자원화, ④ 유해화학물질 안전관리, ⑤ 자연환경의 복원, ⑥ 지구환경 보전과 국제협력 강화, ⑦ 환경기술 진흥과 환경산업 육성, ⑧ 환경 관련 지원 체계의 개선 등을 추진하고, 나아가 접경지역의 보전관리를 위한 기본 구상으로 ① 자연생태계의 지속적인 보전, ② 군사시설 설치 시 환경보전의 강화, ③ 지역주민 생활 수준의 향상을 제시했다.

7) 사회 분야: '삶의 질'의 세계화

'삶의 질'을 세계화하는 과제로서는 우선 국민복지의 기본 구상을 마련하는 노력에서 시작해, 노인과 장애인에 대한 복지대책, 사회 취약계층에 대한 복지대책, 식품과 의약품의 안전관리, 여성과 청소년에 대한 대책, 국민 여가문화의 향상과 같이 삶의 질과 관련된 다양한 과제가 추진됐다.

'삶의 질' 세계화를 위한 국민복지 기본 구상으로는 ① 사회보험제도의 확대 및 개선, ② 국민 최저 생활 수준의 보장, ③ 보편적 사회복지 서비스의 확충, ④ 복지공동체의 구축, ⑤ 선진형 문화시설의 확산, ⑥ 건강한 생활, 쾌적한 여가생활 보장 등이, 노인·장애인 및 사회 취약계층 복지 향상 방안으로는 ① 노인복지대책, ② 장애인복지대책, ③ 사회취약계층 복지정책 등이, 식품·의약품 안전관리 전담기구 설치계획으로는 ① 식품·의약품안전본부 설치, ② 식품·의약품 안전 기준 설정, ③ 지방자치단체와의 역할 분담 및 소비자단체 등과의 관계 정립 등이, 여성 역할과 사회 참여 확대 방안으로는 ①「여성발전기본법」 제정, ② 민간 참여를 통한 보육시설·제도의 확대 및 내실화, ③ 여성의 공직 참여 비율 제고 목표 설정, ④ 모성보호 비용의 사회적 분담 체계 확립, ⑤ 여성 인력 양성 체계의 확대 개선, ⑥ 여성 관련 정보 네트워크 구축 등이, 세계화 시대의 청소년상 정립 방안으로는 ① 진취적인 새로운 청소년문화의 창달, ② 청소년의 심신 단련과 여가 선용 기반 조성, ③ 건강한 사회환경 조성과 어려운 청소년 자립 지원, ④ 청소년의 국제감각 고양과 이해 증진 등이, 여가문화의 향상 방안으로는 ① 여가활동의 다양화·대중화 유도, ② 취약계층을 위한 여가 기회 확대, ③ 여가활동의 건전성 제고, ④ 여가시설의 이용 확대, ⑤ 여가시설의 지속적 확충, ⑥ 여가활동 평가 체계의 개발·활용 등이 포함됐다.

8) 사회 분야: 법질서의 선진화

사회 분야에서는 법질서의 선진화에 초점을 두고, 법률 서비스 및 법학교육과 법조인 양성제도의 세계화 방안, 치안 서비스의 선진화 방안 그리고 세계화 시대를 살아가기 위한 사회교육 방안 등을 구상했다.

우선, 법률 서비스 및 법학교육, 법조인 양성제도의 세계화 방안으로는 ① 법조인 수의 확대, ② 법조인 양성제도의 개편, ③ 법조제도 및 관행의 개선 등을 제시하고, 다음으로 치안 서비스의 선진화 방안으로는 ① 범죄와 폭력으로부터 국민 생활안전 보호, ② 민간자위 방범 역량의 확충, ③ 지역사회 요구에 부응하는 보호·봉사활동의 내실화, ④ 자동차 시대에 걸맞은 교통문화의 정착, ⑤ 국제범죄 대응 능력의 강화, ⑥ 경찰행정의 공개성과 책임성 강화, ⑦ 지역사회에 밀착하는 조직관리 등을 그리고 세계화 시대를 살아가기 위한 사회교육 방안으로는 ① 세계 시민교육의 활성화, ② 세계화교육 이벤트 및 현장 체험학습 기회의 확대, ③ 자율적인 세계시민문화운동의 전개, ④ 세계시민교육지원센터의 운영, ⑤ 외국인에 대한 한국 이해교육 강화 등으로 제시했다.

9) 교육 · 문화 분야

교육 분야는 교육개혁위원회가 활동 중에 있었으므로 별도의 과제를 추진하지는 않았다. 다만 세계화와 관련해 외국어 교육의 중요성이 대두됐으므로 교육개혁을 보완하는 의미에서 외국어 교육을 강화하기 위한 과제가 추진됐다. 한편, 문화 분야의 세계화를 위해서는 문화와 관광의 연계, 문화산업의 발전, 국민 문화예술의 생활화, 세계촌 추진의 4개 과제가 추진됐으며, 문화복지의 개념 아래 그에 따른 대책을 '삶의 질 세계화를 위한 국민복지 기본 구상'에 포함시켜 제시했다.

세계화 추진을 위한 외국어 교육 강화 방안으로는 ① 초등학교 영어교육 강화, ② 영어교사 양성 확대, ③ 영어교사에 대한 연수 강화, ④ 영어 접촉 기회 확대 기반 조성, ⑤ 제2외국어교육 강화 등이, 세계화 시대에 부응한 문화와 관광의 연계 방안으로는 ① 한국적인 문화관광상품 개발, ② 대규모 관광 수요를 유발하는 국제회의 및 국제기구 유치 기반 조성, ③ 한국의 문화관광 이미지 개선, ④ 해외 관광객의 적극 유치, ⑤ 관광 안내 체계의 개선, ⑥ 관광숙박시설의 균형있는 확충, ⑦ 지역관광자원 개발을 통한 볼거리 확대 등이, 문화산업의 발전 방안으로는 ① 영상산업, ② 만화산업, ③ 출판 산업, ④ 음반 산업, ⑤ 문화상품 관련 산업 등이, 국민 문화예술의 생활화 방안으로는 ① 국민의 문화예술 향유 능력 배양, ② 문화예술 전달 체계의 개선, ③ 각계각층이 참여 가능한 다양한 프로그램 개발 · 보급, ④ 기업의 문화예술 활동 참여 촉진, ⑤ 지방자치 시대에 걸맞은 지역문화의 활성화 등이 포함됐다.

10) 정치 분야

정치 분야에서는 당초 지구정치 시대의 국가 운영이라는 전략을 가지고 정치와 언론의 선진화를 비전으로 제시했으나 구체적인 과제를 추진하지는 못했다. 다만 사회적 · 경제적 측면에서 국가 운영 방향을 제시하기 위해 '세계화 시대의 사회통합'과 '경제정책 결정 체계의 개선 방향'을 마련했다.

지난 10년간 민주화 과정에서 계층 간 · 지역 간 · 이익집단 간 갈등이 표출됨으로써 민주화에 따른 사회적 비용이 증가해 왔으며, 선진국으로 발전하는 과정에서 발생하고 있는 과도기적 갈등 또한 계속적으로 누적됐다. 따라서 사회통합을 위해 갈등의 인위적 제거나 위로부터의 강압적 통합보다는 제도적 틀 안에서 공동의 이익을 고려해 적절한 수준으로 갈등을 관리·조정하고 참여를 통한 아래로부터의 자율적 통합을 이끌어내고자 했다. 이를 위해 지역감정, 지역이기주의, 소득계층 간의 갈등 해소 방안 및 노사 화합을 통한 사회통합 방안이 마련됐다. 한편, 경제정책 결정 체계의 개선 방향으로는 ① 정책결정 과정상의 개선, ② 정부 기능의 재정립 등에 역점을 두었다.

제 4 절 성과 및 평가

통일된 세계중심국가를 건설하기 위한 비전과 전략을 세계화로 제시한 것은 우리나라가 처한 대내외 여건으로 보아 타당한 방향 설정이었다고 평가된다. 글로벌화, 민주화, 지방화, 분권화, 정보화, 소프트화가 급격히 진행되는 상황 조건으로 볼 때, 과거 개발연대에 경제 성장을 가능하게 했던 성공전략이 더 이상 유효하지 못하다는 각성도 적절했다고 평가되며, 경제뿐만 아니라 정치·사회·문화 등에서의 비전을 설정하고 전략과 과제를 모색한 점도 과거 경제 성장 우선이 야기한 불균형에 비춰 타당했다고 평가된다(세계화추진위원회, 1998: 231).

행정 분야에서는 대국민 서비스 향상이 크게 진전됐고, 이 과정에서 국민봉사 위주의 행정 마인드가 확산되는 효과가 있었다고 평가된다. 예컨대 과세적부심사제 도입 등 납세자의 권익 보호 조치를 도입했으며, 이후에는 '납세자권리헌장'을 제정해 국민 위주의 징세행정의 기틀을 마련했다. 팩스에 의한 민원 발급을 전국적으로 확대했고 우편에 의한 민원처리 도입 등 국민 편의를 우선하는 민원행정으로 전환한 것도 행정의 세계화를 구체적으로 추진하기 위한 노력으로 평가될 만하다. 또한 정부의 생산성 향상을 위해 민간인의 공직 참여가 가능하도록 제도를 도입하고 국제통상직 등 전문직을 신설하고 교육훈련제도를 개선하는 등 공무원의 질적 수준 향상을 도모했다.

외교 분야에서는 아시아·태평양지역을 비롯하여 국제사회에서 한국의 위상을 제고하기 위한 노력이 세계화 차원에서 이뤄졌다. APEC의 여러 분야에서 적극적인 외교활동을 통해 아·태지역의 중심국가로서 한국의 위상을 높였으며, OECD 가입, 유엔안보리의 비상임이사국 진출 등을 통해 국제사회에의 참여도를 높이고 위상을 제고한 것으로 평가된다. 또한 국가 이미지 개선, 재외 동포사회 활성화 등 국가적으로는 중요하나 그동안 상대적으로 소홀히 취급되던 분야에 대한 관심을 환기하고 개선 노력을 기울인 것도 의미가 있었다.

경제의 세계화에서는 국내시장의 공정한 경쟁 여건을 조성하고, 벤처기업 육성, 에너지 절약, 기술 개발 촉진 등 경제의 기초를 다지는 대책을 강구했으며, 국제 질서에 부응하도록 보조금 정비, 환경친화적 산업 육성 등 국내 체제를 정비했다. 개혁 차원에서 정부규제에 접근함으로써 범정부적 규제개혁 시스템이 어느 정도 구비됐고, 「행정규제기본법」을 제정해 규제일몰제, 규제영향평가 등을 새로이 도입했고, '규제개혁위원회'를 설치했다.

국가 차원의 정보화 촉진을 위해 「정보화촉진기본법」을 제정하고 '정보화추진위원회'를 구성해 정보화 추진 기반을 정비했으며, 지역정보화 등 부문별 정보화계획을 착실히 추진해 왔다고 평가된다. 복지 분야에서는 국민복지에 관한 기본 구상을 제시했고, 삶의 질 향상을 위해 저소득층에 대한 생계비 지원 확대, 지방문화시설 확충 등 소외계층과 소외지역의 복지 향상 시책을 꾸준히 추진했다. 복지, 환경 등과 같이 국민의 삶의 질을 좌우하는 중요한 과제들이 항상 성장 위주의 정책 기조 위에서 제 위상을 갖지 못했던 그동안의 현실을 감안한다면, 이러한 과제들을 세계화의 이름으로 강조하고 국민적 합의를 도출하려 했던 노력은 높이 평가될 수 있다.

여성문제의 경우 성차별 해소와 여성의 사회적 참여를 확대하기 위한 종합대책을 실시해 국가적 응집력을 높이고 세계화 시대에 한국 여성의 잠재력을 발휘하게끔 하는 계기를 마련했다. 특히 그간 금녀의 벽으로 인식되던 육사, 공사, 해사 등 사관학교에도 여생도의 입교가 허용되는 등 사회활동에서 남녀의 벽이 허물어지고 있는 현상도 세계화 과제의 추진으로 인한 영향을 받은 바 적지 않다고 할 것이다.

법조개혁과 같이 과거에 논의조차 하지 못했던 이슈를 세계화 과제로서 선정, 착수할 수 있었던 것도 높이 평가돼야 할 것이다. 세계화의 개혁에 사법부도 동참해 법률서비스와 법조인 양성제도를 개선했고, 법조인 수를 대폭 증가시켜 국민에 대한 서비스를 확대했으며, 사법연수원의 운영제도와 사법시험제도를 개선할 수 있었다.

교육의 세계화를 위해 초등학교 3학년부터 영어교육을 실시함으로써 글로벌 시대의 의사소통 능력을 배양하고자 했다. 교육의 세계화란 결국 미래 지향적 교육개혁이라는 점에서, 그동안 교육개혁위원회를 통해 추진해 왔던 다양한 개혁 프로그램을 세계화를 통해 보완·발전시키고자 노력했다.

문화를 일상생활화하고 고유문화를 관광과 연계하기 위해 소규모 박물관, 도서관 등

지역문화시설을 확충했고, 진도 민속공연 등 지역문화축제를 문화관광상품으로 개발했다. 문화의 세계화 자체가 세계화의 중요한 축으로 자리 잡기 시작한 것은 매우 바람직한 현상으로 평가된다.

세계화는 국민의식 개혁을 활성화하는 계기를 만들었다. 그동안 개발연대의 하향식 국민의식 개혁운동은 국민에게 부정적 인식을 주었고 이것이 국민운동을 침체시키는 결과를 낳았다. 물론 질서, 시민의식 등 의식과 관련된 문제들을 국민운동으로 해결하는 데에는 한계가 있을 수밖에 없지만 그러한 문제 해결에 국민운동 차원의 노력이 요구되는 것 또한 부인할 수 없다는 점을 감안할 때 자발적 상향적인 국민운동으로 권장될 필요가 있다고 할 수 있다. 이러한 점에서 세계화 시대의 사회교육과 여가문화 향상 방안에서 시민단체 중심의 교육을 강화하도록 한 것은 향후 시민운동 활성화의 계기를 만들었다고 할 수 있다.

한편으로 세계화 추진에서 한계점 내지 문제점도 존재했다(공보처, 1997: 352-355). 첫째, 현실적 제약을 충분히 고려하지 않은 목표와 비전이 설정됐다는 것이다. 목표·전략·비전이 타당하게 설정됐다 하더라도, 현재 우리가 직면한 현실에서 어떻게 그 이상을 향해 갈 수 있는가에 대한 실질적 고민이 상대적으로 결여됐다고 할 수 있다. 당초의 목표와 비전이 정치·행정·법질서·외교·경제·지식정보·과학기술·삶의 질·환경·교육·문화 그리고 언론까지 포함하는 국가의 전방위적 개혁을 추구하는 것이었으나 이를 실천하기에는 기간이 짧았으며, 따라서 개혁 에너지를 집중하는 데도 한계가 있을 수밖에 없었을 것이다.

둘째, 개혁 추진 과정에서 개혁의 어려움을 극복하기 위한 구체적인 방안 제시가 미흡하다는 점이다. 개혁의 성공을 위해서는 개혁의 어려움을 극복하기 위한 방안, 즉 정치적 지도력, 국민적 공감대, 기득권 상실층에 대한 과도기적 배려 등 다양한 해법이 필요한데, 이러한 방안의 제시가 미흡했다고 볼 수 있다. 사법개혁의 예를 들면, 법조인 수 확보 면에서 괄목할 만한 결과를 거뒀지만 법학교육제도 면에서 법조계와 갈등이 있는 것으로 비춰짐으로써, 결과적으로 당초 계획에 비해 개혁이 미흡한 것으로 인식되는 결과를 초래했다. 정치의 세계화, 언론의 세계화 등 당초 '세계화의 비전과 전략'이 제시했던 분야에서 국민적 공감대가 존재했음에도 불구하고 추진 실적이 전무한 것도 방안이 미흡했음을 보여주는 것이다.

셋째, 세계화 과제의 선정에서 국민적 공감대 형성이 미흡했다. 세계화 추진 초창기에는 사회적으로 중요하거나 미래의 대비에 필수적인 과제는 공청회 등으로 공론화를 유도하고 사회적 여론을 광범위하게 수렴했으나 시간이 지나면서 이러한 기능이 점차 약화됐다.

넷째, 개혁의 어려움을 극복하려는 정치적 의지가 미흡했다. 세계화의 진정한 본질은 미래지향적 개혁이지만, 개혁의 태생적 어려움 때문에 이를 실천하는 데는 기득권층의 반발을 극복할 수 있는 정치적 의지가 필요하나 그러한 의지가 부족했다. 이에 따라 개혁의 핵심에 가까운 많은 과제가 누락·탈락되는 경우가 많았으며, 세계화의 추진체계 역시 매우 강력한 힘과 전문성을 갖춘 조직과 인력이 필요했지만, 이를 위한 뒷받침이 부족했던 것으로 평가된다. 이는 세계화추진위원회가 정부 주도의 수많은 위원회의 하나에 불과해 개혁을 총괄할 만한 위상을 가지고 있지 못함으로써 선정된 세계화 과제의 수행을 거의 대부분 주무부처의 판단에 의존해야 했던 결과라고 할 수 있다.

김영삼 정권이 제시한 세계화 전략의 핵심은 국가 전체의 생산성을 제고해 국제경쟁력을 높이는 데 있었다는 점에서 1993년 말에 선언한 국제화와 별다른 의미를 갖지 못한다(고경민, 2001: 191). 단지 그것을 사회의 모든 분야로 확장했으며, 좀 더 구체적인 부문별 국가정책을 수립하고 장기적 전망 하에서 '21세기 세계중심경영국가', '통일일류문화국가' 등 미래 국가의 상을 보여주는 등의 양상만 차이를 보였을 뿐이다. 김영삼 정권의 세계화 비전은 사회 각 분야의 세계화 추진이라는 목표와 함께, '작고 강한 정부', '자율화', '규제 완화' 등이 다양한 정책 영역에서 두루 선호됐고, 국가 발전의 첫 번째 원리로서 '생산성'을, 또 세계화 추진의 첫 번째 원칙으로 '일류화'를 앞세우고 있다. 따라서 김영삼 정권의 세계화는 궁극적으로 '국가경쟁력 강화'에 가장 역점을 두는 신자유주의 정책이라고 할 수 있다.

김영삼 정권의 세계화는 '성급하고 준비 안 된', 그리고 '본질 추구보다는 수단적' 성격이 강했다. 이런 측면에서 김영삼 정권의 세계화는 시기적으로 1980년대 이래의 서구의 신자유주의보다 훨씬 뒤떨어졌다는 점에서 '후발' 신자유주의일 뿐만 아니라 사회보장이 매우 취약한 상태에서 추진되고 있는 점을 감안하면 엄격하게 '의제' 신자유주의라고 해야 한다는 비판도 제기된 바 있다.

참고 문헌

고경민 (2001). 한국의 산업정책 변화 과정: 정보통신산업의 '자유화' 사례. 박사학위논문. 건국대학교.
공보처 (1997). 문민정부 5년 개혁백서.
김은미 · 그라노벡터 · 장덕진 (2003). 경제위기 이후 기업 구조조정과 기업 연결망. 이화여자대학교.
세계화추진위원회 (1998). 세계화백서.
전정현 (2004). 김영삼 · 김대중 정부의 세계화와 한국 민주주의. 고려대학교. 동아시아연구, 9: 117-134.
지봉도 (1999). 세계화와 한국사회의 대응. 북한연구, 2: 381-416.

제 4 장

신외교정책

황지환

서울시립대학교

제 1 절 정책의 추진 배경

김영삼 정부는 취임 3개월 후인 1993년 5월 24일 외교의 다각화를 내용으로 한 '신외교 선언'을 발표했다. 태평양경제협의회(Pacific Basin Economic Council: PBEC) 제26차 총회에 참석한 김영삼 대통령은 '태평양 시대와 한국의 신외교'라는 주제로 기조연설을 했으며, 대외적으로 신외교를 추진할 것임을 천명했다(MBC 뉴스데스크, 1993.5.24). 김 대통령은 신외교가 "민주, 자유, 복지, 인권 등 인류 보편적 가치를 중시하는 외교로서, 도덕성을 바탕으로 한 적극 외교로 이는 한민족 전체의 장래를 위해 현 분단 상황의 관리 통일 및 통일 이후를 염두에 두고 있다"고 설명했다. 또한, "화해와 협력, 남북연합 등 점진적이고 평화적인 단계를 거쳐 1민족 1국가의 조국 통일을 이룩할 것"이라는 3단계 통일론을 제시했으며, "남북한은 더 이상 서로 경쟁 상대가 아닌 한민족 전체와 아시아 - 태평양지역의 번영을 위한 동반자가 되어야 한다"고 역설했다.

이를 위해 한국 정부는 "개방화와 국제화를 적극적으로 추진해 나갈 것이며, 특히 외국인 투자와 관련된 규제를 완화하고 금융시장 개방화를 촉진하며 지적재산권 보호를 강화함으로써 외국 기업의 영업환경을 획기적으로 개선해 나가겠다"고 약속했다. 또한 "미국을 축으로 하는 양자 안보 협력 체제를 심화 및 발전시키는 동시에 아태지역 내 안보 대화를 추진함으로써 항구적 지역 평화의 기틀을 마련할 것"이라고도 설명했다(김영삼 민주센터 온라인 자료).

김영삼 정부의 신외교는 한국이 1980년대 권위주의 정권 하에서 외교정책을 수행할 때 이념적 성향에 크게 좌우되면서 외교정책이 제대로 그 기능을 발휘하지 못했던 점을 반성하는 노력이었다. 더구나 냉전시대 미국 중심의 외교가 탈냉전 이후 국제외교에서 가지는 한계를 인식하면서 외교의 다변화를 추진하는 것이기도 했다. 더구나 1980년대 말 이후 국제 경제질서가 신자유주의적인 개방화의 흐름을 보여줌과 동시에 국내적으로도 빠른 속도로 민주화돼 가고 있는 상황에 적응하기 위한 외교적 플랜이 필요했었다.

우선 국내적인 차원에서 보면, 권위주의 정권 하의 외교는 여론과 언론을 억압하면서 이뤄진 정권의 전유물이었고, 외교정책 자체가 국가 이익의 최대화를 위해 수행되기보다는 한반도 분단의 현실상 이념적인 기준에 의해 상당한 영향을 받고 있었다는 반성이 있었다. 김영삼 정부는 한국의 민주화 이후 출범한 최초의 문민정부로서 정권의 정통성에 대한 자신감을 가지고 개혁정책의 과정에서도 여러 이익집단의 의견을 수렴하고 통합하려는 노력을 했는데, 외교 부문에서도 이러한 관심이 반영됐다.

다른 한편, 1990년 독일의 통일과 동서냉전의 종식은 한국 외교의 방향에 커다란 변화를 가져다주었다. 냉전 종식이라는 새로운 국제환경의 변화는 이데올로기 중심의 외교활동의 여지를 감소시켰다. 그 결과 한국의 모든 외교 현안을 미국에 의존해 전개하는 외교정책이 국제 외교무대에서 커다란 한계를 가질 수밖에 없게 됐다.

이러한 관점에서 한승주 외무부 장관은 5월 31일 외교협회에서 '한국 신외교의 기조'라는 오찬연설을 통해 우리 외교가 추구해야 할 신한국 외교의 5대 기조를 발표하며 김영삼 정부의 외교정책 방향을 구체화했다. 신외교는 현재 한국이 처한 국제환경을 전환기적인 도전으로 파악하고 이를 적극적인 기회로 활용하여 세계와 미래를 지향하는 외교를 펼치겠다는 의지를 보인 것이었다. 김영삼 정부의 신외교는 세계화, 다변화, 다원화, 지역 협력 및 미래 지향을 5대 기조로 설정하고 변화하는 세계 질서에서 새로운 외교정책을 방향을 모색했다(외무부, 1993년 5월).

새로운 외교정책 기조 하에서 한국 정부는 민주주의 확산, 국제 평화, 빈곤 퇴치, 그리고 환경문제 등 초국가적인 문제에 좀 더 관심을 집중하고 기여할 것을 강조했다. 이를 위해 한국은 모든 국가와의 외교관계를 확대하는 한편 이러한 국제문제의 해결에서 선진국과 개도국 간에 상충할 수 있는 이해를 절충하는 매개체의 역할을 담당할 것이라고 강조했다(Lee, 2000: 170-195). 특히 김영삼 정부는 한국의 제고된 국제 위상을 바탕으로 새로운 국제질서 및 국제규범 정립에 적극적으로 참여하고자 유엔 등 국제기구에 대한 외교를 강화하기 위해 노력하기 시작했다(국가기록원 온라인 자료).

표 2-4-1 신외교의 5대 기조

세계화(globalism) 다변화(diversification) 다원화(multi-dimensionalism) 지역협력(regional cooperation) 미래 지향(future orientation)

자료: 외무부(1993년 5월).

제 2 절 정책의 추진체계

김영삼 정부 신외교의 추진체계는 한승주 장관이 제시한 세계화, 다변화, 다원화, 지역협력 및 미래 지향의 5대 기조를 중심으로 이뤄져 있다.[1)]

우선, 신외교는 "21세기를 바로 앞에 두고 있는 오늘날의 국제관계의 특징은 국가 간 상호의존성의 증대"로 인식하고 이를 '세계화(globalism)' 현상으로 규정했다. 신외교는 "세계화 시대를 맞아 한국 외교가 민주, 자유, 복지, 인권 등 인류 보편적 가치에 더 많은 관심을 기울여야 하는 것은 당연하다"고 제안했다. 따라서 세계화는 "한국 외교가 국제 평화, 군비통제, 빈곤 퇴치, 그리고 환경 보호와 자원 활용 등 전 세계적 문제 해결에 적극 기여함으로써 세계의 움직임에 능동적으로 대처하고 이를 통해 좀 더 정의롭고 살기 좋은 세계를 만드는 데 공헌해" 나가야 한다고 주장했다.

둘째, '다변화(diversification)'는 "과거 냉전 시대에 세계를 지배해 온 미국과 구 소련을 양축으로 한 양극 체제는 이제 더 이상 가동하지 않는다"는 인식에 기초를 두고 있

1) 다음의 신외교의 추진체계는 다음 자료에 주로 의존하고 있다. 외무부(1993년 5월).

다. 한국 외교는 "1980년대 말 이후 수교외교의 성과로 본격적인 4강 외교 시대에 돌입했고, 또 우리의 국력과 위상도 성장해 운신의 폭도 많이 커졌으므로, 우리의 외교를 다변화할 수 있고 또 그렇게 해야 할 시점에 이르렀다"는 인식의 변화를 경험했다. 따라서 한국 외교는 "미국, 일본을 중심으로 한 기존 우방과의 관계를 더욱 심화 및 발전시키는 한편, 중국 및 러시아와의 관계를 본격적으로 발전시키고 동남아, EC, 중동, 아프리카, 중남미 국가들과의 관계도 새로운 차원으로 발전시켜 나가는 것을" 계획했다.

셋째, '다원화(multi-dimensionalism)'는 종래 우리 외교가 안보 부문에 집중돼 온 점을 변화시키려는 노력이었다. 신외교는 "새로운 국제질서 하에서는 군사력보다 경제력이 국가 간의 관계에서 좀 더 중요한 관심사가 되고 있고, 환경문제에 대한 관심이 증대되고 있으며, 문화외교의 중요성도 더욱 커지고 있다"고 인식했다. 따라서 한국 외교의 어젠다를 다원화시키는 것이 자연스러운 시대적인 요청이라고 보았다. 이에 따라, 한국 외교의 다원화는 "경제, 통상, 환경, 문화 등 대상 분야(subject area)뿐만 아니라 행위자(actor)도 다원화, 다층화됨을 의미"했다. 신외교는 따라서 이제 한국의 외교도 "정부의 전유물이 아니라 사회단체, 개인들이 독자적인 행위자가 되어 수행하는 민간외교의 뒷받침이 불가결하게 됐다"고 설명했다.

넷째, '지역협력(regional cooperation)'은 제2차 세계대전 이후 동아시아의 도약으로 아시아·태평양지역의 세계 질서의 새로운 중심지로 부상하고 있다는 인식에서 제시된 것이었다. 신외교는 "우리 외교가 다가오는 아시아 태평양 시대에 대비해 이 지역에서의 안보 및 경제 분야에서의 지역 협력에 능동적으로 참여하는 당연한 발걸음"이라고 주장했다. 신외교는 아시아·태평양 지역 협력에 결정적인 기여를 할 수 있는 메커니즘이 아시아태평양경제협력체(APEC)라고 인식하면서, "아태지역 협력에 대한 우리의 입장은 APEC 정상회의 등 APEC의 제반 활동과 아태지역 협력 체제에 적극적으로 참여해 나가는 것"이라고 규정했다.

마지막으로 '미래 지향(future orientation)'은 개방화와 국제화를 당시 국제관계의 기본 조류 및 미래 방향으로 보고 한국 외교의 방향성을 제시하려는 노력이었다. 또한 개방화와 국제화의 시대 방향에 "유일하게 고립돼 있는 북한을 이 조류에 합류하도록 하는 것이 바로 통일외교의 기본 지향점"으로 제시했다. 이러한 맥락에서 신외교가 지향하는 통일외교는 세 가지 측면을 가지고 있다고 설명했다.

"첫째는 분단 상황을 관리하는 외교이며, 두 번째는 통일을 가져오기 위한 외교이고, 세 번째는 통일 이후를 준비하는 외교"라는 것이다. 신외교는 "분단 상황 관리 외교의 핵심은 현재의 적대적 내지 경쟁적인 병존 관계를 가능한 한 빠른 시기에 협력적 공존 관계로 발전시켜 나가는 것"으로 제시했다. 또한 "통일 획득 외교는 통일한국의 출현에 대한 주변 국가의 의구심을 해소하고 한반도 주변 4국 등 국제사회로부터 지지를 획득하며, 실제로 통일을 달성하는 것"을 의미했다. 마지막으로 "통일 이후를 준비하는 외교는 우리가 외교정책을 입안하고 수행하는 데 분단에서 통일로 가는 과정이 커다란 충격 없이 순탄하게 이뤄지도록 준비하는 것"으로 제시했다.

이러한 관점에서 김영삼 정부는 외교 목표를 '공고한 안보 체제 유지', '1990년대 중반 선진국 진입', '20세기 내 통일 달성' 및 '경제·통일외교 강화'로 설정했다. 또한 출범 첫 해인 1993년의 주요 외교정책 목표를 ① 평화 정착과 통일외교 추진, ② 선진경제 진입을 위한 경제실리 외교 강화, ③ 능동적인 아·태 외교 전개, ④ 국제화 시대에 부응한 국가 위상 제고, ⑤ 재외국민 지원과 문화외교 확대"로 제시했다(외무부 1993년 5월). 이는 신외교의 5대 기조에 기초해 탈냉전 시대의 국제정세와 외교환경 변화에 부응하여 새로운 외교정책을 시행하려는 김영삼 정부의 적극적인 노력의 구체적인 모습이었다.

제3절 정책의 추진 과정 및 내용

김영삼 정부의 신외교 추진 과정은 ① 안보적인 부문에서 새로운 대북정책 및 북핵위기 대응과 한미관계를 포함하는 안보외교, ② 경제적인 부문에서의 세계화 외교, 그리고 ③ 지역협력 차원에서 주변 국가에 대한 외교의 다변화로 요약될 수 있다.

1. 안보 외교

1) 새로운 대북정책의 추진과 북핵위기에 대한 대응[2)]

김영삼 대통령은 1993년 2월 대통령 취임사에서 한반도 평화와 통일을 위한 전향적인 대북전략과 남북 화해와 협력을 위한 적극적인 정책 의지를 표명했다.

2) 이 부분은 저자가 이전에 작성한 내용을 부분적으로 수정한 것이다(황지환, 2010).

> 7천만 국내외 동포 여러분. 저는 역사와 민족이 저에게 맡겨준 책무를 다하여 민족의 화해와 통일에 전심전력을 다하겠습니다. 그러나 이 시점에서 우리에게 필요한 것은 감상적인 통일 지상주의가 아닙니다. 통일에 대한 국민적 합의입니다. 김일성 주석에게 말합니다. 우리는 진심으로 서로 협력할 자세를 갖추지 않으면 안 됩니다. 세계는 대결이 아니라 평화와 협력의 시대로 나아가고 있습니다. 다른 민족과 국가 사이에도 다양한 협력이 이루어지고 있습니다. 그러나 어느 동맹국도 민족보다 더 나을 수는 없습니다. 어떤 이념이나 어떤 사상도 민족보다 더 큰 행복을 가져다주지 못합니다. 김 주석이 참으로 민족을 더 중요하게 생각한다면, 그리고 남북한 동포의 진정한 화해와 통일을 원한다면, 이를 논의하기 위해 우리는 언제 어디서라도 만날 수 있습니다. 따뜻한 봄날 한라산 기슭에서도 좋고, 여름날 백두산 천지 못가에서도 좋습니다. 거기서 가슴을 터놓고 민족의 장래를 의논해 봅시다. 그때 우리는 같은 민족이라는 원점에 서서 모든 문제를 풀어나갈 수 있을 것입니다. 세계 도처에서 민족의 긍지를 지키며 살아가고 있는 5백만 해외 동포 여러분, 금세기 안에 조국은 통일되어, 자유와 평화의 고향땅이 될 것입니다. 우리 모두 국내외에서 힘을 합하여 세계 속에서 역할과 책임을 다하는 자랑스러운 한민족 시대를 열어 나갑시다(김영삼, 1993).

김영삼 대통령은 냉전 종식 이후 세계 질서가 평화와 협력으로 흐르는 것에 발맞춰 한반도에서도 남북한이 서로 협력하고 평화를 이뤄내야 함을 강조했다. 더구나 그는 "어느 동맹국도 민족보다 더 나을 수는 없다"고 언급하며 급변하는 국제 질서에서 민족 공조의 중요성을 강조하며 남북정상회담을 제안하는 것으로, 남북 간 긴밀한 협력을 통해 한반도의 평화와 통일을 지향할 것임을 명확히 했다. 이는 민주화 이후 공정한 선거로 정치적 정통성을 부여받고 당선된 최초의 문민정부가 이전 정부들이 하지 못했던 전향적인 남북관계 개선을 할 수 있다는 자신감의 표현이었다.

김영삼 정부 취임 당시 전향적인 대북기조와 민족주의적인 대북관은 비전향 장기수 이인모 북한 송환과 진보적 재야 민주인사로 알려진 한완상 서울대 교수를 초대 통일부총리로 임명한 것에 잘 드러난다. 김 대통령은 노태우 정부 시절 남북관계 갈등의 대표적 사안 중 하나였던 비전향 장기수 문제를 해결해 교착 상태에 빠진 남북관계를 개선하는 중요한 계기를 만들고자 했다(김영삼, 2001: 98-100). 또한 한완상 교수를 통일부총리로 임명한 것은 새로운 남북관계를 구축하려는 구상을 정책적으로 구체화한 것이었다고 해석할 수 있다. 다른 한편, 한승주 외무부 장관은 3월 15일 국회통일위원회의 비공개 답변에서 "지금까지 정부는 북·미간 고위급 접촉을 반대해 왔으나, 이번 북한 핵문제에 대해서는 미국이 북한과 고위급 접촉을 갖고 문제를 해결하도록 요청하겠다"고

발언한 것으로 알려져 있으며, 실제 김영삼 대통령은 3월 말 클린턴 대통령에게 보낸 서한에서 "북한과의 대화 창구를 닫지 말 것"을 요청했다고 한다(신욱희, 2007: 218-219).

그러나 그러한 취임 당시의 전향적 대북 기조는 3월 12일 북한의 핵확산금지조약(NPT) 탈퇴 선언으로 방향을 급선회하게 된다. 김영삼 정부는 북한의 핵사찰 거부와 NPT 탈퇴로 초기의 전진적인 대북관계 구상에 수정이 불가피함을 인식하고, 대화와 압력을 병행한다는 대북 기본 전략을 마련한다(김영삼, 2001: 100-102). 특히 김 대통령은 1993년 6월, 취임 100일의 기자회견에서 "핵무기를 가진 상대와는 결코 악수할 수 없다"며 북핵문제에 대한 단호한 입장을 밝혔다. 하지만, 김영삼 정부는 이후 대화와 압력을 병행하는 대북정책을 추진하는 데 이는 북한과 미국 사이에서 커다란 혼선을 보여주었다.

기본적으로 탈냉전의 새로운 세계 질서 속에서 동아시아 전략을 구상하는 미국의 대북 인식이 한국 정부의 시각과 일치할 수는 없었다. 북한의 NPT 탈퇴 선언 이후 클린턴 행정부는 북핵문제를 핵비확산(nuclear nonproliferation)의 시각에서 접근하고 있었지만, 김영삼 정부는 이를 남북기본합의서와 비핵화공동선언의 위반으로 인식하고 있었다(신욱희, 2007: 226). 또한 북핵문제가 전개되는 과정에서 클린턴 행정부는 북한 핵물질의 대량 생산 저지를 더 강조했던 반면, 김영삼 정부는 북한 핵 개발의 원천적 봉쇄를 주장하는 입장이었다. 이는 클린턴 행정부가 북핵문제를 지역적 특수성의 문제라기보다는 범세계적인 국제안보 문제로 보고 핵물질과 핵무기의 확산을 걱정했던 반면, 김영삼 정부는 이를 완전히 한반도 문제로 보고 북한의 핵 개발이 한반도의 안보를 위협하고 있다고 파악한 것을 의미하는 것이다(이용준, 2004: 121-122).

김영삼 정부는 한반도 통일을 추진해 나가는 데에서도 북한과의 갈등을 초래했다. 기본적으로 노태우 정부의 '한민족공동체 통일 방안'을 수용해, 1994년 8월 15일 광복절 대통령 경축사에서 '한민족공동체 건설을 위한 3단계 통일 방안'을 발표한다(김영삼, 2001: 342-343). 이는 기존의 '한민족공동체 통일 방안'을 구체화해 '화해협력 단계-남북연합 단계-1민족 1국의 통일국가 완성'의 3단계로 구분해 이전 방안보다 더 구체적으로 남북통일의 절차를 정한 것이었다. 하지만, 북한은 3단계 통일 방안이 통일 한반도의 국가 이념과 정치 체제를 자유민주주의 국가와 시장경제 체제로 분명하게 규정하고 있는 점에 강력히 반발했다. 북한은 김영삼 정부의 통일 목표와 방법이 북한을 남한의 자유민주주의와 시장경제 체제에 흡수해 편입하는 사실상의 흡수 통일을 취하는 것으로 인식했기 때문이다.

김영삼 정부는 초기 "어느 동맹국도 민족보다 더 나을 수는 없다"고 언급하며 남북관계 중심의 대북포용정책을 선언했으나, 북핵 위기가 발발하면서 대북정책을 수정하자 북한의 반발을 초래하여 남북관계가 경색됐다. 이처럼 남북관계가 부재한 상황에서 북한은 통미봉남(通美封南) 정책으로 김영삼 정부를 따돌리고 클린턴 행정부와 직접 협상을 통한 북미관계 개선으로 북핵문제를 해결하려 했다. 이에 따라 김영삼 정부는 한미관계에 의존하면서 북한에 대한 압력을 행사하는 대북정책을 추진하게 된다.

그러나 이에 대해, 김영삼 정부가 노태우 정부와는 달리 북미 대화를 통한 대북 접근에 우호적이었다는 평가도 있다. 김영삼 정부는 노태우 정부가 북미 간 직접 대화를 무리하게 막음으로써 핵문제 해결을 지연했다는 시각을 가지고 있었기 때문에, 북한과 미국의 직접 협상을 통한 핵문제 해결을 추구했다는 설명이다(이용준, 2001: 116-117). 즉, 북한 핵문제가 불거지기 시작했을 때 미국은 북한과의 직접 회담을 통한 해결을 희망했으나, 노태우 정부는 한반도 문제에 대한 미국의 어떠한 관여에도 반대한데 비해 김영삼 정부는 자발적으로 북핵문제에 대한 미국의 적극적인 참여를 요청했다는 것이다.

하지만, 북한의 NPT 탈퇴 이후 김영삼 정부가 대화와 압박을 병행하는 전략으로 대북정책의 기조를 변경함에 따라 북한은 반발하며 남북 채널을 붕괴시켰으며, 이에 따라 한국은 어쩔 수 없이 북미 채널에 의존해야 하는 상황이 됐다. 북한의 통미봉남 정책으로 김영삼 정부는 클린턴 행정부를 통해 북한에 접촉하는 방법밖에 없었으며, 이는 한반도 문제에 대한 한국 정부의 정치적 수단을 사실상 제한시킨 결과를 초래했다(신욱희, 2007: 226). 남북 채널이 붕괴된 상황에서 한국이 북핵문제 해결 과정에 배제되지 않기 위해서는 북한이 남북대화 테이블로 나오도록 미국에게 강력한 압력을 행사하도록 요청하고 남북대화를 북미관계 개선의 전제조건으로 상정할 수밖에 없었는데, 이 과정에서 남북관계뿐 아니라 한미관계에서도 일정한 긴장을 감수해야 했다.

2) 한미관계

김영삼 행정부 시기 미국과 관련된 안보와 국방의 문제는 팀 스피리트(Team Spirit) 훈련의 중단과 재개 문제, 평시 작전통제권 환수문제 및 북한 핵 위기에 대한 한·미관계가 중요한 이슈다(구갑우·안정식, 2009: 244-278). '남북기본합의서'와 '한반도 비핵화 공동선언'으로 상징되는 1991년 남북관계의 진전과 북한의 국제원자력기구(IAEA) '안전조치협정(safeguards agreement)'의 서명을 계기로 한국과 미국은 1992년 실시 예정이던 팀 스피리트 훈련의 중지를 선언했는데, 이는 1976년 훈련이 시작된 이후 최초의 훈련

중지였다. 그러나 북한의 과거 핵 활동에 대한 의혹으로 1992년에 불거진 핵 위기 상태로 인해, 남북관계와 북미관계는 경색 국면으로 접어들게 된다.

한미 양국은 북한에 대한 압력 행사의 일환으로 1992년 10월의 '한미연례안보협의회의(SCM)'에서 1993년도 훈련 재개를 결정하고, 이듬해 3월 8일 규모와 기간을 축소했지만, 훈련을 재개했다. 1993년에도 북한 핵위기의 긴장 상태가 지속되자 한미 양국은 1994년도 훈련의 지속을 논의했다. 미국은 핵 대치를 해결하기 위한 유화적인 정책으로 팀 스피리트의 취소를 논의하기도 했지만, 북한의 강경한 대응으로 이러한 논의가 번복되는 과정을 거쳤다.

당시 김영삼 정부는 북한 핵위기에 대한 대응뿐만 아니라, 남북관계의 개선 문제에 팀 스피리트 훈련을 연계시켰다. 북미고위급 회담이 지속되면 한국 정부의 입지가 좁아질 가능성이 높았기 때문에 북미회담이 있기 전에 남북대화가 선행되기를 전제조건으로 내걸었는데, 훈련의 취소 문제를 이와 연관시켰다. 팀 스피리트 훈련을 두고 북미 사이에서뿐만 아니라 한미 사이에서도 논란이 계속되다가 미국은 1994년 3월 19일 훈련의 재개를 결정했다. 하지만, 4월 중순 한미 양국은 상호간의 협의 하에 훈련을 연기하기로 결정했다. 이후 6월 카터-김일성 핵 합의를 계기로 북한 핵문제가 해결 국면으로 접어들자 팀 스피리트 훈련은 재개되지 않았다.

한국의 작전통제권 환수는 냉전 종식과 한반도 주변 환경의 변화, 한국군의 전력 성장에 따라 오래전부터 추진돼 왔다. 노태우 행정부는 작전통제권 환수를 추구하며 1988년 초부터 미국과 이에 대한 협의를 시작했다. 원래는 전시, 평시의 구분이 없이 작전통제권 전체가 환수되는 것이 한미 양국 사이에서 협의됐으나, 협상 과정에서 평시작전통제권만 환수하고 전시작전통제권은 추후에 환수하기로 1992년 말에 합의함으로써 한국군의 작전통제권은 전시와 평시로 이분화됐다. 그 결과 1994년 12월 1일 한국군에 대한 평시 작전통제권은 한국군 합창의장에게 위임됐고, 한미연합사 체제를 유지하면서 전시작전통제권은 1996년 이후에 다시 논의하기로 잠정적으로 합의했다(국가기록원 온라인 자료).

국군에 대한 작전통제권(Operational Control) 문제는 1950년 한국전쟁 당시 이승만 대통령이 맥아더 유엔군 사령관에 이양함에 따라 시작됐는데, 1992년 10월 7일 제24차 한미 연례안보협의회의(SCM) 공동성명에 따라 한국 정부는 1994년 12월 1일 평시작전통제권을 환수했다. 한미상호방위조약에 의거해 1976년부터 시작돼 지속돼 온 팀 스피리트 훈련 문제는 김영삼 정부 시기 남북한 관계의 변화 및 북한 핵문제와 밀접하게 관련돼 있었다. 이러한 변수들의 변화에 따라서 1992년도에도 취소됐고, 1993년도에는 재개됐지만, 1994년 이후 결국 중지하게 된다. 이처럼 김영삼 정부 시기는 북한 핵위기를 중심으로 한국과 미국 사이에서 여러가지 협력과 긴장이 노정된 시기였다고 할 수 있다.

한국 정부는 1994년 12월 1일 '평시작전통제권'을 환수했다. 한국군에 대한 작전통제권 문제는 1950년 한국전쟁 당시 이승만 대통령이 맥아더 유엔군 사령관에 이양함에 따라 시작됐는데, 김영삼 정부 시절인 1994년 평시작전통제권이 환수됐고, 이후 전시작전통제권에 대한 환수 논의가 한국과 미국 사이에서 진행되고 있다.

2006년 한국군의 작전통제권은 평시작전통제권과 전시작전통제권으로 이분화돼 있다. 한국전쟁기에 한국군의 작전통제권이 유엔군 사령관으로 넘어간 후 1978년 11월 한미연합사령부가 창설되면서 이는 한미연합사령관에게 위임됐는데, 한미연합사령부의 사령관을 미군 장성이 맡고 있기 때문에 실제적으로 한국군의 작전통제권은 미국이 가지고 있는 것이 됐다. 그러나 1992년 제24차 한미연례안보협의회의에서 평시작전통제권을 한국군에 이양하기로 합의함으로써 김영삼 정부 시절인 1994년 12월 1일 평시작전통제권은 한국군에 공식 반환됐다.

다른 한편, 북핵문제에 대한 한미관계의 긴장도 노정됐다. 김영삼 정부 시기 클린턴 대통령과의 한미정상회담에서는 상당한 의견 충돌과 긴장이 유발되곤 했는데, 이는 주로 북한 핵문제에 대한 인식과 정책의 차이 때문이었다. 클린턴 행정부가 대체로 북한과의 직접 협상을 통한 포용정책을 시도하려고 했던 데 비해, 김영삼 정부는 북한과 미국 사이의 직접 협상에 한국 정부가 배제되는 것을 비판하며 북한 핵문제의 당사국으로서 한국의 입장을 강화하려는 정책을 추진했다. 따라서 김영삼 행정부 시기의 대북정책은 대체로 강경책과 온건책을 넘나들고 있었고, 이것은 한・미관계에 상당한 긴장관계로 작용하고 있었다.

김영삼 행정부 시기의 대북정책은 종종 강경책과 온건책을 넘나들고 있었다. 특히 미국의 대북정책과 관련하여 김영삼 행정부는 클린턴 행정부가 북한에 대한 온건책을 추구할 때 국내 정치를 의식하며 종종 강경책으로 급선회했고, 미국이 북한에 대한 강경책을 시도할 때는 한반도에서의 전쟁 방지라는 명분하에 유화책으로 선회하기도 했다 (Wit, Poneman, & Gallucci, 2004: 135-138).

김영삼 대통령과 클린턴 대통령의 한미정상회담은 여러 차례 이뤄졌지만, 북한 핵위기 당시 나타난 김영삼 행정부의 대표적인 대북 강경책의 모습은 1993년 11월 23일의 한미정상회담에서 잘 나타난다. 1993년 7월 14일 북한과 미국은 제네바에서 고위급 회담을 재개해 7월 19일 제네바 선언문(Agreed Statement)을 발표했다. 이 선언문에서 미국은 북한의 낡은 흑연감속로를 경수로로 교체하는 것에 동의했으며, 북한은 국제원자력기구와의 협의에 따라 안전조치협정의 적용과 이행에 합의했다. 또한 북한의 강석주는 11월 11일 핵 문제를 상호간의 일괄 타결하기를 제안했는데, 미국 역시 이러한 북한의 제안을 긍정적으로 고려하고 있었다.

그러나 한국 정부는 당시의 핵 회담이 북미 양자 사이에서 이뤄지며 한국이 완전히 배제되고 있다는 점을 지적했으며, 한국이 북한 핵문제 해결에서 주도적인 위치를 차지해야 한다고 미국에 주장했다. 김영삼 대통령은 11월 23일의 한미정상회담에서 북한 핵문제의 일괄 타결에 반대하고, 북한 문제의 최종 결정은 한국 정부가 내려야 한다고 주장했다. 더불어 이러한 노력이 결실을 맺지 못할 경우 유엔의 제재를 취해야 한다는 입장을 천명했다. 한국 정부는 또한 북미 고위급회담 이전에 남북한 특사 교환이 이뤄지고 남북관계의 개선이 우선돼야 함을 강조했다. 이에 클린턴 행정부는 남북한 사이의 대화가 특사 교환을 통해 이뤄진다는 것을 전제로 고위급 회담을 재개하겠다고 북한에 제의했으나, 북한은 한국 정부의 영향력이 북미 고위급 회담에 미치는 것에 강력히 반발했다.

이처럼 김영삼 행정부 시절 한국과 미국 사이에는 대북정책에 대해 일정한 견해차가 있었는데, 미국이 대체로 북한과의 직접 협상을 통해 포용정책을 시도하려고 했던데 비해, 한국 정부는 북한과 미국 사이의 협상에 한국 정부가 배제되는 것을 비판하며 북한 핵문제의 당사국으로서의 한국의 입장을 강화하려는 정책을 추진했다(돈 오버도퍼, 2003: 485-490; Sigal, 1998: 84-89).

2. 세계화 외교

김영삼 정부의 신외교는 특히 한국의 경제협력개발기구(OECD) 가입으로 결실을 맺게 된다. 1996년 12월 한국은 아시아 국가로는 일본에 이어 두 번째로 소위 선진국클럽인 OECD 회원국이 되는 쾌거를 이뤘다. 이처럼 김영삼 정부의 신외교는 세계화 외교에 커다란 강조점을 두고 있었다(이상환, 2010: 447-448).

김영삼 정부의 세계화 외교는 주로 세계무역기구(WTO), 경제협력개발기구(OECD)와 국제통화기금(IMF)에 초점을 맞출 수 있다. 우선 세계화를 국정의 주요한 화두로 제시한 김영삼 행정에 경제적 개방화와 신자유주의 정책은 핵심적인 것으로 적극적으로 추진해야 할 사안이었다. 따라서 김영삼 정부는 우루과이 라운드에 적극적으로 참여했고, 세계무역기구의 출범과 동시에 주요한 회원국으로 활동했다. 또한 선진국 클럽으로 알려진 경제협력개발기구의 가입도 적극적으로 추진했는데, 이는 세계화의 추진 과정에서 국제사회에서 한국의 위상을 경제 선진국으로 한 단계 끌어올리기 위한 노력의 일환이었다.

하지만 이러한 긍정적 효과와 더불어 한국이 개발도상국의 지위를 상실하고 경제정책의 자율성이 감소되는 부정적인 영향이 있을 수 있었다. 결국 1997년 동아시아를 몰아친 금융위기로 인해 한국 정부는 외환위기를 겪으며 국제통화기금에 긴급자금 지원을 요청하게 되는 불명예를 안게 됐다(임혜란, 2000: 26-34). 이는 김영삼 행정부가 추구한 개방화와 세계화가 정치적 구호에 비해 실제적으로는 국내 시스템이 성숙되지 못한 측면이 많았고, 여러 가지 경제정책의 실패와 부패가 경제위기를 심화시키는 결과를 가져왔다.

김영삼 행정부 시절 경제협력 부문 외교의 핵심 이슈는 세계화와 개방화다. 범세계적인 신자유주의 물결에 따라 김영삼 행정부도 세계화를 국가의 주요 정책 목표로 설정하고 이에 적극적으로 대처했는데, 이러한 모습은 다양한 국제기구에 대한 관심과 가입의 확대에서 잘 나타난다. 그 대표적인 활동이 WTO와 OECD 가입과 활동에서 잘 드러난다. 김영삼 행정부는 1994년 12월 15일 세계무역기구의 가입 비준동의안을 국회에서 통과시키고, WTO가 발족한 1995년 1월 1일부터 회원국으로 활발히 참여했으며, WTO를 통한 자유무역의 확대와 통상분쟁 해결에 커다란 노력을 해 왔다. 또한 선진국의 상징인 OECD 가입을 목표로 하고 적극적으로 추진한 결과 1996년 12월 29일 29번째 회원국으로 가입해, 한국 경제를 선진국 수준으로 새롭게 도약하고자 하는 의지와 노력을 보여주었다. 그러나 1997년 김영삼 정부는 험난한 금융위기의 파고를 넘지 못하고 외환위기를 겪으며 1997년 12월 5일 국제통화기금(IMF)에 자금 지원을 요청하게 됐다. 김영삼 행정부 시기 국제 조류에 맞게 개방화와 세계화를 적극적으로 추진했지만, 국내적인 시스템은 아직 선진국 수준에 미치지 못해 여러가지 경제정책의 실패와 부패가 경제위기를 더욱 심화시켰다.

1) OECD 가입과 세계화정책

한국은 OECD에 1996년 12월 29일 29번째 회원국으로 가입했다(임홍재, 1998: 260-270). OECD는 이러한 세계 경제의 지도적인 모습과 더불어 그와 걸맞게 서방 선진국가들 대부분을 포함하고 있어서 OECD 회원국은 바로 선진국이라는 인식이 있어 왔다. 따라서 한국의 OECD 가입은 국내외적으로 선진국 대열에 진입하는 것으로 인식될 수 있었는데, 이는 김영삼 행정부의 최대 화두인 세계화 정책과 잘 맞아떨어진 것이 사실이다. 국제사회에서의 한국의 위상을 경제 선진국으로 한 단계 끌어올리기 위한 김영삼 정부의 노력이 한국이 당시 OECD 가입을 적극 추진했던 하나의 배경이 됐던 것은 우연이 아니다.

OECD는 WTO처럼 다자간의 협상을 위한 국제기구가 아니라 가입국가 간의 관심 분야나 현안에 대해 정부 차원의 협의를 도모하기 위해 조직된 일종의 클럽 형식의 국제조직이라고 할 수 있다. 따라서 OECD는 WTO와는 달리 법적 구속력을 가진 강제성을 담보하고 있지 못하며, 다만 회원국들 간의 합의에 의해 운영되고 있다. OECD는 그 기본적인 목적이 재정금융상의 안전을 유지하면서 가능한 한 고도의 경제 성장을 지속하고 경제 발전 과정에 있는 각 지역, 특히 개발도상국들을 원조하며, 자유롭고 다각적인 세계무역의 확대를 위해 노력하는 것이다. 한국이 OECD에 가입함으로써 국가적 위상이 제고되고, 국내 산업을 세계적 기준에 따라 변화시킴으로써 국내 산업의 체질을 강화하고 경제 체제를 선진화할 수 있는 긍정적인 효과가 예상됐다. 그러나 더불어 한국은 개발도상국의 지위를 상실하고 경제정책의 자율성이 감소되는 부정적인 영향이 있을 수 있다. 따라서 한국 정부는 OECD가 추구하는 정책 방향을 국내 정책에 적절히 반영해 시장 개방과 자율화의 흐름 속에서 경제효율성을 제고하는 방향으로 추진해 왔다.

2) WTO 가입 비준

김영삼 정부는 1994년 12월 15일 WTO의 가입 비준동의안을 국회에서 통과시키고 1995년 1월 1일부터 회원국으로 참여하고 있다(국가기록원 온라인자료). 세계자유무역의 흐름 속에 '관세와 무역에 관한 일반협정(General Agreement on Tariffs and Trade: GATT)' 체제를 대신해 세계 자유무역의 질서를 세우고 개방화를 증진시키기 위해 세계무역기구는 우루과이 라운드협정(Uruguay Round of Multinational Trade Negotiation)의 이행을 감시하는 국제기구로 발족했다. 1990년대 김영삼 정부의 최대 화두는 세계화였으며, 그 과정에서 경제적 개방화라는 신자유주의 정책은 불가피했으며 또한 적극적으로 추진해야 할 사안이었다. 이에 한국 정부는 우루과이 라운드에 적극적으로 참여했고, 세계무역기구의 출범과 동시에 주요 회원국으로 참여했다.

한국 입장에서는 WTO가 점점 더 강화되고 있는 지역화 물결에 대한 대응이기도 했다. 유럽연합(EU)이나 북미자유무역협정(NAFTA) 등 지역주의가 극심해지는 데 따르는 불이익이나 미국, 일본, EU 등 경제 선진국의 일방적인 무역장벽과 보복 조치에 의한 경제적 피해를 줄일 수 있다는 장점이 있었다. 한국 정부는 세계무역기구 가입의 비준 이후 국내외 각종 세계 무역구조의 변화에 적극적으로 대응하고 있으며, 이에 따라 각종 국내 법규와 관행도 세계적인 수준으로 변화시키는 노력을 하고 있다.

3) 금융위기와 IMF 긴급자금 지원

1997년 동아시아를 몰아친 금융위기로 인해 한국 역시 외환위기를 겪으며 1997년 12월 5일 IMF에 자금 지원을 요청하게 됐다. 국내적으로는 1997년 1월 한보철강의 부도를 시작으로 삼미와 진로, 기아 등 대기업이 연쇄적으로 부도사태에 이르렀고, 대외적으로도 1997년 여름 이후 타이와 인도네시아에서 환율이 급등하고 주식시장이 폭락하는 사태가 발생했다.

한국 역시 예외가 아니었다. 1997년 가을 이후 대미 달러 환율이 급등하기 시작했고, 주식시장도 폭락하기 시작했다. 11월에 들어서서 김영삼 행정부는 사태의 심각성을 인식했고, 11월 21일 김영삼 대통령은 대외채무를 갚지 못해 발생할 국가 부도사태를 방지하기 위해 IMF의 구제금융을 요청하며, 국제통화기금이 요구한 강력한 국내적 경제개혁을 받아들이기로 했다. 12월 3일 마침내 한국 정부는 캉드쉬(Michel Camdessus) 국제통화기금 총재와 구제금융 합의서에 서명했고, 국제통화기금은 12월 5일 1차 지원금 56억 달러를 긴급 지원했다.

이로써 한국의 경제정책 전반이 국제통화기금의 관리 체제에 놓이게 됐다. 한국의 금융위기는 대외적으로는 아시아의 전반적인 금융위기에 영향을 받은 바도 크지만, 국내적으로 기업의 과도한 해외 단기 차입금과 당시 김영삼 행정부가 부실 재벌이었던 한보와 기아 등에 대한 처리가 늦었고 외환 관리에 실패했기 때문이었다. 또한 1997년도 주변 동남아시아 국가들의 경제가 어려워지자 외국 투자기관들은 한국의 경제도 곧 어려워질 것이라고 판단해 투자자금을 무더기로 빼내 간 것도 직접적인 원인이었다(이상환, 2010: 459-473).

3. 다변화 외교

1) 대(對)러시아 외교

1990년 한소 수교 이후 한국과 러시아 양국 관계는 상대국의 역할에 대한 기대는 상당히 컸지만 실제 양국 관계는 과도한 낙관론에 기반해 희망적 사고에 크게 의존하고 있었던 것으로 평가된다. 따라서 김영삼 시기 한・러 관계는 어느 정도 과열된 측면이 있었다고 해석된다. 이는 한・소 수교 이후 한국이 추진한 대러 관계의 기본 노선이 러시아의 이해관계와 적절히 조율되지 못했기 때문이다. 한국 정부는 한소 수교 이후 대러 관계에서 러시아를 북한에 대한 영향력을 행사할 수 있는 지렛대로만 간주하는 안이한 태도를 가졌는데, 이로 인해 한・러 양국의 독자적 상호 이해관계에 기초한 포괄적 협력 관계를 구축하지 못했다.

러시아는 한・러 관계에서 자국의 경제난 극복을 위해 한국과의 통상 및 경제 협력을 확대하는 데 정책적 우선순위를 두었다. 특히 아태지역, 좀 더 좁게는 동북아 지역에서의 위상 회복 및 강화를 위해 한국으로부터 대러 경제 지원, 시베리아와 극동지방 개발을 위한 대규모 투자 등을 기대했다. 하지만 한국의 대러정책에서 주된 위치를 점했던 것은 대북한정책의 테두리를 벗어나지 못한 정치 및 안보적 이익이었고 경제적 이익은 항상 부차적인 요소로 치부됐다. 그 결과 한국과 러시아의 경제협력 관계는 당초 기대 수준에 훨씬 못 미치고 있을 뿐만 아니라 관계 발전을 위한 잠재력을 충분히 활용하지도 못했다.

물론 여기에는 러시아의 경제위기가 지속되고 투자환경의 미비로 인해 한국과의 경제협력을 확대 강화하기가 현실적으로 불가능했다는 객관적인 요인도 존재한다. 또한 상대방에 대한 정확한 정보와 충분한 이해를 구축할 여유를 가지지 못한 채 수교가 이뤄짐으로써 상대방에 대한 기대감이 과도할 정도로 컸었고, 또 서로가 양국의 능력과 의지에 대한 정확한 판단 없이 지나친 기대감 속에서 무리한 계획을 남발해 결국 상호 좌절감과 실망감을 부추겼다는 주관적 및 심리적 요인도 존재한다(윤익중, 2003: 456-462).

1992년 구소련의 해체 및 러시아의 출범과 함께 한국은 러시아에 대한 15억 3천만 달러의 경협차관 잔여분의 추가 집행을 중단했다. 러시아가 채무상환 이행에 차질을 보이자 한국 정부의 북방정책의 열기는 급속히 냉각됐고, 한반도문제 해결 참여자로서의 러시아의 지위는 이후 김영삼 정부 내내 격하됐다. 1995년 당시 한국과 수교한 지 3년밖에 안 됐던 중국과의 교역량이 165억 달러에 달해 한・러 교역량의 5배에 이르렀다. 또한 한국 기업가들의 대(對)러시아 투자는 5,000만 달러에 불과해 양국 간 경제통상협력의 기조는 냉각되기 시작했다.

특히 1995년 12월 러시아의 총선에서 공산당이 149석을 얻어 원내 제1당이 되는 결과를 초래해 한국은 우려감을 가지지 않을 수 없었다. 당시 러시아 대선을 불과 5개월여 앞둔 옐친(Boris Yeltsin) 대통령은 재임을 위해 친서방주의자 코지레프(Andrei Kozyrev) 외무부 장관을 해임하고 1996년 1월 9일 유라시아주의자이면서 고른 지지를 받고 있던 대외정보국장 프리마코프(Yevgeny Primakov)를 외무 장관에 기용해 공산당이 대외정책을 대선의 소재로 이용하는 것을 차단하려 했다. 이후 러시아의 외교는 유라시아 노선으로 전환해 한반도에서의 친한 일변도 정책을 재고하고 북한과의 관계를 복구하는 방향으로 나아가게 되면서 한・러 관계는 회복되지 못했다.

한국과 러시아 관계의 중요한 계기는 정상외교를 통해 주로 이뤄졌다. 김영삼 대통령은 1994년 6월 1~3일 모스크바를 방문해 러시아연방 옐친 대통령과 정상회담을 개최했다. 한・러 양국 간의 관계가 1992년에 체결된 '대한민국과 러시아연방 간의 기본관계에 관한 조약'을 바탕으로 정치・경제・문화 등 모든 분야에서 발전해온 데 대해 양국 정상은 만족을 표명하고 양국 관계가 자유민주주의, 법의 지배, 인권 존중 및 시장경제라는 공동의 가치를 바탕으로 "건설적이고 상호 보완적인 동반자 관계"로 접어들었음을 선언했다(국가기록원 온라인자료).

이 한・러 공동선언은 형식으로 볼 때 공동성명이나 공동발표문보다 한 단계 격이 높은 합의의 표출로 한・러 기본조약의 단계를 넘어 양국 관계가 기본적인 단계에서 동반자 관계에 진입했음을 천명한 것이다. 하지만, 양국 대통령이 모스크바 정상회담을 통해 동반자 관계를 선언했음에도 불구하고 당시 국제적 관심사였던 유엔의 대북한 제제에 대해 두 정상은 접근 방식과 시각에서 미묘한 차이를 드러냈다. 이런 시각 차이와 쟁점들은 건설적이고 상호보완적인 동반자 관계를 천명한 모스크바 공동선언에도 불구하고 두 나라 관계가 순탄치만은 않았음을 보여주는 대목이었다. 결국 이 선언은 양국이 외교 안보 면에서는 큰 성과를 거둔 반면 경제적으로는 상당한 부담을 남기게 됐다고 평가됐다(서대숙, 2001: 3-7).

2) 대(對)중국 외교

1992년 한중 수교는 반세기 동안 막혀 있었던 양국 간 교류와 협력의 물꼬를 트는 결정적인 계기가 됐다. 이에 따라 정치, 경제, 사회, 문화, 국민 교류 등 모든 분야에서 교류가 비약적으로 전개됐다(국가기록원 온라인 자료).

수교 이후 가장 커다란 발전을 보인 분야는 경제・통상 및 양국 국민 간 상호 왕래 등 실질 분야에서의 교류였다. 1989년 소규모의 간접 교역으로 시작된 양국 간 교역은 교역 총액 면에서 수교 직전인 1991년 44억 달러에서 1992년 82억 달러를 기록해 2배 성장했고, 김영삼 정부가 들어서던 1993년에는 90억 달러를 넘어섰다. 김영삼 정부 마지막 해인 1997년에는 약 240억 달러에 육박해 비약적인 성장세를 보여주었다.

이로써 한중 양국은 각각 서로 제3위의 교역 상대국이 됐다. 교역과 함께 양국 간 경제·통상 관계의 또 하나의 중요한 축을 이루고 있던 투자 부문도 비약적으로 성장했다. 수교 직전인 1991년 말 당시 1억 달러에 불과하던 한국의 대 중국 투자는 수교 후 김영삼 정부 시기를 거쳐 1998년 말에 약 64억 달러에 달해 100배 가까이 증가하는 놀라운 신장세를 보여주었다. 이에 따라 중국은 미국에 이어 한국의 제2의 투자 대상국으로 급부상했다. 양국 간의 경제·통상관계가 비약적으로 발전함에 따라 경제·통상은 물론 각종 목적으로 상대국을 방문하는 양국 국민의 숫자도 크게 증가했다. 수교 첫해인 1992년에 8만 8,000여 명에서 1998년에는 60만 명에 육박할 만큼 획기적으로 증가했다. 이만큼 김영삼 정부는 대(對)중국 경제외교에 집중했고 이 시기 한중관계는 빠른 속도로 가까워지고 있었다.

수교 이후 노태우, 김영삼 대통령이 중국을 방문했고, 중국에서도 장쩌민(江澤民) 국가주석, 리펑(李鵬) 국무원 총리 등이 한국을 방문했다. 이에 따라 양국 간에 정상 상호 교류를 통한 정치·외교 관계의 발전이 도모됐고, 동시에 북핵문제를 비롯한 한반도 문제와 관련해서도 협조 체제가 구축돼 갔다. 수교 이후 양국은 황장엽 사건이나 타이완의 핵폐기물 북한 이전 문제 등 구체적인 계기를 통해 상호 긴밀히 협조하는 모습을 국제사회에 보여주었다. 또한 1997년부터 시작된 한반도 문제와 관련한 4자회담에서도 지속적인 협조 체제를 구축해 갔다(국가기록원 온라인 자료). 김영삼 대통령의 방중은 중국과의 정상외교를 통해 한국의 위상을 높이고 한반도 통일의 여건을 조성하기 위한 일환으로 적극 추진됐다. 또한 김영삼 정부 시기 동안 중국 정상의 방한도 성사돼 한중 양국 정상 간의 상호 방문이 이뤄졌다(외교통상부, 1999).

김영삼 대통령은 1994년 3월 26일부터 30일까지 중국을 공식 방문해 장쩌민 중국 국가주석과 정상회담을 갖고 북한 핵문제를 비롯해, 경제협력 방안 등 양국의 현안에 대해 논의했다. 두 정상의 분야별 합의 내용 및 주요 대화 내용은 다음 세 가지 측면에서 요약할 수 있다.

첫째, 북한 핵문제와 관련해 김영삼 대통령은 중국이 한반도의 비핵화를 지지해 준 것을 높이 평가했고, 양국은 핵문제 해결을 위해 북한과 항시 대화할 준비가 되어 있음을 확인시켰다. 이에 장쩌민 주석은 한반도의 비핵화를 철저히 지지하며 그것이 중국의 확고한 입장이라고 밝혔다.

둘째, 경제문제에 관해 김영삼 대통령은 대외협력자금 4천만 달러를 중국에 제공하기로 했고, 전전자교환기(TDX), 고화질 TV, 항공기, 자동차 분야에서 두 나라가 긴밀히 협조해 나가기로 했다. 특히 전전자교환기는 차세대 교환기가 될 우수한 성능으로 소규모로 합작이 진행되고 있는데 이를 확대해서 규모를 늘려 나가기로 했다. 항공기산업 분야에서는 아시아와 유럽에서의 수요 확대에 대비해서 기술 제휴와 합작으로 사업을 펼쳐나가기로 했다. 자동차 문제는 한국의 완성차가 중국에 진출할 수 있도록 검토를 요청했고, 한국의 건설사업이 중국의 제8차 경제개발계획에 적극 참여할 수 있는 길을 열어줄 것을 요청했다. 이에 장쩌민 주석은 앞으로 장관급회담을 열어 구체적인 정부 간의 협의를 진행하고 업계에서도 실무당사자 간에 이 문제를 협의하도록 하자고 제의했다.

셋째, 환경오염 공동 대처에 관해, 김 대통령은 중국의 강이 대개 황해로 흐르고 우리의 강도 황해로 흐르고 있는 현실에서 오염문제와 수질문제에 대해 공동조사를 제의했고, 이에 장 주석은 환경과 문화문제는 이미 환경협정이 체결돼 있고 문화협정도 체결돼 있는 만큼 그것을 통해 점진적으로 추진하자고 했다. 김영삼 대통령의 방중을 통해 양국은 '문화협정', '산업협정', '산업협력위원회 설치협정', '이중과제 방지 협정', '세관협력 협정'을 체결하는 성과를 거뒀다.

또한 장쩌민 중국 국가주석은 1995년 11월 13일부터 17일까지 한국을 공식 방문해 김영삼 대통령과 정상회담을 갖고 상호 협력, 관계 확대를 다짐했다. 특히 한반도의 평화 체제는 남북한 당사자 간 대화와 합의에 의해 이뤄져야 하며 그때까지는 휴전협정이 준수돼야 한다는 데 의견을 같이함으로써 두 나라의 공동 보조를 재확인했다. 두 번의 정상회담을 통해 양국은 정치 · 안보 분야의 협력과 실질적 쌍무 관계를 확대하는 기반을 마련할 수 있었다(외교통상부, 1999). 또한 양국은 21세기 아태 시대를 앞두고 원자력 및 항공산업 등 주요 부문의 산업 협력을 바탕으로 동북아시아지역의 평화와 번영에 기여하자는 데 합의했다. 양국은 일본의 소수 극우세력에 대해 경계하고 일본이 역사 인식을 똑바로 할 것을 강력히 촉구했다. 또한 장쩌민 주석은 국회 방문연설을 통해 중국의 개방 및 개혁정책의 추진 상황 설명과 한중 두 나라 간의 이해를 증진해 공동 번영을 추구하자고 역설했다.

장쩌민 중국 국가주석의 방한은 수교 4년을 맞는 한중관계가 정치, 외교, 안보 분야로 확대되면서 동북아 질서에 변화를 예고하는 역사적 사건이었다. 특히 주변 4개국과 남북한문제 그리고 세계무역기구(WTO) 출범에 따른 변화된 동북아 다자관계 속에서 한중 양국 관계를 조율하고 협력 관계를 증진하려는 목적에서 적극 추진됐다. 또한 1994년 3월, 김영삼 대통령의 중국 방문 이후 1년 4개월 만에 이뤄진 답방이었다. 이에 김영삼 대통령과 장쩌민 국가주석은 청와대에서 단독 및 확대정상회담을 갖고 상호 협력, 관계 확대를 다짐했다.

장쩌민 국가주석의 한국 방문은 중국 국가원수로서는 최초의 한국 방문이라는 역사적 의미를 갖는다. 중국은 1992년 한국과 국교를 수립한 이래 '정치는 북한, 경제는 남한'이라는 이중적인 대한반도 정책을 추진해 왔다. 따라서 장쩌민 주석의 방한은 중국이 그간 표방해 오던 '남북한 등거리외교' 정책의 중대한 변화를 의미하는 것으로 해석되기도 했다(김정원, 1996: 290-305). 또한 장쩌민 국가주석의 방한은 수교 이후 경제협력을 축으로 발전해 온 양국 관계가 정치 방면의 협력 관계로 확대될 수 있는 계기를 마련했다는 평가를 받았다. 김영삼 정부에 중국은 북한 핵문제가 발생하면서 북한에 대해 가장 큰 영향력을 행사할 수 있는 국가와의 긴밀한 협력 관계를 유지해야 할 필요성을 인식하게 된 것뿐만 아니라 양국의 경제 교류와 협력이 급속히 증가하는 추세를 보임에 따라 경제적 측면에서의 협력 강화도 양국의 중요한 현안으로 대두됐다.

반면, 김영삼 정부 당시 북중 관계는 전반적으로 소강 상태를 유지했다. 1994년 10월 리펑 총리의 방한 이후 북한은 이를 맹비난했다. 또한 1995년 4월 경수로협정 체결을 앞두고 중국이 종용한 한국형 경수로를 북한이 거부하는 사태가 일어나기도 했다. 또 북미협상 중에 김정일 권력 승계 등에 관해 북한은 중국에 어떠한 통보도 하지 않음으로써 북중 관계의 긴장을 보여주기도 했다. 북한 핵위기의 와중에 이뤄진 1994년 4월 판문점 군사정전위에서의 일방적 군사단 철수는 이러한 긴장을 예고한 것이었다. 당시에 북한은 중국에 사전 통보 같은 조치를 하지 않음으로써 중국을 당황하게 만들기도 했다. 하지만, 1996년 초부터 북한은 중국의 장쩌민 체제를 인정하는 유화적 제스처를 취했고 중국 역시 3월 이후 북한에 대한 지원을 재개하기로 하여 양국 관계는 다시 우호적으로 발전하기 시작했다(외무부 1993-1997; 통일부 북한자료센터).

3) 대(對)일본 외교

김영삼 행정부 시기 일본과의 관계는 역시 과거사 문제와 이로 인한 외교 갈등으로 요약될 수 있다(국가기록원 온라인 자료). 1994년 6월 출범한 무라야마 도미이치(村山富市) 정권은 사회당과 자민당의 연립정부였다. 무라야마 수상은 사회당 당수 출신으로, 본인의 임기 중에 일본의 과거 침략, 식민 통치의 역사에 대한 사죄 반성의 입장을 확실하게 정리하고자 시도했다. 무라야마 총리는 무엇보다 국민의 대의기관인 국회에서 과거사에 대한 사죄 반성의 결의를 표명함으로써 과거사 문제에 대한 결착을 꾀했다. 그러나 국회에서의 사죄 반성 결의는 자민당 내부의 우파적 정치인을 비롯한 보수 세력의 반대에 부딪쳐 계획대로 추진되지 못했는데, 우여곡절 끝에 1995년 6월9일 일본 중의원에서 "역사를 교훈으로 평화에의 결의를 새롭게 하는 결의"가 채택됐다. 이 결의문에는 식민 지배와 침략적 행위 그리고 반성이라는 용어가 사용됨으로써 사죄의 의미가 최소한도로 표명되기는 했으나 여전히 큰 한계를 지닌 내용에 머물게 됐다.

한국과 일본의 과거사 문제는 다른 외교 이슈로 확대돼 오랫동안 외교 갈등을 빚어 왔다. 김영삼 정부 시기 새롭게 대두된 내용은 독도 영유권 문제와 어업통상 분쟁이었다. 일본은 200해리 배타적 경제수역의 설정을 결정하고 이를 독도에 적용시켰는데, 김영삼 대통령은 이에 대해 영유권 문제와 어업협정을 별개로 해결하자고 제의해 독도영유권에 분쟁이 있는 것처럼 받아들여지게 되어 일본 측의 입지를 강화시켜 주었다. 이는 독도는 명백한 한국 영토로 분쟁과 협상의 대상이 될 수 없다는 강경한 입장을 고수해 온 한국 정부가 일본의 입장을 받아들인 것으로 해석될 여지를 남기고 있어, 김영삼 정부 시기 이후 한일 간의 외교 갈등은 독도 영유권과 어업문제가 맞물리는 새로운 양상을 보여주었다(국가기록원 온라인 자료).

4) 대(對)국제기구 외교

1991년 한국이 유엔에 가입한 이후 한국 정부는 여러 차례 유엔의 평화유지활동(Peace Keeping Operation: PKO)에 참여해 달라는 요청을 받았다. 이는 한국의 국력 신장을 상징하는 대표적인 모습으로서 과거 국제사회의 도움을 받던 한국이 이제 국제사회를 위해 공헌할 시기가 왔음을 의미하는 것이었다. 이에 김영삼 행정부는 우리 외교 역사상 최초로 육군 공병대대인 상록수 부대를 1993년 7월부터 1994년 4월까지 유엔의 평화유지활동을 위해 소말리아에 파견했다. 이후 소말리아에서의 활동을 경험으로 김영삼 정부는 1995년 10월부터 앙골라 유엔평화유지활동에도 참여해 국제사회에 대한 한국의 역할을 증진시키게 된다(국가기록원 온라인 자료).

소말리아는 아프리카 동북부에 위치한 나라로 1960년 9월에 독립했으나 군소 정파간 투쟁으로 무정부 상태에 빠져 있었다. 이에 유엔은 안전보장이사회의 결의에 따라 2차에 걸쳐 평화유지활동을 전개했으나 소말리아 측과 유엔 평화유지활동을 하는 병력 사이에 무력 충돌이 발생하는 등 궁극적인 사태 해결에는 실패하고 1995년 2월 평화유지활동 임무가 중단됐다. '육군 상록수부대'는 1993년 7월 30일 소말리아에 도착해 유엔 소말리아 평화유지활동 사령부가 배정한 도로 보수공사와 주민 지원활동 등을 수행했다. 특히 '발라드-조하르' 도로공사에 참여해 도로를 개통시켰고, 5개월여에 걸쳐 제너럴 다우드 관개수로를 건설해 농업 생산이 가능하게 했다. 또한 상록수부대는 현지 주민들을 위한 학교를 운영해 여러가지 기술교육 등 다양한 대민 지원활동을 펼쳤다(강요식, 1994: 1-10; 국방부 온라인 자료).

김영삼 정부는 소말리아 평화유지활동을 경험을 살려 1995년 10월부터 1996년 12월까지는 앙골라 평화유지활동(UNAVEM III)에도 공병부대가 참여했다. 1975년 포르투갈로부터 독립한 이후 내전이 계속됐던 앙골라는 1991년 5월 '당사자 간 평화협정'이 체결됨으로써 분쟁이 종식됐는데, 이에 따라 유엔은 앙골라 검증단(UNAVEM Ⅰ, Ⅱ, Ⅲ)과 군감시단(MONUA)을 설치했다. 1995년 10월부터 앙골라 유엔평화유지활동에 참여한 한국은 교량 건설사업과 인도적 구호활동 등을 펼쳐서 유엔의 효과적인 평화유지활동에 일익을 담당했다.

제 4 절 성과 및 평가

김영삼 정부는 신외교를 통해 경제적인 부문에서의 세계화 추진과 안보 분야에서의 북한 핵위기 대처를 적극적으로 추진했다. 경제 부문에서 1990년대의 신자유주의 물결에 대응하기 위한 김영삼 행정부의 세계화와 개방화 정책은 한국의 WTO 가입과 OECD 가입으로 구체화됐고, 이러한 세계화 정책은 국내 사회에 세계화 열풍을 불러일으키며 국민들의 인식의 폭을 확대시켰다.

그러나 정치적 구호를 넘어선 국내 사회의 구조적 전환과 정책적인 시행은 아직 부족해 많은 문제점을 야기했다. 이는 1997년 한국의 금융위기와 IMF에서의 긴급 자금지원이라는 결과로 되돌아왔다. 안보 분야에서는 북한 핵위기가 김영삼 정부의 핵심 관심대상이었다. 1993년 3월 북한의 NPT 탈퇴 이후 심화된 제 1차 북한 핵위기는 1994년 6월 이후 카터(Jimmy Carter) 전 미국 대통령과 김일성 주석의 합의를 통한 제네바 합의에 의해 일단락되고 한반도에너지개발기구(KEDO)가 설립됐다.

그러나 제네바 합의는 북한 핵문제의 근본적인 해결이 아니었으며, 북미관계의 변화에 따라 그 이행에 어려움이 많았다. 더구나 그 협상의 과정에서 한국 정부는 주도적인 역할을 하지 못했다. 이런 측면에서 김영삼 정부의 신외교는 세계화와 북한 핵위기라는 도전 속에서 한국의 외교 역량을 일정 부분 고양시킨 측면이 있으나, 국내적인 준비 부족과 정책 혼선으로 효율적인 대응에 상당한 어려움을 겪었다고 평가된다.

또한 김영삼 정부의 신외교는 전임 노태우 정부나 후임 김대중 정부에 비해 주목받지 못한 측면이 있다. 이는 김영삼 정부의 신외교가 노태우 정부의 북방정책이나 김대중 정부의 햇볕정책과 같이 국가전략을 대표할 만한 비중을 지닌 것이 아니었기 때문일 것이다(박용수 2011: 55-56). 한국의 국제적 위상을 높이고 동북아의 주도국으로의 역할 제고라는 의욕적인 기획은 좋았으나, 북한 핵문제라는 돌발변수가 정책의 일관성을 제한했다. 또한 국내 경제구조가 충분히 대비되지 못한 상태에서 급격한 세계화정책을 추진함으로써 이후 상당한 경제적 대가를 치러야 했다.

이런 관점에서 김영삼 정부가 보여준 신외교는 전반적인 한국 외교정책 결정 과정에 대한 몇 가지 시사점을 제시한다(황지환, 2010: 437-439). 우선 외교정책과 대북정책의 추진 과정에서 한미관계의 중요성이다. 어차피 한국과 미국 간 시각과 국가 이익은 상이하기 때문에 각국의 외교정책이 동일할 수는 없었다. 북핵문제에 대해서도 김영삼 정부는 남북관계와 한반도 문제로 보는 반면 클린턴 행정부는 한반도뿐만 아니라 동북아 전체와 전 세계의 비확산 레짐까지 생각해야 했기 때문이다. 따라서 한미 간의 이견을 조정하는 것이 한국 정부가 북핵문제와 세계화 등 신외교를 이끌어 나가는 데 가장 중요한 요소였다고 평가된다. 김영삼 정부는 북미회담의 전제조건으로 남북대화를 내세우거나 한국형 경수로를 주장함으로써 미국에 대해 일정 부분 한국이 자율성을 확보하기는 했으나, 결국 미국의 반발을 초래하고 한미 간 갈등을 심화시키기도 했다. 또한 과거 냉전 시대보다는 자유로워지기는 했지만 여전히 비대칭적인 한미관계의 속성상 김영삼 정부가 미국의 정책에 지속적으로 반대하는 것이 불가능했기 때문에 종종 정책이 비일관적이고 무원칙적인 모습을 보이기도 했다.

둘째, 김영삼 정부는 신외교를 추진하는 과정에서 김영삼 대통령 자신의 역할과 영향력이 두드러졌다는 특징을 보여주었다. 이는 당시 강력한 대통령제 하에서는 어쩔 수 없는 부분이기도 했지만, 김영삼 대통령의 개인적 인식이나 성향이 정책 자체를 변화시킴으로써 정책이 비일관적이고 예측 불가능하게 하는 경향이 존재했다. 특히 권위주의적 성향을 가진 대통령이 감각에 기반을 두어 인식하고 갑작스러운 결정을 내리는 경우가 많았기 때문에 정책의 일관성을 상실한 경우가 많았다. 이는 당시 신외교를 추진하는 과정에서 북핵문제나 한미정상회담의 과정에서 여러 차례 노출됐다. 물론 김영삼 정부의 외교정책이 대통령 한 사람에 의해서만 결정된 것은 아니었지만, 민주화 초기 단계에서 정책결정의 거버넌스 관점에서 볼 때 신외교의 투명성과 예측가능성을 높일 수 있는 정책 과정의 민주화와 제도화가 부족했던 측면이 있었다.

셋째, 외교정책에 대한 국내 정치적 영향력이다. 한 나라의 외교정책이 국민의 여론과 국내 정치에 영향을 받는 것은 당연하다. 그러나 김영삼 정부 당시 외교정책 결정 과정이 국내정치적 변수 때문에 왜곡되거나 급격하게 변경될 경우 정책의 일관성과 효율성이 떨어지고 상대국과의 외교 마찰이 생긴 측면이 존재했다. 이러한 경향은 국가 이익이 첨예하게 경쟁하는 외교무대에서 우리의 국가 이익을 훼손하고 상대국의 신뢰를 잃을 가능성을 만드는 것이었다. 이러한 측면에서 김영삼 정부의 신외교는 나름의 성과에도 불구하고 이후 정부에 상당한 교훈을 안겨주기도 했다.

참고 문헌

강요식(1994). 신마저 버린 땅 소말리아. 21세기 군사연구소.

구갑우 · 안정식(2009). 김영삼 · 클린턴 정부 시기의 한미관계: 북한 위협의 상수화와 미국식 자본주의의 수입. 역사비평, 2009년 가을호(통권 88호).

김영삼(1993). 제14대 대통령 취임사 연설. 1993년 2월 25일.

______(2001). 민주주의를 위한 나의 투쟁: 김영삼 대통령 회고록(상). 서울: 조선일보사.

김정원(1996). 한국외교발전론. 집문당.

돈 오버도퍼(Don Oberdorfer) 저, 이종길 역(2003). 두 개의 한국. 서울: 길산.

박용수(2011). 김영삼 정부 북핵위기 대응의 한계에 대한 재평가: 김영삼 대통령의 주도성 추구 성향과 정부대응의 경직성을 중심으로. 한국정치연구, 20(3).

서대숙 편(2001). 한국과 러시아 관계: 평가와 전망. 서울: 경남대학교 극동문제연구소.

신욱희(2007). 압박과 배제의 정치: 북방정책과 북핵 1차 위기. 한국정치외교사논총, 29(1).

외교통상부(1999). 한국외교 50년 1948~1998.

외무부(1993~1997). 외교백서.

윤익중(2003). 옐친의 대한반도 정책 변화와 러시아 외교의 성격 고찰. 국제정치논총, 43(3).

이상환 (2010). 김영삼 정부의 세계화 정책과 IMF 경제위기. 함택영, 남궁곤 편. 한국외교정책: 역사와 쟁점. 서울: 사회평론.

이용준 (2004). 북한 핵: 새로운 게임의 법칙. 서울: 조선일보사.

임혜란 (2000). 동아시아 위기: 동아시아 모델과 지역경제협력. 국제정치논총, 40(2).

임홍재 (1998). 경제협력개발기구. 지식산업사.

황지환 (2010). 김영삼 정부의 대북정책과 제 1차 북한 핵 위기. 함택영, 남궁곤 편. 한국외교정책: 역사와 쟁점. 서울: 사회평론.

Lee, Chae-Jin (2000). South Korean Foreign Relations Face the Globalization. in Samuel Kim ed., *Korea's Globalization*. Cambridge University Press.

Sigal, Leon V. (1998). *Disarming Strangers: Nuclear Diplomacy with North Korea*. Princeton University Press.

Wit, Joel S., Daniel B. Poneman, & Robert L. Gallucci (2004). *Going Critical: The First North Korean Nuclear Crisis*, Washington D.C.: Brookings Institution Press.

국가기록원 온라인 자료, 김영삼 정부.

http://www.archives.go.kr/next/viewMain.do (검색일: 2014.09.01).

국방부 홈페이지. http://www.mnd.go.kr (검색일: 2014.09.01).

김영삼 민주센터. http://www.kyscd.org (검색일: 2014.09.01).

외무부 (1993). "새 정부의 기본 외교정책," 1993년 5월.

http://www.mofa.go.kr/state/publication/whitepaper/1994/20071018/3663_file_1994_1.pdf (검색일: 2014.09.01).

통일부. 북한자료센터 홈페이지. http://unibook.unikorea.go.kr(검색일: 2014.09.01).

MBC 뉴스데스크 (1993). 김영삼 대통령, 제26차 태평양경제협의회 참석, 신외교 추진, 5월 24일.

제 5 장

지방자치제 전면 실시

한표환
충남대학교

제 1 절 정책의 추진 배경

1. 김영삼 정부 이전의 지방자치

우리나라 지방자치의 역사는 김영삼 정부를 중심으로 큰 분기점을 맞이하게 됐다. 김영삼 정부 이전으로 거슬러 올라가보면, 이승만 정부 시절에 제헌국회가 우리나라 지방자치의 제도적 기반의 효시라 볼 수 있는 「지방자치법」을 1949년 7월 4일 제정했다. 당시 「지방자치법」은 의결기관(지방의회)과 집행기관(자치기구)을 두기로 하고, 서울특별시장과 도지사는 대통령이 임명하며, 시 · 읍 · 면장은 지방의회가 선출하도록 했다. 그러나 이승만 정부는 "치안을 확보하고 민심을 안심시키는 것이 급선무"라는 이유를 들어 동법의 시행을 보류했다. 그 실제적인 이유는 지방의회를 구성하고 자치단체장을 간선으로 할 경우 권력이 분산되므로 지방자치를 실시하지 않고 중앙정부 임명제로 하기 위해서였다.

그러나 제2대 국회가 이승만 정부에 대한 견제를 강화하자 이승만은 국회에 대항하는 정치 세력을 육성하기 위한 방편으로 지방의회선거를 실시했다. 1952년 4월과 5월 두 차례에 걸쳐 실시된 지방의회선거에서는 이승만이 행정력을 동원하여 지원한 결과 친여 세력이 70%를 차지해 대통령직선제를 반대하는 국회의원들의 사퇴를 촉구했다. 이러한 상황을 이용해 이승만은 국회에 의한 간선제를 직선제로 개정했다.

1956년 2월 이승만은 「지방자치법」을 개정해 지방의회가 선출하는 시·읍·면장에 대한 간선제를 주민직선제로 개정했다. 그러나 자치단체장선거가 야당 인사의 당선으로 이승만에게 불리해지자 이승만은 1958년 「지방자치법」을 재개정해 시·읍·면장을 임명제로 환원시켰다. 이처럼 이승만 정부의 지방자치는 주민자치라는 지방자치의 본래 의미를 상실하고, 이승만의 장기 집권을 위해 편의적으로 이용됐다.

4·19혁명 후 집권한 민주당정권인 장면 정부는 1960년 11월 「지방자치법」을 개정하여 시·도·읍·면에 대한 지방자치를 전면적으로 실시하기로 했다. 개정된 「지방자치법」에 의해 그해 12월 지방의회와 자치단체장선거를 실시했다. 그러나 장면 정부의 지방자치는 시작도 하기 전에 5·16군사정변에 의해 폐기되고 말았다. 박정희 군부는 먼저 군사혁명위원회 포고 제4호로 지방의회를 해산했으며, 1961년 6월 비상조치법 제20조에 따라 시·도지사·시장·군수를 임명했다. 그리고 9월 지방자치에 관한 임시조치법으로 자치단체장은 중앙정부에서 임명하며 국가공무원으로 한다는 점을 명백히 했다. 그 후 지방자치는 박정희 정부와 이어 등장한 전두환 정부에서 기나긴 단절의 시기를 맞게 됐다.

1987년 제13대 대통령 선거에서 노태우 후보는 선거공약으로 지방자치 실시를 내세웠다. 제6공화국 출범 후인 1989년 4당(민정당·평민당·민주당·공화당) 합의에 따라 시·도에서부터 군에 이르기까지 지방의회 의원과 자치단체장을 주민들이 직접 선거해 선출하기로 했다. 1989년 마련된 「지방자치법」에 의해 1991년 기초의회선거와 광역의회선거가 실시됐다. 그러나 3당 합당(민정당·민주당·공화당의 통합) 이후 여권은 경제안정을 내세워 1989년에 마련된 「지방자치법」의 일부를 개정하고, 자치단체장선거는 1995년으로 미루는 의안을 국회에 상정해 통과시켰다. 따라서 노태우 정부의 지방자치는 지방의회만 있고 자치단체가 구성되지 못하는 불구적 형태로 출발했다.

2. 김영삼 정부의 지방자치

김영삼 대통령은 1992년 12월 대통령 선거 때 지방자치의 전면 실시를 공약했다. 여기에서의 전면 실시는 자치단체장의 주민직선을 의미한다. 1991년 기초 및 광역의회의 구성으로 30여년 만에 지방자치가 부활했으나, 자치단체장은 여전히 임명제를 유지하고 있어서 완전한 지방자치의 실시로 받아들여지지 않았다. 따라서 지방자치의 전면 실시는 의결 기능을 담당하는 지방의원의 주민직선뿐만 아니라 지방자치단체를 대표하고 집행 기능을 관장하는 자치단체장의 주민직선이 실시돼야만 비로소 실현되는 것으로 확신했다.

이에 따라 김영삼 대통령은 대선공약으로 지방자치의 전면 실시를 제시하고, 이의 실천을 위한 정책적 노력을 기울였다. 그러나 취임 이후 여타의 주요 국정과제의 추진에 대한 관심 집중 등으로 지방자치의 전면 실시는 2년여 가까이 지연됐다. 물론 지방자치를 전면적으로 실시하기 위한 시간계획이 사전에 명확히 제시된 것은 아니었으나 취임 이후 조기에 가시적인 실시계획이 수립되지 않음으로써 비판적 여론이 강력하게 나타나게 됐다. 즉, 지방자치의 전면 실시에 대한 시민단체 등을 포함한 국민적 여론이 비등하는 동시에 야당의 요구 역시 강력하게 표출됐다.

1992년 12월 제14대 대통령 선거가 예정돼 있었기 때문에 그 당시 집권당인 민주자유당으로서는 1992년 6월 30일 이내 실시하게 돼 있는 지방자치단체장 선거가 부담이 될 수밖에 없었다. 그 부담은 첫째로 단체장 선거가 야당세의 득세 내지 반정부 기류의 확산을 가져올 수 있다는 점이었고, 둘째는 지방자치단체의 장에 야당 인사가 당선되는 경우 대통령선거전에서 집권당으로서는 반가울 리가 없던 것이었다. 여당은 선거 연기를 정당화한답시고 선거에서 오는 경제적 · 정치적 후유증을 내세우거나 심지어 민자당 대변인(박희태 의원)은 당시 「지방자치법」 부칙 제2조 제2항이 법에 의한 최초의 시 · 도지사 및 시장 · 군수 · 자치구의 구청장선거는 1992년 6월 20일 이내에 실시한다는 규정을 "이 규정은 강행규정이 아니라 실시하지 않을 경우 제재가 따르지 않는 훈시규정 또는 권고적 규정"이며, 이런 규정은 정치적 책임은 있지만 법적 책임이 없으며, 법적 책임이 없을 경우 헌법상 탄핵소추의 대상이 아니다"고 강변했다.

이러한 현실적 상황을 감안하여 김영삼 정부는 1995년 자치단체장의 주민직선을 발표했다. 자치단체장의 주민직선을 비롯한 지방자치의 전면 실시를 확정한 것은 다음과 같은 배경에서 출발했다. 첫째는 취임 이후 2년여가 경과되면서 시민단체와 야당 등을 비롯한 전반적인 여론이 지방자치의 전면 실시를 강력하게 요구하는 현실을 더 이상 외면할 수 없었다는 것이다. 지방자치 전면 실시에 대한 강력한 여론이 국정운영에 상당한 부담으로 작용하는 상황으로 전환됐다. 둘째, 지방자치의 제도 측면에서도 1991년에 이미 지방의원의 주민직선으로 광역 및 기초의회가 구성돼 자치단체장의 주민직선을 통해 제도적 완결성을 확보할 필요가 있었다. 즉, 자치단체장의 주민직선이 지연될수록 지방자치의 제도적 파행이 지속될 수밖에 없는 상황이었다.

다만, 지방자치의 전면 실시를 전후로 실질적인 자치제도의 운영을 위한 제반의 제도 개선을 도모했다. 이를 통해 지방자치의 전면 실시가 조기에 정착될 뿐만 아니라 실질적인 지방 시대를 열어갈 수 있도록 하기 위함이었다. 즉, 지방자치의 전면 실시를 계기로 지방행정이 중앙집권적인 행정 체제에서 벗어나 지방의 특수성에 맞게 자율성 · 창의성 · 독자성을 발휘할 수 있도록 재정비할 필요성이 있었다(공보처, 1997: 24).

제 2 절 정책의 추진체계

1. 추진기구

김영삼 정부에서 추진된 자치단체장의 주민직선을 비롯한 각종의 지방분권 정책들은 이후의 정부들과 달리 별도의 추진기구가 독립적으로 설치되지 않았다. 예를 들면, 노무현 정부에서는 '정부혁신지방분권위원회'가, 이명박 정부에서는 '지방분권촉진위원회'와 '지방행정체제개편추진위원회'가, 그리고 박근혜 정부에서는 '지방자치발전위원회'가 독립적으로 설치돼 지방분권정책을 총괄하고 있다. 이에 비해 김영삼 정부에서는 중앙 권한의 지방이양을 관장하는 국무총리실 산하의 '지방이양합동심의회'를 제외하고는 내무부를 중심으로 관련정책이 수립 및 집행됐다고 할 수 있다.

'지방이양합동심의회'는 우리나라 최초의 지방분권 추진기구로 1991년에 설치됐다. 그 당시 노태우 정부는 1961년 해산된 지방의회를 30년 만에 다시 설치해 민선 지방의회의 탄생을 계기로 정부조직관리 지침에 따라 '지방이양합동심의회'를 구성했다. 국무총리 훈령으로 총무처에 설치한 '지방이양합동심의회'를 중심으로 중앙행정기관이 갖고 있던 사무 권한 중의 일부를 지방자치단체로 이양하는 작업을 벌였다. 1991년부터 1998

년까지 '지방이양합동심의회'가 행정 기능의 재배분에 관한 기초조사를 완료했으나, 실제로 1999년에 들어서서 국민의 정부가 「중앙행정 권한의 지방이양 촉진 등에 관한 법률」을 제정해 중앙행정 권한을 지방으로 이양하기 시작했다.

지방이양합동심의회는 1991년 이후 중앙정부와 지방정부 간의 기능 배분에 관한 심의활동을 전개했다. 1991년에서 1998년까지 8년간의 기간에 걸친 심의회의 운영 실적을

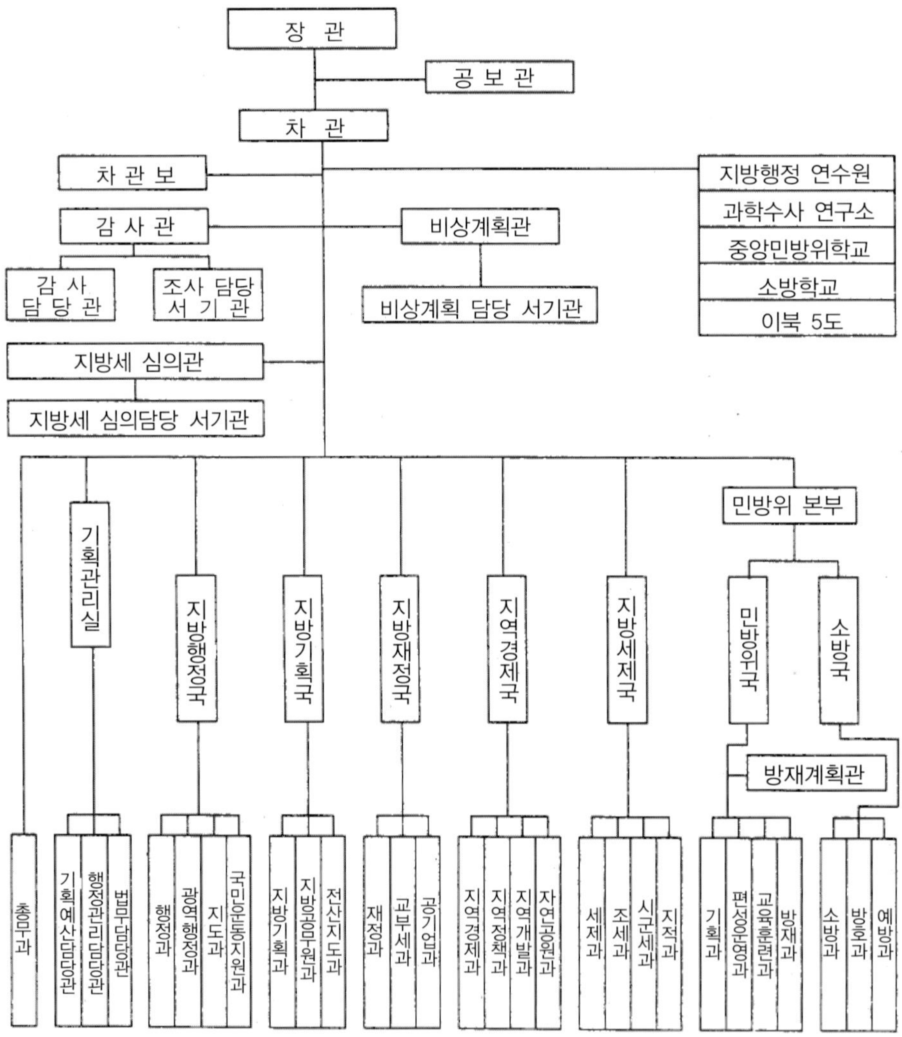

그림 2-5-1 내무부의 기구표(1994년 기준)

자료: 내무부(1994: 4).

살펴보면, 지방이양 완료율은 47.1% 수준으로 나타나 심의 건수에 비해 실제로 지방이양이 완료된 실적은 낮은 것으로 분석된다. 심의회가 심의를 추진한 대상사무의 건수는 총 3,701건으로 지방에 이양하기로 확정한 대상사무는 2,008건이며, 지방이양을 완료한 대상사무는 1,743건으로 나타났다. 이와 같은 단순한 실적치를 보더라도 지방에 이양하기로 확정된 대상사무의 경우에도 실제로 이양이 완료되기까지는 적지 않은 기간이 소요되는 등 심의회의 활동 기간에 비해 실질적인 지방이양의 실적은 그렇게 높지 않은 것으로 분석된다(권경득 · 우무정, 2009: 15-17). 다만 '지방이양합동심의회'는 법정기구가 아닌 민관 합동의 비상설 협의체로 지방분권정책을 위한 제도적 뒷받침은 여의치 않았다. 특히, '지방이양합동심의회'의 활동 결과와 관련해 지방이양 대상사무에 대한 부동의 건수가 높은 것은 사무의 지방이양에 대한 중앙부처 공무원들의 소극적 태도와 부처이기주의가 주요 요인으로 지적되고 있으며, 사무이양 추진기구인 동 위원회가 비법정기구라는 제도적 미비점이 또 다른 주요 요인으로 지적되고 있다(오희환, 1997: 12).

지방자치의 전면 실시를 위한 각각의 정책들의 수립 및 집행은 실질적으로 당시의 내무부의 해당 부서를 중심으로 추진됐다. 1995년 당시의 내무부 기구인 앞의 〈표 2-5-1〉에서 지방행정국, 지방기획국, 지방재정국 및 지방세제국이 지방자치의 전면 실시를 위한 주무부서로서 핵심적인 역할을 수행했다. 지방자치의 총괄기획 부서라고 할 수 있는 지방기획국은 지방기획과, 지방공무원과 및 전산지도과를, 지방행정국은 행정과, 광역행정과, 지도과와 국민운동지원과를, 지방재정국은 재정과, 교부세과 및 공기업과를, 그리고 지방세제국은 세제과, 조세과, 시군세과를 중심으로 지방자치의 전면 실시와 관련된 각종 정책 수립과 제도 도입을 추진했다.

2. 추진 절차

김영삼 정부가 전면적인 지방분권 정책을 추진함에 있어서 준수한 절차는 「지방자치법」의 개정이라고 볼 수 있다(한국지방행정연구원, 1988: 72-79). 왜냐하면, 「지방자치법」이 우리나라 지방자치와 관련된 사항을 모두 포함하고 있기 때문에 이의 개정을 통해서만이 지방자치를 전면적으로 실시할 수 있는 제도적 근거를 마련할 수 있었기 때문이다. 따라서 지방자치를 정착시키고 내실있는 운영을 담보하기 위해 다양한 지방자치제도를 도입하기 위한 법적 근거를 마련하는 것이 가장 시급하고 중요한 작업이었다.

1) 제11차「지방자치법」 개정

제11차「지방자치법」 개정 법률은 1994년 3월 16일 법률 제4741호로 공포됐다. 먼저, 개정 취지는 지방자치제도의 정착·발전을 도모하기 위해 지방의회 운영의 효율성과 의원의 원활한 의정활동을 제도적으로 보장하고, 도시와 농촌 간의 균형적인 발전이 이뤄질 수 있도록 하며 기타 지방자치제도의 시행 과정에서 제기됐던 제도적 미비점 등을 합리적으로 조정·보완하려는 것이었다.

「지방자치법」 개정의 주요 내용을 살펴보면 다음과 같다.

① 시와 군을 통합한 지역이나 인구 5만 이상의 도시 형태를 갖춘 지역이 있는 군을 도농복합 형태의 시로 할 수 있도록 하고, 이러한 시에는 읍·면·동을 두도록 한다.

② 지방자치단체의 장은 지방자치단체의 폐치·분합 또는 주민에게 중대한 영향을 미치는 지방자치단체의 주요 결정 사항에 대하여 별도의 법률이 정하는 바에 따라 주민투표에 부칠 수 있도록 한다.

③ 지방의원의 명예직제도는 현행대로 유지하되, 의정자료의 수집·연구와 이를 위한 보조활동에 소요되는 비용을 매월 의정활동비로 지급할 수 있도록 한다.

④ 특별시와 직할시의 부시장과 도의 부지사는 대통령령이 정하는 바에 따라 2인을 둘 수 있도록 하고, 이 경우 1인은 정무직 또는 별정직 지방공무원으로 보하되, 그 자격기준은 당해 지방자치단체의 조례로 정하도록 하며, 정무직 또는 일반직 국가공무원으로 보하는 부시장과 부지사는 시·도지사의 제청으로 내무부 장관을 거쳐 대통령이 임명하도록 한다.

⑤ 시·군·자치구의 부시장·부군수·부구청장은 일반직 지방공무원으로 보하고, 당해 시장·군수·구청장이 임명하되, 이 법 시행 후 최초로 선출된 시장·군수·구청장의 임기 만료일까지는 부시장·부군수·부구청장을 일반직 국가공무원으로 보하도록 한다.

⑥ 지방자치단체의 장이 국가위임사무 또는 시·도위임사무의 집행을 명백히 해태하고 있다고 인정되는 때에는 주무부 장관 또는 시·도지사가 직무이행명령을 할 수 있도록 하고, 당해 지방자치단체의 장이 이를 이행하지 아니할 때에는 대집행을 하거나 행정·재정상의 필요한 조치를 할 수 있도록 한다.

⑦ 지방자치단체의 장은 지방의회에서 재의결된 사항이 법령에 위반된다고 판단되는 때에는 대법원에 소를 제기할 수 있고, 그 의결의 집행을 정지하게 하는 집행정지 결정을 신청할 수 있도록 하는 한편, 당해 지방자치단체의 장이 소를 제기하지 아니하는 때에는 내무부 장관 또는 시·도지사는 당해 지방자치단체의 장에게 제소를 지시하거나 직접 제소 및 집행정지 결정을 신청할 수 있도록 한다.

2) 제12차 「지방자치법」 개정

1994년 12월 20일 법률 제4789호로 「지방자치법」이 개정됐는 바, 그 개정 취지와 주요 골자는 다음과 같다.

먼저, 지방자치단체의 경쟁력을 강화하기 위해 광역시에 군을 두는 등 관련 규정을 정비하고, 내년으로 예정된 지방자치단체의 장의 선거로 맞게 되는 본격적인 지방자치 시대에 부응하기 위해 중앙정부의 지도·감독을 완화하며, 지방자치단체 소속 국가공무원에 대해서는 소속장관이 당해 지방자치단체의 장의 의견을 들어 임용하도록 하고, 기타 현행 제도의 운영상 나타난 일부 미비점을 개선·보완하기 위해 「지방자치법」을 개정하고자 했다.

「지방자치법」의 주요 개정 내용을 살펴보면 다음과 같다.

① 본격적인 지방자치 시대를 맞이하여 지방자치단체의 명칭으로 부적절하다는 지적을 받아온 직할시를 광역시로 변경하고, 관련 규정을 정비한다.

② 광역시의 관할구역 안에 자치구 외에 군도 둘 수 있도록 하고, 도농복합 형태의 시의 구에는 동외에 읍·면도 둘 수 있도록 한다.

③ 사무소의 소재지를 변경·설정하는 경우 종전에는 지방의회의 재적의원 3분의 2 이상의 찬성을 얻도록 하던 것을 앞으로는 재적의원 과반수의 찬성으로 완화한다.

④ 읍이 없는 도농복합 형태의 시에 있어서는 인구 2만 미만인 경우에도 그 면 중 1개면을 읍으로 할 수 있도록 한다.

⑤ 지방의회의 감사·조사시 증인과는 달리 선서 의무가 없는 참고인은 그 불출석 등에 따른 과태료 처벌 대상에서 제외하여 국회의 경우와 균형을 맞추도록 한다.

⑥ 지방자치단체의 장의 계속 재임은 3기에 한하도록 한다.

⑦ 지방자치단체의 장의 겸직 제한 대상에 지방의회 의원의 경우와 같이 농·수·축협 등 조합의 중앙회와 연합회의 임·직원 등을 추가한다.

⑧ 현재 특별시의 부시장은 2인을 둘 수 있도록 되어 있으나, 앞으로는 3인까지 둘 수 있도록 한다.

⑨ 현재 지방자치단체 소속 국가공무원 중 5급 이상의 공무원은 당해 지방자치단체의 장의 제청으로 소속장관을 거쳐 대통령이 임용하고, 6급 이하의 공무원은 당해 지방자치단체의 장의 제청으로 소속장관이 임용하도록 되어 있으나, 앞으로는 이를 소속장관이 당해 지방자치단체의 장의 의견을 들어 대통령에게 임용 제청하거나 직접 임용하도록 한다.

⑩ 지방자치단체가 직속기관을 조례로 설치하는 경우 종전에는 모두 내무부 장관의 승인

을 얻도록 하던 것을 앞으로는 대통령령이 정하는 바에 따르도록 완화한다.

⑪ 특별시 · 광역시의 자치구 상호간의 재원 조정 방법은 내무부 장관의 승인을 얻어 정하도록 하던 제한을 폐지하고 자율적으로 정하도록 한다.

⑫ 이 법 시행 당시 재임 중인 시 · 군 및 자치구의회 의원의 임기는 그 임기 만료일에 불구하고 1995년 6월 30일까지로 한다.

3) 제13차 「지방자치법」 개정

제13차 「지방자치법」 개정 법률은 1995년 1월 5일 법률 제4877호로 공포됐다. 제13차 개정 「지방자치법」은 현재 지방자치단체 소속 국가공무원을 임용함에 있어서 5급 이상 공무원은 지방자치단체의 장의 의견을 들어 소속장관의 제청으로 대통령이 임용하고, 6급 이하 공무원은 지방자치단체의 장의 의견을 들어 소속장관이 임용하도록 하고 있으나 앞으로는 지방자치단체의 장의 제청으로 대통령 또는 소속장관이 임용하도록 했다.

4) 제14차 「지방자치법」 개정

제14차 「지방자치법」 개정 법률은 1995년 8월 4일 법률 제4959호로 공포됐다. 제14차 개정 「지방자치법」의 주요 골자는 다음과 같다. 즉, 인구 15만 이상인 군으로서 그 군내에 인구 2만 이상의 도시 형태를 갖춘 지역이 2개 이상이 있고, 그 지역들의 인구의 합이 5만 이상인 경우도 도농복합 형태의 시로 설치할 수 있도록 도농복합 형태의 시 설치 기준을 완화해 지역 발전을 가속화시키고 도시와 농촌지역의 균형있는 발전을 도모하고자 했다.

제3절 정책의 추진 과정 및 내용

1. 지방행정구역 개편

김영삼 정부는 지방자치의 전면 실시에 앞서 대규모의 지방행정구역 개편을 단행했다. 이는 일제 통치 때인 1914년 행정구역 개편 이래 최대 규모의 지방행정구역 개편이었다. 불합리한 행정구역을 조정하고 인구 과잉지역의 불편을 해소하며 지방의 경쟁력 강화를 위해 필요한 조치였다.

1994년부터 추진된 도·농 통합 방식의 지방행정구역 개편은 도시지역의 행정효율화에 초점을 뒀던 과거와 달리 급변하는 행정환경에 적절히 대응하는 동시에 지방자치단체의 경쟁력을 강화하기 위한 목적에서 중점을 뒀다. 당시의 지방행정 체제가 갖고 있던 실태를 문제점의 측면에서 살펴보면 다음과 같다(내무부, 1995: 45-47).

우선, 도·농 분리적 지방행정구역의 조정으로 잔여 지역의 행·재정적 능력이 현저히 약화돼 있었다는 점이다. 하나의 군에서 핵심이 되는 주요 부분이 빠져나감으로써 나머지 군부의 규모가 축소되는 것은 불가피한 것이며, 특히 인구 규모에서는 5만 이상이 감소하는 커다란 영향을 받게 된다. 그뿐만 아니라 경제와 산업의 수준이 저하되고, 그 구조가 악화됨으로써 지방세원의 기반이 약화돼 해당 군의 재정 역시 취약해지고 유능한 행정인력이 분산됨으로써 행정력의 손실을 가져오는 결과를 초래했다. 당시 군지역의 지방재정 실태를 보면, 지방세 수입으로 공무원의 인건비조차 해결하지 못하는 군이 전체 136개 군 중에서 85%인 115개 군이나 되고, 자체수입을 기준으로 하더라도 53%인 72개 군이 인건비를 해결하지 못하는 실정이었다.

다음으로 동일 생활권 내의 읍을 시로 승격시켜 인위적으로 분리함으로써 생활권과 행정권의 불일치 현상이 야기돼 주민 생활의 불편을 초래하고, 주민의 일체감과 연대의식을 약화시킬 뿐만 아니라 시·군 간 갈등으로 지역의 종합개발이나 광역적 행정 수요에 대응을 어렵게 했다. 읍이 시로 승격되면 시와 군의 행정권은 서로 달라지지만, 실제로 시와 군의 주민들이 영위하는 일상생활과 경제활동은 행정권역과는 별개로 서로 겹쳐 이뤄진다. 특히, 군청 사무소가 시에 그대로 존치되고 있는 경우에는 군민들의 생활 및 활동 중심지는 시의 승격에도 불구하고 그 시가 되는 게 일반적인 현상이었다. 또한 시와 군이 분리되지 않았을 때에는 도시 및 지역계획, 교통, 상·하수도, 보건위생, 환경 등의 광역적 행정 수요가 발생하는 경우에도 하나의 지방자치단체가 종합적으로 계획하고 집행할 수 있었으나, 분리된 경우에는 상호 협력의 문제로 변하게 되어 추진상의 어려움이 있고 투자의 규모경제성이 저하되며 소규모의 단절적 개발로 인해 예산의 낭비를 초래한다.

한편, 읍이 시로 승격되는 경우 분리된 시 지역과 군 지역의 예산을 합한 규모는 분리되기 이전의 예산 규모보다 대폭적으로 증가한다. 이는 더 많은 예산이 지방에서 쓰인다는 긍정적인 측면도 있으나, 증가된 예산이 지역개발비보다는 일반행정비로 지출된다

표 2-5-1 시 · 군 통합시 현황

시 명칭		설치 이전 구역	시 명칭		설치 이전구역
경기	평택시	송탄시, 평택시, 평택군	전남	나주시	나주시, 나주군
	남양주시	미금시, 남양주군		광양시	동광양시, 광양군
강원	춘천시	춘천시, 춘천군	경북	포항시	포항시, 영일군
	원주시	원주시, 원주군		경주시	경주시, 경주군
	강릉시	강릉시, 명주군		김천시	김천시, 금릉군
	삼척시	삼척시, 삼척군		안동시	안동시, 안동군
충북	충주시	충주시, 중원군		구미시	구미시, 선산군
	제천시	제천시, 제천군		영주시	영주시, 영풍군
충남	천안시	천안시, 천안군		영천시	영천시, 영천군
	공주시	공주시, 공주군		상주시	상주시, 상주군
	보령시	대천시, 보령군		문경시	점촌시, 문경군
	아산시	온양시, 아산군		경산시	경산시, 경산군
	서산시	서산시, 서산군	경남	창원시	창원시, 창원군 일부
전북	군산시	군산시, 옥구군		마산시	마산시, 창원군 일부
	익산시	이리시, 익산군		진주시	진주시, 진양군
	정읍시	정주시, 정읍군		통영시	충무시, 통영군
	남원시	남원시, 남원군		사천시	삼천포시, 사천군
	김제시	김제시, 김제군		김해시	김해시, 김해군
전남	순천시	순천시, 승주군		밀양시	밀양시, 밀양군
	여수시	여수시, 여천시, 여천군		거제시	장승포시, 거제군

자료: 내무부(1995: 73).

는 문제점을 안고 있다. 이것은 시 승격에 따른 행정기관의 증설, 공무원의 증가, 공무원 직급의 상향 조정 등에서 비롯된다. 이러한 공무원 외에도 각종 위원회, 사회단체, 금융기관 등이 시와 군의 분리에 따라 연쇄적으로 분리 신설되기 때문에 국가적인 예산 낭비는 실로 막대하다. 그뿐만 아니라 시와 군을 달리한 별개의 개발로 인해 대상 면적이 좁아져서 투자의 규모경제성이 저하되고, 같은 종류의 사업을 각각 분리하여 시행함으로써 연계성과 종합성을 확보할 수 없으며, 소규모의 단절적 개발로 인해 예산의 낭비를 가져온다.

마지막으로 도 · 농 분리는 대부분 도시지역 위주의 개편으로 이뤄지기 때문에 잔여

지역의 지리 · 공간적 구조에 많은 문제점을 야기한다. 다시 말하면, 군의 일부분이 시로 개편돼 빠져나가면서 군 지역을 '도너츠형'으로 만들거나 아니면 시를 가운데 두고 두 쪽 또는 세 쪽으로 분리시키는 등 군의 지리 · 공간적 구조를 불합리하게 만든다. 이에 따라 군의 행정구역은 시의 규모 변화에 따라 구역 자체가 축소, 폐지, 분할이 되는 직접적인 원인으로 작용해 왔다.

이에 따라 1994년에 추진한 도 · 농 통합의 결과로 1995년 1월 1일 남양주 외 33개의 도농복합 형태의 시가 설치됐고, 1995년 5월 10일에 평택시 등 4개 시 그리고 1998년 4월 1일 여수시가 설치됐다. 그 결과, 총 81개의 시와 군이 40개의 도농복합 형태의 시로 통합 발족됐다(〈표 2-5-1〉 참조).

이 당시에 추진된 도 · 농 통합은 당시 내무부에서 통합 대상지역을 선정해 제시하고, 각 지방자치단체별로 주민투표를 통해 자율적으로 통합 여부를 결정했다. 또한 지방자치단체의 통합을 권장하기 위한 조치의 일환으로 내무부에서는 「도농복합 형태의 시설치에 따른 행정특례 등에 관한 법률」을 제정해 여러가지 지원 규정을 마련했다. 예를 들면, 행 · 재정상 불이익이나 지역주민에게 추가적인 부담을 주지 않고, 대신에 지역개발과 재정 등을 적극적으로 지원하고, 공무원에 대한 공정한 처우를 보장하는 조치 등의 지원대책을 마련했다.

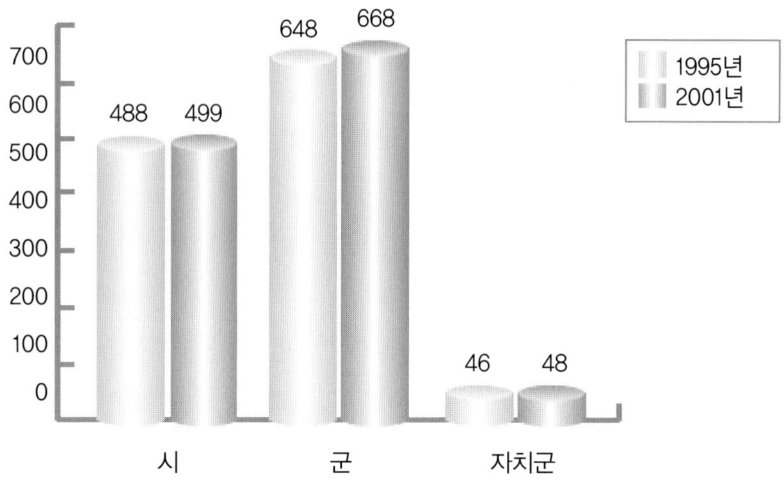

그림 2-5-2 시 · 군 · 자치구 평균 면적(㎢)

자료: 행정자치부(2002: 9).

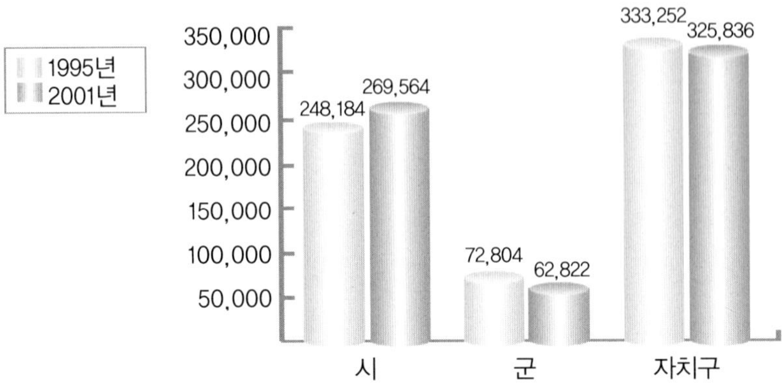

그림 2-5-3 **시·군·자치구 평균 인구(명)**

자료: 행정자치부(2002: 9).

지방자치단체의 폐치·분합, 행정구역 조정 등으로 지방자치단체의 인구([그림 2-5-3])와 면적([그림 2-5-2])에서도 변화가 있었는데 1995년과 2001년의 시·군·자치구의 평균 면적과 인구를 비교한 민선자치백서의 내용을 살펴보면, 시의 면적이 1995년에 488km^{2}이었던 것이 2001년에는 499km^{2}로 11km^{2}가 증가했고, 군은 648km^{2}에서 668km^{2}로 20km^{2}가 증가했으며, 자치구는 46km^{2}에서 48km^{2}로 2km^{2}가 증가했다. 그리고 인구의 경우는 시의 경우 1995년에는 248,184명이었던 것이 2001년에는 269,564명으로 증가했고, 군은 72,804명에서 62,822명으로 감소했고, 자치구도 333,252명에서 325,836명으로 감소했다.

2. 4대 지방선거 실시

김영삼 정부에서 지방자치제도의 가장 큰 성과의 하나는 지방선거에서 찾을 수 있다. 민선지방자치의 실시에 앞서 1994년 3월 16일 종전의 「대통령선거법」, 「국회의원선거법」, 「지방의회의원선거법」, 「지방자치단체의장선거법」을 통합한 「공직선거 및 선거부정방지법」이 제정됐다(행정자치부, 2001: 13). 이 법령에 따라 1995년 6월 27일 시·도지사, 시장, 군수, 구청장, 시·도의회의원, 시·군·구 의회의원 등을 선출하는 지방선거를 동시에 실시했다. 선거로 인한 국가의 경제적 부담을 완화하고 국력의 낭비 요인을 최소화하기 위해 국회의원선거와 지방의회의원·지방자치단체장선거를 2년마다 번갈아 실시하기로 함에 따라 1995년 6월 27일 시·도지사, 시장·군수·구청장, 시·도의회의원, 시 · 군 · 자치구의회의원을 동시에 선출하는 전국동시지방선거가 실시됐다. 이러한 전국동시지방선거 실시에 따라 국회의원의 선거 시기를 감안해 제1회 전국동시지방선거에 의해 선출된 지방자치단체장과 지방의회의원에 한해 그 임기를 1995년 7월 1일부터 1998년 6월 30일까지 3년으로 했다.

선거일이 법정화돼 임기 만료에 의한 선거는 임기 만료일 전 60일 이후 첫 번째 목요일로 됐으나, 1998년 2월 6일 임기 만료 전 30일 이후 첫 번째 목요일로 변경되면서 제2회 전국동시지방선거는 1998년 6월 4일 실시하게 됐다. 한편, 보궐선거와 재선거의 경우에 지방자치단체의 장은 선거의 실시 사유가 확정된 때부터 60일 이내에, 지방의회의원은 선거의 실시 사유가 확정된 때부터 180일 이내에 실시하도록 했다. 그러나 이는 2000년 2월 16일 보궐선거 · 재선거일을 법정화해 전년도 10월 1일부터 3월 31일까지의 사이에 그 선거의 실시 사유가 확정된 때에는 4월 중 마지막 목요일, 4월 1일부터 9월 30일까지의 사이에 그 선거의 실시 사유가 확정된 때에는 10월 중 마지막 목요일에 실시하도록 하는 것으로 변경됐다.

이때 처음 시행된 전국동시지방선거부터 비례대표의원 제도가 도입됐다. 지역구 시 · 도의회 의원정수는 그 관할구역 안의 자치구 · 시 · 군(하나의 자치구 · 시 · 군이 2 이상의 국회의원 지역선거구로 된 경우에는 국회의원지역선거구)마다 3인으로 하되 인구 30만을 넘는 자치구 · 시 · 군에서는 30만을 넘는 매 20만까지마다 1인을 더하고, 인구가 7만 미만이 되는 자치구 · 시 · 군은 2인으로 하되 의원정수가 23인 미만이 되는 광역시는 그 정수를 23인으로 하고, 17인 미만이 되는 도는 그 정수를 17인으로 했다. 비례대표 시 · 도의회의원 정수는 지역구 시 · 도의회의원 정수의 100분의 10으로 하되, 비례대표 시 · 도의회의원 정수가 3인 미만인 때에는 3인으로 하여 총 972명이었다.

자치구 · 시 · 군의 지방의회 의원정수는 그 관할구역 안의 읍 · 면 · 동마다 1인으로 했다. 인구 2만을 넘는 읍 · 면 · 동에서는 2만을 넘는 매 2만까지마다 1인을 더하고, 의원 정수가 7인 미만이 되는 때에는 그 정수를 7인으로 하고 45인을 넘는 때에는 그 정수를 45인으로 했으며, 다만, 인구가 70만을 넘는 때에는 그 정수를 50인으로 하며, 읍 · 면 · 동의 수가 45개(인구 70만 이하인 경우) 또는 50개(인구 70만을 넘는 경우)를 넘는 때에는 그 의원 정수는 인구 수에 불구하고 읍 · 면 · 동마다 각 1인으로 하도록 하여 총 4,541명이었다.

1998년에 실시된 제2회 전국동시지방선거에서는 지역구 시 · 도의회의원 정수는 그 관할구역 안의 자치구 · 시 · 군(하나의 자치구 · 시 · 군이 2 이상의 국회의원지역선거구로 된

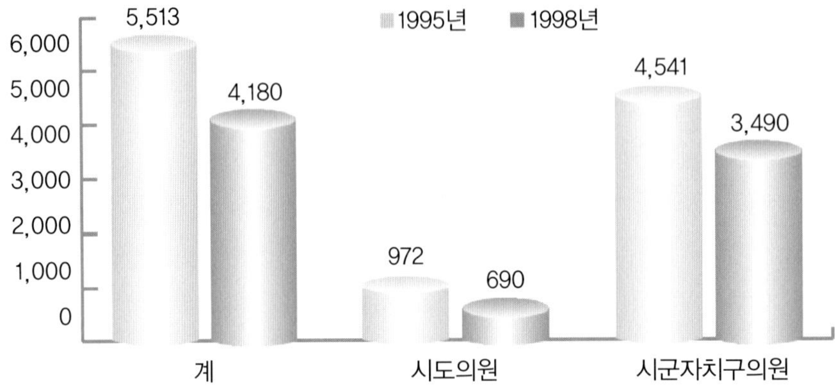

그림 2-5-4 의원정수 변동 현황(명)

자료: 행정자치부(2002: 20).

경우에는 국회의원지역선거구)마다 2인으로 하되 지역구의원 최소 정수를 14인으로 하고, 비례대표 시 · 도의회의원 정수는 지역구 시 · 도의회의원 정수의 100분의 10으로 하되 최소 정수를 3인으로 하여 총 690명이다. 자치구 · 시 · 군의 지방의회 의원정수는 읍 · 면 · 동마다 1인으로 하되 인구 5천 미만의 동은 그 구역과 인접한 읍 · 면 · 동과 통합하도록 하고 최소 정수를 7인으로 하여 총 3,490명이 됐다.

투표율을 살펴보면 광역단체장, 기초단체장, 광역의원이 68.4%의 투표율을 보였고, 기초의원이 68.6%로 나타났다. 다음 2회의 동시지방선거의 투표율이 52.7% 정도로 나타난 것으로 보았을 때 처음으로 시행된 민선 지방자치단체장 선거에 대한 국민적인 관심이 높았음을 볼 수 있다.

4대 지방선거를 통해 선출된 지방자치단체의 장 및 의회의원은 시 · 도지사 15명, 시장 · 군수 · 구청장 230명, 시 · 도의회의원 972명, 시 · 군 · 구의회의원 4,541명 등이었다. 광역자치단체의 장과 의회의원 선거에는 정당 공천을 인정했으나 기초자치단체의 의회의원 선거에는 정당 공천을 배제했다. 이는 지방선거에 따른 부작용을 최소한으로 줄이고 지방자치를 효율적으로 운영하기 위해서였다. 주민들의 투표로 선출된 공직자들은 중앙정부에서 임명한 공직자와는 달리 보장된 임기 동안 자율성을 갖고 직책을 수행하게 된 것이다.

표 2-5-2 전국동시지방선거 투표율 현황

구분		선거구수	인구 수	선거인 수	투표 수			투표율(%)	단독후보 또는 무투표
제1회(1995.6.27)	광역단체장	15	45,571,787	31,048,566	21,227,449	20,646,858	580,591	68.4	-
	기초단체장	230		31,048,566	21,227,351	20,531,802	695,549	68.4	4
	광역의원	875		29,595,713 (1,452,853)	20,223,444	19,423,204	810,240	68.4	41
	기초의원	3,750		29,169,952 (1,878,614)	20,001,522	19,266,359	735,163	68.6	282
제2회(1998.6.4)	광역단체장	16	46,770,742	32,537,815	17,155,357	16,710,546	444,811	52.7	2
	기초단체장	232		32,537,815	17,155,868	16,665,759	490,109	52.7	23
	광역의원	616		30,843,381 (1,694,434)	16,146,085	15,604,819	541,266	52.3	49
	기초의원	4,083		27,299,370 (5,238,445)	14,518,020	14,114,230	403,790	52.3	689

자료: 행정자치부(2002: 21).

3. 주민의 직접 참여 기회 확대

민선자치 실시 이후 주민의 자치행정에 대한 참여는 공식·비공식적으로 다양하고 활발하게 이뤄졌다. 지방자치단체의 주요 문제들을 직접 참여 방식인 주민투표로 결정할 수 있는 제도적 근거를 마련했다. 이는 선거를 통해 선출한 대표들에게 맡기는 간접 참여 방식만으로는 주민의 의사를 지방행정에 정확히 반영하기 어려운 문제점을 보완하기 위해 필요했다.

아래 〈표 2-5-3〉에서와 같이 본격적인 지방자치 시대를 열면서 대폭적으로 단행한 시·군 통합 등 행정구역 개편에는 주민 의사 조사 방식을 채택, 실제로 주민 의사를 반영해서 시·군 통합과 경계 조정을 추진했다. 또 주민들에게 지방자치단체가 보유·관리하고 있는 정보를 공개하고 행정자료를 제공함으로써 행정에 대한 주민 참여 활성화와 행정 운영의 투명성을 확보하도록 했다.

표 2-5-3 김영삼 정부의 지방자치단체 주민 의견조사 실시 사례

자치단체	일시	조사 대상	실시 지역	방법
서울 광진	1996.5	경계조정(법정동 및 행정동)	해당 동지역	찬반
광주 북	1996.7	지하상가 조성사업	해당 지역	찬반
서울 강남	1997.4	공공시설(도로변 방음시설 설치 형태)	이용 주민	선택
경기 안성	1997.4	공공용지(여객터미널 후보지 선정)	전 지역 대표	선택
부산 부산진	1997.9	경계 조정(행정동 통합에 따른 경계)	해당 지역	선택
여수 여천시 · 군	1997.9	시 · 군 통합	전 지역	찬반
목포, 신안 · 무안군	1998.3	시 · 군 통합	전 지역	찬반

자료: 행정자치부(2002: 57)의 표를 재구성했음.

4. 지방행정의 기능 및 자율성 확대

1) 국가사무의 지방이양

김영삼 정부의 출범 이후 국가사무의 지방이양을 크게 확대했다. 이양사무는 대체적으로 지방자치단체장이 지역 발전을 위해 창의와 능력을 마음껏 발휘할 수 있는 경영권과 개발권 이양에 역점을 두었다. 김영삼 정부 출범 이후 1994년까지 중앙에서 지방으로 이양한 사무는 모두 464건이고, 1995년에는 137건이다. 1970년대부터 김영삼 정부 출범 때까지 중앙에서 지방으로 이양된 사무가 총 244건인 것에 비하면 엄청난 증가다. 예를 들면, 시 · 도지사가 정해진 범위 내에서 실 · 국 등 기구의 신설 및 통폐합을 자율적으로 할 수 있게 하고, 시 · 군의 실과 이하 조직도 일정한 범위 내에서 자율적으로 조정하도록 했다.

2) 지방행정조직 개선

지방자치단체의 행정기구와 지방공무원의 정원은 대통령령이 정하는 범위와 기준 내에서 당해 지방자치단체의 조례로 정하고 있다. 그간 지방자치단체의 자치조직권을 강화하고 지방의 자율성을 제고하기 위한 행정기구와 지방공무원 정원관리제도의 개선이 있었다.

1997년 2월 4일에는 표준정원제도와 중기기본인력운영계획제도가 도입됐으며, 1998년 8월 31일에는 지방자치단체에 의무적으로 두도록 돼 있던 공통필수기구를 폐지해 지방자치단체의 자율에 맡겼다. 또한 지방공무원의 '표준정원제'는 자치단체별 인구 · 면적 등을 변수로 하여 지방자치단체의 규모에 맞는 표준정원을 산정하고 이 표준정원의 범위 내에서 각 자치단체가 정원 책정의 자율권을 갖도록 하는 것이다. 다만, 방만한 인력 운용에 따른 재정 낭비를 방지하고 지방자치단체 간 인력 운용에서 규모의 적정화와 균형을 유지하기 위해 자치단체가 표준정원을 초과해 정원을 책정하고자 하거나 기구 증설이 수반되는 상위 직급(서울: 4급, 기타 시·도: 5급 이상)의 정원을 신규로 책정하는 경우에는 예외적으로 내무부의 승인을 얻도록 했다.

그리고 자기 고장의 발전을 위해 헌신할 유능한 인재를 선발할 수 있도록 1995년부터 국가고시와는 별도로 지방고시를 시행했다. 1995년부터 지방5급 공무원 공개경쟁신규임용시험(지방고등고시)을 시행하기 시작해 1995년에는 93명, 1996년에는 88명, 1997년에는 89명, 1998년에는 43명을 선발했다.

지방공무원의 승진에서도 변화가 일어났다. 민선지방자치 실시 이후 공직사회에 일하는 분위기 조성과 승진 인사의 합리적이고 공정한 운영의 요청이 더욱 커지면서, 이에 따라 1997년 12월 13일 모든 계급의 승진임용 시에는 인사위원회의 심의 또는 의결을 거치도록 했다. 한편, 민선지방자치제 실시와 함께 5급 승진제도에서 시험승진과 인사위원회 심사승진의 두 가지 방법 중에 임용권자가 선택할 수 있도록 하던 것을, 1998년 2월 20일 시험과 인사위원회 심사승진 방법을 병행할 수 있도록 하는 방법이 추가됐다. 또한 기능직 공무원의 승진 기회 확대와 사기 진작을 위해 1996년 11월 18일 근속승진 대상 계급을 기능직 8급에서 기능직 7급으로 확대했다.

한편, 1996년 11월 18일에는 지방의 자율성 제고를 위해 5·6급 공무원의 특별 승진에 대한 내무부 장관의 승인권을 폐지했다. 또한 근속승진제도 개선으로 1996년부터 근속승진자가 대폭 증가했다.

3) 지방자치단체의 자율조직 개편(1995～1996)

민선 지방자치단체장 출범 이후 지방자치단체의 경쟁력 제고와 급변하는 행정환경 변화에 적응하기 위해 지방행정조직에 대한 두 번에 걸친 대대적 조직개편이 실시됐다. 1995년 8월 내무부가 '지방기구·인력의 효율적 재조정 방안'을 전국 지방자치단체에 권고함으로써 1996년까지 실시된 전국적인 지방행정조직 개편은 민선자치 시대를 맞아 자치단체별로 지역 특성을 살리면서 단체장의 정책 의지를 효과적으로 뒷받침할 수 있는 개성 있고 탄력적인 지방행정조직을 갖추기 위한 것이었다.

우선적으로 시·군 및 자치구의 부단체장을 지방직 공무원으로 전환해 민선단체

표 2-5-4 지역특성화된 지방행정조직 개편 사례

① 종래의 권위적·중앙집권적 조직을 대민봉사행정 체제로 전환 예) 시민협력과(부산), 시민생활심의관(대전), 노인시설계(서울) 등
② 자치단체의 경영행정 도입 및 경제산업 분야 기능 강화 예) 경제진흥과(강원), 재정경영국(광주), 섬유공업과(대구), 과학기술진흥관(경북) 등
③ WTO출범 등 세계화·개방화·정보화 시대에 대비한 국제통상 기능 보강 예) 통상진흥과(부산), 국제협력과(대구·경남), 대외협력계(경북 청송) 등
④ 여성·아동·청소년·장애인·노동 등의 사회복지 기능 강화 예) 재활지원계(서울), 아동보육계(대전), 생활복지국(충남)
⑤ 도로·교통·환경·도시계획 등 주민생활과 밀접한 분야 기능 보강 예) 교통관리실(서울), 대중교통과(부산), 환경보전과(경기) 등
⑥ 각종 재난에 대비한 시설안전관리 등 주민생활 안전관리 기능 강화 예) 민방위재난관리국 재난관리과(시·도 공통), 에너지관리과(경기) 등
⑦ 새로운 주민소득 창출을 위한 지역사회 개발 분야 기능 강화 예) 문화국(서울), 기업지원과(부산·충북), 경영사업과(광주) 등
⑧ 행정효율과 예산절감 차원에서 유사 중복 기능 및 기능 쇠퇴 분야 통·폐합 예) 시민과+시정과→자치행정과(부산), 내무국+재무국→내무국(대구) 등
⑨ 행정 편의적 기구·명칭을 주민이 알기 쉬운 명칭으로 변경 등 예) 행정과→자치행정과(서울), 용도계→계약관리계(경기) 등

자료: 행정자치부(2002: 42).

장이 임용하도록 했다. 다만, 최초의 민선단체장 임기인 1998년 6월까지만 국가공무원으로 임용하도록 예외 규정을 두었다. 둘째로 지방자치단체 근무 국가공무원 1만 1,840명을 1997년까지 지방공무원으로 전환하도록 하여 지방의 자율적인 인사권을 강화했다. 당시의 조직개편 방식은 각 자치단체의 기존 기구와 인력 규모 범위 내에서 지역 실정과 행정 수요의 변화를 고려해 기구와 인력을 자율적으로 조정함으로써, 인건비 추가부담이 수반되지 않으면서 민선자치 시대의 새로운 행정 수요에 적극 대응하고 주민복리 증진과 지역 개발을 꾀할 수 있도록 하는데 초점이 두어졌다.

아울러 이러한 조직개편을 제도적으로 뒷받침하기 위해 지방자치단체에 자율조직권을 대폭 부여하는 방향으로 제도 개선이 이뤄졌다. 즉, 종전에는 「지방자치단체의 행정기구와 정원기준 등에 관한 규정」(대통령령)에서 지방자치단체의 실·국·본부의 명칭 및 사무분장까지 구체적으로 규정하고, 과·담당관 조직의 변경시 내무부 장관의 승인을 얻도록 돼 있던 것을, 무분별한 조직 남설을 방지하기 위해 대통령령에서 지방자치단체별 기구와 정원의 한도를 정하되, 정해진 기구 정수(실·국 및 과·담당관)와 공무원

총정원 범위 내에서는 지방자치단체가 자율적으로 조직과 정원을 결정할 수 있게 됐다. 이러한 자율조직 개편 결과 종전까지의 지방자치단체의 행정조직은 자치단체별 특성을 고려하지 않고 일률적으로 편성돼 각 지역의 다양한 행정 수요에 효율적으로 대처하는 것이 미흡했던 것과는 달리 민선자치 시대에 상응하는 지역 특성 조직으로 전환될 수 있었다.

또한, 지역주민 의견 등 각계각층의 의견을 최대한 수렴한 조직개편을 도모했다. 자치단체별로 사전에 기획단 또는 연구반 등 추진팀을 구성해 자체 조직진단을 실시함은 물론, 추진 과정에서 설문조사, 주민 및 전문가 제안 접수, 외부 전문가 자문 등의 여론 수렴 과정을 거쳐 조직을 개편했다. 이에 따라 전통적인 지역관리가 아닌 자치단체 경영을 위한 행정 체제를 구축하고 세계화 · 지방화 시대에 자치단체의 자생력과 경쟁력을 강화하는 데 기여했다. 지방자치단체 조직개편의 중요한 사례를 들면 〈표 2-5-4〉와 같다.

5. 지방행정 조정 기능 보강 및 지방의회 운영효율화

1) 지방행정 조정 기능 보강

지방자치단체가 자율권을 갖고 자치 기능을 원활히 수행하기 위해서는 거기에 맞는 제도적 장치를 필요로 한다. 또한 지방의 자율성은 국가행정과 조화를 이뤄 국정의 통합성 · 통일성을 유지해야 한다. 이를 위해 지방자치단체장이 법령에 규정한 사무의 집행을 해태할 경우 주무부처 장관 및 시 · 도지사가 직무 이행을 명령할 수 있는 근거를 마련했다. 또한 지방의회의 의결 사항이 법 규정이나 정부정책에 어긋날 때 이에 대한 재심을 요구할 수 있도록 하고 지방의회가 재의결할 때에는 법원에 제소할 수 있도록 함으로써 지방행정이 적법하고 타당하게 집행되도록 했다.

2개 이상의 지방자치단체가 협조해 처리해야 할 도로 · 하천관리 등 광역행정의 원활한 추진을 위해 구성돼 있는 행정협의회에 관한 규정을 보강했다. 또 지역 개발에 대한 주민의 요구가 다양화하고 지역이기주의가 팽배함에 따라 인접한 지방자치단체 사이에 발생하는 갈등과 분쟁을 해소하고 조장할 수 있도록 '분쟁조정위원회'를 설치 · 운영하기로 했다.

2) 지방의회 운영의 효율화

민선자치의 실시 이후 지방자치단체의 외국 지방자치단체와의 교류 협력이 증가하면서 그 중요성이 커지고 있어 국제 교류 추진 시에 주민의 대표기관인 지방의회의 심의절차를 거치도록 함으로써 교류 협력의 내실화를 도모할 필요성이 제기됐다. 이에 따라 지방의회의 의결 사항에 '외국 지방자치단체와의 교류협력에 관한 사항'을 추가하여 지방의회의 의결 범위를 확대하고, 지방의회의 의결 대상을 '대통령령이 정하는' 중요재산의 취득 · 처분, '대통령령으로 정하는' 공공시설의 설치 및 처분으로 변경해 그 기준을 명확히 규정했다.

또한 지방의회의 운영을 좀 더 효율화하기 위해 회기의 총 일수를 약간씩 늘렸다. 시 · 도 등 광역자치단체 의회는 종전 연 100일에서 120일로, 시 · 군 · 구 등 기초자치단체의 의회는 60일에서 80일로 각각 늘렸다. 정기회의도 광역의회는 35일에서 40일로 기초의회는 30일에서 35일로 늘렸고 임시회의는 모두 10일에서 15일로 했다.

지방의회 의원은 생업에 종사하면서 봉사하는 명예직이라는 원칙을 고수했다. 다만, 의정활동을 원활히 수행하는 데 필요한 최소한의 의정활동비를 지급할 수 있도록 법정화했다. 도 원격지에서 회의가 열릴 경우 회의출석비와 공휴일 회의수당 등을 지급하기로 했다. 지방의회의원에 대한 지급경비는 1991년도 지방의회 부활 초기에는 지방의회의원에게 회의 참석 시에 지급하는 일비와 공무출장 시의 여비만을 지급했으나 1995년도 민선자치 이후에는 의정자료 수집 연구와 이를 위한 보조활동에 소요되는 비용을 보전하기 위해 월정액의 의정활동비를 지급하도록 하면서 일비의 명칭을 회의수당으로 변경했다. 1995년 시 · 도의원에게 지급된 의정활동비는 연 720만 원(월 60만 원)이고, 회의수당은 일 6만 원이었다. 또한 시 · 군 · 자치구의원의 경우 의정활동비 연 420만 원(월 35만 원), 회의수당은 일 5만 원으로 지급했고 선진 사례를 배우기 위한 의원들의 해외연수도 1995년부터 실시됐다.

6. 건전한 지방재정 형성

전면 실시에 들어간 지방자치가 제대로 자리를 잡고 더욱 발전하기 위해서는 지방재정을 건실하고 충분하게 확보하는 것이 관건이다. 이를 위해서는 지방재정을 확충할 수 있는 자체재원의 개발이 우선돼야 한다. 이에 대한 전략으로 지역개발 투자재원을 마련하기 위해 지방자치단체가 제공하는 각종 서비스의 유료화와 사용료 및 수수료의 현실화를 적극 추진했다. 그 결과로 연간 952억 원의 수입 증대를 가져왔고, 1995년부터는 지방자치복권을 발행해 200억 원가량의 수익금을 확충했다. 토지과표의 단계적 현실화와 함께 1996년부터 토지과표를 공시지가로 전환했고, 담배소비세를 비롯한 각종 지방세율을 인상했다. 또한 지방의 비과세 감면 대상을 대폭적으로 축소 조정했다. 1996년부터 주민공개제도를 도입해 재정 운영의 투명성을 확보하도록 했다. 계획성을 높이고 국가정책 방향과의 연계성을 강화하기 위해 중기지방재정 계획제도를 도입했다. 일정 규모 이상의 신규 사업에 대한 투자심사를 강화해서 중복 과잉 투자를 피하도록 했다. 또한 교부세의 산정 시 총정원제를 적용하고 예산 절감 단체에 대해 재정 인센티브를 주도록 했다.

제 4 절 성과 및 평가

1987년 제13대 대통령 선거에서 노태우 후보는 선거공약으로 지방자치 실시를 내세웠다. 제6공화국 출범 후인 1989년 4당 합의에 의해 시·도에서부터 군에 이르기까지 지방의회와 자치단체장을 선거하기로 했다. 1989년 마련된 「지방자치법」에 의해 1991년 기초의회선거와 광역의회선거가 있었다. 그러나 3당 합당 이후 여권은 경제 안정을 내세워 1989년에 마련된 「지방자치법」의 일부를 개정하고, 자치단체장선거는 1995년으로 미루는 의안을 국회에 상정해 통과시켰다. 따라서 노태우 정부의 지방자치는 지방의회만 있고 자치단체는 구성되지 못한 불구적 형태로 출발했다. 그러나 전면적인 지방자치는 문민정부가 출범한 후에 실시된 1995년 6월 27일 4대 지방선거(기초의회, 광역의회, 기초단체장, 광역단체장)에 의해 비로소 시작됐다. 즉, 김영삼 정부가 출범한 이후 1995년에 실시된 지방선거를 계기로 본격적인 지방 시대가 도래했다고 평가할 수 있다.

김영삼 정부가 우리나라 지방자치 발전에 긍정적으로 기여한 부문을 평가해보면 다음과 같다. 무엇보다도, 김영삼 정부는 지방자치단체의 경쟁력 강화를 위해 대규모의 행정구역 개편을 성공적으로 단행했고, 1995년 6·27 4대 전국동시지방선거도 비교적 깨끗하고 공정하게 실시했으며, 1995년 자치단체장을 주민직선으로 선출한 것은 획기적인 성과라고 할 수 있다. 그리고 지방행정의 기능 및 자율성 확대를 위한 사무이양, 조직 및 인사 자율성 확보 등을 위한 일련의 조치들은 물론 지방행정 조정 기능의 보강과 지방의회 운영효율화를 위한 각종 방안을 비롯해 자치 발전의 초보적 단계에 해당하는 사안이기는 하나 제도적 토대를 마련했다는 평가를 받을 수 있다. 지방자치 발전의 필수적 요건이면서 물질적 토대가 되는 지방재정의 자체 확충을 위한 창의적 아이디어를 발굴한 것 역시, 향후 지방재정의 건전 확충을 위한 중요한 계기를 제공했다고 평가된다. 이들 각종 제도와 정책 도입은 향후 우리나라 지방자치 발전을 위한 시발점이기는 하나 결정적 단초를 제공했다는 점에서 그 성과를 높게 평가할 수 있다.

이와 반면에 김영삼 정부에서 도입된 지방자치 관련 정책이나 제도가 본래의 취지와 달리 운영상 여러가지 한계를 초래한 점 역시 인정하지 않을 수 없다. 우선, 지역주민들이 지방행정에 직접 참여하는 기회를 확대하기 위해 마련한 제도들은 별로 실효성을 거두지 못했다고 볼 수 있다. 또한 지방행정의 기능 및 자율성 확대를 위해 적극적으로 추진한 국가사무의 지방이양도 종전에 비하면 크게 늘어났으나 기대에는 못 미쳤다고 할 수 있다. 지방의회 운영에서도 많은 문제점이 드러났을 뿐 아니라 국정감사와 관련해 국회와의 마찰을 비롯해서 의원들의 외국 시찰 여행경비 조달을 둘러싼 잡음, 그리고 의원 보좌진 강화 논란 등은 되풀이해서 제기되지 않도록 확실한 해결책을 마련하지 못한 점은 아쉬움으로 남는다. 또한 지방자치단체의 재정자립도가 극히 일부를 제외하고 빈약하기 짝이 없음에도 불구하고 지방재정을 충실하게 하기 위한 지방자치단체 자체의 노력이 여전히 미흡했고 중앙의 지원도 빈약했다고 평가할 수 있다.

그러나 이러한 지방자치 발전의 공과에도 불구하고 김영삼 정부는 지방자치의 전면 실시를 과감하게 추진한 결단은 매우 긍정적으로 평가받을 만하고, 우리나라 지방자치의 발전 궤적을 한 단계 더 높여놓았다는 사실은 누구도 부인하기 어렵다고 할 수 있다.

김영삼 정부가 추진한 지방자치의 전면 실시에 대한 내용을 전반적으로 검토해 보고 또한 제도적으로 누락된 사안들을 정리해본 결과, 향후 우리나라 지방자치를 더욱더 발전시키기 위해 중요한 과제를 도출할 수 있다고 생각된다. 먼저, 국가 기능의 지방이양과 관련해 외교·안보·국방 등을 제외한 국가의 기능과 권한을 지방에 지속적으로 이양해야 한다는 것이다. 특히 정책 기능은 중앙에 둬야 하지만 집행 기능은 과감히 지방에 이양해야 하며, 이와 함께 지방자치단체도 효율적이고 책임 있는 업무 수행을 위한 조직, 인사 등 체제 정비를 이뤄야 할 것이다. 중앙에서 시·도에, 시·도에서 시·군·구에 무엇을 이양해야 하며 이양할 수 있는지 지속적으로 연구·검토하고 그 결과를 현실에 반영하는 것이 바람직할 것으로 생각된다.

사회 발전과 시대 변화에 맞춰 불합리한 지방행정구역을 지속적으로 개편 조정하고 각종 관계 법령 및 자치법규를 정비해 나가는 작업 역시 필요하다고 여겨진다. 교통과 통신의 발달과 하천 준설, 공단 조성 등 국토개발사업으로 생활권과 행정구역이 얼마든지 달라질 수 있다. 중앙과 자치단체 간, 자치단체장과 의회 간에 발생할 수 있는 갈등을 최소화하고 협력 체제를 구축해야 하며, 중앙과 자치단체 간 갈등을 해소하기 위해서는 조정위원회 같은 기구를 상설할 필요가 있다. 자치단체장과 의회의 대립으로 발생할 수 있는 지방행정의 마비 현상 등을 해결하기 위해서는 주민투표와 같은 제도를 도입하는 것도 한 가지 방법이 될 수 있다.

세계화와 지방화에 부응할 수 있도록 지방공무원제도를 발전시켜야 함은 두말 할 필요도 없다. 우선 우수한 기술 인력을 확보할 수 있도록 지방공무원 임용제도를 개선하고, 지방공무원의 자질 및 능력 향상을 위한 전문적인 재교육제도를 발전시켜야 한다. 동시에 인사행정에 대한 지방의 자율성 보장을 확립하고 인사 운영에 대한 중앙의 규제를 철폐해야 한다. 지방의회를 생산적으로 운영하는 방안을 역시 강구돼야 하는 바, 회기 일수를 늘리는 것도 지방의회의 효율화를 기하기 위한 한 방법일 수 있으나 더욱 중요한 것은 지방의회의원들이 평소 지역 발전을 위한 여러가지 방안을 지속적으로 연구·검토하고 이를 의회에서 논의하는 방안이 도입돼야 할 것이다.

그리고 가장 중요한 것은 지방재정의 건전한 운영 및 확충이라 할 수 있다. 우선 지방자치단체장이 선거공약 사항을 이행하기 위해 재정을 무리하게 운영할 가능성이 있으며 유권자 및 이해집단과 관련이 있는 사업 등을 안배해서 무리한 투자를 촉발할 우려가 있다. 이들을 견제하면서 지방재정을 건전하게 운영할 수 있도록 하기 위해서는 지방재정관리제도를 정착시켜야 한다. 또 지방재정의 확충을 위해 중앙재원을 지방재원으로 전환하는 노력과 함께 지역의 새로운 자체재원을 지속적으로 개발하는 데 지혜를 짜내야 할 것이다.

참고 문헌

공보처(1997). 문민정부 5년 개혁백서.

권경득·우무정(2009). 참여정부 지방분권정책의 실태 분석 - 중앙사무의 지방 이양을 중심으로. 한국지방자치학회보, 21(2): 5-28.

내무부 (1994). 내무행정백서. 서울: 내무부.
______(1995). 행정구역개편백서. 서울: 내무부.
오희환 (1997). 중앙 · 지방간 사무재배분. 지방자치, 2: 13-18.
한국지방행정연구원 (1998). 지방자치 · 행정 50년사(1948～1997). 서울: 한국지방행정연구원.
행정자치부 (2002). 지방자치백서: 민선지방자치의 성과와 발전 방향. 서울: 행정자치부.

제 3 편

김영삼 정부 정부개혁

제1장

정부개혁의 배경 및 방향

심익섭
동국대학교

제1절 정부개혁의 배경

1. 시대적 배경

김영삼 정부가 존속했던 1990년대는 국내적으로 볼 때 과거와 다른 뭔가를 보여줘야 한다는 국민들의 기대심리가 컸던 시기였다. 동시에, 전 세계적으로는 21세기 새로운 밀레니엄 진입을 위한 국가개혁이라는 화두가 시대적 트렌드가 되어 공존했던 시기였다. 1961년 5·16군사정변 이후 장장 32년 군사정부 체제 이후 등장한 최초의 민간인 대통령의 정부라는 점은 전 국민적으로 민주화에 대한 기대를 높이는 계기가 됐다. 그런가 하면 이 시기는 전 세계적으로 신자유주의가 확산되면서 특히 국가경쟁력이 초미의 관심사가 되어 정부개혁은 전 세계적인 패러다임으로 자리매김하고 있었다.

실제로 문민정부는 출범 첫 해인 1993년 '부정부패 척결을 통한 깨끗한 정부 구현'이라는 국정목표에 이어, 1994년에는 개혁 방향을 '국가경쟁력 강화'에 두겠다고 밝히고 세계화의 원년으로 삼는다고 선언했다. 그런데 묘하게도 이 시기는 바로 구소련의 해체로 전후 냉전 체제가 붕괴되면서 미국 일극 체제 하에 등장한 신자유주의 이데올로기의 팽창과도 맞물린다. 자연스럽게 김영삼 정부는 세계적인 개혁 열풍과 맞물릴 수밖에 없는 상황이었다. 이러한 국내·외적 환경 속에서 광범위한 국가혁신 및 정부개혁을 추진한 김영삼 정부는 특히 과감한 변화를 추구한 성격이 강하다.

1990년의 3당 합당을 토대로 하여 출범한 김영삼 행정부는 실제로 과거 군부 권위주의 지배의 잔재를 청산하기 위한 정치·사회·경제적 개혁을 광범하게 추진했다. 취임과 동시에 '한국병 치유'와 '신한국 창조'를 기치로 내건 김영삼 대통령은 부정부패 척결, 경제활성화, 그리고 국가 기강 확립을 3대 국정 과제로 제시하고 광범위한 개혁을 시도했다. 정치적 측면에서 김영삼 행정부는 권위주의 체제를 해체해 민주주의를 제도화하고 시민사회를 활성화하는 데 정책의 역점을 두기도 했다. 또한 김영삼 대통령은 취임 직후 자신의 재산 공개를 출발점으로 하여 대대적인 공직자 숙정작업을 추진하고 뒤이어 군부 숙정작업과 아울러 금융실명제 및 부동산실명제 도입 등의 경제개혁 조치를 취하기도 했다.

어떤 정권이건 과거 정권의 유산을 물려받는다. 이와 마찬가지로 문민정부 역시 차등화의 성공 여부가 정권이 갖는 자유의 폭을 결정했다. 군부 체제로부터 제대로 된 최초 민간정부로의 변화라는 특수성 때문에 문민정부는 군부개혁, 민주주의 제도적 정착, 역사바로세우기 등 주로 거대담론과 정치적 영역에 모든 역량을 집중하다 보니 세부적인 분야별 개혁을 추진할 여력은 아무래도 약했다고 할 수 있다. 물론 김영삼 정부는 관권선거와 금권선거를 막고 깨끗한 정치를 구현하기 위해 「공직자선거 및 선거부정방지법」을 제정하는 등 제도적 장치를 마련했으며, 아울러 정치 공작과 인권 탄압의 상징이었던 국가안전기획부와 국군기무사 등 억압기구의 축소와 정치 간여 금지 등 탈정치화를 도모하는 개혁을 추진하기도 했다.

김영삼 대통령의 문민정부 출발은 30여 년간의 군인 대통령 시대의 종식을 의미했다. 결국 김영삼 정부의 시대적 과제는 유신 잔재나 제5공화국은 당연히 청산 대상이었고 아울러 무늬만 제6공화국이었던 노태우 정부에 대해서도 민주화를 위한 혁신 대상으로 삼았다는 시대적 배경을 지니고 있다. 문민정부라는 명칭에서 보듯이 민주화는 김영삼 정부에서 민주주의의 제도화라는 목표 하에 개혁을 시도하게 만들었으며, 여기에 그치지 않고 문민정부는 복지국가라는 또 다른 화두를 본격적으로 제시하는 국가개조를 지향하게 된다.

1992년 12월 대선 결과 김영삼 대통령의 당선으로 탄생한 문민정부는 역대 정부들과는 달리 정통성 논란의 문제는 없었다. 하지만 오랜 기간 동안 지속된 군인 정치의 종식으로 문민정부 개혁의 정치 이념은 군대문화를 청산하려는 것으로 설정됐다. 실질적으로 김영삼 정부개혁의 핵심적인 원인으로는 민주화, 세계화 및 정보화, 그리고 권위주의 청산이라는 세 가지로 요약된다. 김영삼 정부 스스로 '문민정부'라고 칭했듯이, 문민정부 자체가 본격적인 시민사회에 기반을 두고 탄생했다는 점에서 그 의미는 대단히 중요하다.

1960년대 이후 산업화가 추진되는 과정에서 정부는 권위주의적이고 경직됐으며 국민들 사이에서는 독재 권력에 대한 반감과 저항이 자연스럽게 생겨났다. 이른바 산업화(추진) 세력과 민주화(운동) 세력 간의 대결 구도가 조성되기 시작했다. 이러한 분열은 국가와 시민사회의 대립 구도와도 연관되는 현상이었다. 특히 1980년대 후반부터 이미 시민사회의 형성과 발전이 본격화되는데, 1987년 6월 민주항쟁을 계기로 본격 확대되기 시작한 시민사회 공간은 정치 이데올로기 지형의 확장이라는 사회 변화와 맞물리면서 한국 사회를 더욱 역동적으로 변모시켰다. 즉, 시민사회활동이 활발해지고 사회 영역 또한 정치적으로 활성화되고 조직화의 토대가 확대되면서 전국적 규모의 연대가 마련됐을 뿐만 아니라 시민적 권리도 지속적으로 확장됐던 것이다.

한국의 시민사회계에서 자발적 시민운동이 조직화돼 비정부기구(NGO) 운동이 활성화된 것은 바로 1990년대 김영삼 정부개혁의 큰 성과였다. 이러한 시민사회의 요구 확대는 정치적으로 볼 때, 민주화의 진전과 제도 정착으로 김영삼 정부개혁에 큰 영향을 주게 된다. 경제적 차원에서는 불평등한 부(富)의 해소와 경제 정의의 확립에 도움을 줘 경제사회 개혁의 논리적 토대가 되기도 한다. 사회문화적으로는 다양성과 다원화가 존중되는 사회문화를 건설하는 기반이 된다. 특히 다양한 시민운동의 성장과 발전은 정치를 투명하게 하고 사회를 건강하게 하는 원동력으로 작용함으로써 21세기 거버넌스형 국정운영과 풀뿌리 민주주의 및 지방자치 발전의 기반이 됐다고 할 수 있다.

결국 김영삼 정부의 개혁 방향을 제대로 보기 위해서는 이렇게 형성된 시민사회에 대한 이해로부터 출발하는 것이 중요하다. 시민에 의한 문민정부답게 권위주의적 군사독재정부를 민주화시키는 데 결정적인 동력이 시민사회로부터 비롯됐다고 판단할 수 있다. 1987년 6월 민주항쟁 이후 1993년 문민정부의 탄생이야말로 제대로 된 시민의 정부가 시작됐다는 것이며, 이때부터 투표를 통한 제대로 된 수평적 정권 교체를 경험함으로써 한국 민주주의가 공고화될 수 있었다는 것이다.

문민정부의 행정개혁 방향은 한마디로 정부 수립 이후 지속적으로 이어져 왔던 권위주의의 청산 시기였다고 할 수 있다. 특히 군사권위주의 시대로부터 시민 중심의 문민 시대로의 전환기적 성격을 지니고 있다. 이 말은 행정환경의 근본적인 변화로 이전의 행정개혁과는 차원이 다른 패러다임의 전환이 이뤄졌다는 사실을 의미한다. 이에 따라 행정개혁의 이념과 추진체계 자체가 달라졌으며, 가시적인 탈권위주의를 국민 앞에 보여주기 위해 정부조직 개편이 이뤄졌고, 나아가 정부 운영 방식에서도 개혁을 시도했다는 데 특징이 있다.

2. 국정철학과 행정개혁 이념

군사정권을 종식시킨 문민정부의 등장으로 사회 전체에 변화의 압력을 가한 것처럼, 정치 권력과 관료제의 관계 또한 일대 전환기를 맞게 됐다. 즉, 새로이 등장한 민주적 정치 권력과 그 동안 발전주의국가 시대의 권위주의 정권 하에서 제도화된 관료제의 관계는 새롭게 설정되지 않으면 안 됐기 때문이다. 정치 권력 쪽에서는 과거처럼 권위주의적 권력의 유지·강화라는 목적으로 관료제를 통제하기보다는 성장한 시민사회의 다양한 정치적 요구를 국가정책으로 수렴하고 이를 효율적으로 집행하기 위해 전임 정권으로부터 물려받은 관료제를 통제해야 할 필요성이 컸다. 이에 대해 통제 대상이 돼버린 관료제 쪽에서는 전임 정권 하에서 구조화시킨 행정 운영 논리, 제도적 관료제의 자기 이익 기제, 발전주의적 행정관행, 발전 추진 능력에 대한 자부심, 관료제 특유의 기득권, 시민사회에 대한 영향력 확보 등으로 제도적 관료제의 구조적 특성을 유지하고자 했다.

다시 말하면, 김영삼 정부개혁의 이념적 배경에는 과거 군부 시절 권위주의적인 발전주의로부터 탈피한 신자유주의적 개혁 정신이 자리 잡고 있다. 이것은 박정희 정부 이래로 지속된 군사정권의 집권 하에서 유지돼 온 1960~80년대 관료제는 발전주의적 행정 능력과 높은 제도화 수준을 유지함으로써 제도적 관료제의 행정적 자율성이 현저히 증대됐던 것에 대한 대응이었다(정승석, 2000: 41). 게다가 한국 관료제는 1990년대 이후 급성장한 시민사회와의 연계성에서 비롯되는 새로운 자율성까지 확대되고 있었기 때문에, 관료제가 시민사회 고객집단의 영향력을 이용해 정치 권력의 요구를 무산시키거나 아니면 거기에 도전 혹은 저항하는 경향이 증대하기도 했다. 결국 정치 권력의 강력한 관료제 통제력이 확보되지 않을 때 제도적 관료제의 자율성은 언제든지 표출될 가능성이 컸다는 것이다. 바로 문민정부에서 탈관료주의의 개혁 이념이 중요했던 이유다. 아직도 잔존하는 잘못된 행정문화의 전형인 부처이기주의와 복지부동은 여기서 비롯된다.

김영삼의 대통령직 승계 과정을 간단히 정리해 보면 여·야 대선 후보 선출 과정에서 불완전 경쟁, 노태우 정부의 공정한 선거관리 시도, 과도한 여당 후보 대선자금의 지출가능성, 대선 후보들에 의한 언론매체의 이용 강화, 지역투표의 심화 현상, 대선 결과에 대한 주요 후보의 승복 등을 특징으로 한다. 이에 따른 김영삼 대통령의 지도력 행사를 보면 국무총리 임명 시에 헌법적 절차를 강조했고, 나아가 대(對)의회 관계는 여당의 국회 지배를 바탕으로 취임 초부터 위임받은 민주적인 권한을 강하게 행사한 것으로 평가된다.

종합적으로, 김영삼 대통령의 국정철학이나 개혁 이념의 저변을 살펴보면 선출 과정의 정당성으로 전임 대통령보다 자신감이 확실했고, 이에 따라 경쟁성이 상당히 증대됐다. 특히, 선거에 의한 32년 만의 민간정부 구성과 민간인 대통령의 군통수권 확립이라는 중요한 의미가 존재했다. 이 때문에, 대(對)의회 관계는 위임민주적 권한의 행사가능성, 선거와 군통수권 확립은 민주주의의 공고화라는 특성, 그리고 대(對)시민 사회관계에서는 민주화의 특성이 강했다고 요약할 수 있다. 이는 그만큼 정권의 정당성이 강력하게 확보됐음을 의미한다.

실제로, 김영삼 정부는 30여 년간 군사정권 시대의 부패와 불합리를 척결할 수 있는 정치적 분기점이었다는 점에서 많은 국민으로부터 기대와 지지를 받고 출발했다. 국민 다수가 김영삼을 선택한 것은 안정 속의 개혁을 약속한 그의 정치 신념을 선택한 것이라고 할 수 있으며, 결국 국민은 안정 속의 화합, 안정 속의 착실한 개혁을 지지했다는 것이다. 한마디로 군사문화와 권위주의 청산을 단행하되 안정적으로 개혁하기를 원했다고 볼 수 있다. 3당 합당 이후 권력이 재창출됐다는 점에서 과거 갈등구조 하의 대립적 세력이 하나로 통합됐다는 사실은 민주주의와 권위주의라는 대립 구도가 적어도 외면적으로는 종식됐음을 의미한다. 이런 점에서 김영삼 정부는 기본적으로 보수 세력의 연합체로부터 지지받았다고 하겠다. 집권은 가능했으나 결과적으로 이러한 내부 연합 세력 간의 이질성을 어떻게 조화시키느냐가 정부개혁의 성패의 갈림길이 되기도 했다.

변화에 당당하고 과감했던 문민정부도 실제 개혁의 실시를 앞두고는 스스로 갖고 있는 독특한 환경에 직면하게 되는데, 그 상황의 핵심은 정치적으로는 5·16군사정부 이후 형성된 권위주의적인 행정문화가 민주화되는 계기를 맞이한 것이 그 하나이고, 군사정부와 문민정부의 과도기적인 성격을 갖는 제6공화국 시절 정점에 달한 소위 '한국병'

을 치유해야 한다는 과제를 안고 출범한 것이 그 둘째이며, 갑작스러운 냉전 체제의 종언과 함께 도래한 WTO 체제 하에서 세계화를 추진해야 하는 부담을 안게 된 것이 셋째이며, 정치적 민주주의의 꽃이라고 할 수 있는 지방자치를 본격적으로 시행하면서 정치행정력의 지방분권화를 함께 추진해야 할 과제를 안게 된 것이 그 넷째라 할 수 있다(행정쇄신위원회, 1998: 12).

집권 초기 김영삼 정부는 대통령 취임사에서 밝힌 바와 같이 '신한국 창조'를 국정지표로 잡고 개혁 조치를 단행했다. 사실 '신한국 창조'는 1992년 말 선거 과정에서 김영삼 후보가 밝힌 하나의 정치적 수사로 출발했다. 이러한 이유로 신한국 창조라는 국정지표는 어떠한 구체적인 이론이나 이념에 근거해 제시된 것이 아니었다. '한국병으로부터 우리를 구제해 신한국을 창조하자!'라는 구호는 이러한 성격을 잘 대변해주고 있다. 누구도 문민정부의 금융실명제 도입 개혁과 정치개혁법 추진을 반대할 명분도 없고 실제 그 자체에 대한 공감대는 존재했었다. 문제는 개혁 이념과 논리가 취약하다 보니 절차상의 한계를 내포할 수밖에 없는 형국이었다. 거대담론 차원의 엄청난 과제를 추진하는 과정에서 어느 정도 김영삼 대통령의 독선적인 리더십이 보일 수밖에 없었던 국면이 있을 수밖에 없는 이유다. 이는 그대로 문민정부의 정부개혁 이념 논쟁과도 직결됐다.

대통령이 제안한 '윗물 맑기운동'으로부터 시작된 일련의 개혁 조치는 권위주의적 강압통치로 상징되는 과거 청산과 민주화, 정당성의 복원, 부정부패 추방이라는 철학적 소신을 지향하는 것들이었다. 실제 대통령이 솔선수범한다는 취지에서 정치자금 안 받기, 청와대 생활의 근검절약, 행사 간소화, 지방 청와대의 개방과 전용, 청와대 사용 안가(安家) 철거, 대통령 골프 안치기, 비권위적인 경호 방식 채택, 대통령의 자발적인 재산 공개 등 파격적인 조치들을 단행했다. 또한 정치의 민주화, 완전한 지방자치 시대의 개막, 돈 안 드는 선거풍토의 조성, 정경유착의 단절, 공직자 재산 공개, 금융실명제 실시, 역사바로세우기 등이 바로 그 일환으로 추진된다(김영삼, 2000: 165).

한편, 과거 군사문화와 권위주의를 청산하고 전 사회적으로 민주적 분위기를 조성하며 국민 편의를 증진시키기 위한 상징적이고도 실질적인 조치들도 지속적으로 이어졌다. 4·19의거를 혁명으로 명료하게 규정하고, 12·12사태는 '쿠데타적 사건'이라고 규정한 것, 나아가 일제 식민통치 시 상하이임시정부를 이끌었던 임정요인들의 유해를 국립묘지에 봉안하고, 경복궁 정면을 막고 있던 옛 총독관저를 철거한 것 등은 바로 오욕의 과거사를 청산해 국가의 도덕적 정당성을 높이려는 상징적인 조치들이었다고 볼 수 있다.

제2절 정부개혁의 목표 및 추진 방향

1. 정부개혁의 목표

1993년 2월 25일 취임사에서 김영삼 대통령은 자신이 이끌 행정부가 '문민정부'임을 강조했는데, 여기에 함축된 의미는 한마디로 과감한 과거 청산과 재창조에 가까운 정부개혁에 대한 강박 관념과 결의였다고 할 수 있다. 실제 문민정부 출범 초기에는 그러한 의욕이 개혁 프로그램의 강도 높은 실천으로 이어지는 것을 볼 수 있었다. 문민정부의 긍지와 정당성, 그리고 국민적 지지를 바탕으로 추진된 개혁운동은 그 접근 방법에서 과거와는 구별되는 면모를 보여주었던 것이다. 특히 초기 일부 충격적인 개혁 조치들은 국민의 갈채를 받기도 했다.

문민정부의 행정개혁은 세계화와 민주화의 추세 하에서 그동안의 발전국가 기조를 대체하는 작지만 강한 정부를 표방했다는 점에서 기본적으로 당시 전 세계적인 트렌드이기도 했던 신자유주의와 신공공관리라는 명제에 부응했던 것으로 평가된다. 또한 김영삼 정부가 표방한 자유주의적이고 변화 지향적인 정책 정향은 공직사회의 지배 가치 변화와 경쟁분위기 확산에 크게 기여했다는 점에서 21세기를 지향하는 새로운 행정개혁 패러다임의 초석이 됐다고 할 수 있다.

특히 신공공관리에 대한 기대는 이전의 권위주의적 군사정부와의 차별화에도 적용됐는바, 예를 들어 군사정부가 관료제의 통제 수단으로 양성한 유신 사무관들을 대폭 퇴출시켜 관료제의 역할 변화와 함께 새로운 관료제 형성을 추구한 것은 정권 차원의 의지와 자신감의 표현이라고 할 수 있다. 나아가 경기 침체에도 불구하고 국가경쟁력 제고 차원에서 내부적인 개혁 압력을 강화시키는 계기로 작용하기도 했는데, 일례로 정부의 정책역량을 신경제 구현에 주력하는 과정에서 정부 역할과 범위도 시장친화적 방향으로 조정할 필요성이 제기됐던 것이다.

김영삼 정부의 개혁 초점은 주로 군부 권위주의의 유산을 청산하고 민주화와 세계화의 물결 속에서, 한국 사회의 기본 틀과 규범을 재구성 또는 재창조하는 데 역점을 두었다. 당시의 국정운영 역시 이러한 개혁 논리에 따라 이뤄졌으며, 그 여파로 한국 정치의 내포와 외연이 크게 확장되는 계기를 맞았다(김호진, 1996: 324). 문민정부에서 이뤄진 정부개혁은 1960년대 이래 정부 주도형 개발전략으로서는 더 이상 국가경쟁력을 강화할 수 없다는 명분에서 시작됐다. 그리고 과거의 정부기구 개편이 확대 지향적이었다는 것과는 대조적으로 축소 기조에 따라 이뤄졌다는 점이 특이하다(김태룡, 2012: 525).

제6공화국 문민정부는 장기간 권위주의 통치 체제에 반대하는 국민들의 여망을 담은 순수 민간 대통령이란 점이 중요하다. 국민적 지지로 정권 교체를 이룩했다는 출범 사실을 통해 알 수 있듯이 정치·사회민주화와 밀접한 연관성을 갖고 있는 것이다. 실제 김영삼 정부는 WTO 체제의 출범과 OECD 가입에 따른 외부의 개혁 압력, 1990년대 초 경기 침체에 따른 내부의 개혁 압력, 그리고 문민정부 출범이라는 상징성에 의한 관료제를 개편해야 할 정치적 필요성 등의 측면에서 신국정관리론(NPM)을 핵심적 개혁 수단으로 채택하게 된다. 특히 과거 군사정부 하에서 국민에 대한 봉사보다는 권력자에 대한 충성을 중시하는 기형적 존재로 전락해 버린 정부관료제의 정상화를 위해 신공공관리가 적용됐다고 할 수 있다.

한편, 김영삼 정부의 행정개혁은 세계화와 민주화 추세 속에서 발전국가적 기조를 대치하는 작지만 강한 정부를 표방했다는 점에서 기본적으로 신자유주의화 신공공관리 명제에 가깝다고 할 수 있다(김정렬, 2006: 106). 그리고 김영삼 정부가 표방한 자유주의적·변화 지향적 정책 정향은 공직사회의 지배 가치 변화와 경쟁 분위기 확산에도 크게 기여했다. 신공공관리에 대한 김영삼 정부의 열망은 이전의 군사정부들과 구별되는 문민정부의 정통성 확립과도 밀접한 관련성을 지니고 있다. 정권 출범을 전후해 발생한 경기 침체도 국가경쟁력 제고 차원에서 정부가 모범을 보여야 한다는 내부적인 개혁 압력을 강화시키는 주요 계기로 작용했다. 일례로 정부의 정책 역량을 신경제 구현에 주력하는 과정에서 정부의 역할과 범위도 시장친화적인 방향으로 조정할 필요성이 제기됐던 것이다.

이 점은 이전 노태우 정부가 민주화와 개방화라는 시대적 요구에도 불구하고 안정적 통치 기반 강화를 위한 핵심적 도구였던 관료제와의 밀월관계를 청산하지 못한 상황과 대비되는 현상이라고 할 수 있다. 즉, 노태우 정부는 관료제 행정에서 신공공관리로 나아가는 과도기에 해당하지만, 집권 당시의 평온했던 대내·외 환경과 군사정부의 연장이라는 자신감의 한계로 인해 발전국가 패러다임을 부정하는 급진적인 행정개혁을 추진하기에는 다소 무리가 있었다는 것이다. 그러나 노태우 정부에 이어서 출범한 김영삼 문민정부는 정부 운영 방식의 패러다임 교체기에 해당하는 시기로서 권위주의적 군사정부와 자유주의적 문민정부, 성장기의 정부 운영과 긴축기의 정부 운영, 현상 유지적 국정기조와 현상타파적 국정기조, 외부적 개혁 압력의 존재 여부 등의 측면에서 신공공관리적 행정개혁의 강도 차이를 드러낸 것으로 볼 수 있다.

이처럼 문민정부의 국정목표는 한국병 치유와 신한국 창조였으며, 정부개혁을 위해서는 깨끗한 정부, 튼튼한 경제, 건강한 사회 등을 추구하는 것이었다. 그리고 1995년 임기 중반부터는 이들 목표에 세계화가 추가되어 진행됐다. 한편 행정쇄신의 기본 방향은 깨끗하며 작고 강한 정부의 구축, 민주적이며 효율적인 행정의 구현, 국민 편의 위주 제도 관행의 개선 등 세 가지였다(행정쇄신위원회, 1997: 14). 당시의 행정개혁은 민주화에 우선을 둔 행정쇄신과 권위주의 타파를 기본 방향으로 설정했으며, 효과성보다는 능률성을 추구했다.

결국 김영삼 정부 행정개혁의 기본 목표는 정당성 확보(권위주의 청산, 역사바로세우기 등) 차원과 민주적이며 효율적인 행정 체제 구축(행정제도 및 관행의 개선 등) 차원이라는 두 가지를 기본으로 하고 있다. 그리고 이러한 행정개혁을 위한 구체적인 개혁 대상으로서의 법적 · 제도적 장치들로는 행정절차법, 행정정보공개법, 행정규제 및 민원사무기본법(국민고충처리위원회 신설) 등의 제 · 개정과 재정경제원 신설 등 정부조직 개편, 그리고 금융실명제, 부동산실명제, 노사개혁 등의 사회개혁 조치들이었다.

결론적으로 과거로부터의 부채성 유산들에 의한 정부의 고질병을 분석하면 이러한 김영삼 정부개혁의 목표를 이해하기가 수월해진다. 문민정부 출범과 함께 공공행정의 측면에서 짊어진 고질적인 한국병적인 증상들을 살펴보면 다음과 같다(안문석, 1995: 30).

- 해이해진 공무원 기강
- 가까운 사람 중심의 인사정책
- 공직을 빙자한 사리사욕 관행의 중하위직 공무원까지 확산
- 감사원 등 사정 당국의 사정 의지와 범위 축소
- 여소야대 국회에서 행정부의 위상 축소
- 성수대교 붕괴처럼 과거 외형적 행정 피해 사례 본격 도출
- WTO 등 세계화로 인한 국내시장 보호정책 한계 봉착

이를 바탕으로, 문민정부 정부개혁의 목표는 한국병을 치유하고 신한국을 창조해 21세기 통일된 세계 중심 국가를 지향하는 데 초점을 맞췄다. 이는 문민정부가 과거 정권과는 다르다는 것을 보여주기 위한 차별화정책의 일환이기도 했다. 김영삼 정부의 행정개혁은 가장 문민적인 방법으로 접근하면서 '갑작스럽게' 나타나기 시작했다. 김영삼 대

통령의 '깜짝스런 개혁' 속성은 문민정부 인사정책의 핵이면서 동시에 정부개혁의 중심 전략이라고 할 수 있다.

이러한 개혁 접근 방식은 군사문화적 환경에서 살아남기 위한 철저한 위장전술의 일환이기도 했으나, 김영삼 정부의 행정개혁의 특징은 '돌발적인' 속성에서 찾을 수 있다. 특히 문민정부 행정개혁 대상에 행정관행은 물론 제도나 조직 등이 모두 포함됐다. 숙청적 성격을 갖는 공무원 감축은 행정개혁 차원과는 다른 정치적 차원에서 이뤄졌다. 이는 과거 행정개혁위원회를 통한 행정개혁이 조직개편에 초점이 모아지고, 제도나 관행의 개선에 대해서는 소홀하게 다뤘던 것과는 차이를 보인다.

2. 정부개혁의 추진 방향과 개혁관리

1) 추진 방향

김영삼 정부 출범과 더불어 신한국창조운동이 전개되기 시작했다는 것은 이미 지적했다. 여당인 민주자유당에서 신한국 창조의 의미와 추진 방법에 대한 관념 정리를 한 바에 따르면 신한국은 살맛나는 자유민주사회, 일한 만큼 잘살 수 있는 신바람 나는 정의사회, 개인의 발전과 나라의 발전이 함께 이뤄지는 더불어 사는 공동체, 인간이 인간다움을 유지할 수 있는 문명사회, 그리고 온 민족이 다 이와 같은 행복을 누릴 수 있는 통일된 조국을 뜻하는 것이라고 한다. 신한국은 인간다운 삶, 건강한 삶, 더불어 사는 삶, 풍요로운 문화의 삶, 그리고 세계화된 삶을 추구한다는 것이다. 신한국을 창조해 갈 국정지표로 김영삼 정부는 네 가지를 내걸고 있는데, 그것은 깨끗한 정부, 튼튼한 경제, 건강한 사회, 통일된 조국을 말한다.

정부관료제라는 측면에서 보면 신한국창조운동의 출발은 반부패운동이었다. 문민정부 출범과 더불어 취해진 일련의 반부패 조치들은 상당히 거센 것이었다. 대통령 스스로 체제적 부패의 제거는 사회정의 구현을 위해서뿐만 아니라 경제의 재도약을 위해서도 불가결·불가피하다는 인식을 확고하게 표명하고 반부패운동을 진두지휘했다. 초기의 반부패전략들은 대통령이 직접 구상하고 독려한 것으로 알려졌다. 이러한 추진이 반부패운동에 가속도를 붙여준 것은 확실하다.

김영삼 정부의 주요 반부패 시책들을 요약해 보면 다음과 같다.

첫째, 부패 공직자에 대한 숙정활동을 광범하게 전개했다. '사정 한파'로 불린 이 숙정활동은 처음 현직 장에 대한 '윗물 맑기'운동으로 시작됐다. 그리고 전·현직 국회의

장, 정당대표, 전 · 현직 장 · 차관 등 많은 정 · 관계 인물이 도태 또는 형사 처벌됐다. 사정활동은 점차 하위 공직자들에게도 파급됐다.

둘째, 행정적 · 사법적 통제활동의 전통적인 제약을 철폐하는 데 힘을 기울이고 이른바 '성역 없는' 사정활동을 추구했다. 과거 외재적 통제의 손길이 미치지 못했던 통치핵심부나 권력기관, 특히 군사조직들도 실질적인 감사와 수사를 실시했다.[1] 검찰 고위직에 대한 수사와 소추도 특기할 만한 일이다.

셋째, 부패 억제 장치를 제도화하기 위한 일련의 조치를 강구했는데, 그 대표적인 것이 공직자 재산공개제와 금융실명제의 도입이다. 처음에는 정치적 결단에 의해 대통령이 솔선하는 가운데 입법 · 사회 · 행정부의 고위 공직자들이 재산을 공개하게 됐는데, 이 과정에서 여러가지 부패와 부정축재의 사례가 노출되고 제재를 받았다.[2]

넷째, 공직뿐만 아니라 경제 사회 각 분야의 부패를 다스리는 데도 주력했다. 대학입시 부정 등 교육비리, 구조적 금융 비리, 군 인사비리 등에 대한 사정은 엄청난 파장을 일으킨 바 있다. 불법 탈법으로 재산을 모은 호화생활자, 불로소득자 등에 대한 '민생사정'도 강화해 반사회적 · 반윤리적 악폐를 씻어내려 했다. 공직 외부 환경에 대한 사정은 뇌물 수수 등 공직과의 부패 연결고리를 노출시켜 제거하는 데도 기여했다.

다섯째, 관권선거, 금권선거를 막고 깨끗한 선거를 구현해 정치와 행정을 정화하려는 제도적 장치를 마련했다. 그러한 제도적 장치와 행정을 정화하려는 제도적 장치의 기초는 「공직자선거 및 선거부정방지법」의 제정이었다.

여섯째, 공직자의 윤리성 제고를 위한 의식개혁 활동을 강화했으며, 나아가 사기를 진작하면서 동시에 부패 방지에 기여할 수 있는 적극적 조치들도 강구했다. 현저한 것은 아니지만 처우 개선에 주의를 기울였다. 하급 공무원에 대한 근속승진제 확대 실시, '과장보좌서기관제' 도입 등은 사기진작책의 일환이었다.

일곱째, 반부패활동의 중추가 될 통제조직들의 지위와 기능을 정상화하고 부정방지 특별기구들을 설치했다. 무엇보다도 감사원의 위상을 높여 감사활동의 자율성을 보장하려고 노력한 흔적이 역력하다. 검찰, 경찰, 국세청 등도 부패 척결에 좀 더 적극적으로 임할 수 있는 힘이 주어졌다. 어떤 의미에서 이들의 반부패활동에 대한 비공식적 제약

---

1) 문민정부의 군부통제는 괄목할 만한 것이었다. 군의 인사 비리를 파헤쳐 비리를 저지른 지휘관을 처벌하고 대형 무기구입사업(율곡사업)에 대해 특별감사를 실시했다.

2) 그 뒤 공직자윤리법을 개정해 재산등록 의무자 가운데서 고위 공직자들은 재산을 일반에 공개하도록 하는 제도를 입법화했다. 금융실명제 실시는 경제정의 실현에 일반적으로 기여하고 검은 돈의 흐름을 차단해 공직의 부패를 예방하는 데도 기여한 것으로 평가된다.

이 줄어들었다고 말할 수 있다. 부정방지특별기구로는 대통령이 주재하는 '국가기강확립보고회의', 감사원의 '부정방지대책위원회', 검찰청의 '부정부패사범특별수사본부' 등이 있다.

한편 세계화추진위원회가 발족되면서 문민정부의 개혁 추진 방향은 전환을 시도한다. 1995년 8월 발표된 '세계화의 비전과 전략'은 세계화 시대에 걸맞은 행정개혁을 제시하고 있다. 한마디로 행정의 전문성과 효율성을 높이기 위해 행정의 담당자인 공무원의 질적 수준을 제고하고 행정의 효율성을 높이기 위한 정책평가 강화 방안이 마련됐으며, 민원 등 국민에 대한 서비스를 강화하는 데 행정개혁의 중점이 두어졌다(세계화추진위원회, 1998: 42). 좀 더 구체적으로 세계화 시대의 행정개혁 과제로 제시된 것을 보면 다음과 같다.

- 세계화를 위한 공무원 교육훈련제도 개선 입안
- 고급공무원 임용 및 육성의 세계화 방안
- 정부정책 집행에 대한 평가기능 강화 방안
- 민원행정의 세계화 방안
- 자동차 민원행정의 세계화 방안
- 조세행정 개선 방안

2) 개혁관리

김영삼 정부의 일반적인 개혁모형은 '점증적 모형'으로 이해되는데, 그럼에도 불구하고 결과적으로 근본적인 변화는 가져오지 못했지만 패러다임의 변화는 시도했다고 할 수 있다. 문민정부의 정부개혁을 이끌었던 조직은 대통령 소속의 행정쇄신위원회였다. 행정쇄신위원회는 1993년 4월 20일 발족하여 1998년 2월 25일까지 5년 동안 약 2,500개의 쇄신 과제를 다뤘다. 이전 정부에서 개혁이 총무처 내부조직 형태로 추진된 것과는 달리 이 위원회는 대통령 자문기구로, 위원장 포함 16인 전원이 민간인으로 구성됐다는 특징이 있다(행정쇄신위원회, 1997: 18). 1993년 출범 시 1년 시한으로 시작했다가, 1년 연장 후 다시 3년이 연장돼 문민정부 임기 5년간 존속하게 됐다. 원래는 자문기구로 의결한 내용은 권고의 성격만을 가졌지만 대통령의 재가와 집행을 통해 실질적인 의결기구의 역할을 수행하게 됨으로써 일정 부분 집행력을 확보하기도 했다(한국행정연구원, 2008: 473).

한편, 본 위원회 산하 행정쇄신실무위원회는 위원장이 행정조정실장인 20인으로 구성된 민관 혼성의 위원회였다. 6인은 부서의 1급이나 차관보급 공직자였으며, 나머지 14인은 학계의 전문성 위주로 선발된 민간인들이었다. 이처럼, 민관 혼성의 실무위원회를 구성했던 것은 집행력의 확보를 위해서였다. 실무위원회 산하에는 총리실 직원과 여러 부처에서 파견된 직원으로 구성된 소규모의 행정실을 두었다. 그리고 행정실은 총리실 직원과 여러 부처에서 파견된 직원들로 구성된 35인 미만의 인원으로 분야별로 6개 팀으로 나눠 업무를 분담했다. 이러한 위원회와는 별도로 각 부처 및 시도 단위에 각각 행정쇄신대책반을 구성해 스스로 행정쇄신을 추진하도록 했다. 다만 스스로 해결하기 어려운 사안들은 행쇄위에 보내도록 하여 전정부적인 쇄신 체계를 구축해 이를 해결하도록 했다.

문민정부에서는 행정쇄신위원회 외에도 세계화추진위원회, 부정방지위원회, 경제행정규제완화위원회, 교육개혁위원회, 기업활동규제심의위원회 등 개혁 관련 관리기구들이 다양하게 존재했다. 이들의 복합적인 개혁작업이 진행돼 감에 따라 각 위원회의 과제 추진 상황을 점검하고 추진 과정에서 애로가 있는 경우 애로 타개를 지원하기 위해 국무총리 행정조정실장을 단장으로 하고 개혁 관련 위원회를 담당하는 부처의 1급 공무원을 구성원으로 하는 국정개혁점검단을 1996년 9월부터 운영하기로 했다.

그러나 이들 기구의 업무 영역이 중복되는 등 비능률적인 측면도 있었다(권해수, 1998: 45). 특히 규제개혁위원회의 경우는 1993년 김영삼 정부가 들어서면서 경제기획원에 설치돼, 행정쇄신위원회가 발족하기 이전에 이미 작동하고 있었다. 규제개혁위원회와 행쇄위의 통합이 정권 내내 논의됐어나 규제개혁위원회의 미온적 태도로 실질적으로 그 통합이 계속 미뤄져 개혁이 이원화된 채 진행됐다. 양 기관은 애초 1993년 5월에 통합되기로 약속됐으나 이는 1997년 상반기에야 구현됐다.

쇄신과제의 선정에서 각급 행정기관은 물론이고 민간단체, 기업, 일반 국민 개개인에 이르기까지 필요하다고 느끼는 과제를 제안할 수 있도록 하는 상향식 접근 방법을 택했다. 과제를 결정하기까지 3단계의 토론을 거쳤는데, 1단계 토론은 행정실에서, 2단계 토론은 매주 수요일 오후 2시 실무위원회에서, 또 3단계 토론은 매주 금요일 오후 2시 쇄신위원회에서 이뤄졌다.[3] 또한 매년 「행정쇄신백서」를 발간해 개혁 내용들을 공개했

3) 실무위원회의 심의에는 관계 부처 제안자, 이해당사자 및 전문가들이 참여했으며, 그 특징은 민관이 대등한 입장에서 의견 교환을 했다는 것이고, 언제나 이익단체 대표들이 초청돼 같이 토론에 참여했다는 것이다(행정쇄신위원회, 1997: 156).

다.

문민정부 개혁 중에서 조직개편은 전격적으로 비밀리에 결정돼 단행됐다. 국민의 운명에 중대한 영향을 미칠지도 모를 중요한 사안에 대한 결정이 비밀리에 이뤄지고, 아이러니컬하게도 극복의 대상으로 삼았던 과거 정부들의 정치 행태는 성과만을 위한 고강도 개혁 방식으로 정당성의 빈곤이라는 문제에 직면하기도 했다. 문민정부의 개혁 대상 자체가 국가의 근간을 흔들 정도의 파괴력을 갖는 사안들이 많다 보니 개혁정보 공개에는 어려움이 있었겠으나, 각종 주요 정부개혁이 대통령 1인의 결단에 의해 주로 이뤄지고 내각이나 정치권은 결정 과정에서 사실상 소외되기가 다반사였다. 이 때문에 당시의 개혁이 과거 권위주의 정권 하에서 극복의 대상이었던 절차적 민주주의를 훼손하고 무계획적이고 충동적으로 이뤄진다는 비판들도 제기됐다.

문민정부 당시에는 총 네 번의 조직 개편이 이뤄졌다. 집권 초기 제1차 개편과 제2차 개편은 작은 정부를 목표로 부처를 통폐합하는 등의 개혁을 단행했다. 제3차 개편은 내용상 상대적으로 미미한 변화였고, 제4차 개편은 오히려 해양수산부를 신설하여 기존의 부처 수를 늘리려는 개혁에서 작은 정부로부터 변화되는 양상을 보였다. 최초의 문민정부의 수립을 앞두고 정권 시작 전부터 선(先) 개편론과 출범 후(後) 개편론의 대립이 나타나기도 했다. 과거 정부와의 절연을 보이기 위해서라도 변화를 줄 필요성을 느낀 정부는 집권 초 공론화를 통한 조직개편보다는 소수에 의해 전격적으로 개혁을 단행했다(권해수, 1998: 39). 그러나 1차 개편 이후 공무원들과 관료들의 저항에 부딪혀 1993년 10월에는 급기야 김영삼 대통령의 정부조직 개편 포기 선언도 등장했다.

1994년 1월부터 11월까지는 부처별 자율 개편 방식, 즉 상향식 접근 방식에 의해 정부개편이 추진됐다. 각 개별 부처별로 개혁과제를 채택해 대통령에게 보고하고 승인을 받는 방식으로 수행됐다. 그러나 당시의 개혁은 부분적인 성격에 그쳤다. 수적으로 보면 전체 28개 부처가 조직개편을 추진해 매우 광범위하게 진행된 것처럼 보이나 경제기획원 등 경제 부처는 대폭적인 인원 감축이나 기구 축소 없이 일찌감치 조직개편을 마쳤고, 내무부와 공보처 등은 오히려 권한이 강화된 측면까지 보이는 등 청와대와 다른 부처의 눈치 보기에 급급한 모습을 보였다(서제택, 2001: 121). 문민정부에서 추진된 여러 번의 개혁 중에서 가장 대폭적이고도 획기적인 개편은 1994년 12월의 개혁으로, 이때 경제기획원과 재무부를 통합해 거대 부처인 재정경제원을 탄생시켰다. 철저한 보안 속에서 진행된 개혁은 기습적으로 선포되고 실시됐다.

문민정부의 개혁은 진정한 의미에서의 민주화의 진전이 시작된 것으로 평가된다. 당시로서는 상당히 급진적인 것으로까지 인식된 방법으로 군인문화와 정치문화를 정화시키고 부패를 추방하는 등의 개혁이 단행됐다. 그럼에도 불구하고 과거 정부와의 연합을 통해 형성된 정부라는 본질적인 한계도 역시 가지고 있었고 개혁 과정과 결과에서도 여러가지 비판이 제기됐다. 우선 급진적인 조직개편에 관해서는 실제 유사한 기능이나 자체가 축소 내지 폐지되는 경우는 거의 없었다고 지적한다(서제택, 2001: 133).

제도로써, 관료제가 정부기구를 통해 사회에 간섭할 수 있는 권한의 크기는 그대로였다는 것이다. 그리고 문민정부의 개혁은 전격적인 개혁 조치들로 인한 수용문제와 조직개편의 절차와 내용으로 인한 공무원의 불안과 복지부동을 야기했다고도 평가된다. 좀 더 근본적인 행정상의 문제점에 대한 대처가 미흡했고(이종수, 2013: 192), 국민들의 제안을 받는 등 하의상달을 위한 여러 시도에도 불구하고 국민들에게 행정쇄신위원회 활동이 제대로 전달되지 못했다는 것이다.[4)]

제3절 정부개혁의 추진 체계

1. 개혁추진 전략과 방법

1) 개혁 추진 전략

문민정부의 행정개혁안은 기본적으로 지난 30년간의 성장 중심의 발전국가 패러다임의 지속 과정에서 기형적으로 고착된 공직사회의 분위기 쇄신에 초점을 두었다. 물론 집권 초기에는 과거 정부처럼 구조개혁, 즉 정부조직 개편에 치중하는 한계를 보였으나, 조직개편의 주된 목표로 지속적인 경제 성장과 국가경쟁력 강화를 설정해 공직사회의 경쟁 분위기를 확산시킨 점은 신공공관리의 이상에 부합하는 조치들이었다(김정렬, 2006: 107). 김영삼 정부 정부조직 개편은 크게 4단계로 대별된다. 1차 개편(1993. 3)은 청소년부와 문화부의 통합, 동력자원부 폐지 및 상공자원부 신설로 요약되며, 2차 개편(1994.

4) 문민정부 행정개혁의 근본적인 문제로 행정쇄신 과제 선정의 제약성, 각종 사고의 돌발과 적시성 있는 대응 능력의 부족, 근원적인 개혁 추진의 한계, 행정 쇄신 사항의 사후관리 미흡을 지적하기도 하고, 좀 더 근원적이고 핵심적인 문제의 해결보다는 사소한 절차상의 문제를 붙들고 씨름해 왔으며, 따라서 국민들이 피부로 느낄 만큼 실질적인 개혁을 이룩하지 못하고 규제의 절대적인 수준을 낮추지 못했다고 평가하기도 한다(김번웅·김판석, 2001: 256).

1. 11)은 28개 부처의 자율적인 기구 · 인력 감축으로 대표된다. 특히 3차 개편(1994. 12)에서는 단순한 양적 감축을 초월해 정부 운영의 질적 도약을 의도한 것으로 보인다. 마지막으로 4차 개편(1996. 6. 8)은 해양수산부와 중소기업청의 발족으로 요약된다.

문민정부 행정개혁안의 내용 중에서 1994년 12월 3일 질적 도약을 위해 단행된 3차 개편을 주목할 필요가 있는데, 다음과 같은 몇 가지 문민정부 행정개혁의 특성을 여기에서 엿볼 수 있다(김정렬, 2006: 107-108).

첫째, 세계화 · 개방화 · 자율화 시대를 맞이해 정부 개입적 산업정책 논리를 지탱해 왔던 경제계획 기능의 약화와 규제 위주인 금융 지도 기능의 변화 요구 및 재정중시형 경제정책 등의 필요성에 부응해 경제기획원과 재무부 양 조직을 축소 · 통합해 '재정경제원'으로 재편했다.

둘째, 공정거래위원회와 한국은행의 기능 강화는 시장경제 논리에 기초한 새로운 경제관리 기조의 출현이었다. 시장기제의 정상적인 작동을 훼손하는 무리한 정책 추진의 폐해로 발생한 과거의 정책실패를 반복하지 않겠다는 정부의 강력한 의지가 반영된 것으로 평가되는 부분이다.

셋째, 물류 · 교통 분야에서는 날로 증대되는 사회비용을 최소화하고 투자재원의 효율적 배분과 사업의 효율적 연계 체제 구축을 위해 건설부와 교통부를 '건설교통부'로 통합시켰다. 이는 당시 수출산업의 국제경쟁력 약화를 초래한 도로, 공항, 항만 등 사회간접자본의 효율적 관리 촉진전략으로 평가된다.

넷째, 산업정책 부처 개편은 정보화 시대에 대비하여 체신부 · 상공자원부 · 과학기술처 등으로 분산됐던 정보통신산업정책의 효율화를 위해 '정보통신부'로 개편했다. 또한 통상산업부와 과학기술처의 기능 정비와 중소기업청 신설, 농림수산부 기능 조정 등도 경제활성화를 위한 정부의 정책 의지 차원이었다.

한편 문민정부는 정부조직 개편과 병행해 명령 · 지시적 행정으로 대표되는 관료제 과잉의 문제점 해소를 위해 행정쇄신위원회와 경제행정규제완화위원회를 설치해 행정 품질과 직결된 다양한 조치들을 추진했다. 당시 행정 과정과 행태개혁의 주요한 내역으로는 예산 과정의 전문성과 자율성 제고, 제안제도 활성화, 공직 분류와 보수 체계 정비, 예산 절약에 대한 인센티브제 실시, 파견근무제, 실적평가제 도입 등을 지적할 수 있다.

특히 김영삼 정부의 규제개혁은 권위주의 정권 하에서 장기간 발전국가적 과잉규제를 해소하려 처음으로 시도했다는 점에서 기업인의 만족도가 높았다는 점에서 소기의 성과를 달성했다고 평가된다. 그러나 아쉽게도 문민정부 규제개혁은 추진 체제의 측면에서 다소의 문제점이 있었다. 특히 행정쇄신위원회와 경제행정규제완화위원회 간에 경제행정 관련 사항을 다루는 업무의 중복과 역할 구분이 모호했다. 또한 한시적인 특별위원회 방식의 규제개혁이 이벤트성 행사로 전락하는 문제점도 있었다. 이에 대해 문민정부는 기존의 다원화된 추진체계를 통합하는 방식으로 규제개혁위원회의 제도화를 추구했다.[5)]

문민정부 개혁에서 빼놓을 수 없는 것은 4대 지방선거를 통해 형식적으로 완전한 지방자치제가 전면적으로 실시됐다는 점이다. 1961년 5·16군사정변으로 중단된 한국지방자치가 1991년 지방의회 구성이라는 반쪽 지방자치로 부활된 것을, 1995년 자치단체장까지 직선으로 하는 본격적인 민선지방자치 시대를 김영삼 정부가 연 것이다. 이는 그동안 억압됐던 지방자치에 대한 국민의 열망을 반영하고 지방자치와 분권화의 제도적 기반을 마련했다는 점에서 의미가 있다(심익섭, 2014: 78). 나아가 김영삼 정부 행정개혁 속에는 통치자금 수수 거부, 금융실명제 실시, 군사문화 청산 등을 통해 알 수 있듯이 정부-기업 관계나 정부-시민사회 관계의 측면에서 과거와 구별되는 모습과 경향이 분명하게 나타나기 시작했다.

2) 개혁 추진 방법

김영삼 정부의 행정개혁 방식은 준법적 방식과 국민적 관점에서 국민의 발의를 주축으로 하는 '아래로부터 위로(buttom-up)의 방식'이라고 부를 수 있다. 특히 문민정부의 행정개혁에서는 가시적인 개혁 주체가 보이지 않을 정도로 개혁이 제도화됐다는 특징을 보인다. 한편 문민정부 정부개혁의 기준은 민간 중심의 행정, 경쟁 체제의 도입, 작은 정부 추구 등으로 집약된다. 이 부분 얼핏 구호면에서는 전두환, 노태우 정부와 비슷하지만 구체적인 내용 면에서는 상당한 차이를 보인다(안문석, 1995: 46). 전임 정부에서는 개혁이 구호로만 머물러 있었지만, 김영삼 정부의 행정개혁은 본질 면에서 민간 중심적이고 경쟁 중심적이었으며 실천적이었다고 할 수 있기 때문이다. 그리고 정부개혁에 필요한 에너지는 정치개혁으로부터 공급됐다는 특징 또한 보였다. 위로부터의 솔선수범, 정치적의 기득권 포기, 골프 포기 등으로 상징되는 근검절약 등이 행정개혁의 원동력으로 작용했다는 것이다.

---

5) 이는 회원국의 행정제도 설계에 깊이 관여해 온 OECD의 권고와도 밀접하게 관련돼 있으며, 나아가 1997년 말 행정규제기본법의 제정으로 신설된 규제개혁위원회는 1998년 이후 김대중 정부의 시장 친화적 개혁에 핵심적 제도 기반으로 작용하기도 했다.

구체적인 정치개혁의 사례로는 금융실명제의 실시, 토지실명제의 실시, 공직자 재산등록 및 공개제도의 실시 등을 들 수 있다. 이는 과거 정권의 개혁 에너지가 혁명적 분위기와 권력기관의 통치권을 통해 공급됐던 것과는 상당한 차이를 갖는 부분이다. 한편 기능별로 행정개혁을 경쟁시킨 것도 문민정부 정부개혁의 한 특징이 된다. 감사원 수준의 부정방지대책위원회의 설치 운영, 경제행정규제완화위원회의 설치 운영, 교육개혁심의위원회의 설치 운영 등이 행정쇄신위원회와 경쟁적으로 정부개혁을 추진한 것이다. 그러나 위원회 사이의 업무 중복 문제에서 비롯된 조정문제는 후에 세계화추진위원회라는 '연방제적 위원회'의 출현이라는 묘한 해답으로 이어지기도 했다(안문석, 1995: 47).

김영삼 정부의 행정개혁은 기본적으로 공직사회의 분위기 쇄신에 초점을 두었다. 물론 집권 초기에 이뤄진 행정개혁은 노태우 정부 시절 행정개혁위원회가 조직구조 개편을 중심으로 작성한 보고서를 원용하기도 했다. 하지만, 정부조직 개편의 주된 목표로 지속적인 경제 성장과 국가경쟁력 강화를 설정한 점과 과감한 부처 통폐합으로 공직사회의 경쟁 분위기를 확산시킨 점은 신공공관리의 이상에 부합하는 조치로 평가된다. 특히 1994년 12월 3일에 단행된 조직개혁안은 단순히 양적 감축을 넘어 정부 운영의 질적 도약을 의도한 것으로 평가된다.

물론, 이러한 주관적인 만족도 수치의 차이는 발전국가의 규제 과잉을 해소하는 과정에서 상대적으로 앞선 초기 규제개혁이 유리하다는 점과 현재 진행되는 규제개혁에 대한 분발을 촉구하는 의견이 개입돼 있다는 점에 유의할 필요가 있다. 그럼에도 불구하고, 김영삼 정부의 규제개혁은 추진 체제상 업무 중복과 역할 구분의 측면에서 다소의 문제점이 있었다. 당시 정부는 기존의 다원화된 추진체계를 통합하는 방식으로 규제개혁위원회의 제도화를 추구했다. 이러한 제도설계는 회원국의 행정제도 설계에 깊숙이 관여해 온 OECD의 권고와도 밀접한 관련성을 지니고 있다. 나아가 1997년 말 행정규제기본법의 제정으로 신설된 규제개혁위원회는 1998년 이후 김대중 정부의 시장친화적 개혁에 핵심적 제도 기반으로 작용하게 된다.

더불어 김영삼 정부 시기에는 4대 지방선거를 통해 지방자치제가 전면적으로 실시됐다. 이것은 그동안 억압됐던 지방자치에 대한 국민들의 열망을 반영하고 지방자치와 분권화의 제도적 기반을 마련했다는 의미가 있다(김병섭 · 박상희, 2005). 나아가 통치자금 수수 거부, 금융실명제 실시, 군사문화 청산 등을 통해 알 수 있듯이 정부-기업과 관계나 정부-시민사회 관계의 측면에서 과거와 구별되는 모습과 경향이 나타나기 시작했다.

2. 추진체계: 행정쇄신위원회를 중심으로

1) 행정쇄신위원회 설치

한국의 역대 정권들이 행정개혁을 추진했고 다양한 관련 추진체계를 가졌던 것이 사실이나, 바람직한 총체적 행정개혁의 집행을 실행하는 체계로서 지속적인 정부개혁 추진기구를 활용한 것은 김영삼 정부부터라고 할 수 있다. 김영삼 정부는 정부개혁을 효율적으로 추진하기 위해 출범 첫 해에 대통령 자문기관인 행정쇄신위원회를 설치해 1년의 시한으로 활동하게 했으나, 국민적 반응이 좋아 1년 연장했고, 1995년에는 다시 3년을 연장해 1998년 2월까지 집권기간 내내 함께했다. 이는 문민정부가 행정쇄신의 고삐를 늦추지 않겠다는 의도를 분명히 한 것으로, 실제 행정쇄신위원회는 문민정부에서 상설기구화되어 개혁을 이끌었다. 실제로 문민정부 이후는 자연스럽게 다양한 대통령위원회들이 계속 설치되면서 중요한 국정운영의 방향과 정부개혁을 담당해 왔다고 할 수 있다.

1993년 4월 9일 대통령령(제13878호)으로 「행정쇄신위원회 규정」이 제정되고 4월 20일 출범한 행정쇄신위원회는 다음과 같은 과제들을 연구・심의하고 대통령에게 건의하는 임무를 부여받았다(행정쇄신위원회 규정 제2조).

- 행정규제 완화 등 불합리한 법령과 제도의 개선
- 국민 편의 증진을 위한 행정 행태와 관행의 개선
- 인・허가 사무 등 민원행정의 쇄신
- 중앙과 지방 및 정부와 민간부문 간의 기능과 역할의 재정립
- 정부조직 및 행정 수행 체제의 합리적 개편
- 기타 대통령이 필요하다고 인정하여 위원회에 부의하는 사항

행정쇄신위원회는 대통령 자문기구로서 박동서 위원장을 비롯해 대학교수, 경제관련 연구소, 언론, 시민사회 대표 등 모두 민간인으로 구성돼 김영삼 정부 5년 동안 실질적인 심의・결정기구로서 소기의 역할을 수행한 것으로 평가받고 있다(최대용, 2005). 학계, 정부산하 연구기관, 민간기업, 노동계, 언론계, 사회단체 등 각계에서 위촉한 16명(위원장 포함)의 위원으로 구성된 이 위원회가 내세운 행정쇄신의 기본 방향은 다음과 같다(행정쇄신위원회, 1997: 38).

- 국민 편의 위주의 제도・관행의 쇄신
- 민주적이며 효율적인 행정의 구현

- 깨끗하며 작고 강한 정부의 구축

또한 대통령 직속의 행정쇄신위원회를 실무적으로 보좌하기 위해 국무총리 소속으로 행정쇄신실무위원회를 설치 운영했다. 실무위원은 절반이 1급 공무원이고 나머지는 교수, 기업인, 공인회계사, 회계사, 사회단체임원 등 민간인 위원이었다. 추진체계 구성원들을 주로 민간인으로 임명한 점이 또한 두드러진 특징으로 나타난다. 그리고 실무위원회 산하에는 각 부처 공무원으로 구성된 행정실을 두고, 각 부처와 시・도에는 행정쇄신대책반을 설치・운영하도록 체계화하기도 했다. 국무총리행정조정실장(차관급)을 위원장으로 하는 20인으로 구성된 행정쇄신실무위원회의 지원을 받은 행정쇄신위원회가 다룬 행정쇄신 과제의 발굴은 주로 외재적 투입에 의존했다.

각급 행정기관, 민간단체, 기업, 일반국민 등이 제안하는 과제들을 위원회가 처리했는데, 이 위원회가 실제 접수・처리한 과제의 유형들은 규제 완화, 지방분권화, 권위주의적 행정관행과 행태의 개선, 예산・금융・조세・가격 등 경제적 개선 사안, 행정조직 개편에 관한 것 등으로 대별할 수 있다. 이러한 과제 유형 중 규제 완화에 관한 과제가 가장 많았다. 이러한 쇄신 추진을 위해 불합리한 행정 행태와 관행의 개선, 인・허가 등 민원행정 개선, 행정 수행 제제의 개선 등 행정 운영 체제 전반의 개선에 많은 관심을 기울였으며, 이를 바탕으로 경제행정 규제 완화 작업을 추진했던 것이다.

김영삼 정부개혁을 이끌었던 행정쇄신위원회는 과거 권위주의적 행정제도와 절차를 개선하기 위해 국민들이 직접 문제를 제기하고 그들이 원하는 방향에서 문제 해결 방안을 낼 수 있도록 변화를 지향했다. 이러한 측면에서 개혁 과정에 민간의 실질적인 참여와 역할을 통해 행정의 민주화를 추구하는 것이 행정쇄신위원회의 주도적인 가치였다. 이처럼 새로운 개념의 제도 등장은 문민 대통령의 집권이라는 정치환경의 변화에 따라 과거 행정 편의적인 행정제도나 관행을 개혁할 수 있는 여건이 형성된 것이다. 위원회를 중심으로 개발연대에 정부 주도 개발정책의 추진을 위해 구축돼 온 정부조직을 민주화・세계화・지방화 시대에 적합한 구조로 개편하기 위한 대대적인 정부조직 개편작업을 추진했다.

한편, 실제 위원회의 안건 심의 절차를 보면, 행정쇄신 작업은 실질적으로 3단계를 거치도록 돼 있었다. 행정개혁의 방법으로는 상향적 과제 제안 방식을 적용했으며, 그 특징으로는 소위 '3단계 토론' 과정을 거쳤다는 것이다. 우선 국민 제안 등 외부에서 접수된 안건은 행정실 소속의 연구위원이나 전문위원의 자문을 얻어서 현황 및 문제점 분석, 대안 마련 그리고 대안별 장단점 분석 등 과정을 거친 후 실무위원회에 회부된다. 이 과정에서 해당 부처에서 동의한 안건이나 개인적인 이해 추구가 분명한 안건 또는 이미 시행되고 있는 안건 등은 행정실 심의 과정에서 제외됐다. 물론 행정실의 임의제거를 방지하기 위해 이런 안건도 일괄보고 과제로 실무위원회에 상정해 검토를 거치도록 했다.

특히, 실무위원회에서는 이해당사자와 관련 기관의 관계관을 참석시켜, 공개적이고도 시간 제한 없이 토론을 벌였다. 이 토론 과정을 거쳐 의견 수렴된 것은 바로 본위원회에 회부하지만, 이해 대립이 첨예한 안건은 재검토를 지시하기도 했다. 실무위원 사이에 의견 통일이 이뤄지지 않는 경우에는 투표를 실시하기도 했고, 다수 의견에 소수 의견을 첨부해 본위원회에 회부하기도 했다. 특히 본위원회는 또다시 난상토론을 거쳐 안건을 심의하고 의결하는 복잡한 절차를 거쳤는데, 그 결과는 대통령 비서실의 행정쇄신비서관과 행정수석비서관을 통해 수시로 대통령에게 보고했다.

2) 행정쇄신위원회의 운영

행정쇄신위원회의 운영 면에서 볼 때, 정부개혁의 실시를 해당 부처에 위임하고 개혁의 공과를 모두 해당 부처에 귀속되도록 한 점은 의미가 크다. 이 전략은 행정쇄신위원회의 결정 사항에 대한 부처의 반발을 줄이고, 결정 사항의 이행을 촉진하는 유인으로 작용했다.[6] 한편 부정부패 척결을 위한 활동은 감사원과 검찰 등 공식적인 기구를 적극 활용했다. 특히 김영삼 정부 초기의 감사원 활동은 국민의 절대적 지지를 받기도 했다. 감사원 또한 1993년 4월 8일에 위원 17인으로 감사원장을 자문하는 부정방지대책위원회를 설치했는데, 위원은 모두 교수, 변호사 등 민간인으로 구성했다.

국민의 목소리에 경청하는 순수 민간위원들로 구성된 행정쇄신위원회는 다음과 같은 조직화의 특성들을 보여주었다(행정쇄신위원회, 1998: 124).

첫째, 행정쇄신위원회는 문민정부의 행정민주화와 국민 주권 회복의 방향에서 권위주의적인 행정제도와 관행을 개혁하는 것을 목적으로 활동했다.

둘째, 위원회 위상은 대통령 자문기구로서 대통령이 위촉하는 위원장과 위원 전원이 민간전문가로 구성되어 민간의 참여와 역할 보장을 강조했다.

---

6) 반면에 경제행정규제완화위원회의 경우는 점검 사항을 검토하기 위해 대통령 소속의 별도의 점검단, 즉 경제행정규제완화 점검단이라는 긴 이름의 별도 조직을 만들어 운영했다. 또한 1995년 2월 5일에 25인의 위원으로 발족한 교육개혁위원회는 보고서 작성 위주의 활동으로 행정쇄신위원회만큼의 가시적인 성과를 보이지는 못했다.

셋째, 경계규칙 면에서 보면 위원은 1년 한시 자문위원으로 위촉해 별도의 임기규정 없이 위촉됐다. 임시적이고 한시적인 위원 신분으로 신분 보장은 없었다.

넷째, 역할은 국민 불편 해소와 편의 증진을 위한 제도 개선과 행정민주화 방안을 마련하여 대통령에게 건의했다. 행정쇄신과 관련해 업무 제한 영역은 없었다.

다섯째, 구조·운영 면에서는 순수 민간위원으로 구성돼 토론과 논변을 통한 합의를 도출하는 수평적 집단 의사결정 구조로 운영됐다.

여섯째, 위원회는 본위원회와 실무위원회의 2심제 구조로서 운영됐으며, 지방에까지 행정쇄신 네트워크를 구축했다.

한편, 행정쇄신위원회 운영규칙의 특성을 요약하면 다음과 같다(행정쇄신위원회, 1997).

첫째, 위원회 운영 과정은 개혁과제의 해결을 위해 의제형성 과정, 논변 및 토론 과정, 문제 해결의 결정 과정, 결정 이행에 대한 사후관리 과정으로 나눠 볼 수 있다.

둘째, 운영규칙을 적용하는 데 정부 부처와 국민 사이의 갈등과 분쟁 해소 사안이 많아 정부 부처의 권위적인 제도와 행태를 제약하는 데 중점이 두어졌다.

셋째, 개혁과제는 국민의 입장에서 문제제기 됐기 때문에, 국민에게 혜택이 부여되고 불편을 해소하는 국민 편의적인 과제가 많았다고 볼 수 있다.

넷째, 개혁 방안을 형성하는 논의 과정은 의제 형성에 주도적인 역할을 한 행정쇄신위원회와 제안자가 개혁 대안에 대한 정당성을 주장하며 상대방(행정부)을 설득하여 합의를 구하는 방식이 됐다.

그리고 행정쇄신위원회의 운영전략적 특성들로는 다음과 같은 사항을 적시할 수 있다(행정쇄신위원회, 1997: 141).

첫째, 개혁에 대한 합리적인 이유를 제공하고 동기를 부여하며 정당화하는 설득의 전략과 대통령, 국무총리 등 최고 정책결정권자의 권위와 시민단체의 지지 등과 연계해 개혁에 대한 상징관리와 힘의 전략을 기본 구조로 했다.

둘째, 권위주의적 행정제도와 행태를 국민 편의 위주의 것으로 쇄신하는 과제를 다뤘기 때문에 대통령과의 수권적 연계를 바탕으로 정부 부처나 공무원을 설득하는 전략이 중요했다.

셋째, 해당 부처가 배제되고 국민 스스로 개혁 어젠다를 제안하고 1차 실무위원회와 2차 본위원회에서 결정하는 메커니즘으로 정부개혁 강도가 강할 수밖에 없었다.

넷째, 갈등의 소지가 큰 이익집단형 대형 과제들까지 어떠한 이슈들도 위원회는 마다하지 않았다.

다섯째, 운영상 한계도 있었는바, 실패 사례로는 경제부처 소관 금융, 토지, 물류 등 기업활동 관련 개혁과제들을 원활하게 다루지 못했다. 여기에는 문민정부의 '신경제정책'이 실시되는 것도 역할을 어렵게 한 이유였다.

문민정부 이후 하나의 대통령위원회 모델로 정착된 행정쇄신위원회는 이처럼 조직구조 차원에서는 물론 그 운영이나 개혁전략상에서도 대한민국 행정 역사에서 중요한 분기점을 형성하고 있다. 우선 개혁 이념이라는 차원에서 볼 때 주도적 가치로 행정의 민주화와 국민 편의 증진을 치고나간 점과 이를 시민사회라는 공동체적 속성과 직결시켰다는 점이다. 이것이 가능했던 것은 순수 문민 대통령으로서 정당성을 갖고 국민 참여를 확대했기 때문이다. 제도적 특성으로는 국민 편의 증진과 행정규제 완화를 목적으로 했고, 이를 위해 위원들은 전원 대통령이 위촉하는 비상근의 민간자문위원들로 구성했으며, 역할 범위를 제도 개선과 규제 완화로 분명히 함으로써 위원회의 위상을 정립시켜주었다.

위원회 운영은 의제 형성 과정이 국민제안 중심으로 하고 위원회 주도의 사례별 접근을 시도한 점이 돋보이는데, 논변과 토의 과정에서도 제안자, 규제 부처, 이해관계자가 함께 참여해 논변 · 토론 활성화를 조장해 가급적 문제 해결 과정에서 관련 당사자간 합의 도출을 중시한 점이 의미가 크다. 궁극적으로는 개혁 성공을 위한 전략들이 중요한데, 위원회는 적극적인 설득전략(국민편의 및 국민 참여의 확대, 합리적 이유 제공, 정당화 등)과 그것이 여의치 않을 경우 힘의 사용전략(대통령과 수권적 연계, 상징관리, 내부경쟁 활용, 국민 편의 증진으로 시민단체와 연합 형성)을 함께 사용한 점이 돋보인다.

물론, 대통령위원회임에도 불구하고 분명한 한계 또한 존재했다. 조직구조상 본위원회와 실무위원회의 2심제 구조로서 합리화를 꾀했으나 대통령위원회였음에도 불구하고 법적 근거가 취약(대통령령)했던 점은 아쉬움으로 남는 부분이다. 또한 수많은 정부 위원회, 특히 다기화된 규제 완화 기구 중의 하나로 인식할 수 있었다는 점도 실제 역할의 중요성에서 볼 때 아쉬움으로 남는다. 그리고 하나의 자문기구라는 원천적 한계로 사후관리 과정이 유명무실했던 점은 결국 숙제로 남겨졌고, 나아가 이후 정권에서 대통령위원회를 운영하는 데 법적 토대가 중요함을 인식한 좋은 반면교사(反面教師)가 되기도 했다는 점은 의미가 있다.

한편, 규제개혁을 담당했던 또 다른 기관으로 운영됐던 경제행정규제완화위원회는 부총리를 위원장으로 10개 경제부처 장관, 총리행정조정실장, 경제5단체장, 노총위원장,

은행연합회장 등을 위원으로 1993년 3월 6일 발족했다. 위원들이 행정부 및 행정부 부근에 있는 사람들이라는 점이 민간인 중심의 행정쇄신위원회와 구성 면에서 차이가 있으나, 역할에서는 규제개혁에서 정면으로 중복돼 있다. 경제행정규제완화위원회는 경제기획원 차관을 위원장으로 하는 실무위원회를 두었으나, 인적 구성을 보면 대부분 관련 부처 공무원으로 구성돼 있다는 성격을 갖는다.

제 4 절 문민정부 정부개혁 리더십

개혁, 특히 행정개혁과 대통령 리더십은 불가분의 관계에 있다. 현대 행정 리더십의 새로운 패러다임으로 변혁적 리더십이 주목받는 이유다. 개혁 자체가 현실적으로 저항을 수반하게 되는 어려운 작업이다 보니 실제로 개혁이 성공하기 위해서는 대통령의 리더십이 대단히 중요하다. 김영삼 대통령 역시 권력 행사의 시점에서 주어진 특이한 상황적 배경에 따라 독특한 리더십으로 정부개혁을 추진하게 된다(이종범, 1994: 6).

우선, 김영삼 대통령의 개혁 추진 방식은 군사정권의 영향으로 인한 정경유착이라는 정치적 배경과, 경제난과 물가고라는 경제적 상황, 그리고 지역 감정의 지속이라는 사회적 배경 속에서 개혁을 추진하는 어려움에 처해 있었다. 당시 국민이 요구하는 개혁 방향은 안정 속의 개혁이면서도 철저한 과거 청산(군사문화적 정치 청산)이었다고 할 수 있다. 이러한 이율배반적 욕구 충족을 위해 문민정부의 개혁은 금융실명제와 정치법 개정 같은 거대 담론에 집중할 수밖에 없었다. 이 같은 엄청난 변화를 이루기 위해 김영삼 대통령은 전광석화와 같은 전격적인 개혁 방법을 동원했다. 바로, 이러한 전격적 개혁이 국민 심정이나 초기 개혁에서는 성공적인 모습으로 보일 수 있었다. 문제는 이러한 패턴이 반복되고 길어지면서 임기 중반부터는 개혁이 실패로 돌아가는 위기에 직면하게 되는 원인이 되기도 했다.

김영삼 정부의 탄생은 과거 30여 년 동안의 군사정권 시대의 불합리와 부패를 척결할 수 있는 정치적 변혁기라는 점에서 많은 국민으로부터 기대와 찬사를 받고 출발했다. 소위 문민정부라는 이름으로 과거의 청산 및 개혁을 통해 새로운 시대로의 도약을 이루려 했다. 국민이 김영삼을 선택한 이유는 안정 속의 개혁을 약속한 그의 정치 신념을 선택한 것이라고 할 수 있으며, 안정 속의 화합과 안정 속의 착실한 개혁을 지지한 것이라고 하겠다. 오랜 군사문화와 권위주의 청산을 안정적으로 개혁하기를 원했다는 것이다.

문제는 문민정부의 뿌리가 3당 합당 이후 기본적으로 보수세력의 연합체를 바탕으로 했다는 태생적인 사실이다. 이 말은 적어도 외면적으로는 민주주의와 권위주의라는 대립구도가 종식된 것처럼 보였으나, 실제 집권연합을 유지하기 위한 정파들 간의 협조가 최대의 과제로 남겨졌다는 것이다. 이는 결국 김영삼 정부가 추진한 개혁정책의 성패를 가늠하게 되는데, 문민정부는 이러한 내부 연합세력 간의 이질성을 어떻게 조화시키느냐가 개혁 성패의 갈림길이 됐다고 할 수 있다.

김영삼 대통령은 정치개혁이야말로 모든 개혁의 처음과 끝이라고 강조하면서 집권 첫 해인 1993년 말 정치관계법을 개정하는 등 절차적 민주주의를 강화하는 제도적 혁신을 단행했다. 김영삼 대통령 자신 스스로가 "금융실명제는 경제개혁뿐만 아니라 정치개혁을 위한 것"이라고 수차례 언급했듯이 정치개혁에 강한 의지를 보였던 것이다. 한마디로 김영삼 대통령은 돈 안 드는 정치를 최선의 정치로 보고 개혁을 밀고 나갔다. 이처럼 돈 못 쓰는 선거, 타락 없는 선거, 관건 개입 없는 선거, 부정 없는 선거 등을 핵심으로 하는 정치개혁법을 통해 김영삼의 리더십이 강화됐다. 특히 정치개혁 과정에서 보여준 대통령의 리더십은 정치개혁은 단계적 접근이 아니라 한번에 대담한 개혁을 단행해야 한다는 원칙과 선거를 멀리 앞두고 실시돼야 한다는 두 가지를 고려하면서 단행했다.

이처럼 강력한 변혁적 리더십에 따라 집권 초기 1993~94년 개혁 성과는 비록 그 방법에서는 비판이 일기도 했지만, 전반적으로는 비교적 성공적이라고 할 수 있었다. 사실, 대통령 임기의 초반 이후 다음 시기에는 개혁을 관리할 정치적 기반을 강화해야 할 시기였다. 그러나, 중반 시기를 넘어서면서 김영삼 대통령은 개혁의 제도화를 위해 보수와 진보 양 세력으로부터 모두 지지를 이끌어내지 못하는 리더십의 한계를 보였다. 이러한 상황에서 김영삼의 리더십은 집권 세력 내부의 분열을 막고 갈등을 조정하는 능력이 요구됐다. 즉, 기득권층과 기득권층을 개혁하려는 세력의 이익을 모두 고려해 개혁을 올바른 방향으로 유도하는 조정적 리더십이 요구되는 시기에 대통령의 의욕으로 너무 독주하는 독선적 또는 권위적 리더십으로 보이는 우(愚)를 범하고 만 것이다.

대중주의에 의존해 전격적인 개혁을 지속적으로 시행한다면 순조롭게 개혁도 진행되고 각계각층으로부터의 지지도 받는다. 물론, 잘못될 경우는 어느 계층으로부터도 지지 기반을 확보하지 못하는 상호 모순적 결과가 나타날 수 있다. 제도적 개혁은 다양한 계층과 다양한 집단의 이익 표출이라는 정치 과정을 통해 이뤄진다. 이러한 맥락에서 다양하게 분화된 여러 계층과 사회세력 간의 이익 분절, 보수와 진보 간의 이념적 분절 등 다원화된 이익을 어떻게 개혁을 통해 수렴해 나아갈 수 있을 것인가가 이 시기에 필요한 김영삼 대통령의 리더십 과제였다. 이를 해결하기 위해서는 정치의 중심을 의회와 정당, 여당과 야당을 아우르는 통합의 리더십이 요구됐다. 하지만, 실상은 김영삼 1인 중심의 리더십으로 변질되고 말았다.

결정적으로, 1995년 초 김종필의 이탈로 3당 합당의 구도가 막을 내리고 2월 신당 창당을 공식 선언하면서 김영삼의 리더십은 크게 흔들렸다. 이후 정부개혁 또한 초기 개혁 시기와 같이 김영삼의 개혁정책이 집권연합의 이해관계를 무시하고 일방적으로 독주할 수 없다는 한계를 노정시키면서, 점차 지역구도에 의존한 정치에 국한돼가는 현상이 벌어지고 말았다. 결국 새로운 3김 시대를 맞아 어렵게 만든 정치개혁법조차도 정치권으로부터 무시돼 공명선거에 대한 국민의 기대마저 훼손된다. 그 결과, 김영삼 대통령의 리더십은 더욱 무력화되는 상황으로 치달아버리고 말았다.

성공적인 정부개혁을 위해서는 대통령의 리더십이 중요하다. 사회적 가치관을 바로 세우고 제도와 관행을 합리적으로 바꿔 과거 기득권 세력이 더 이상 특권을 행사할 수 없는 환경을 조성해야만 하기 때문이다. 즉, 개혁 성공을 위해서는 단지 기득권 세력의 혁파만으로 가능한 것이 아니라, 기득권 세력의 반발을 최소화시키는 여건을 조성해야 한다. 문민정부 초기 개혁 시기에 개혁을 주도했던 리더십에서 탈피해, 집권 후반에는 현실에 걸맞게 전환된 리더십으로 기득권 세력의 반발을 무마해야 한다. 동시에, 보수와 진보 양 세력의 이해관계를 함께 고려하여 그 이익을 조정했어야 했다. 그리고 개혁의 속도와 범위를 현실에 맞게 조정해 양 세력의 이익에 합치되는 방향으로 개혁을 추진해야 했다.

그러나 김영삼 대통령은 초기 개혁 시기와 같이 집권 기간 내내 전격적이고 독선적인 리더십의 행태만을 보여주었을 뿐이며, 민심과 시기의 변화에 적극 대응하는 변혁적 리더십의 발휘에는 실패하고 말았다. 결국, 김영삼 대통령의 통치 스타일은 시종일관 권위적인 리더십으로 투영되면서 정부개혁의 지속성에 한계를 가질 수밖에 없었다.

이처럼 개혁의 절차상의 문제와 과거 기득권층의 저항은 존재했으나 문민정부의 초기 전격적인 개혁은 전폭적인 국민의 지지로 인해 군부개혁, 정치개혁, 금융실명제 등의 경제개혁으로 가시적인 개혁 성과를 달성할 수 있었다. 그럼에도 불구하고, 개혁의 제도화가 필요한 중반기 김종필의 탈당으로 3당 합당이 와해되면서 보수세력의 지지를 상실하게 된다. 더구나 1996년 12월 노동법 개정으로 인해 진보세력마저도 김영삼 정부에 등을 돌리고 말았다. 이는 영·호남지역의 유권자, 야당 및 진보세력, 과거 권위주의 세력 등의 정치인들로부터 개혁정책이 더 이상 지지를 받을 수 없음을 나타낸 것이다. 따라서 개혁정책을 이끌어가는 문민정부의 추진력의 약화로 이어질 수밖에 없었다.

이와 같은 결과가 나타난 이유는 김영삼 대통령이 각 시기에 맞는 적절한 리더십을 보여주지 못한 상황에서 기인한 것으로 보인다. 시대 상황에 적합한 리더십 스타일에도 문제가 있었고, 당시의 기아사태나 한보사태 등을 겪으면서 대통령의 정치적 정당성과 도덕성에 훼손을 초래해 김영삼 대통령의 개혁은 더 이상 국민의 지지를 받을 수 없는 상태가 됐다. 이로 인해 김영삼 대통령의 개혁 리더십은 실패로 끝나는 결과를 초래하고 말았다. 김영삼 대통령은 역대 어느 대통령보다도 내용적으로 수많은 개혁을 시도했고, 특히 거대한 개혁들을 야심만만하게 수행했다. 그럼에도 불구하고, 그의 개혁 리더십에 대한 평가가 인색한 이유는 바로 개혁 자체가 아니라 이러한 일방적인 리더십에 대한 반발 때문이 아닌가 생각된다.

참고 문헌

강신택(1997). 정부개혁의 논리. 공공정책학회 학술대회 발표논문집, 1997.10.22.

권해수(1998). 한국의 행정개혁에 대한 비판적 고찰: 노태우, 김영삼, 김대중 정부를 중심으로. 한국사회와 행정연구, 9(2): 35-56.

김근세·권순정(1997). 작은 정부? 김영삼 행정부의 정부규모에 대한 실증적 분석. 한국행정학보, 31(3): 275-293.

김만기·심익섭 외(1998). 정부조직의 혁신. 서울: 대영문화사.

김번웅·김동현·김판석(1997). 한국행정개혁론. 서울: 법문사.

김번웅·김판석(2001). 신한국행정론. 서울 : 법문사.

김병문(2004). 개혁리더십: 김영삼과 김대중 사례 비교. 한국행정학회 동계학술대회 발표논문집. 2004. 12.10.

김병섭(1996). 기업가적 정부혁신의 길: 그 의미와 한계. 한국정책학회보, 5(2): 11-30.

김석준(1995). 한국의 정치개혁. 한국정책학회보, 4(1): 11-29.

김영삼(1993). 변화와 개혁 그리고 전진. 제165회 정기국회 대통령연설문. 1993. 9. 21.

______(2000). 「민주주의를 위한 나의 투쟁」. 서울: 백산서당.

김정렬(2006). 발전국가의 위기와 행정개혁의 진로: 한국형 신공공관리의 진화단계별 비교 분석. 한국행정연구, 15(2): 95-125.

김정렬・한인섭(2008). 행정개혁론. 서울 : 박영사.

김태룡(2012). 새한국행정론. 서울 : 대영문화사.

김호진(1996). 한국정치체제. 서울 : 박영사.

대한민국 공보처(1998). 문민정부 5년 개혁백서.

대한민국 정부(1993). 신경제5개년계획 93-97.

박동서(1999). 한국행정의 쇄신사례. 서울 : 법문사.

서제택(2001).「발전국가 쇠퇴기의 정치권력과 관료 간 갈등에 관한 연구: 김영삼, 김대중 정부의 행정개혁을 중심으로」. 고려대학교 박사학위 논문.

세계화추진위원회(1998). 세계화백서.

심익섭(2014). 한국지방자치 부활기: 제6공화국 문민정부. 지방행정, 730호.

심지연(2004).「한국정당정치사: 위기와 통합의 정치」. 서울: 백산서당.

안문석(1995). 문민정부의 행정개혁. 한국정책학회보. 4(1): 30-57.

안병만(2014). 한국정부론. 서울: 다산출판사.

안병영・임혁백 공편(2000). 세계화와 신자유주의.

오석홍(1995). 한국의 행정. 서울 : 경세원.

______(1999). 행정개혁론. 서울 : 박영사.

이종범(1994). 김영삼 대통령의 리더십 특성과 국정관리 유형: 문민정부 1년의 정책평가. 한국행정학보, 28: 4.

이종수(2013). 새행정개혁론. 서울 : 대영문화사.

정승석(2000). 발전주의와 신자유주의를 넘어서: 한국행정개혁이론의 모색. 한국행정학보, 34(2): 39-59.

정용덕(1995). 한국의 정부조직 개편. 한국정책학회보, 4(1): 58-84.

정정길(1994). 행정개혁의 평가와 앞으로의 방향. 문민정부 1년의 정책평가. 한국행정학회 춘계학술대회 논문집.

총무처 직무분석기획단 편(1997). 신정부혁신론: OECD국가를 중심으로. 서울: 동명사.

최대용(2005). 규제개혁의 조직화와 운영규칙에 관한 연구: 행정쇄신위원회와 규제개혁위원회 사례를 중심으로. 규제연구, 4(2).

최장집(1996). 한국민주주의의 조건과 전망. 서울: 나남출판.

한국행정연구원(2008).「한국행정60년 1948-2008 제2권: 국정관리」(전 4권). 파주: 법문사.

한국행정학회(2006).「한국행정학오십년」. 서울: 조명문화사.

행정쇄신위원회(1997).「문민정부의 행정쇄신 5년」.

______(1998).「행정쇄신백서」. 행정쇄신위원회.

행정쇄신위원회 규정(1993). 대통령령 제13878호(1993.4.9).

황혜신(2005),「역대정부와의 비교론적 관점에서 본 참여정부의 정부혁신」. 한국행정연구원.

제 2 장

정부개혁의 내용

이창원
한성대학교

제 1 절 정부조직 개편

'문민정부'를 국정운영의 기조로 '세계화', '국제화', '신한국 창조', '작지만 강한 정부'를 표방한 김영삼 정부는 총 네 차례에 걸쳐 정부조직 개편을 단행했다. 정부조직 개편과 관련해 김영삼 정부가 내세운 목표는 구소련 및 동유럽 공산권 붕괴 이후 신자유주의적 정부개혁 압력의 확산과 더불어 '작고 효율적인 정부'를 구현하는 것이었다. 김영삼 정부의 조직개편은 1993년 정권 출범시 설치된 행정쇄신위원회에 의해 주도됐다(박수경, 2006: 98). 행정쇄신위원회는 출범 후 1년간 만 활동할 예정이었으나 정권 내내 존재하며 조직개편안을 작성해 왔고, 대부분 받아들여져 왔다(오석홍, 1995: 286).

조직개편과 관련한 김영삼 정부의 주요 국정운영의 기조는 작고 효율적인 정부의 구현이었다(박수경, 2006: 98; 이창원 · 임영제, 2009: 6). 이러한 국정운영의 기조를 바탕으로 김영삼 정부는 부처 통폐합, 기구 축소, 고위직을 중심으로 한 인력 감축 등에 초점을 뒀다. 김영삼 정부의 중앙행정기구 조직개편은 총 네 차례에 걸쳐 이뤄졌다.

1. 1차 개편(1993년 4월)

김영삼 정부는 초기인 1993년 4월 처음 정부조직 개편을 단행했다. 1차 조직개편은 민자당 김중위 위원을 비롯한 21명의 의원의 발의(1993년 2월 13일)에 따라 동년 2월 23일에 이뤄졌다. 핵심적인 조직개편 내용은 문화부와 체육청소년부 통합해 문화체육부를 신설하고 동력자원부를 폐지해 상공자원부로 개편하는 것이었다(이창원 · 임영제, 2009: 6; 하태수, 2011: 376). 그 결과, 중앙행정기구는 2원 14부 6처 15청 2외국으로 이뤄지게 됐다.

1차 조직개편은 김영삼 정부가 표방한 '작고 강한 정부'와는 다소 거리가 있었다. 이 당시 정부조직 개편안과 관련해 여 · 야간 쟁점은 선진국과 비교해 다소 많다는 지적을 받고 있는 국무위원의 숫자를 줄이기 위해 4개 부처를 2개 부처로 통합하는 것의 실효성과 관련한 것이었다. 여야 모두 국무위원의 수를 줄여야 한다는 논리에는 어느 정도 공감대가 형성돼 있었으나 어느 부처를 통합 혹은 폐지할지와 관련한 방법론에서는 의견이 엇갈린 상황이었다. 특히 야당은 정무1,2장관과 공보청 장관을 폐지하고 청소년 기능을 교육부로 보내 기능적 연계성을 확보해야 한다는 입장이었던 반면, 여당은 다른 부처와의 기능적 연계성을 이유로 체육청소년부와 동력자원부를 폐지하는 것이 적절하다는 주장을 펼쳤다.

이러한 조직개편은 '작고 강한 정부'라는 환경적 요구를 수용한 것이라기보다는 노태우 정부가 마무리하지 못한 정부조직 개편 작업의 연장선상에 있었다는 평가를 받고 있다(김현구, 1993: 34; 하태수, 2011: 379). 이미 노태우 정부 당시 행정개혁위원회는 동력자원부와 체육청소년부를 포함해 농림수산부, 경제기획원, 교통부, 노동부 등을 대상으로 조직개편을 건의한 바 있는데, 그중 동력자원부와 체육청소년부는 다른 부처와 비교해 상대적으로 위상이 낮은 것으로 지적됐다(하태수, 2011: 379).

2. 2차 개편(1994년 12월)

김영삼 정부는 1994년 12월 1차 개편보다 광범위한 두 번째 대대적인 정부조직 개편을 단행했으며 김영삼 정부 시기 최대 규모였다. "국제화, 세계화, 개방화 시대에 대처한다는 명목"에서다(이창원 · 임영제, 2009: 6). 행정쇄신위원회는 1차 조직개편이 이뤄진 1993년 6월 초에 국무위원을 22명에서 16~18명으로 줄이고 경제기획원 폐지, 건설부와 교통부를 통합한 사회간접부 신설, 안기부 · 기무사 · 검찰 등 권력기관의 권한 축소, 내무부의 지방자치부 축소 등을 골자로 하는 혁신적인 행정조직개편안을 마련했다. 그러나 관련 부처 관료, 특히 조직개편을 담당하게 될 내무부와 경제기획원 관료들의 강한 반발에 직면한데다 당시 금융실명제 등 대대적인 부정부패 척결 및 개혁작업 수행 과정에서 관료들의 협조가 필요했기 때문에 조직개편 작업은 1993년 6월 잠정적으로 중단됐다(이용웅, 1993: 44; 정용덕, 1995: 68; 하태수, 2011: 380; 정영태, 1995: 26).

그러나 김영삼 대통령이 1994년 개최된 APEC 정상회담 참석 이후 갑작스럽게 세계화를 선언하면서 “투명성과 개방성 그리고 깨끗한 정부와 사회를 구현하기 위해 보호와 규제로부터 초래되는 비효율성 및 관행을 척결하고 세계적 수준의 제도”를 갖추겠다는 목표를 설정했다(정태환, 2005: 291). 2차 정부조직 개편 결과 경제기획원과 재무부를 통합해 재정경제원을 설치했고, 건설부와 교통부를 통합해 건설교통부를 설치했다. 아울러, 체신부를 정보통신부로, 상공자원부를 통상산업부로, 보건사회부를 보건복지부로, 각각 명칭을 변경하고, 환경처를 환경부로 승격시켰다.

김영삼 정부는 1994년 12월 국가의 재정 기능과 예산 기능 간 연계성을 강화한다는 취지로 경제기획원과 재무부를 재정경제원으로 통합했다. 기존 경제기획원은 국가경제에 대한 종합계획의 수립과 운영, 예산편성 및 집행에 대한 관리, 재원 조달 계획, 정부기관 사업에 대한 심사 및 조정을 담당했다. 반면, 재무부는 외국환을 포함한 화폐와 금융, 국채, 내국세와 관세, 국유재산, 전매 등에 대한 계획과 관리, 그리고 대외경제 협력에 사무를 담당했다.

3. 3차(1996년 2월) 및 4차 개편(1996년 8월)

1996년 2월 단행된 3차 개편은 2월에 공업진흥청을 중소기업청으로 변경하는 선에서 소폭으로 이뤄졌다. 또한 동년 8월에 해양수산부와 해양경찰청이 설치되면서 김영삼 정부의 마지막 정부조직 개편이 이뤄졌으며, 새로 설치된 해양수산부가 수산 업무를 떠맡게 됨에 따라 농림수산부는 농림부로 명칭을 변경했다.

4. 기구 축소 및 인력 감축

김영삼 정부는 출범부터 1994년 5월까지 중앙행정기구 조정을 통해 총 1실 3국 35개과를 없앴고, 538명의 인원을 감축했다. 1994년 12월에는, 앞서 설명한 조직개편과 더불어 대규모 인원 감축과 직제 개정이 이뤄져 총 115개과를 없애고, 1천 2명의 정원을 감축하기로 결정했다.

김영삼 정부의 중앙행정기구 축소와 인력 감축에 따라 출범 직전과 비교해 정권 말기에는 중앙행정기구는 6개가 축소됐고, 중앙공무원 인력은 총 3천 163명 감축됐다(〈표 3-2-1〉 참조).

표 3-2-1 김영삼 정부 중앙행정기구 및 공무원 인력 변화

구분	중앙행정기구	중앙행정기구 수	중앙공무원 인력	증감 인원
출범 직전 (1993년 1월)	2원 16부 6처 15청 4실 2외국	45개	565,115명	
말기 (1997년)	2원 14부 5처 14청 3실 1외국	39개	561,952명	-3,163명 (-0.56%)

자료: 이창원 · 임영제(2009: 9) 일부 발췌.

이에 따라 장차관(급) 인력도 축소됐음은 물론이다. 장관(급)과 차관(급)은 정권 출범 직전 각각 44명과 77명에서 정권 말기에는 각각 43명과 58명이었다. 결과적으로 김영삼 정부에서는 장차관(급) 모두 총 20명이 감축됐다.

표 3-2-2 김영삼 정부 장차관 수 변화

구분	장관(급)		차관(급)		계	
	수	증감	수	증감	수	증감
출범 직전	44		77		121	
말기	43	-1	58	-19	101	-20

자료: 이창원 · 임영제(2009: 10) 일부 발췌.

제 2 절 재정개혁

1. 개요

재정 기능 정상화를 위한 김영삼 정부의 개혁 노력은 1994년 기존의 재무부와 경제기획원을 통합해 재정경제원을 설치하면서부터 시작됐다고 할 수 있다. 이는 신자유주의 경제정책 추진 및 공공부문에 신공공관리주의를 도입하는 과정에서 경제 및 재정개혁 추진 동력을 확보하기 위해서였다(Thurbon, 2003: 354). 또한 자유주의적 경향이 강한 경제기획원으로 하여금 재무부를 통제하기 위한 목적도 담겨 있었다(장진호, 2013: 200).

표 3-2-3 김영삼 정부 재정 규모

(단위: 10억 원)

구분	1993	1994	1995	1996	1997
경상GNP	265,518	303,773	348,284	392,516	436,870
총중앙재정 규모 (대GNP, %)	51,118 (19.3)	62,321 (20.5)	72,915 (20.9)	85,694 (21.8)	98,330 (22.5)
일반회계 (대GNP, %)	37,268 (14.0)	42,795 (14.1)	51,498 (14.8)	58,823 (15.0)	67,579 (15.5)

주: 1996년과 1997년은 예산 기준.
자료: 재정경제원(1997).

김영삼 정부의 재정개혁 방향은 신자유주의적인 세계화 흐름에 조응하기 위해 운영비 절감을 통한 경영효율화, 수익자 부담 원칙의 확대, 그리고 경제 안정을 바탕으로 한 재정건정성 확보에 초점을 맞추고 있었다. 그러나 〈표 3-2-3〉에서 제시되는 바와 같이 김영삼 정부 시기 재정 규모는 지속적으로 증가했을 뿐만 아니라 GNP 대비 중앙재정 규모 및 조세지출 규모도 함께 증가하고 있는 것으로 나타났다.

2. 재정 기능 정상화

재정 기능 정상화를 위한 김영삼 정부의 노력은 개혁은 두 가지 방향으로 전개됐다.

한편으로는 재정 능력을 확충하고, 다른 한편으로는 재정지출 구조를 개선하는 노력이다. 우선, 재정 능력을 확충하기 위한 방안으로는 조세부담률의 증가, 공공요금뿐만 아니라 교육 및 복지지출 분야에서의 수익자 부담의 원칙 강화, 연기금을 포함한 공공자금의 재정 활용도 제고, 사회간접자본과 농어촌 투자재원 확충을 위한 세제개편이 제시됐다(강영철 외, 2008: 93). 재정지출 구조 개선은 인건비 등 고정지출 비중을 축소, 통화관리 비용 축소 등 재정의 낭비 요소를 제거하는 데에 초점을 뒀다. 실제 일정 소기의 성과도 거뒀다. 예를 들어, 1992년 일반회계의 65.7%를 차지하던 고정경비 비중이 1996년 57.7%로 낮아졌다(강영철 외, 2008: 94).

3. 재정제도의 효율화

김영삼 정부는 재정개혁의 또 다른 측면은 재정제도 효율화다. 이와 관련한 주된 개혁 내용은 각종 특별회계 및 기금 정비, 예산제도 개선, 중기재정계획 활성화 등을 포함한다(강영철 외, 2008: 94). 우선 특별회계 및 기금 정비는 기존의 유사한 것들을 통폐합하고 신설을 억제하는 방향으로 이뤄졌다. 예를 들어, 1994년 예산에서는 국유재산과 관련한 특별회계를 통폐합해 국유재산관리 특별회계를 설치했고, 각종 사회기반시설에 관한 특별회계와 일반회계를 통폐합해 교통시설특별회계를 설치했다. 또한 1995년 예산에서는 에너지 및 자원 관련 5개 기금을 통합해 에너지 및 자원사업 특별회계를 설치했고, 환경 관련 기금을 통합해 환경개선 특별회계를 설치했다.

한편, 예산제도 개선과 관련해 예산과목 분류를 단순화하고 예산 전용의 폭을 확대하는 등 예산 운용의 자율성을 확대하는 방안이 모색됐고, 총사업비 관리제도를 도입하는 등 재정 운영의 문제를 초래하는 요인을 제거하려고 노력했다. 특히, 1994년 도입된 총사업비관리제도는 기간이 2년 이상, 총사업비가 500억 이상 소요되는 사업에 대한 연간 예산을 요구하는 것이 아닌 총액을 미리 설정하게 하고, 재정경제원 장관의 승인 시에만 변경이 가능하도록 규정했다. 오늘날 국가재정법 제50조에서도 규정한 이 제도는 최초 소규모 예산으로 시작해 사업 수행을 거치면서 점차 엄청난 규모의 예산을 요구하는 문제를 방지하기 위해 도입됐다(이종수 외, 2014: 351).

아울러 중기재정계획의 활성화는 김영삼 정부의 신경제 5개년계획과 맥락을 같이한다. 그간 단일 연도 기준으로 작성하던 예산의 단기적 운용 방식에서 탈피해, 좀 더 장기적인 향후 5년간의 재정운용계획을 세우도록 규정했기 때문이다.

4. 세제개혁

김영삼 정부는 신경제 5개년계획에서 재정능력을 확충하고 과세의 공평성을 제고하기 위한 세제개혁을 실행할 방침을 정했다. 소득세와 재산과세를 강화하고, 소비과세 및 관세제도를 개선한 것은 이러한 맥락에서다. 그러나 세제개혁과 관련해 무엇보다도 가장 중요한 개혁은 금융실명제의 실시다. 금융실명제는 금융소득의 실질적인 귀속 대상자를 명확히 밝힐 수 있게 함으로써 세무당국이 금융자산 및 소득의 발생과 흐름을 파악하기 용이하게 해주었다(강영철 외, 2008: 95). 이로써 금융소득 종합과세는 물론 각종 조세행정이 원활히 이뤄지는 데에 근간이 됐다.

이 밖에 김영삼 정부에서는 영세중소법인 대상 가산세율 인하, 중가산금 제도 개선, 양도소득금액 조사 결정제도 개선 등의 세재개혁 조치가 단행됐다. 먼저 영세중소법인에 대한 결산공고 의무 불이행 시 가산세율 인하 조치는 내국법인이 일간신문에 대차대조표를 공고하지 않았을 경우 산출 세액의 5%와 수입 금액의 0.02% 중 큰 금액을 가산세로 부과하도록 했는데, 1993년 법인세법 개정을 통해 가산세율을 산출 세액의 1%와 수입 금액의 0.004% 중 적은 금액을 가산세로 부과하도록 가산세율을 대폭 인하했다(행정쇄신위원회, 1994: 311).

납세자 부담을 줄이기 위한 중가산금 제도 개선으로는 납부 기한 내 세금을 납부하지 않을 경우 매 1개월 경과 시마다 고지세액의 2%를 중가산금으로 징수하도록 한 기존의 세율이 은행 연체이자율보다 높다는 지적에 월 1.2%로 낮추는 조치가 이뤄졌다. 또한 실제 토지거래금액을 허위로 작성해 신고하는 사례를 방지하기 위해 신고가액과 실거래가액이 다른 경우 실거래가액이 기준시가보다 높은 경우에도 실지거래가액대로 과세하도록 소득세법시행령이 개정됐다(행정쇄신위원회, 1994).

5. 기금개혁

김영삼 정부의 기금개혁은 문민정부 출범 당시 114개에 달했던 기금을 대폭적으로 축소하여 행정 운용의 비효율성을 개선하려는 목적을 지니고 있었다(김동건, 1993: 143). 문민정부 출범 당시 추진됐던 전반적인 개혁 방향과 맞물려 재정효율성 제고를 위해 기존의 특별회계와 기금을 통폐합하는 방식으로 기금이 정리됐으며 그 결과 경제기획원을 중심으로 석유사업기금, 석탄산업육성기금, 에너지 및 자원관리 특별회계 등이 통폐합되는 정비 방안이 마련됐다. 또한 1993년 12월 공공관리기금법을 제정해 연기금, 체신기금 등 각종 공공자금의 여유 자금 예탁을 의무화하는 법적 근거를 마련해 재정투자재원을 확보함과 동시에 조세 부담 증가를 줄이고자 했다.

표 3-2-4 김영삼 정부의 기금 규모 변화

	폐지 기금			신설 기금			존치 기금		
	공공 기금	기타 기금	합계	공공 기금	기타 기금	합계	공공 기금	기타 기금	합계
1993년	-	-	-	1	-	1	44	69	113
1994년	4	1	5	3	2	5	45	69	114
1995년	6	12	18	1	1	2	40	58	98
1996년	5	23	28	4	2	6	39	37	76
1997년	2	0	2	0	0	0	37	37	74

자료: 기획예산처, 기금백서(1994~1998), 매년 6월 기준; 이민호(2009: 11)에서 재인용.

그 결과 〈표 3-2-4〉에서 제시되는 바와 같이 1994년까지 114개에 달했던 기금은 1995년 98개에서 1997년 74개로 대폭 줄어들었으며, 폐지된 기금 53개 중 36개 기금은 연구소 기금 등을 포함하는 기타 기금에 속하는 것들이었다(이민호, 2009: 11).

6. 경영 개념의 도입

김영삼 정부에서는 부분적으로나마 민간기업의 경영 개념을 도입해 재정 운영상의 효율성을 확보하고자 하는 노력이 시작됐다. 대표적인 예로, 렌트카 제도의 도입과 순찰차 할부 구입, 항공기 리스 도입은 운영비 절감을 통한 안정적인 재정 운영을 목적으로 한 것이었다. 1997년부터 관용차량을 대상으로 렌트카 제도를 도입해 전용차량, 외빈용, 본부업무용 차량 중 교체 대상 차량에 대해 렌트카 제도를 도입했고, 이를 통해 차량 교체 시기에 일시적으로 과도하게 소요되는 차량구입비를 연차적으로 완화시키는 효과를 얻을 수 있었다. 112 순찰차 신규 구입 시 일시불로 구입하기보다 할부 구입을 통해 교체 연도 도래 시에 발생하는 재정 수요를 분산시켜 재정 운영의 효율성을 확보하고자 하는 노력도 같은 맥락이라고 볼 수 있다(재정경제원, 1997).

제 3 절 인사개혁

1. 개요

행정쇄신위원회(1994)는 이 당시 실적주의에 근간을 둔 공무원 인사제도는 전문인력을 확보하기 위한 시스템이 미비하고, 인사운영 과정의 일관성과 예측가능성에 대한 비판과 극심한 인사 적체 및 후생복리 문제로 인한 사기 저하 문제를 지적한 바 있다. 이를 개선하기 위해 행정쇄신위원회는 개방형 전문직위제도 도입 등 공직 분류 체계 개선을 비롯해, 공무원 시험제도, 교육훈련제도, 근무성적평정제도, 보수 수준 개선, 후생복지제도 등이 개선됐다.

2. 공직분류 체계 개선 및 개방형 전문직위제도 도입

김영삼 정부는 직무분석을 본격적으로 도입 · 실시했다. 총무처의 직무분석기획단은 1996년부터 1997년까지 행정의 능률화와 전문화를 통한 공직경쟁력 확보를 위해 외부 전문가의 공직 진입 기회를 넓히고자 했다. 계급제를 근간으로 하는 공직분류 체계는 종합적인 인사관리 및 공무원 신분 보장에 기여한다는 긍정적인 측면에도 불구하고 비대화된 행정직렬로 인해 행정의 전문성을 저해하고 환경 등 새로운 행정 수요를 반영하는 데 한계가 있다는 지적이 제기됐다. 행정쇄신위원회는 교통, 환경, 국제통상, 도시계획 등 전문행정 수요 분야의 공직분류 체계를 반영해 교통직군 등을 신설했으며, 전문성 강화를 위해 행정직렬을 행정, 교육행정, 사회복지, 노동, 문화, 공보 직렬 등으로 세분화하는 방안을 제시했다.

총무처 직무분석기획단은 중앙행정기관의 5급 이상 13,460개의 직위를 대상으로 직무분석을 실시했다. 직무분석의 결과를 토대로, 당시 총무처는 국제, 법률, 정보통신, 환경, 교통, 도시계획, 과학기술 등 7개 중점 검토 분야에 대해 개방형 전문직위제도를 도입했다(강성철 외, 2014: 189).

그러나 이렇게 도입된 개방형 전문직위제도는 공직경쟁력 확보라는 목적을 달성하기에는 역부족이었다. 가장 큰 이유는 직무분석이 특정 직위에만 한정돼 실시됐고, 직무

분석이 조직의 성과와 밀접한 관련 없이 업무활동 파악에만 치중했으며, 직위 지정권한, 임용 조건, 직무 수행 요건 등이 상당히 까다로웠기 때문이다(강성철 외, 2014: 189-190; 정부혁신지방분권위원회, 2005: 307-310).

3. 채용시험제도

공무원 채용시험제도는 5급 공채의 경우 10~12과목, 6,7급 공채 8~10과목 등 시험과목 수가 많아 이 당시 2~3개 과목만 시행하는 민간부문과 비교해 경쟁력 있는 인력을 유치하는 데 한계가 있다는 지적이 제기됐다(행정쇄신위원회, 1994: 137-138). 또한 직무분야와는 무관한 교양과목의 비중이 높아 실무 역량과 전문성을 갖춘 인재를 선발하는 데 있다는 비판도 제기됐다. 예를 들어, 5급 고등고시의 경우 전체 과목 중 5개 과목이 헌법, 한국사, 영어, 국민윤리 등 교양과목으로 편성되어 있는데다 암기식 문제 출제로 인해 문제 해결 능력이나 창의력 · 사고력 등을 측정하기 어렵다는 문제가 있었다.

김영삼 정부는 1993년 공무원임용시험령 개정을 통해 직무 분야와 직접적으로 관련이 없는 교양과목의 일률적인 편성을 지양하고 고급 전문인력 유치를 강화하기 위해 1차 시험에서 정보체계론은 행정학, 경제학, 형법 등으로 교체하고, 2차 시험에서 국민윤리 과목을 제외했다. 또한 암기식 시험의 문제를 해결하기 위해 고등고시 시험에서 사례식 문제와 응용문제 출제를 확대했다.

4. 교육훈련제도

김영삼 정부 당시의 교육훈련제도는 중앙공무원교육원 등 29개 기관에서 이뤄지고 있었다. 그러나 이 당시 교육훈련제도는 주로 업무와 연관성보다는 승진과 영전을 목적으로 하는 경향이 있었으며, 보직경로상 구분 체계와 전문보직 관리제 실효성 확보장치가 미흡하다는 문제가 있었다(행정쇄신위원회, 1994: 140). 특히 일반적 소양 위주의 기본교육과정이 전체 교육과정의 70%를 차지하는 등 행정의 전문화 추세에 부응하기 곤란하다는 지적이 제기되면서 1993년 300개 과정에서 1996년 450개 과정으로 전문교육과정을 대폭 확대하고 정부투자기관 및 국책연구소도 전문교육 실시기관으로 활용하는 방안이 도입됐다.

제4절 전자정부

1. 행정정보화기반 전자정부 인프라 구축

김영삼 정부는 1987년부터 추진된 제1차 행정전산망 사업에 이어 진행된 제2차 행정전산망사업(1992~1996)을 바탕으로 행정정보화와 전자정부의 기반을 구축했다. 제2차 행정전산망 사업은 행정종합정보 유통망 구축, 행정 업무 전산화 개발 확대 및 공무원들의 전산기기 활용 역량 제고를 목표로 전국적인 행정정보 공동활용 체계 구축을 통해 행정전산화를 통해 활용 효과가 높다고 판단되는 7대 업무 분야를 대상으로 추진됐다(한국전산원, 1997; 이기식 · 이윤식, 2004: 158-159). 김영삼 정부 시기 본격적인 전자정부 체계 구축은 1995년 제정된 정보화촉진기본법을 바탕으로 정보화촉진기본계획이 마련되면서 더욱 구체화되었다. 정보화촉진기본법이 추구하는 행정정보화의 핵심적인 원칙은 "정보통신기반에 대한 자유로운 접근과 활용", "지역적 · 경제적 차별이 없는 균등한 조건의 보편적 역무 제공", "개인의 사생활 및 지적소유권 보호와 각종 정보자료의 안정성 유지" 등이었다(이기식 · 이윤식, 2004: 159-160).

2. 정보통신 인프라 구축

1990년대 들어서 해외 선진국들은 정보통신기술과 정보화의 발전에 주력했다. 특히, 정보통신 분야에서의 국가경쟁력 향상을 위해 초고속 · 광대역화 등 정보통신 인프라 구축에 힘썼다(기획재정부, 2011: 230).

김영삼 정부는 이러한 세계적 추세에 맞춰 정보통신기술과 정보화 촉진을 위한 국가적 전략을 세웠다. 우선 1994년 3월 '초고속정보통신망 구축 기본계획' 수립을 시작으로, 「초고속정보화추진위원회규정」(대통령령 제14275호)으로 발족한 초고속정보화추진위원회, 초고속정보통신망구축기획단을 통해 1995년 3월 '초고속정보통신 기반구축 종합계획'을 발표했다(기획재정부, 2011: 230). 이 계획은 2015년까지 약 44조 원을 투입하여 초고속정보통신망을 구축할 것을 구상했다.

또한 김영삼 정부는 1994년 체신부 대신 정보통신부를 설치하고, 정보통신기술과 정보화를 위한 국가정책을 총괄하도록 했다. 정보통신부는 1995년 '정보통신산업발전 종합대책'을 내놓고, 국가경쟁력 제고를 위해 정보통신산업을 육성할 필요성을 제시하고 이를 위한 구체적인 방안을 제시했다.

3. 행정사무자동화

김영삼 정부는 전자정부 사업의 기초 인프라 구축을 위해 문서관리 체계 자동화 및 통합 OA 시스템 등 행정 업무 자동화 사업과 행정전산망 연계사업 및 행정종합정보망 확충사업을 실시했다. 이 시기부터 각급 행정기관을 대상으로 개인용 컴퓨터 보급 확대 및 업무용 소프트웨어 개발을 확대 추진했으며, 근거리 통신망과 전자우편 시스템을 도입하고 정책 DB 구축 및 정책결정 지원정보 시스템을 유기적으로 연계하는 사업이 추진됐다. 또한 청사 내 정보고속망을 구축해 행정정보의 범국가적 공동활용 시스템이 마련되면서 부처 간 공통사무 정보의 유통 생산성을 획기적으로 개선하기 위한 기반이 마련됐다(행정쇄신위원회, 1997: 344-346).

제5절 규제개혁

김영삼 정부의 규제개혁은 권위주의, 정경유착, 부정부패를 근절하기 위한 수단적 차원의 성격을 지니고 있었으며, 문민정부에서 가장 강조된 '세계화'의 가치와 밀접하게 연계돼 있었다. 또한, 1990년대 초반 어려운 경제 상황을 극복하기 위한 방식으로 규제개혁이 추진됐다(최병선, 2002: 59).

1. 규제개혁 추진체계

김영삼 정부는 규제개혁을 추진하기 위해 대통령 자문기구로 '행정쇄신위원회', 경제기획원에 '경제행정규제완화위원회', 상공자원부에 '기업활동규제심의위원회'를 설치했다. 그뿐만 아니라, 금융개혁위원회, 교육개혁위원회를 포함한 각종 위원회 조직을 설치해 특정 분야별 규제개혁을 추진했다. 또한 정부의 규제개혁이 실질적으로 이뤄지도록 대통령 비서실 직속으로 규제완화점검반을 설치·운영했다.

그러나 규제개혁 추진체계가 이처럼 복잡해 종합적이고 일관된 규제개혁을 효과적으로 추진하는 데 어려움이 따랐다(최병선, 2002: 59). 이로 인해 김영삼 정부 말기인 1997년 '규제개혁추진회의'를 설치해 국민경제적이고 종합적인 관점에서 규제개혁을 추진했다.

2. 규제개혁 근거 법안

김영삼 정부의 규제개혁은 1993년 제정된 「기업활동규제 완화에 관한 특별조치법」, 1994년 제정된 「행정규제 및 민원사무기본법」, 그리고 1997년 제정된 「행정규제기본법」에 기반을 두고 있다.

「기업활동규제 완화에 관한 특별조치법」은 창업, 의무고용제도, 수출, 기계·기구 검사 등과 관련한 규제 완화를 규정하고 있으며, 「행정규제 및 민원사무기본법」에서 신설규제 사전심사제와 행정규제법정주의를 규정했다. 「행정규제기본법」은 규제개혁 추진체계의 강화를 주된 목표도 삼았다. 이를 위해 동법은 규제개혁을 효과적으로 추진하기 위한 전담기구인 '규제개혁위원회'를 법적으로 설치·운영하도록 규정했다.[1] 또한 규제개혁 추진을 위한 수단과 기법을 규정했는데, 규제영향평가·규제일몰제·규제등록제 등이 그것이다. 이는 현재도 여전히 규제개혁 수단과 기법의 핵심으로 작동하고 있다.

3. 규제개혁 성과

김영삼 정부는 앞서 설명한 규제개혁 추진체계와 법률적 기반을 통해 임기 동안 6,000여 건에 달하는 규제개혁을 추진했다. 그 결과, 최종적으로 4,447건에 달하는 규제완화를 단행했는데, 이는 계획의 86.9%에 해당하는 3,918건에 대한 규제 완화를 완료한 것이었다(이민호, 2009: 12; 김태호, 1999: 56).

그러나 이와 같은 양적인 규제 완화 노력에도 불구하고, 김영삼 정부의 규제총량은 1994년 대비 소폭 증가한 것으로 나타났으며, 대부분 구비서류 감축 절차 완화 등 지엽

---

1) '규제개혁위원회'는 김영삼 정부가 아닌 1998년 4월 김대중 정부가 최초로 설치했다. 다만, 위원회 설립의 법률적 토대는 김영삼 정부에서 제정된 「행정규제기본법」이다.

적인 규제개혁에 치우쳤다는 평가를 받는다(김태호, 1999: 56). 특히 규제에 대한 총체적인 접근보다는 단편적인 접근이 이뤄진데다 핵심 경제부문에 대한 규제개혁이 부진했을 뿐만 아니라 일선 공무원들의 개혁 의지 부족은 김영삼 정부 규제 완화정책의 가장 큰 한계점으로 지적되고 있다(김태호, 1999: 56).

표 3-2-5 김영삼 정부 규제개혁 실적

	경제행정규제 완화위원회	행정쇄신 위원회	기업활동규제 심의위원회	규제개혁 추진회의	전체
이행 완료	1,614	1,549	662	66	3,891
미이행	59	316	55	60	490
일부 이행	22	-	-	5	27
보류, 연기 등	28	-	1	40	69
전체	1,723	1,865	718	171	4,477

자료: 이민호(2009: 13)에서 재인용.

제 6 절 공기업 개혁 및 민영화

1. 공기업 개혁 방안으로서의 민영화 추진

김영삼 정부는 공기업 개혁 방안의 일환으로 민영화를 추진했다. 이를 위해 김영삼 정부는 출범 이후 곧바로 '민영화 및 기능조정 세부추진계획'을 수립했다. 이 계획에 따르면, 김영삼 정부는 임기 내에 전체 133개 공기업의 46% 정도에 달하는 61개 공기업에 대한 정부 지분을 완전 매각해 민영화를 추진하려는 목표를 가지고 있었다. 당시 전 세계적으로 확산되던 공기업 민영화정책 흐름과 맞물려 모든 공기업을 잠재적인 민영화 대상으로 삼아 추진했다(남일총, 2013: 36-37). 그러나, 주된 검토 대상은 금융기관 이외에 한국통신, 담배인삼공사, 포항제철, 한국중공업 등을 포함한 상업성이 강한 공기업이었다.

2. 공기업 개혁 및 민영화 추진

김영삼 정부는 재정경제원을 중심으로 공기업의 독점적 지위에 따른 미진한 경영 효율화 노력을 부각시키며 민영화추진계획을 진행했다. 대상 공기업은 주로 정부투자기관 자회사 민영화에 중점을 뒀다(정갑영, 2001: 77). 또한 산업은행을 제외한 국민은행, 기업은행, 주택은행 등 국책금융기관이 민영화 및 통폐합 대상에 포함됐다.

구체적으로 김영삼 정부의 주요 공기업 민영화 추진 내용을 보면 아래와 같다. 우선, 1993년 한국통신 지분 1백 59만 9천주 전체를 매각해 데이콤을 완전 민영화했으며, 삼성정밀화학에 대한 전체 정부 지분도 삼성그룹에 매각해 완전 민영화했다. 또한 정부는 1994년 한국이동통신이 소유한 지분 23%를 선경그룹에 매각해 SK텔레콤을 완전 민영화하는 한편, LG금속도 한국산업은행의 전체 지분 15.7% 주식을 매각해 완전 민영화했다(주경태 · 윤성식, 2006: 74-77).

김영삼 정부의 공기업 민영화 계획은 1994년에 집중돼 있었는데 노태우 정부 이전의 민영화 정책과 비교하면 그 대상이 큰 폭으로 증가했으며 정부출자기관 및 정부투자기관 자회사 중 산업은행이 지분을 보유하고 있는 기업들이 주 대상이 됐다. 반면 한국통신이나 한국전력 등 공기업 중에서도 규모가 큰 기업의 경우 민영화 대상에 포함되지 않았다. 이는 중소 규모 공기업 매각을 통해 증시 부담을 완화하고 입법 조치 및 경제력 집중문제를 해소하고자 하는 의도에서였다(정갑영, 2001: 77). 한편, 1994년 실시된 경영진단 이후 포항제철 민영화가 재검토됐는데, 당시 주무부처의 반대였을 가능성이 크다(남일총, 2013: 39-41).

다음으로 김영삼 정부는 1996년 11월 담배인삼공사, 가스공사, 한국통신, 한국중공업 등 대규모 공기업을 대상으로 책임경영 체제 도입 이후 경영 여건 성숙에 따라 지분을 매각한다는 민영화 계획을 발표했다. 이는 소유권은 정부가 갖고 경영은 민간이 담당하는 '관리의 민영화'가 본격적으로 도입됐다는 점에서 기존의 민영화정책과 비교해 진일보한 것으로 평가받고 있다. 다만 공기업 최대 지분은 여전히 정부가 갖고 있어 전문경영인 체제가 도입되더라도 정부부처가 직 · 간접적인 간섭의 여지를 남겨놓았다는 점에서는 여전히 한계를 지니고 있었다(정갑영, 2001: 80-81).

3. 철도· 항만 부문 민영화

철도 부문에 대한 공사화 논의는 1980년대 이후 철도청 적자가 급증하면서부터 시작됐다. 현재의 철도공사 형태의 조직으로 개편된 것은 노무현 정부 시기이지만, 철도 부문에 대한 공사화 작업이 본격적으로 시작된 것은 김영삼 정부 시기부터였다. 김영삼 정부의 철도청에 대한 공사화 시도는 경영합리화의 측면에서 이뤄졌다. 1995년 「국유철도 운영에 관한 특례법」을 제정하면서 특례법에 의거해 2000년대 초반까지 인원 감축, 시설현대화, 개량사업 등의 내용을 골자로 하는 「국유철도경영개선 기본계획」을 수립하게 됐다.

철도 부문 경영개선계획의 핵심은 2000년대 초반까지 철도사업을 재정자립이 가능하도록 만드는 데 있었다. 이를 위해 김영삼 정부는 영업수익의 65%를 차지하고 있는 인건비 비중을 줄이기 위해 총 정원을 매년 1,000명 안팎씩 감축하고, 수익률이 낮은 적자노선을 대폭 정리하는 계획을 수립했다(재정경제원, 1997: 452-453). 또한 철도청 조직구조에 사업부제를 도입하고 민간기업의 경영 요소를 도입하고자 했으며, 숙박업 및 다른 운송 수단과 연계한 패키지 상품 개발, 승차권 발매 장소 다원화, 민자 역사 건설, 역세권 개발, 관광업 등 부대사업 진출 등을 통해 경영합리화와 영업수익 개선을 달성하고자 했다(재정경제원, 1997: 454).

김영삼 정부 시기 항만 운영은 일반부두와 전용부두로 이원화돼 있었다. 민간업체가 건설한 전용부두는 무상 사용 기간 동안 부두 운영을 전담했으나, 국유제로 운영되는 일반부두는 정부(선석, 야적장 운영), 하역회사(하역 업무), 항운노조(근로자 공급)으로 다원화된 운영 체제를 유지하고 있었다. 특히 일반 부두의 경우 운영 체제의 다원화로 인해 시설과 장비 간의 연계 운영을 어렵게 하고, 하역작업을 지연시킴으로써 비효율성 문제를 야기하고 있었다.

김영삼 정부는 이러한 문제의식에 기반을 두고 항만 부문의 효율성을 제고하기 위해 국유-국영 체제에서 국유-민영 체제로 전환하고자 했다. 이에 따라 1996년 '부두운영회사제 기본계획'을 수립해 27개 무역항 중 임대가 가능한 19개 무역항을 대상으로 단계적인 민영화 계획을 추진하기에 이르렀다. 다만 민간이 참여하는 부두의 경우 수익을 창출할 수 있는 무역항을 중심으로 부두 운영의 민영화를 추진하되, 공공성 확보를 위해 공용부두는 민영화 대상에서 제외시키기로 했다(재정경제원, 1997: 456).

4. 공기업 민영화의 성과

김영삼 정부의 야심찬 계획에도 불구하고 공기업 민영화에 대한 성과는 다소 부진했다. 애초 133개 공기업 중 61개를 민영화하기로 계획했지만, 실제 임기 중 민영화를 완료한 공기업은 16개(매각 수입은 1조 6,566억 원)에 불과했다(조성봉, 2012: 19).

이처럼 공기업 민영화가 부진했던 주된 이유로 몇 가지가 제시된다. 우선, 매각 방식이다(남일총, 2013). 공기업 민영화에 대한 재벌기업의 참여를 배제하고 주식시장에서 외국인이 지배주주가 되지 못하도록 규정한 지분 제한도 완화하지 않았다. 이로 인해 남은 대안은 국내 주식시장을 통한 일반 매각이었는데, 당시의 경제 상황과 국내 자본시장이 발달하지 못했기 때문에 사실상 불가능했다. 또한 1997년 만들어진 공기업 민영화 특별법도 민영화 추진을 부진하게 만들었다(남일총, 2013). 공기업 민영화 특별법은 공기업에 대한 책임경영 체제를 도입해 경영 효율성을 증진하고, 조속히 민영화를 추진하며, 민영화로 인한 경제력 집중 방지 등에 주된 목적을 두었다. 그러다보니, 민영화가 추진된 공기업의 소유지배 구조에만 초점을 두었지, 관련 산업에 대한 각종 연관 정책(산업정책, 규제정책, 경쟁정책 등)에 대한 개혁에는 관심을 두지 않았다. 또한 공기업 민영화 특별법은 그 대상 공기업을 한국통신, 담배인삼공사, 한국중공업, 가스공사 등 4개의 대규모 공기업만을 대상으로 했다는 데에도 한계가 있었다. 이 밖에도 민영화에 대한 "사전 준비 부족과 노동조합의 반발"에 기인한다는 지적도 있다(김판석 외, 2008: 408).

제 7 절 반부패 개혁

문민정부에 대한 국민들의 기대에 부응이라도 하듯, 김영삼 대통령은 한국병을 제거하고 신한국을 창조하겠다고 선언하며 부정부패 척결을 국정과제의 하나로 내세우며 출범했다. 김영삼 정부는 부정부패 척결을 사회 정의를 구현하는 수단일 뿐만 아니라 경제 성장을 위한 필수적인 요건으로 여겼다(김보은 외, 2011: 188).

이를 실천하기 위해 김영삼 정부는 다양한 반부패정책을 실시했다. 김영삼 정부의 이러한 반부패 개혁은 과거 정부와는 상당히 차별된 모습이었다(윤태범, 1998: 223). 반부패 정책의 범위뿐만 아니라 제도화의 정도, 그리고 사정활동 등의 모든 측면에서 상당히 적극적이었다. 물론 이로 인해 공직자의 복지부동 행태 등의 부작용과 함께 비리는 지속적으로 나타났지만, 김영삼 정부의 반부패 정책은 실제 국민들의 호응뿐만 아니라 일정 성과도 거뒀다(윤태범, 1998: 224).

1. 윗물 맑기운동

김영삼 정부의 첫 반부패 개혁정책은 '윗물 맑기운동'이다. 이 정책은 대통령 스스로 부정부패 척결을 위한 실천의 모습을 보여주겠다는 취지에서 실행됐으며, 제도화된 형태로 실현된 것은 아니었다. 예를 들어, 이 운동은 정치자금 안 받기, 청와대의 근검절약, 행사간소화, 청와대 개방, 안가 철거, 대통령 골프 안 치기, 대통령의 자발적 재산공개 등을 포함한다(윤태범, 1998: 223).

윗물 맑기운동은 이처럼 부정부패 척결을 위한 대통령을 비롯한 고위공직자들의 솔선수범이 하위직 공무원과 나아가 공직사회 전체에 퍼지기를 기대하고 나온 정책이었다. 실제 이는 어느 정도 파급 효과가 있었다. 대통령의 자발적 재산 공개에 바로 뒤이어 장관과 차관급 공직자들이 자진해서 재산을 공개했다. 또한 국무위원들은 경조사, 리셉션, 기공식 등에 참석과 선물, 화환 보내기 등을 자제하고 구내식당을 활용한 회의를 자주 이용하며, 자신들의 집무실 규모를 줄이기로 결의했다.

그러나, 이러한 대통령 스스로의 강력한 반부패 의지와 실천에도 불구하고, 대통령의 아들은 물론 측근 정치인들까지 부정부패로 법의 심판을 받게 되는 역설적인 상황이 계속됐다.

2. 반부패정책의 제도화 노력

김영삼 정부는 부정부패 척결을 위한 정책을 제도화했다. 우선, 대표적으로 1981년 제정되었지만 부패 척결을 위한 실효적인 조치가 부족해 형식적으로 운영돼 왔던 공직자윤리법을 개정했다. 특히, 이전 공직자윤리법은 고위공직자의 재산등록만을 의무화했던 반면, 개정된 법률은 더 나아가 고위공직자의 재산 등록에 대한 대국민 공개를 의무화했다. 또한 이전 공직자윤리법은 공직자가 지켜야 할 도덕적 의무가 무엇인지를 규정하는 데에 불과했다면, 개정된 법률은 재산등록 의무 대상을 확대했고, 재산등록이나 재취업 제한 규정 위반에 대한 처벌을 강화하고 공직자윤리위원회에 등록된 재산에 대해

심사할 수 있는 권한을 부여하는 등 공직자의 부패행위를 방지하는 정책의 실효성을 높였다(김보은 외, 2011: 189).

또한 1993년과 1995년, 각각 금융실명제와 부동산실명제를 실시해 금융 및 자산 형성과 거래의 투명성을 높여 공직자가 부정한 방법으로 재산을 축적하는 행위에 경각심을 갖도록 유도함과 동시에 감시가 가능해지도록 했다. 아울러, 김영삼 정부는 「공직선거 및 선거부정방지법」과 「정치자금에 관한 법률」을 강화해 정치인의 부패를 방지하기 위해 노력했다. 이와 함께, 감사원의 반부패 정책에 대한 역할을 강화했다. 대표적으로 감사원장의 자문기구로 부정방지대책위원회를 설치하고 감사 권한을 확대한 점이 이를 반영한다.

김영삼 정부의 반부패정책에 대한 제도화 노력은 근본적으로 정부와 공직자의 투명성 증진을 통해 사전적으로 부패를 방지하는 방향으로 전개됐다는 특징이 있다. 앞서 설명한 반부패 관련 여러 법안뿐만 아니라, 정부의 투명성을 핵심으로 하는 정보공개법과 행정절차법 등을 마련해 반부패정책과 연계시킨 것도 동일한 맥락에서다.

제 8 절 지방행정 개혁

김영삼 정부의 가장 특징적인 지방행정 개혁은 두 가지다. 하나는 도농 통합에 기반을 둔 지방행정 체제 개편이고, 다른 하나는 이전 군사정권에서 중단됐던 지방선거가 다시금 실시되기 시작됐다는 점이다. 이로 인해 김영삼 정부의 지방행정 개혁은 민주화 이후 최대 규모라 불리기도 한다. 또한 김영삼 정부는 지방자치 실시에 따라 국가사무의 지방이양, 지방공무원 인사제도 개선, 국고보조금제도 개선 등을 단행했다.

1. 도농 통합

김영삼 정부의 대표적인 지방행정 개혁 노력은 이른바 '도농 통합'이다. 1995년 정부는 "역사적 동질성, 생활・경제권이 유사한 도시와 농촌을 하나로 통합"해 40개 시와 38개 군을 39개의 시로 재편했다(이종수 외, 2014: 427). 도농 통합의 기본적인 논리는 규모의 경제 구현을 통한 행정비용 절감과 도농 간 균형 발전을 도모한다는 데 있었다. 도시와 농촌이 분리된 행정구역 체제에서는 두 배 이상의 재원이 투입돼 행정상 비효율성 문제가 발생하는데, 도시와 농촌의 통합을 통해 광역행정을 가능케 하여 예산 집행 과정에서 효율성을 도모할 수 있다는 것이다(이규환, 1994: 18; 최흥석 · 정재진, 2005: 147-149). 또한 도시와 농촌의 행정구역이 분리돼 있을 경우 인구가 감소하는 농촌 지역의 재정력은 악화돼 기본적인 경상비용조차 감당하기 어려워지기 때문에 도농 통합을 통해 자치단체 재원을 결집시켜 지방재정을 증대시키는 효과를 기대할 수 있다는 것이다(최흥석 · 정재진, 2005: 148-149).

김영삼 정부는 지방화와 세계화에 대응하고자 지방의 경쟁력을 확보하기 위한 방안으로 도농 통합을 추진했다(윤기찬 · 장한나, 2008: 91). 그간의 도농분리형 정책은 도시 중심의 경제 성장을 추진한 나머지, 도시를 제외한 지역의 경제 수준은 낙후됐고, 이로 인해 지방세원이 약화됐다. 또한 행정인력이 분산돼 광역행정 수요에 대응하지 못하는 것은 물론 행정효율성도 떨어졌으며, 생활권과 행정권 간의 불일치로 인해 주민의 연대 의식이 저하되고 지역 갈등을 유발했다(윤기찬 · 장한나, 2008: 92~93). 이러한 문제를 해결하기 위해, 김영삼 정부는 1994년 지방자치법 개정과 동시에 「33개 도농통합형태시설 설치 등에 관한 법률」을 제정하고, 1995년까지 총 세 차례에 걸쳐 "역사적 동질성, 생활 · 경제권이 유사한 도시와 농촌을 하나로 통합"해 40개 시와 38개 군을 39개의 시로 재편했다(이종수 외, 2014: 427). 이후 1997년에는 「도농복합 형태의 설치 등에 관한 법률」로 개정해 도농 복합 형태의 시를 만드는 작업을 지속했다.

2. 전국동시지방선거

김영삼 정부가 들어서면서 군사정부 이후 중단됐던 지방자치단체장 선거가 1995년(제1회 전국동시지방선거) 부활 · 실시됐다. 이를 위해 "기초의회를 제외한 광역의회, 기초 · 광역단체장 선거에 정당공천제가 도입됐다"(이종수 외, 2014: 430-431). 이는 1992년 대선에서 "지방자치의 전면 실시"를 공약으로 내세웠으며, 집권 이후 지방자치단체장 직선에 대한 여론이 고조되면서 주민직선제를 실시하기에 이르렀다. 이에 따라 1995년 6월 27일 광역자치단체장, 기초자치단체장, 광역의회의원, 기초의회의원을 선출하는 전국동시지방선거가 실시됐으며, 광역의회 및 기초의회의 경우 비례대표제가 도입됐다.

3. 국가사무의 지방이양

전국동시지방선거 실시와 더불어 지방정부의 기능과 권한이 강화되고 지방자치의 취지에 부합하기 위해 국가사무의 지방이양 작업이 본격화됐다. 김영삼 정부 시기 국가사무의 지방이양은 1991년부터 운영된 지방이양합동심의회가 주축이 됐으며 1991년부터 1998년까지 총 8회가 개최됐다. 지방이양합동심의회는 1991년부터 1997년까지 총 2,779건의 사무를 심의해 이 중 1,174건의 이양을 확정했고 824건에 대한 이양을 완료했다. 다만 이 시기 지방합동심의회의의 법적 근거가 총무처 직제 및 훈령에 근거하고 있어 중앙행정기관이 사무 이양을 거부할 경우 강제할 수단이 없다는 점은 한계점으로 지적됐다(김회창, 2009: 120-121).

4. 지방공무원 인사제도 개선

지방자치제도가 본격적으로 시행됨에 따라 지역 발전에 헌신할 수 있는 인재를 채용하기 위해 5급 지방공무원 채용시험(지방고시)가 실시됐으며, 지방자치단체의 인사 자율성을 확보하기 위해 5급 및 6급 공무원에 대한 특별 승진 시 행정자치부 장관의 승인권을 폐지해 지방자치단체장의 인사 권한을 강화했다.

5. 국고보조금제도 개선

도농 통합을 통한 지방행정 체제 개편 및 자치단체장 직선제 도입과 맞물려 지방재정 역량을 강화하기 위한 국고보조금제도 개편도 함께 이뤄졌다. 김영삼 정부 시기 이뤄진 주요 국고보조금제도 개선정책은 국고보조사업의 통폐합과 국고보조율 체계의 단순명료화, 차등적 인상보조율 적용 등이다. 이에 앞서 재정경제원(1997)은 1997년 예산안편성지침부터 보조금 예산 총액의 30% 범위 이내에서 지방자치단체장으로 하여금 우선순위를 정해 국고보조사업을 신청하도록 하는 예산계상 신청주의를 강화했다. 또한 재정경제원은 국고보조 대상사업 중 117개의 영세보조사업을 42개로 통합함으로써 지방자치단체의 국고보조금 운영 자율성을 확보하고자 했으며, 사업 기간이 종료된 사업 및 융자 전환 사업 중 일부는 폐지해 운영효율성을 확보하고자 했다. 보조율 체계도 각 보조사업별로 기준보조율, 운영보조율, 실제보조율 등으로 다원화돼 있는 보조율은 실제 보조율로 통합하고 보조율의 유형도 기존의 38개에서 7개로 단순화했다.

참고 문헌

강성철 · 김판석 · 이종수 · 진재구 · 최근열 (2014). 새인사행정론. 서울: 대영문화사.

강영철 외 (2008). 우리나라 재정개혁에 대한 평가와 향후 전망. KIPA 연구보고서 2008-15. 한국행정연구원.

기획재정부 (2011). 2010 경제협력국가와의 경제발전 경험 공유사업: 아랍에미리트. 정부간행물번호 11-1051000-000119-01.

김동건 (1993). 새정부의 재정개혁과제와 기본 방향. 행정논총, 31(1): 132-152.

김보은 · 정의창 · 노승용 (2011). 정부의 반부패 제도 변화에 관한 연구: 역사제도주의적 관점. 현대사회와 행정, 21(2): 173-203.

김정렬 (2006). 발전국가의 위기와 행정개혁의 진로: 한국형 신공공관리의 진화단계별 비교분석. 한국행정연구, 15(2): 95-125.

김태호 (1999). 규제개혁의 효과와 체감실태에 대한 분석과 평가. 광주 · 전남행정학회보, 6: 51-77.

김판석 · 홍길표 · 김완희 (2008). 공공기관 거버넌스 및 운영제도 혁신의 성과와 향후 과제. 한국행정논집, 20(2): 407-435.

김현구 (1993). 국가경쟁력 강화를 위한 정부조직개편: 산업경제행정의 대응체계. 한국행정학보, 27(1): 33-55.

김회창 (2009). 지방분권의 이양실태와 향후과제: 기능배분을 중심으로. 월간 자치발전, 10월호: 118-127.

남일총 (2013). 한국 공기업 및 공공기관의 지배구조. 기획재정부 · KDI국제정책대학원.

박수경 (2006). 역대 한국 정부의 조직개혁 변천사. 한국행정사학지, 19: 81-120.

오석홍 (1995). 행정개혁론. 서울: 박영사.

윤기찬 · 장한나 (2008). 도농통합에 따른 효과에 관한 주민 인식의 차이에 관한 연구: 지역 간 이질성에 따른 차이를 중심으로. 한국지방자치연구, 9(4): 91-111.

윤태범 (1998). 역대 정부의 반부패정책의 평가에 관한 연구. 지방정부연구, 2(1): 213-231.

이규환 (1994). 도농통합시의 행정체계. 자치행정, 9: 24-38.

이기식 · 이윤식 (2004). 우리나라 전자정부의 총괄평가: 비판적인 논의에 기초한 역사적 평가. 한국정책연구, 4(1): 155-182.

이민호 (2009). 우리나라 행정개혁의 정부 간 비교: 기금개혁과 규제개혁에 따른 정책도구적 접근. 한국행정학회 2009년도 동계학술대회 발표논문집.

이용웅 (1993). 기득권 반발에 밀린 문민정부의 행정개혁. 말, 8월호: 44-48.

이종수 외 (2014). 새행정학2.0. 서울: 대영문화사.

이창원 · 임영제 (2009). 우리나라 민주화 이후의 정부조직 개편의 특성에 대한 고찰: '작은 정부론'적 시각을 중심으로. 한국정책과학학회보, 13(4): 1-17.

장진호 (2013). 금융 지구화와 한국 민주주의. 기억과 전망, 28: 183-225.

재정경제원 (1997). 예산개요.

정갑영 (2001). 민영화 추진에 따른 성과 평가 및 개선 방향 도출을 위한 연구. 기획재정부.

정보통신부 (1995). 정보통신산업발전 종합대책.

조성봉 (2012). 공기업 개혁과 민영화. 한국경제연구원 편저. 차기정부 정책과제4: 공공개혁/기업 · 시장제도. 서울: 한국경제연구원.

정부혁신지방분권위원회 (2005). 참여정부의 인사개혁. 서울: 정부혁신지방분권위원회.

정영태 (1995). 김영삼 정권의 개혁과 국가자율성. 동향과 전망, 25(1): 22-46.

정용덕 (1995). 한국의 정부조직개편. 한국정책학회보, 4(1): 55-84.

정태환 (2005). 김영삼 개혁정치의 성격과 정치적 동원. 한국학연구, 23: 281-306.

주경태 · 윤성식 (2006). 공기업 민영화정책의 효과성에 관한 연구. 행정논총, 44(3): 67-92.

최병선 (2002). 규제개혁 추진체계. 최병선 · 신종익 편저. 시장경제와 규제개혁. 서울: FKI 미디어.

최흥석 · 정재진 (2005). 도농통합의 재정적 효과에 관한 연구. 지방행정연구, 19(4): 145-172.

하태수 (2011). 김영삼 정권 전반기의 중앙정부조직 개편 분석. 한국정책연구, 11(2): 367-401.

한국전산원 (1997). 국가정보화백서.

행정쇄신위원회 (1994). 행정쇄신백서 1993-1994.

______(1998). 행정쇄신백서 1998(제4집).

Thurbon, Elizabeth (2003). Ideational Inconsistency and Institutional Incapacity: Why Financial Liberalisation in South Korea Went Horribly Wrong, *New Political Economy*, 8(3): 341-361.

제 3 장

정부개혁에 대한 성과 및 평가

심익섭
동국대학교

제 1 절 문민정부 정부개혁의 내용

대한민국 정부 수립 이후 지속돼 온 오랜 권위주의 정권 지배 체제를 극복하고 '민간인 대통령'으로 출범한 김영삼 정부는 '행정쇄신'이라는 개혁 키워드를 중심으로 민주화와 능률성, 그리고 작은 정부라는 행정개혁 목표를 제시하며 강력한 변화를 추진했다. 특히 과거 청산을 위해 문민정부는 가장 시급하게 치유해야 할 한국병을 사회에 만연된 부정부패로 간주하고, 부정부패 척결이야 말로 사회 정의를 구현하고 경제 성장을 위해 선결돼야 할 과제로 보았다. 부정부패 척결을 위한 김영삼 정부의 노력은 '윗물 맑기운동'과 같이 대통령을 포함한 고위공직자 스스로의 자정(自淨) 노력뿐만 아니라, 공직자윤리법의 개정, 금융실명제와 부동산실명제, 공직선거 및 선거부정방지법과 정치자금에 관한 법률의 강화를 포함한 반부패정책의 제도화로 이어졌다.[1)]

1) 과거 권위주의 시대의 군부와 정치인을 포함한 기득권층에 대한 사정개혁도 일부 단행됐다(이종범, 1994; 최장

김영삼 정부에서 시도된 정부개혁은 1993년 4월 20일 대통령 직속기관으로 행정쇄신위원회를 설치해 조직개편, 인사개혁, 규제개혁 등을 포함한 행정개혁 전반을 주도하는 개혁기구를 마련한 데서 시작된다. 이로부터 나온 정부조직 개편은 작지만 강력한 정부의 구현을 위한 개혁 의지를 조기에 가시화한다는 차원에서 이뤄졌다. 김영삼 정부 출범 이후의 정부조직 개편은 크게 4단계로 대별된다. 1차 개편(1993. 4)은 문화부와 체육청소년부의 통합, 동력자원부 폐지 및 상공자원부의 신설 등으로 요약되며, 2차 개편(1994. 12)은 세계화 실현을 목적으로 경제기획원과 재무부를 재정경제원으로 통합하는 등 대대적인 조직개편을 단행했다. 3차(1996. 2)와 4차(1996. 8) 개편은 각각 중소기업청과 해양수산부의 발족으로 요약된다(박동서, 1999: 53).

이처럼 김영삼 정부의 정부개혁은 역대 정부의 행정개혁과 비교해 여러 면에서 높은 평가를 부여할 수 있다. 우선 김영삼 정부는 개혁과제에 대한 선정에서 상향식 접근 방법을 적용해 고객 중심의 정부개혁을 실행했다. 아울러 강력한 개혁 의지와 추진의 과감성을 바탕으로 전개된 김영삼 정부의 행정개혁은 행정규제 완화와 국민 편의 위주의 행정개선, 부정부패 방지, 행정관리의 선진화, 지방자치를 통한 분권화와 지방행정 개혁 등의 분야에서 가시적인 성과를 거둔 것이 사실이다. 물론 일부 개혁은 관료와 이해관계자들의 기득권 수호라는 본능적 저항에 부딪쳐 현실적으로 많은 어려움에 봉착하기도 했다(김호진, 1996: 332). 이런 이유로 김영삼 정부의 집권 초기 개혁 성과와 그 이후의 시기에 진행된 정부개혁에 대한 평가가 엇갈리는 경향이 있게 된다.

그럼에도 불구하고 김영삼 정부의 개혁 노력은 이전 정권들보다 광범위하고 내용 면에서 획기적이었다고 사료된다. 실제로 김영삼 정부는 경제행정 규제 완화 외에 기업활동의 투명성을 제고하고 부정부패를 척결하기 위한 조치의 하나로 금융실명제와 부동산실명제를 도입하는 등 획기적인 조치를 취했다. 또한 세계화 시대에 날로 치열해지는 국가경쟁력 제고를 위해 금융자율화, 투자·수출 활성화 지원, 중소기업 구조 개선 지원, 노사 간 자율 임금교섭 추진 등의 개혁 조치를 취했다. 김영삼 정부는 인사행정 부문에서도 광범한 개혁을 추진했는데, 직무분석을 토대로 한 개방형 전문직위제도의 도입을 대표적인 사례로 들 수 있다.

김영삼 정부의 행정개혁은 스스로를 문민정부라고 불렀듯이 가장 중요한 시대적 전환 배경으로 권위주의적 군사정부를 넘어서는 민간인 대통령이라는 데 두고 있었다. 행

집, 1996).

정 전반에 깊이 뿌리내렸던 군사정부의 권위주의를 해체해 행정의 민주화와 고객 중심의 행정을 추구했던 것이다. 이러한 맥락에서 김영삼 정부의 개혁구호는 단순히 행정개혁이 아니라, 적용했던 용어 역시 '행정쇄신'이라는 표현으로 변화의 강도를 강조했다.

핵심적인 개혁 추진기구였던 행정쇄신위원회가 주도했던 정부개혁의 목표를 보아도 민주화, 능률성, 작은 정부 등 가치와 이념을 바탕으로 접근하는 특성을 보였다. 특히 김영삼 정부는 행정개혁의 성공을 위해 상향식 접근 방법을 중시해 개혁과제 제안에 적용했고, 개혁기구 내부적으로는 3단계 토론을 활용해 개혁 성공을 위한 컨센서스 형성에 노력했다. 김영삼 정부의 행정개혁에서 특이한 점은 장기간의 군사정부에서 강조됐던 관료제 중심의 서비스 전달 체계를 문민정부에서는 '시장'이 동시에 강조되는 방향으로 전환되는 분기점이 됐다는 사실이다.

당시 세계는 복지재정의 위기와 복지국가의 실패로 신자유주의가 등장했고, 이를 극복하기 위해 신공공관리라는 정부개혁 방식이 선진국들의 행정개혁 트렌드로 확산되고 있었다. 영국의 대처리즘과 미국의 레이거노믹스 등 선진국들은 작은 정부를 추구하며 시장적 요소를 통한 행정의 효율화를 강조하고 있었다. 이러한 경향은 세계적 추세로서, 문민정부 역시 이를 그대로 수용해 시장 지향적인 개혁을 강조한 면도 있으나, 국내적으로는 군사정부가 거대한 관료조직을 동원해 비민주적인 방식으로 국가를 통치한 것에 대한 김영삼 정부의 반감과 행정에 대한 민주화 의지 역시 무시할 수 없다. 1990년대는 케인스주의적인 정부와 국가의 개입에 대한 신뢰가 점차 불신으로 바뀌는 시대였으며, 관료제보다는 갈수록 시장이 우위를 점하는 시기가 전 세계적으로 도래한 것이 사실이다.

이러한 관료제의 개혁을 시도하면서 문민정부가 기본 방향으로 삼은 것을 요약하면 다음과 같다(오석홍, 1999: 282).

- 각계의 자율성과 창의성 신장
- 통상·정보통신·사회간접자본 부문 등의 정부 기능 체계화 및 효율화
- 국가정책에 대한 종합 조정 및 평가 기능의 강화
- 환경정책과 복지 관련 기능의 보강
- 불합리한 정부조직의 정비 등

제2절 개혁의 성과

문민정부의 행정개혁은 관료 입장이 아니라 국민의 시각에서 접근했다는 특징이 있다. 이를 위해 행정쇄신위원회의 제도화 과정에서 민간 전문가들이 주도적인 역할을 할 수 있도록 개혁 체계를 조직화하고 운영규칙을 스스로 설계하도록 했다. 1993년 4월 20일 문민정부 출범과 더불어 발족한 행정쇄신위원회는 1998년 2월 13일 제143차 회의를 끝으로 5년간의 활동을 마감했다. 이 기간 중 국민제안 15,870건을 포함해 모두 22,917건의 과제를 접수받아 그 가운데 19,942건(87%)을 심의 · 처리했다(박동서, 1999: 71). 그 중에서도 실효성 있는 제안을 골라 2,444건의 쇄신 방안을 마련해 시행함으로써 국민생활 편의를 향상시키고 행정 발전에도 크게 기여했다(행정쇄신위원회, 1998). 특히, 국민제안 과제 중에 민원 불만 사항과 모호한 추상적인 의견 등은 해당 부처에 이첩해 검토한 후 행정쇄신 추진에 참고했다.

결과적으로 국민제안이 많았다는 사실은 그만큼 행정쇄신위원회에 대한 국민의 기대가 대단히 컸다는 것을 의미했다. 내용 면에서도 제도 개선 안건, 행정 행태의 개선 사항, 조직개편 관련 안건 등 대부분이 국민생활과 직 · 간접적으로 관련된 사항들이 많았다는 사실을 눈여겨볼 필요가 있다. 그리고 행정쇄신위원회의 심의 과정을 통해 관련 부처 사이에 대화와 조정이 자연스럽게 이뤄지는 풍토가 어느 정도 조성된 것도 부처 간 소통가능성 측면에서 바람직한 성과의 하나로 볼 수 있다. 또한 개혁 과정에서 공무원들 사이에 국민적 관점이 중요함을 뿌리 내리는 계기를 만들어준 것도 큰 성과라 할 수 있다.

김영삼 정부가 제도개혁의 하나로 「행정규제 및 민원사무에 관한 기본법」을 제정하여 법제화한 것은 한국 정부 행정개혁의 제도화에 한 획을 그은 것으로 평가할 수 있다. 이 법에는 두 개의 중요한 내용이 포함돼 있는데, 하나는 한국 최초의 옴부즈만제도를 국민고충처리위원회라는 이름으로 발족시킨 것이고, 다른 하나는 정부규제에 관한 사전심사제도를 도입한 것이었다. 옴부즈만제도를 통해 국민고충을 지속적으로 처리할 수 있게 됐고, 사전심사제도는 규제의 신설을 신중하게 하고 규제의 범람을 억제함으로써 국가경쟁력 강화에 기여했을 뿐만 아니라 행정개혁의 제도적 장치로 자리매김하게 됐다. 한편 또 다른 개혁기관인 경제행정규제완화위원회의 성과로는 외환자율화 등 구체적인 정책 분야와 함께 신설 규제의 경우 시효를 명시토록 하여 규제행정에 도입한 것 등을 들 수 있다.

김영삼 정부의 행정개혁에 대한 성과를 이해하기 위해서는 문민정부에서는 '행정적 산출(output)'에 개혁의 초점이 맞춰져 있었음을 먼저 이해해야 한다. 김영삼 정부 행정개혁의 특징은 정부조직 개편, 민간 경제활동 관련 규제 완화, 국민생활 불편 민원 해소, 국민생활 질의 향상 등에 집중된 것에서 이를 감지할 수 있다.

문민정부가 초기에 압도적인 국민의 지지를 받은 이유는 사정 중심의 개혁을 통해 기득권층의 부패 척결이 궁극적으로는 사회 전반에 걸친 제도적·구조적 개혁으로 이어져 갈 것이라는 국민적 기대감이 반영됐기 때문이다. 또한, 김영삼 대통령 지지가 높았던 이유는 개혁을 바라는 국민들의 시대적 요구와 김 대통령의 개혁 의지와 추진력이 결합돼 증폭됐기 때문이다. 김영삼 대통령의 전격적인 개혁 방식은 초기 개혁 시기에 가장 필요하고도 강력한 수단이 될 수밖에 없었다. 물론 기득권층의 저항이 존재했었으나, 국민적 지지를 바탕으로 한 전격적인 개혁에 가려서 그 영향력은 강하지 못했다.

행정개혁의 방향은 결국 국가 발전 목표와 상관관계가 크며, 행정환경의 변화와도 밀접한 관계가 있다. 이 때문에 행정개혁은 민주화와 자유화, 성과측정과 평가, 민간기업체적인 경영, 장기적인 투명성, 정보화와 기계화, 생산성과 책임 및 능률성 확대 등을 강조하는 것이다. 이에 의거해 김영삼 정부의 행정개혁의 성격을 규명해 보면, '문민화'(율곡사업감사, 군 인사비리 사정, 군대 내 사조직 제거, 5·16군사정변 등의 정치적 성격 규명 등), '민주화'(인권유린 억제책, 민원행정 간소화, 공공서비스의 질적 개선, 규제 완화, 민간 자율화 등), '작은 정부'(동자부의 상공부로의 편입, 체육청소년부 통합 등), '깨끗한 정부'(공직자 재산공개, 공직자윤리법, 금융실명제, 감사 강화 등) 등 네 가지 주요 국정 이슈 카테고리로 요약되는데, 전반적으로 이들에 대한 평가는 긍정적이었다고 할 수 있다(김번웅·김판석, 2001: 281).

현실적으로 정부개혁은 개혁 추진자의 권위의 강도와 영향력이 존재하는 집권 초기의 1~2년 동안이 개혁 성패의 갈림길이라고 할 수 있다. 문민정부 초기 개혁은 과거의 정치질서를 타파하고 새로운 정치질서를 구축하는 시기로 김영삼 대통령이 개혁을 선도하며 국민의 지지가 절정에 달했던 시기다. 이를 바탕으로 김영삼 정부는 1993년 집권 이후부터 1994년까지는 정치관계법, 금융실명제법, 공직자윤리법, 안기부법 제·개정 등을 포함하여 실제 정치경제적 영역에서 상당한 개혁의 성과를 보여주었다.

김영삼 대통령은 취임사에서 '신한국 창조'를 강조하면서 세 가지 당면과제로 부정부패의 척결, 경제의 회생, 국가 기강의 확립 등을 제시했다. 김영삼 대통령은 한국의 상황을 소위 '한국병'을 앓고 있는 환자로 비유하며, 이를 치유해 건강한 신한국을 창조하고 성숙한 선진국으로 발돋움하겠다고 역설했다. 이러한 근본적이면서도 신속한 개혁시도는 결국, 과거 권위주의 세력이나 기득권층의 저항과 함께 개혁 추진 방식에 대한 비판 등에 직면하게 됐다. 그러나 이처럼 복잡한 난관에도 불구하고 문민정부는 권위주의와 기득권의 저항을 극복하면서 높은 국민적 지지와 호응을 받았고, 이를 바탕으로 전격적인 방식으로 개혁정책을 펼쳐나갔다.

김영삼 정부는 세계화의 확산이라는 새로운 환경 변화에 적극적으로 대응하기 위해 신자유주의적 정책기조를 표방하면서 대규모 부처 통·폐합과 국정 전반의 민주화를 시도했다. 하지만, 국가개혁에서 실질적 변화가 중요한 공직사회 전반에서 개혁에 대한 지지와 호응을 이끌어내는 데는 실패해, 정부개혁의 계기와 동력이 약화될 수밖에 없었다. 따라서 김영삼 정부의 신자유주의적 정책 기조는 실질적인 정부 감축보다는 행정개혁의 분위기를 이어가기 위한 상징적 조치의 성격이 강했다고 할 수 있다. 일례로, 김영삼 정부의 정부 규모에 대한 실증분석 결과에 따르면, 1992~96년 사이의 정부 운영을 살펴보면, 인력과 조직에서 다소의 감축 효과가 있었지만 예산과 법령은 증가해 실질적 감축 효과가 미흡한 것으로 나타났다.

그리고, 작은 정부론의 중요한 속성에 해당하는 생산기관, 규제기관, 집행기관의 감축과 중앙관리기관의 강화를 가져오지 못한 것은 정부개혁의 한계로 평가된다. 또한, 정부와 시민사회 관계의 재정립 측면에서 볼 때 행정쇄신위원회의 규제개혁은 물론 행정절차법과 정보공개법을 개정하고 민원처리사무기본법을 제정해 국민들의 민원 처리의 고충을 해결하려 노력했다. 하지만 이와 같은 조치들 역시 과거 발전국가의 지속과정에서 체질화된 전반적인 권위주의적 속성들을 완전히 탈피하기에는 역부족이었다.

하지만 한 가지 분명한 것은 문민정부의 행정개혁으로 대국민 서비스가 향상됐고, 이 과정에서 국민에 대한 봉사 위주의 행정 마인드가 확산되는 효과가 있었다고 사료된다. 과세적부심사제 도입 등 납세자의 권익 보호 조치를 도입했으며, 납세자 권리헌장을 제정해 국민 위주의 징세행정의 기틀도 마련했다. 팩스에 의한 민원 발급을 전국으로 확대했고, 우편에 의한 민원처리 도입 등 국민 편의를 우선으로 하는 민원행정으로의 전환도 행정의 세계화라는 차원에서 평가될 만하다. 또한, 정부의 생산성 향상을 위해 민간인의 공직 참여가 가능하도록 하는 제도를 도입했고, 국제통상직 전문직을 신설하고 공무원 교육훈련제도를 개선하는 등 새로운 세계화 시대에 부응해 공무원의 질적 수준 향상을 도모하기 시작한 것도 문민정부의 큰 성과였다고 할 수 있다.

제3절 정부개혁 평가와 개혁 제약 요소

문민정부 정부개혁의 성패를 좌우하는 것은 정치 권력과 관료제의 갈등적인 관계가 정치 권력에 의해 추진된 대대적인 행정개혁을 둘러싸고 마주칠 때, 정치 권력이 관료제를 얼마나 통제할 수 있는가의 문제였다. 그런데 김영삼 정부는 이 과정에서 집권 초기 이후에는 전반적인 실패 국면을 연출해 제도적 관료제의 행정적 자율성을 통제하는 데 한계를 보였다. 문민정부 행정개혁에 대한 비판의 많은 부분은 이를 단적으로 보여주고 있다. 정치 권력의 차원에서 문민정부라고 하는 이데올로기적 기반이 개혁의 추진력을 뒷받침해 주었으나, '작고 강한 정부'라는 개혁의 공식적 목표와는 달리 '제2의 근대화론'이라고 불릴 만큼 발전주의적 국가 운영 방식을 그대로 유지하려 한 점이 그것이다.

김영삼 정부의 개혁은 거대 담론들에 대한 정부개혁이라는 점에서 실험적이고도 과도기적인 성격을 지닌다. 결국 거대 담론들에 대한 개혁 과정에서 보여준 권력 행사 방식은 문민독재로 불릴 만큼 권위주의적인 권력 행사였고, 정치 권력의 역학 관계가 크게 작용하는 거대한 관료제에 대한 의존성은 오랜 기간 축적된 관료제의 행정적 자율성을 제도적으로 통제하는 것을 힘들게 만들었다. 이러한 상황은 김영삼 정부의 '작고 강한 정부'가 오히려 청와대와 같은 핵심 권력기구를 강화시킬 수밖에 없었다. 결과적으로, 김영삼 정부가 만들고자 했던 '작고 강한 정부'가 역설적으로 '크고 강한 정부'를 초래했음은 아쉬움으로 남는다.

또한, 김영삼 정부에서는 대통령 자문기구로서 행정쇄신위원회, 재정경제원 산하의 경제행정규제완화위원회, 감사원의 부정방지위원회, 상공자원부의 기업활동규제심의위원회 등 수많은 정부개혁을 위한 기구가 설치됐다. 그러나, 행정쇄신위원회 등의 활동이 안정적인 법적 기반을 갖추지 못한 채 운영돼 행정개혁 과제 선정의 제약, 근원적인 행정개혁 추진의 한계 등으로 의도했던 성과를 충분히 거두지는 못한 것으로 평가받고 있다(이종수, 2013: 192).

김영삼 정부는 정부개혁 추진 과정에서 정부의 효율성과 정당성 내지 체제 능력이 시간이 갈수록 급속하게 약화된 감이 있다. 그 이유는 사회환경 및 국제환경이 크게 변하고 있었음에도 불구하고, 체제의 내·외로부터 나타난 도전과 요구의 변화에 대응하거나 이들을 흡수해 내는 체제의 혁신 능력이 부족했기 때문이다. 김영삼 대통령의 리더십은 즉흥적·권위적·종교적인 것으로 특징지어지지만, 정치자금을 한푼도 안 받겠다는 선언을 할 만큼 의욕은 매우 컸다.

그러나 1993년 말 우루과이 라운드(UR) 협상 파동은 김영삼 대통령에게 커다란 충격을 안겨주었다. "대통령직을 걸고라도 쌀 개방은 하지 않겠다"던 공약을 번복하고, 국민에게 사과 담화를 발표한 이후에는 대통령의 개혁 의지가 위축될 수밖에 없었다. 이러한 맥락에서, 1994년 11월 호주 시드니에서 김영삼 대통령의 세계화 선언은 새롭게 정부개혁에 박차를 가하려는 김 대통령의 의지의 표현이었다. 그러나, 금융실명제나 토지실명제 등에서 파생된 엄청난 변화와 효과와는 달리 세계화 전략은 국민적 호응이나 성과는 크게 빛나지 못하고 말았다.

이처럼 문민정부 정부개혁에 대한 평가는 긍정과 부정이 크게 엇갈린다. 김영삼 정부 행정개혁의 한계를 둘러싼 원인을 분석한 방법과 결과는 다양하다. 비판적 논의의 경우는 대개 개혁의 방향이나 내용 자체에 대한 것보다는 개혁의 결과나 추진 방법에 초점이 맞춰져 있는 것으로 보인다. 즉, 정부개혁의 원론에는 동의하나 개혁의 방법 등 각론에서는 문제가 있었다는 것이다. 너무 범위가 넓은 개혁 대상을 선정함으로써 일반 국민들에게 강력한 개혁 의지를 심어주는 데 실패했으며, 개혁 추진 세력을 일부 측근에 한정시킴으로써 개혁의 성공을 위해 필수적 조건인 개혁연합 세력의 구축에 실패했다는 것이다. 또한 독선적이고 즉흥적이며 편파적으로 비춰진 개혁 추진 방법상의 문제가 김영삼 정부의 정부개혁에 대한 비판적 논의의 주류를 차지하고 있기도 하다.

김영삼 정부 행정개혁은 확실히 권위주의 타파와 민주화를 지향하는 것이었다. 여러 분야에서 정당성을 복원하려는 노력도 개혁 방향과 관련해 두드러진 특징이었다. 권위주의적 과거의 청산, 강압통치 수단이 되었던 기관들의 축소와 기능 제한, 감축관리, 행정규제 완화와 국민 편의 위주의 행정개혁, 부정부패 추방 등의 분야에서 분명 상당한 가시적 성과를 거두기도 했다(오석홍, 1995: 75). 전체적으로 신공공관리적 정부개혁의 형성기라고 할 수 있는 김영삼 정부의 행정개혁은 정부 운영 방식의 패러다임 교체를 지향했다는 점에서 큰 의미가 있다(김정렬, 2006: 106). 실제로 김영삼 정부 행정개혁은 권위주의적 군사정부와 자유주의적 문민정부, 성장기의 정부 운영과 긴축기의 정부 운영, 현상 유지적 국정기조와 현상 타파적 국정기조, 외부적 개혁 압력과 내부적 개혁 압력의 존재 여부 등에서 신공공관리적 행정개혁으로 대응해 나갔음을 볼 수 있다.

그러나 대통령 한 사람이 독주하고 시간이 갈수록 참여가 배제됐다는 비판을 눈여겨 볼 필요가 있다. 이 같은 비판은 '신권위주의'라고 말하는 사람까지 등장한 이유를 살펴보아야 한다는 것으로써, 집권 후기로 갈수록 개혁의 밀실화와 정권의 폐쇄성이 가속화된 사실을 지적한 것이다. 그리고, 반부패운동에 수반된 이른바 '복지부동'이라고 하는 공직자의 피동화와 소극적 저항에 적절히 대응하지 못한 것도 비판받는 부분이며, 나아가 부패 척결 조치의 일부가 정치적 보복이라는 인상을 준 것도 개혁의 한계로 지적되고 있다. 특히, 시간이 흐를수록 개혁 의지와 능력이 흔들렸다는 비판도 존재한다. 김영삼 정부의 과거 청산과 정당성 복원을 위한 활동은 점점 더 많은 좌절을 경험하게 했고, 과거와의 재유착이라는 경향까지 보여준 상황은 개혁 성과를 반감시키는 부분이기도 했다.

이 같은 결과는 김영삼 정부가 과거의 군사정부와 그 후계 세력의 유산을 안고 그 바탕 위에서 탄생했다는 것, 구조화된 부정부패의 뿌리가 단숨에 척결하기에는 너무 깊었다는 것, 정당성 복원을 위한 투쟁은 오랜 세월에 걸쳐 형성된 정당치 못한 다수와의 투쟁이라는 것 등이 과거 청산과 부패 추방 노력에 근본적인 제약 요인으로 작용했다고 보여진다. 개혁 후퇴에 대한 비판을 의식해 문민정부는 임기 후반 들어 '세계화를 위한 개혁'을 표방하면서 대폭적인 정부개혁 추진 시스템을 다시 가동한다. 이와 함께 수평적 권력분립으로서의 전통적인 3권 분립에 더해, 완전한 '수직적 권력분립'을 정립하기 위해 그동안 '반쪽 지방자치'로 비판받던 지방자치제도를 온전하게 완성시킨다. 그 결과, 1995년 제1기 민선지방자치 시대를 열어 지방의회만이 아니라 단체장까지 직선하는 완전한 지방자치제도화로 풀뿌리 민주주의를 완성시켰음은 거대 개혁 성공 사례라고 할 수 있다.

이 당시 4대 동시지방선거 직전에는 한국 지방행정 역사상 가장 대규모의 시·군통합(도·농통합)이라는 지방행정 체제 개편이 이뤄지기도 했다.[2] 이미 언급했듯이 1995년에는 단체장까지 주민직선으로 선출하는 온전한 문민지방자치 시대를 열게 됨으로써

---

2) 지역경쟁력과 국가경쟁력 강화 차원에서 지방행정 체제 개편의 중요성을 인식한 문민정부는 1994년 제1차로 47개 시와 43개 군을 통합 권유 대상지역으로 선정했고, 곧 이어 주민 의견조사를 거쳐 33개 시와 32개 군이 33개의 통합시로 개편되는 대규모 지방행정 체제 개편을 단행했다. 춘천시, 공주시, 포항시, 군산시, 순천시, 창원시 등의 통합시가 이때 탄생했다. 이어 1995년 5월 두 번째 개편을 단행하는데, 평택시와 김해시 등 5개의 통합시가 탄생했다. 그리고 김영삼 대통령 임기 마지막 해인 1997년에는 '3여통합'이라 불리는 여수시·군과 여천시의 통합으로 여수시가 탄생한다. 이후 2010년에서야 통합창원시가 탄생했고, 2014년 통합청주시가 탄생한 것만 보아도 당시 대규모 개편에 따른 개혁 성과는 엄청난 실적으로 평가받을 수 있다(심익섭, 2014).

1991년 부활된 지방자치를 빠른 시간 안에 정상화시키는 것에 기여하기도 했다. 그러나 지방자치의 제도 완성이나 민선 시대를 앞두고 지방행정 체제 통・폐합이라는 하드웨어에 몰입하는 사이 지방자치행정의 내용적인 성숙을 불러일으키는 데에는 일정한 한계가 존재할 수밖에 없었다. 이는 개혁 자체의 문제이기도 하지만, 다른 측면에서 보면 우리 사회와 국민의 개혁 수용력에도 일정한 한계가 있었다고 할 수 있다.

물론 경제 체제의 개혁과 교육제도의 개혁을 추진하는 등 전방위적인 정부개혁의 고삐를 늦추지 않는 모습을 문민정부는 임기 중 지속적으로 보여주었다. 이러한 사실은 사실상 문민정부 개혁 과정에 대한 비판과는 상관없이, 김영삼 정부 행정개혁의 양이나 질적인 측면에서는 역대 어느 정권보다도 과감하고도 치열하게 추진했다고 할 수 있다.

제4절 소결

21세기에 들어서 전 세계적으로 글로벌 리더 국가를 향한 국가경쟁력이 초미의 관심사가 되고 있는 지금, 현대 행정의 핵심 키워드는 역시 지속적인 개혁(reform)이라고 할 수 있다. 오늘날 행정개혁 또는 정부개혁은 단순한 정권 차원의 일시적인 이벤트가 아니라, 국가경쟁력을 위한 지속적이고도 일상적인 정책으로 자리 잡고 있다는 것이다. 실제로 20세기 말 이후 전 세계의 거의 모든 국가가 어떤 형태로건 정부개혁을 시도하고 있다. 특히 한국의 경우 1993년 출범한 김영삼 정부는 WTO 체제의 출범과 OECD 가입에 따른 외부로부터의 개혁 압력, 1990년대 초부터 야기된 경기 침체에 따른 내부적 개혁 압력은 물론, 문민정부에 걸맞은 관료제 개혁 욕구라는 정치적 필요성까지 겹치면서 강력한 신공공관리적 접근 방법을 핵심적인 행정개혁 수단으로 채택했다는 특징이 있다.

1990년대는 전 세계적으로 볼 때 제2차 세계대전 이후 전통적인 발전국가 패러다임을 변화시켜야 한다는 시대적 트렌드가 존재했고, 그로부터 한국 역시 예외는 아니었다. 특히 명실공히 제대로 된 최초의 정권 교체라고 할 수 있는 김영삼 대통령의 문민정부가 출범하면서 군사정권 하에서 정권에 대한 충성을 중시했던 기형적 관료제를 정상화시키는 것이 정부개혁의 형식이나 내용 면에서 그 이전과는 확연히 달라졌음을 이해하는 분기점으로 중요하다. 실제로 전 세계적인 개혁 경쟁과도 맞물린 김영삼 정부의 행정개혁은 단순한 정부개혁 차원을 넘어서는 거대담론 수준으로 확산돼 진행됐다. 대한민국 정부 수립 이후 이어져온 권위주의적인 정권으로부터 최초의 순수한 문민정부의 탄생이라는 상징성과 역사성 때문에 김영삼 정부의 정부개혁은 더욱 광범위하고 심도 있게 확장시킬 수밖에 없는 시대적 사명을 공유하고 있었다.

문민정부의 개혁정책 추진은 정치적 관점에서 볼 때 당시 여당인 민자당이 국회에서 다수 의석을 확보하는 등 정치적 여건은 좋았으나, 국민적인 지지를 효율적으로 조직화하는 데는 미흡해 결국 비판의 대상이 되고 말았다는 아쉬움이 있다. 다시 말하면, 김영삼 정부에서는 정부개혁에 대한 국민의 자율적인 참여와 창의를 이끌어내는 데는 한계가 있었다는 것이다. 이와 같은 사실은 김영삼 대통령이 임기 중반 이후 사법, 교육, 노동 등의 부문별 개혁정책을 추진하는 데 국민이나 이해당사자들의 의견을 반영하려고 적극적으로 협의하고 논의하려는 점진적인 방법을 시도한 사실에서 알 수 있다. 그러나, 집권 후반기에 접어들면서 개혁을 둘러싸고 심각한 딜레마에 봉착함으로써 김영삼 정부의 개혁은 동력을 상실한 채 더 이상 심화될 수 없었다.

그럼에도 불구하고, 분명한 사실은 김영삼 대통령이 취임하면서 '한국병'을 치유하고 '신한국'을 창조하겠다는 선언과 함께 부정부패 척결, 경제활성화, 그리고 국가 기강 확립을 3대 국정과제로 규정하면서 임기 초기에 강력한 개혁 드라이브를 걸어 국민적 지지와 호응을 확보한 것은 문민정부 최대 성과라고 할 수 있다. 하지만, 김영삼 정부가 집권 후반기로 갈수록 개혁 의지를 상실하고 국민적 열기마저 식어가면서, 초기에 추구하던 개혁의 성과를 거두지 못하고 과거로 회귀하는 듯한 양상을 보인 점은 분명히 아쉬운 부분이다.

그러나, 문민정부의 '신한국 창조' 캐치프레이즈는 정부개혁 활동의 근본적인 가치가 돼 행정개혁 이념의 저변을 형성했음은 명백한 사실이다. 이것이 김영삼 정부의 전체적인 정부개혁 활동을 조망해 볼 때, '신한국창조운동'이라는 이름으로 불러도 무방한 이유다. 또한 이는 문민정부의 거대 담론화된 정부개혁 전략을 엿볼 수 있는 부분이기도 하다. 이러한 이유로, 문민정부의 정부개혁은 현재까지 이어진 후속 정권들에게 개혁의 기준선을 제공해 왔다고 할 수 있으며, 나아가 미래에 집권할 정부에게는 지속적인 혁신이 중요하다는 시사점을 주었다는 점에서 그 의미를 이해해야 할 것이다.

참고 문헌

김번웅 · 김판석 (2001). 신한국행정론. 서울: 법문사.

김정렬 (2006). 발전국가의 위기와 행정개혁의 진로: 한국형 신공공관리의 진화 단계별 비교 분석. 한국행정연구. 서울: 박영사.

김호진 (1996). 한국정치체제론. 서울: 박영사.

박동서 (1999). 한국행정의 쇄신사례. 서울: 법문사.

심익섭 (2014). 한국 지방자치 부활기: 제6공화국 문민정부. 지방행정, 730호.

안병만 (2014). 한국정부혼. 서울: 다산출판사.

오석홍 (1999). 행정개혁론. 서울: 박영사.

이종범 (1994). 김영삼 대통령의 리더십 특성과 국정관리 유형: 문민정부 1년의 정책평가. 한국행정학보, 28: 4.

이종수 (2013). 새행정개혁론. 서울: 대영문화사.

정정길 (1994). 행정개혁의 평가와 앞으로의 방향. 문민정부 1년의 정책평가. 한국행정학회 춘계학술대회 논문집.

한국행정연구원 (2008). 한국행정 60년 1948-2008(전4권). 파주: 법문사.

행정쇄신위원회 (1998). 행정쇄신백서. 행정쇄신위원회.

찾아보기

[ㅁ]

[ㅂ]

[ㅅ]

『대한민국 역대 정부 주요 정책과 국정운영』 편찬위원 및 참여 인력

발행인: **이은재**(한국행정연구원 원장)

자문위원(가나다순)

김석준(안양대 총장)
박영희(건국대 명예교수)
안병만(전 교육과학기술부 장관)
윤정길(건국대 명예교수)
이달곤(가천대 교수)
정정길(울산대학교 재단이사장, 전 대통령 실장)
정형근(전 국회의원)

편집위원(가나다순)

김성배(숭실대 교수)
박양호(홍익대 교수)
이대희(광운대 교수)
주재현(명지대 교수)
최흥석(고려대 교수)
하미승(건국대 교수)
한표환(충남대 교수)

집필위원

서론: **안병만**(전 교육과학기술부 장관)

이승만 정부
김종철 연세대학교 법학전문대학원 교수(jkim386@yonsei.ac.kr)
남정옥 군사편찬연구소 책임연구원(yalu5812@hanmail.net)
박태균 서울대학교 국제대학원 교수(tgpark3@gmail.com)
박희봉 중앙대학교 행정학과 교수(hbpark@cau.ac.kr)
신윤창 강원대학교 공공행정학과 교수(ycshin@kangwon.ac.kr)

이대희 광운대학교 행정학과 교수(nulbo@hanafos.com)
이서행 한국학중앙연구원 명예교수(leeslow@aks.ac.kr)
이주천 원광대학교 사학과 교수(jucheon@wonkwang.ac.kr)
최신융 숙명여자대학교 행정학과 교수(shinyung@sookmyung.ac.kr)

장면 정부
김정렬 대구대학교 도시행정학과 교수(jykim@daegu.ac.kr)
백학순 세종연구소 수석연구위원(hspaik@sejong.org)

박정희 정부
강 욱 경찰대학교 행정학과 교수(kangmsu@gmail.com)
김재훈 서울과학기술대학교 행정학과 교수(jhkim@snut.ac.kr)
배용수 공주대학교 행정학과 교수(ysbae@kongju.ac.kr)
소순창 건국대학교 행정학과 교수(sosoon74@kku.ac.kr)
소진광 가천대학교 행정학과 교수(sojk514@gachon.ac.kr)
이원희 한경대학교 행정학과 교수(wonheeldaum@daum.net)
이종수 한성대학교 명예교수(jlee@hansung.ac.kr)
임도빈 서울대학교 행정대학원 교수(tobin@snu.ac.kr)
임동진 순천향대학교 행정학과 교수(djlim@sch.ac.kr)
하미승 건국대학교 행정학과 교수(hms5555@konkuk.ac.kr)

전두환 정부
강일규 한국직업능력개발원 선임연구위원(kangig@krivet.re.kr)
권용수 건국대학교 행정학과 교수(yskwon@konkuk.ac.kr)
김현준 고려대학교 행정학과 교수(joonk@korea.ac.kr)
박진근 연세대학교 명예교수(pck@yonsei.ac.kr)
박치성 중앙대학교 행정학과 교수(csp7111@gmail.com)
오재록 전주대학교 행정학과 교수(jaerokoh@gmail.com)
임태성 한양대학교 예체능대학 생활스포츠학부 교수(limts@hanyang.ac.kr)
임혁백 고려대학교 정치외교학과 교수(hyugim@korea.ac.kr)
홍성걸 국민대학교 행정학과 교수(sghong@kookmin.ac.kr)

노태우 정부
김규륜 한국통일연구원 선임연구위원(krkim@kinu.or.kr)
김근세 성균관대학교 행정학과 교수(seogam@skku.edu)
김태룡 상지대학교 행정학과 교수(trkim@sangji.ac.kr)
박양호 홍익대학교 스마트도시과학경영대학원 교수(yhpark@gri.re.kr)

변병설 인하대학교 행정학과 교수(byun@inha.ac.kr)
심상용 국방대학교 교수(sysim60@hanmail.net)
서순탁 서울시립대학교 도시행정학과 교수(stsuh@uos.ac.kr)
이 송 서울시립대학교 명예교수(scugeo@uos.ac.kr)
하태수 경기대학교 행정학과 교수(taesooha@hanmail.net)

김영삼 정부
김병문 안동대 행정학과 교수(byungmk@andong.ac.kr)
금창호 한국지방행정연구원 선임연구위원(gch@krila.re.kr)
심익섭 동국대 행정학과 교수(shim@dongguk.edu)
이남국 부경대학교 행정학과 교수(namkuk@pknu.ac.kr)
이상록 국사편찬위원회 편사연구사(rok@mest.go.kr)
이창원 한성대 행정학과 교수(gosoo717@daum.net)
최진욱 고려대학교 행정학과 교수(jinchoi@korea.ac.kr)
한표환 충남대학교 국가정책대학원 교수(hph1234@cnu.ac.kr)
황지환 서울시립대학교 국제관계학과 교수(whang38@gmail.com)

김대중 정부
김병숙 건국대학교 행정대학원 교수(mishell572@hanmail.net)
김성재 연세대학교 김대중도서관 석좌교수(mooksan11@gmail.com)
문정인 연세대학교 정치외교학과 교수(cimoon@yonsei.ac.kr)
박종철 한국통일연구원 선임연구위원(pjc@kinu.or.kr)
서원석 한국행정연구원 선임연구위원(swonseok@kipa.re.kr)
송하중 경희대학교 행정학과 교수(hahzoong@khu.ac.kr)
이인실 서강대학교 경제학과 교수(insill723@sogang.ac.kr)
이주헌 서울시립대학교 행정학과 교수(jules529@uos.ac.kr)
최흥석 고려대학교 행정학과 교수(hschoi@korea.ac.kr)

노무현 정부
류석진 서강대학교 정치외교학과 교수(sjlew@sogang.ac.kr)
주재현 명지대학교 행정학과 교수(jhjoo61@mju.ac.kr)
변창흠 세종대학교 행정학과 교수(changbyeon@sejong.ac.kr)
성경륭 한림대학교 사회학과 교수(cosmos201@gmail.com)
안성호 대전대학교 행정학부 교수(shahn@dju.ac.kr)
이수훈 경남대학교 극동문제연구소 교수(leesh@kyungnam.ac.kr)
장지호 한국외국어대학교 행정학과 교수(jhufs@hufs.ac.kr)
장혜경 한국여성정책연구원 선임연구위원(hkchang@kwdimail.re.kr)

황혜신 한국행정연구원 선임연구위원(hwanghs@kipa.re.kr)

이명박 정부

김관보 가톨릭대학교 행정학과 교수(kwanbo@catholic.ac.kr)
김동욱 서울대학교 행정대학원 교수(dong@snu.ac.kr)
김상협 KAIST 경영대학원 교수(conanstory@gmail.com)
김성배 숭실대학교 행정학과 교수(graal@ssu.ac.kr)
김영한 성균관대학교 경제학과 교수(kimyh@skku.edu)
박정수 이화여대학교 행정학과 교수(parkj@ewha.ac.kr)
박천오 명지대학교 행정학과 교수(chpark@mju.ac.kr)
안형기 건국대학교 행정학과 교수(hkahn01@kku.edu)
윤창현 한국금융연구원 원장(jisun@kif.re.kr)
하혜수 경북대학교 행정학과 교수(hasoo@knu.ac.kr)

결론: **김석준**(안양대 총장)

사업총괄 책임

양현모 한국행정연구원 선임연구위원

정부별 간사

이승만/장면 정부: 조세현 한국행정연구원 부연구위원
박정희 정부: 황혜신 한국행정연구원 선임연구위원
전두환 정부: 김영록 한국행정연구원 부연구위원
노태우 정부: 윤종설 한국행정연구원 부연구위원
김영삼 정부: 임성근 한국행정연구원 부연구위원
김대중 정부: 오윤경 한국행정연구원 부연구위원
노무현 정부: 허준영 한국행정연구원 부연구위원
이명박 정부: 최순영 한국행정연구원 연구위원

사업총괄 지원

장지원 한국행정연구원 전문연구원

행정 지원

김두진 한국행정연구원 행정원
김유진 한국행정연구원 위촉연구원

대한민국 역대 정부 주요 정책과 국정운영

제5권: 김영삼 정부

펴낸날: 제1판 제1쇄 2014년 12월 31일
엮은이: 한국행정연구원
펴낸이: 임춘환
펴낸곳: 도서출판 대영문화사
주소: 서울특별시 용산구 청파로 61길 5 (청파동 1가) 제일빌딩 2층
등록: 1975년 12월 26일 제3-16호
전화: (02)716-3883, (02)714-3062
FAX: (02)703-3839
홈페이지: http://www.dymbook.co.kr

ISBN 978-89-7644-509-4
ISBN 978-89-7644-513-1(세트)

[값 18,000원]